部首	名称	意味	例
又	また	手の動作	及 収
口	くち	口の機能	哲 含
土	つち	土の形状・性質	圧 壁
士	さむらい	男性	壮 士
夕	た	夜	夢 多
大	だい	立つ・大きい	契 奉
女	おんな	女性	姿 妄
子	こ	子供	孝 存
寸	すん	手の動作	導 射
小	しょう	小さい	少 小
尢	だいのまげあし	足が曲がる	就
屮	てつ	草・芽生え	屯
山	やま	山の形状	崩 崇
川	かわ	川・水の流れ	州 川
工	え	工作・工具	差 左
己	おのれ	(己の形)	己
巾	はば	布	幣 師
幺	いとがしら	弱い・かすか	幽 幻
弓	ゆみ	弓の種類・働き	弟 弔
心	こころ	心の作用・状態	恥 懸
戈	ほこ	武器・戦闘	戯 戒
戸	と	扉・家	所 戸
手	て	手の動作	撃 承
支	し	分かれる	支
文	ぶん	装飾	斑 文
斗	とます	ひしゃく・量る	斜 料
斤	きん	刃物で切る	斥 斤
方	ほう		
日			
曰			
月			
木			
欠			
止	とめる	足の動作	歴 歩
比	ならびひ	(比の形)	比
毛	け	毛の性質・状態	毛
氏	うじ	(氏の形)	民 氏
水	みず	水・河川・液体	泉 永
火	ひ	火の性質・作用	災 灰
爪	つめ	つかむ動作	爪
父	ちち	父親	父
片	かた	板の状態	片
牙	きば	牙・歯	牙
牛	うし	牛の種類・状態	牛
犬	いぬ	犬などの獣	献 状
玄	げん	黒色	率 玄
玉	たま	宝石・装飾品	璧 璽
王	おう	宝石・装飾品	琴 王
瓦	かわら	土器・瓦	瓦 瓶
甘	かん	甘い	甚 甘
生	うまれる	出生・生命	産 生
田	た	田畑・耕作	畏 異
疋	ひき	(疋の形)	疑
白	しろ	白色・明らか	皆 的
皮	けがわ	皮膚の状態	皮
皿	さら	皿状の容器	監 盛
目	め	目の機能・状態	督 看
矛	ほこ	矛の種類・形状	矛
矢	や	矢の種類・形状	矢
旡	なし	食べ飽きる	既
石	いし	岩石・鉱物	磨 碁
示	しめす	神・祭礼	禁 示
禾	のぎ	イネ科の植物	秀
穴	あな	穴の形状・種類	穴
立	たつ	人が立つ動作	童 章
竹	たけ	竹の形状・種類	竹
米	こめ	米の種類・状態	米
糸	いと	糸の種類・形状	索 系
羊	ひつじ	羊の種類・状態	義 美
羽	はね	はねの状態・動作	翻 習
而	しかして	(而の形)	耐
耳	みみ	耳の機能・状態	聞 聖
聿	ふでづくり	筆を用いる行為	粛
肉	にく	体の部分・状態	腐 背
自	みずから	鼻	臭 自
至	いたる	至る・及ぶ	致 至
臼	うす	うす・穴	興 臼
舌	した	舌の動作	舗 舌
舟	ふね	船の種類・状態	舟
艮	ねづくり	(艮の形)	良
色	いろ	顔色・彩り	艶 色
虫	むし	昆虫などの生物	蛮 融
血	ち	血液の状態	衆 血
行	ぎょう	道・歩く行為	行
衣	ころも	衣服の状態	裁 衷
見	みる	目の機能	覧 視
臣	しん	目・見ること	臨 臣
角	かく	動物の角	角
言	げん	言葉による表現	警 誓
谷	たに	谷の状態	谷
豆	まめ	たかつきの種類	豊 豆
豕	ぶた	いのしし・豚	豪 象
貝	かい	貨幣・財宝	貪 貢
赤	あか	赤色	赦 赤
走	はしる	走る動作・状態	走
足	あし	足の動作	足
身	み	体の状態	身
車	くるま	車の種類・部分	載 輩
辛	からい	罪・裁き	辞 辛
辰	しんのたつ	農作	辱 農
酉	ひよみのとり	酒の種類・状態	酒
釆	のごめ	分ける	采
麦	むぎ	麦の種類・食品	麦
金	きん	金属の種類・状態	釜 金
長	ながい	髪の毛・長い	長
門	もん	出入り口・囲い	門
阜	おか	丘・山の形状	阜
隹	ふるとり	小鳥の種類・状態	雇 雅
雨	あめ	降雨	雨
青	あお	青色	静 青
非	あらず	背く・分かれる	非
斉	せい	(セイ・サイ・シの音)	斎 斉
面	めん	顔の状態	面
革	かくのかわ	革の状態・製品	革
音	おと	音声・音響	響 韻
風	かぜ	風の呼称・状態	風
飛	とぶ	飛ぶこと	飛
食	しょく	飲食	養 食
首	くび	頭・首	首
馬	うま	馬の種類・働き	騰 驚
骨	ほね	骨の名称	骨
高	たかい	高いさま	高
鬯	ちょう	においのよい酒	鬱
鬼	おに	霊魂・精霊	魔 魂
韋	なめしがわ	革の製品	韓
竜	りゅう	竜	竜
魚	うお	魚類・水生動物	魚
鳥	とり	鳥の種類・名称	鶏 鶴
鹿	しか	鹿の種類	麗 鹿
麻	あさ	麻	麻
黄	き	黄色	黄
黒	くろ	黒色	黙 黒
亀	かめ	亀	亀
歯	は	歯の機能・年齢	歯
鼓	つづみ	鼓の種類・音声	鼓
鼻	はな	鼻の状態・機能	鼻

※「飠」については「餌・餅」のみに、「辶」については「遡・遜」のみに適用。

本書の構成と使い方

漢字検定試験5~2級の級ごとに漢字を分類し、部首別に配列しています。1回2ページの見開き構成で、全71回で5~2級の漢字をすべて学習できます。次に示すAからFの順に取り組みましょう。

A 漢字表　見出し漢字に関する知識を確認

●漢字表の見方は次のとおりです。まずは漢字とその読み方や意味を確認しましょう。

❶入試頻出マーク…入試でよく出題される漢字に付した。

❷番号…書き取り、下段問題の番号と対応。

❸見出し漢字…部首を赤色で表示。

❹総画数／部首・部首名…漢字検定試験頻出または誤りやすいものを赤色で表示。

❺漢字の意味

❻音訓…カタカナは音読み、ひらがなは訓読み。（　）内は送りがな。

——は中学校新出音訓（4級以上で出題）

　は高校新出音訓（準2級以上で出題）

❼熟語・言葉…用例の読みのカタカナは音、ひらがなは訓。

B なぞり書き　書き順と字形を丁寧に覚える

●形や筆順に注意して漢字をなぞり、下の欄にもう一回書いて確認しましょう。

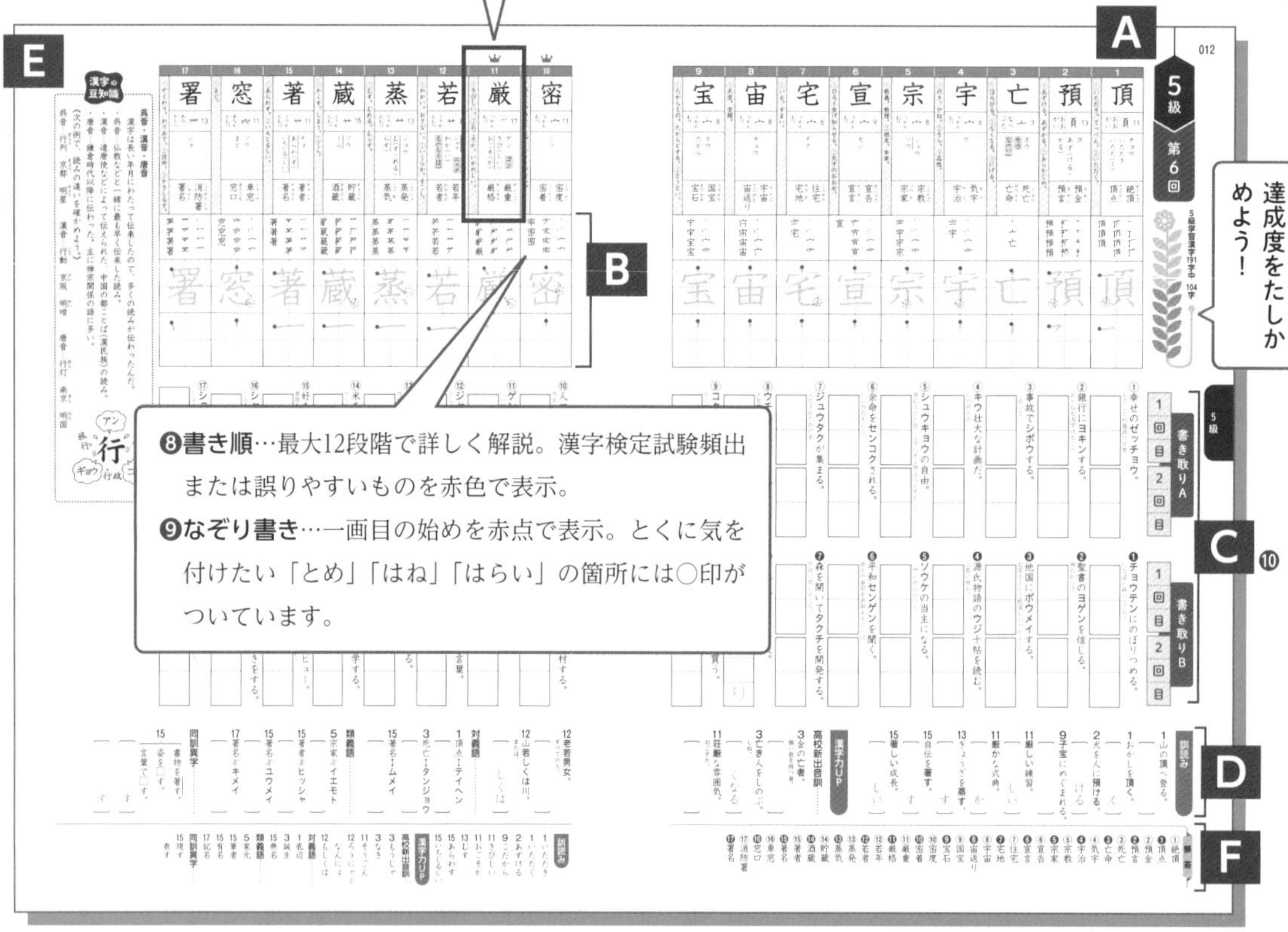

❽書き順…最大12段階で詳しく解説。漢字検定試験頻出または誤りやすいものを赤色で表示。

❾なぞり書き…一画目の始めを赤点で表示。とくに気を付けたい「とめ」「はね」「はらい」の箇所には○印がついています。

C 書き取りA・B　繰り返し書き、漢字を定着

●二回ずつ書いて漢字を確実に覚えましょう。

●書き終えたら、赤シートで問題文を隠し、読みの練習をすることもできます。

❿用例…漢字表に対応した意味の用例を設定。熟語・言葉の意味を左に示しています。

D 訓読み・漢字力UP　総合的な力を養成

●問題の上の番号は漢字表と対応しています。

●「訓読み」「高校新出音訓」…読みの確認。

●「対義語・類義語」「同音異字」「同訓異字」…実践問題で漢字の総合的な力を養成。

●「四字熟語」「形の似ている漢字」…知識を深め、さらなる漢字の定着を図る。

E 漢字の豆知識・コラム

●見出し漢字を用いた語句についての知識を補うもの、熟語の意味を説明するものなど、いろいろな内容を取り上げたコラムです。

F 解答

●解き終わったら、答え合わせをしましょう。書き取りA・B、下段問題のすべての解答を掲載しています。

G 発展

●模擬テスト…各級の終わりに漢字検定試験の出題形式に倣った模擬問題を用意しました。

●付録…主要分野ごとの練習問題を用意しました。就職試験や入試をみすえた問題も用意。さらなる漢字力を身につけましょう。

「漢字能力検定試験」の詳しい情報はこちらから（公式HP）⬇

はしがき

本書は、漢字を繰り返し書くことで定着させることを目ざす、書き込み式の漢字ドリルです。漢字の意味に注意して熟語を精選し、高校生にも身近な用例文で構成しました。漢字の意味、形、使い方を正しく覚えて、日常生活や将来に役立つ漢字力を身につけてください。

本書の特色

- 「日本漢字能力検定試験」の5級から2級に対応しています。総画数・部首・部首名・書き順などは、漢字能力検定試験の基準に拠っています。
- 見開き2ページで一回分とし、各ページに達成度を表すメーターを配置することで、**達成感を持って学習できる**ようにしました。
- 漢字検定試験で許容される字体は別途枠外に示しました。
- **入試頻出漢字を重点的にチェックできる**よう、王冠マークを付しました。
- 大きなマス目のなぞり書きには、起筆点や「はね」など形に注意したい部分を示して、**丁寧できれいな漢字を書く練習**ができるようにしました。
- 「書き取り問題」には、**二回ずつ練習できる解答欄**を用意し、繰り返し書くことで**漢字を定着させられる**ようにしました。「解答」を見開き内に示し、**その場で答えを確認できる**ようにしました。
- 下段には各回に登場する漢字の読みの練習や、対義語・類義語・同音訓異字の書き取りができる問題を用意しました。
- 各所にコラムを配置し、漢字や語句の知識を深められるようにしました。
- 各級の終わりに漢字検定試験の出題形式に倣った「模擬テスト」を置き、**達成度を測れる**ようにしました。

付録

- 四字熟語や慣用表現など、**高校生が身につけておきたい語彙**を扱った問題を多く用意しました。
- 常用漢字表の改定により、すべての都道府県名が常用漢字の範囲内で読み書きできるようになったことから、都道府県名を位置と対照させて確認できる**「都道府県名を覚えよう」**を用意しました。
- **就職試験や大学入試**を意識して、志望理由書・自己PR文から誤字を見つける問題や、「大学入学共通テスト」を模した問題を用意しました。

目次

5級 第1回

5級学習漢字191字中 18字

	9	8	7	6	5	4	3	2	1
漢字	呼	吸	優	俳	俵	値	仁	傷	供
意味	①よぶ。さけぶ。②息をはく。③名づける。	①息をすう。すいこむ。	①すぐれている。②やさしい。うつくしい。	①「俳諧」「俳句」のこと。②役者。芸人。	①たわら。	①ね。ねうち。物のねだん。②かずの大きさ。	①思いやり。いつくしみ。	①きず。きずつける。②いたむ。悲しむ。	①すすめる。さし出す。②神仏にそなえる。
部首・画数	口 くちへん 8	口 くちへん 6	亻 にんべん 17	亻 にんべん 10	亻 にんべん 10	亻 にんべん 10	亻 にんべん 4	亻 にんべん 13	亻 にんべん 8
読み	コ／よ(ぶ)	キュウ／す(う)	ユウ／やさ(しい)／すぐ(れる)	ハイ	ヒョウ／たわら	チ／ね／あたい	ジン／ニ	ショウ／きず／いた(む・める)	キョウ／ク／そな(える)／とも
用例	点呼《テンコ》 呼吸《コキュウ》	吸入《キュウニュウ》 吸《す》い口《くち》	優勝《ユウショウ》 優美《ユウビ》	俳句《ハイク》 俳優《ハイユウ》	土俵《ドヒョウ》 米俵《こめだわら》	価値《カチ》 半値《ハンね》	仁義《ジンギ》 仁愛《ジンアイ》	負傷《フショウ》 傷口《きずぐち》	提供《テイキョウ》 供《そな》え物《もの》

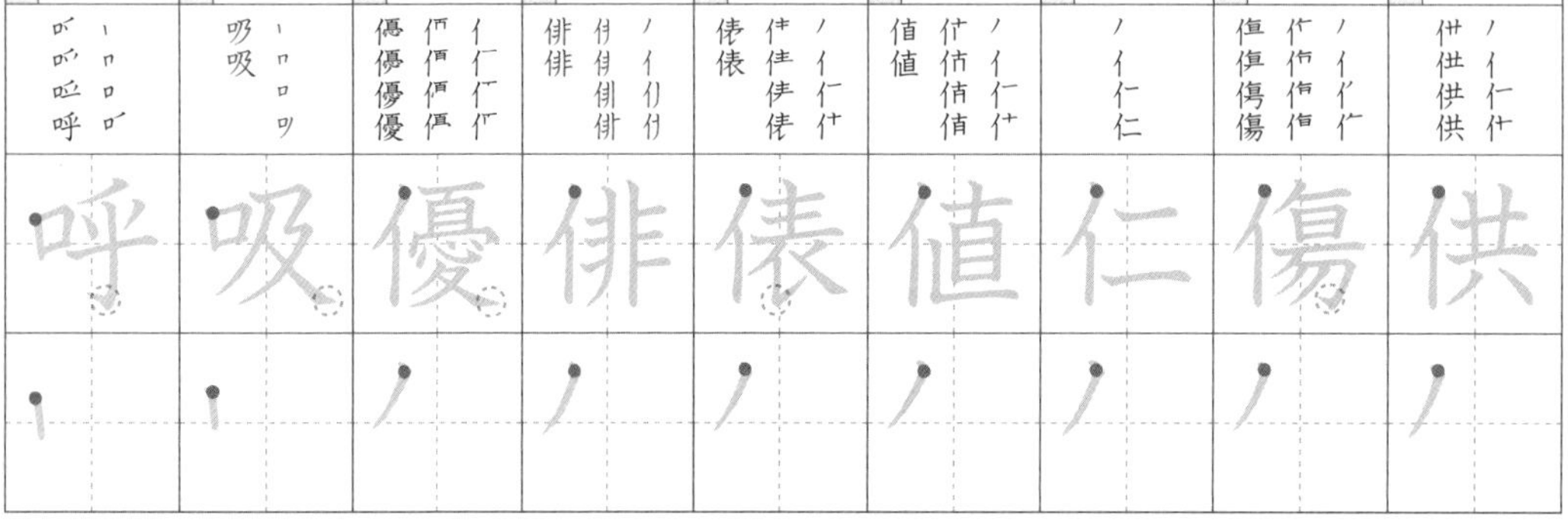

書き取りA 1回目 2回目

①情報をテイキョウする。 役立つよう差し出すこと。
②右足をフショウする。 きずをおうこと。
③ジンギにもとる行い。 人間が守るべき道徳。
④利用カチが高い。 ねうち。
⑤ドヒョウに上がる。 相撲をとる所。
⑥旅先でハイクを作る。 五七五からなる短詩。
⑦大会でユウショウする。 第一位になること。
⑧酸素キュウニュウをおこなう。 口からすい込ませること。
⑨先生がテンコをとる。 人員がいるか調べること。

書き取りB 1回目 2回目

❶墓にソナえモノを置く。 神仏や貴人の前にものをささげる。 （え）
❷キズグチを消毒する。 きずをおった所。
❸ジンアイにあふれる。 人を温かく思いやること。
❹市価のハンネで買う。 はんぶんのねだん。
❺コメダワラを運ぶ。 こめの入った袋。
❻ハイユウを志す。 劇中人物の演技をする職業の人。
❼ユウビなすがた。 上品でうつくしいこと。
❽ストローのスいクチを持つ。 くちを付けるほう。 （い）
❾深くコキュウをする。 息をはいたりすったりする。

訓読み

1 子供と遊ぶ。（　）
2 野菜が傷む。（　む）
4 値を計算する。（　）
7 優しい先生。（　しい）
7 能力に優れる。（　れる）
9 名前を呼ぶ。（　ぶ）
12 ごみを捨てる。（　てる）
13 推しのアイドル。（　し）
14 人形を操る。（　る）
16 人を探す。（　す）
16 真相を探る。（　る）
17 太陽を拝む。（　む）

漢字力UP

高校新出音訓……

1 手厚く供養する。（　） そなえ物をしていのること。

解答

①提供 ❶供え物 ②負傷 ❷傷口 ③仁義 ❸仁愛 ④価値 ❹半値 ⑤土俵 ❺米俵 ⑥俳句 ❻俳優 ⑦優勝 ❼優美 ⑧吸入 ❽吸い口 ⑨点呼 ❾呼吸 ⑩拡大 ❿拡散 ⑪指揮 ⓫揮発 ⑫取捨 ⓬喜捨 ⑬推理 ⓭推進 ⑭操作 ⓮節操 ⑮分担 ⓯担任 ⑯探究 ⓰探査 ⑰拝見 ⓱参拝 ⑱批判 ⓲批評

番号	漢字	意味	部首	画数	読み	用例
10	拡	①ひろがる。ひろげる。	扌 てへん	8	カク	拡大《カクダイ》 拡散《カクサン》
11	揮	①力をふるう。ふりまわす。②まきちらす。	扌 てへん	12	キ	指揮《シキ》 揮発《キハツ》
12	捨	①すてる。ほうりだす。②神仏のために寄付する。	扌 てへん	11	シャ / す(てる)	取捨《シュシャ》 喜捨《キシャ》
13	推	①おしはかる。②おす。	扌 てへん	11	スイ / お(す)	推理《スイリ》 推進《スイシン》
14	操	①あやつる。思いどおりに動かす。②みさお。	扌 てへん	16	ソウ / あやつ(る) / みさお	操作《ソウサ》 節操《セッソウ》
15	担	①ひきうける。うけもつ。②かつぐ。になう。	扌 てへん	8	タン / かつ(ぐ) / にな(う)	分担《ブンタン》 担任《タンニン》
16	探	①さぐる。さがす。たずねる。	扌 てへん	11	タン / さが(す) / さぐ(る)	探究《タンキュウ》 探査《タンサ》
17	拝	①謙遜の意。②おがむ。③さずかる。いただく。	扌 てへん	8	ハイ / おが(む)	拝見《ハイケン》 参拝《サンパイ》
18	批	①よしあしを決める。②主催者が決裁する。	扌 てへん	7	ヒ	批判《ヒハン》 批評《ヒヒョウ》

⑩十倍にカクダイする。 ひろげおおきくすること。

⑪合唱のシキをする。 演奏を統率すること。

⑫シュシャ選択する。 不要なものをすて、必要なものをとること。

⑬スイリ小説を愛読する。 未知のことがらをおしはかること。

⑭機械をソウサする。 あやつり動かすこと。

⑮家事をブンタンする。 わけて受け持つこと。

⑯真実をタンキュウする。 深くさぐりきわめること。

⑰書類をハイケンした。 「みること」の謙譲語。

⑱厳しいヒハンを受ける。 否定的に評価すること。

⑩話題をカクサンさせる。 ひろくちらばること。

⑪キハツ性の高い液体。 常温で液体が気化すること。

⑫近所の寺にキシャする。 僧や寺院、貧者に寄付すること。

⑬平和活動をスイシンする。 おしすすめること。

⑭セッソウなく意見を変える。 自分の考えを守りとおすこと。

⑮タンニンの先生と話す。 ある仕事を受け持つこと。

⑯月面タンサ機を打ち上げる。 さぐりしらべること。

⑰神社をサンパイする。 神社に行っておがむこと。

⑱それぞれの文章をヒヒョウする。 価値を論じること。

14 操を守る。 志を変えないこと。〔　　〕

15 みこしを担ぐ。 かたに乗せる。〔　　ぐ〕

15 役割を担う。 担当する。〔　　う〕

対義語……

7 優勝↕レッパイ〔　　〕

10 拡大↕シュクショウ〔　　〕

類義語……

6 俳優＝ヤクシャ〔　　〕

同音異字……

11 合唱の指揮者 / □□折々の風景〔　　〕

同訓異字……

1 お墓に供える / 災害に□える〔　　える〕

四字熟語……

7 優勝劣敗《ゆうしょうれっぱい》 生存競争で、強い者が栄え、弱いものが滅びること。＝弱肉強食《じゃくにくきょうしょく》

訓読み 1 こども 2 いたむ 4 あたい 7 やさしい 7 すぐれる 9 よぶ 12 すてる 13 おし 14 あやつる 16 さがす 16 さぐる 17 おがむ

漢字力UP 高校新出音訓…… 1 くよう 14 みさお 15 かつぐ 15 になう 対義語…… 7 劣敗 10 縮小 類義語…… 6 役者 同音異字…… 11 四季 同訓異字…… 1 備える

漢字の豆知識

象形文字《しょうけい》

ものの形をまねて記号化した文字が漢字の原点なんだ。→日、→山、→木、→月、→田、→火、→目などがあるよ。元の形と漢字の形がよく似ているね。

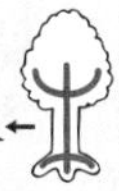
木←

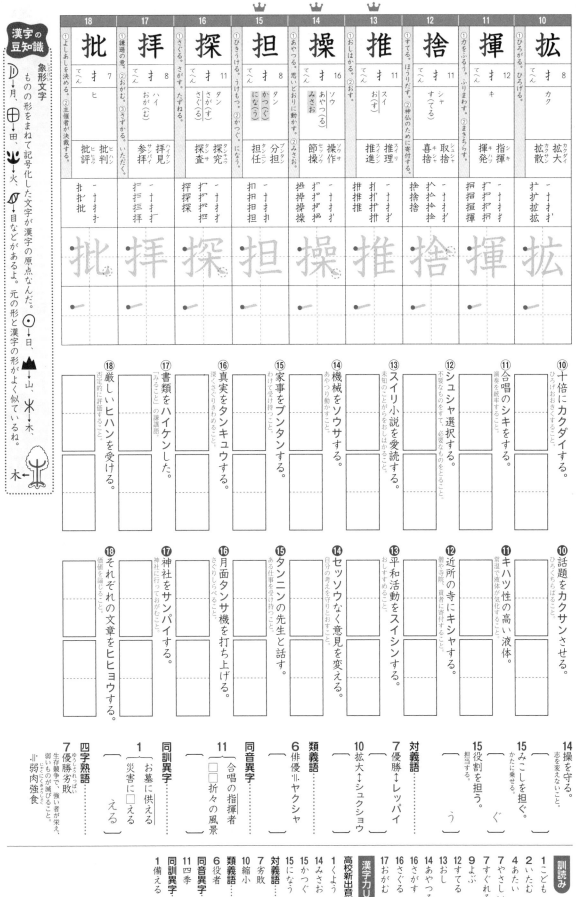

5級 第2回

5級学習漢字191字中 35字

	漢字	意味	部首	部首名	画数	読み	用例
1	域	①さかい。場所の区切り。②ある限られた範囲。	土	つちへん	11	イキ	地域《チイキ》 領域《リョウイキ》
2	従	①したがう。たずさわる。②のびやか。③～から。	彳	ぎょうにんべん	10	ジュウ ショウ ジュ したが(う・える)	従事《ジュウジ》 従順《ジュウジュン》
3	律	①おきて。さだめ。②のっとる。法則にしたがう。	彳	ぎょうにんべん	9	リツ リチ	法律《ホウリツ》 規律《キリツ》
4	降	①おりる。②くだる。③ふる。	阝	こざとへん	10	コウ お(りる・ろす) ふ(る)	降雨《コウウ》 降参《コウサン》
5	除	①のぞく。②割り算をする。③官職に任ずる。	阝	こざとへん	10	ジョ ジ のぞ(く)	除名《ジョメイ》 除法《ジョホウ》
6	障	①さわる。さしつかえる。②へだてる。さえぎる。	阝	こざとへん	14	ショウ さわ(る)	故障《コショウ》 障子《ショウジ》
7	陛	①きざはし。天子の宮殿の階段。	阝	こざとへん	10	ヘイ	陛下《ヘイカ》
8	沿	①水流や道路によりそう。②よる。したがう。	氵	さんずい	8	エン そ(う)	沿線《エンセン》 川沿《かわぞ》い
9	激	①はげしい。②はげしく心がうごく。	氵	さんずい	16	ゲキ はげ(しい)	激動《ゲキドウ》 感激《カンゲキ》

書き取りA　1回目　2回目

①雪の多いチイキ。（一定の範囲のとち。）

②農業にジュウジする。（しごととして務めること。）

③ホウリツを勉強する。（社会の秩序を維持するためのきまり。）

④コウウ量を測定する。（ふるあめの量。）

⑤会員からジョメイする。（構成員の資格をなくすこと。）

⑥自動車がコショウした。（不調が生じること。）

⑦天皇ヘイカにお目にかかる。（天皇などの尊称。）

⑧私鉄のエンセンに住む。（せんろぞい。）

⑨ゲキドウの時代を生きる。（はげしくゆれうごくこと。）

書き取りB　1回目　2回目

❶未知のリョウイキ。（専門とする範囲。）

❷飼い主にジュウジュンな犬。（性格が素直でさからわないこと。）

❸キリツ正しい生活を送る。（行いのきじゅんとなるおきて。）

❹あきらめてコウサンする。（争いに負けて相手にくだること。）

❺ジョホウを使って計算する。（わり算のこと。）

❻ショウジを閉める。（部屋をしきるための建具。）

もう一度書いてみよう！

❽カワゾいの道を散歩する。（かわにそった場所。）　［　］い

❾カンゲキの涙を流す。（強く心を打たれること。）　［　］い

訓読み

2 部下を従える。（　　える）

4 役目を降りる。（　　りる）

4 大雨が降る。（　　る）

5 ごみを除く。（　　く）

9 強く激しい風。（　　しい）

10 力の源。（　　）

11 用事を済ます。（　　ます）

15 鏡に映る顔。（　　る）

16 暖かい気候。（　　かい）

漢字力UP

高校新出音訓……

2 従容としたさま。（ゆったり落ち着き慌てない様子。）（　　）

2 従五位に任じる。（位階のひとつ。）（　　）

3 律義な性格。（義理がたいこと。）（　　）

解答

①地域 ❶領域 ②従事 ❷従順 ③法律 ❸規律 ④降雨 ❹降参 ⑤除名 ❺除法 ⑥故障 ❻障子 ⑦陛下 ⑧沿線 ❽川沿い ⑨激動 ❾感激 ⑩資源 ❿電源 ⑪救済 ⓫返済 ⑫洗顔 ⓬手洗い ⑬潮流 ⓭潮風 ⑭派手 ⓮流派 ⑮映像 ⓯夕映え ⑯暖冬 ⓰温暖 ⑰今晩 ⓱晩年

番号	漢字	意味	部首・画数	読み	用例
10	源	①水の流れるもと。物事のおおもと。	さんずい 氵 13	ゲン / みなもと	資源《シゲン》 電源《デンゲン》
11	済	①すくう。たすける。②すむ。すます。	さんずい 氵 11	サイ / す(む・ます)	救済《キュウサイ》 返済《ヘンサイ》
12	洗	①あらう。きれいにする。	さんずい 氵 9	セン / あら(う)	洗顔《センガン》 手洗《てあら》い
13	潮	①時のながれ。傾向。②海水の干満・ながれ。	さんずい 氵 15	チョウ / しお	潮流《チョウリュウ》 潮風《しおかぜ》
14	派	①わかれる。わかれ出る。②つかわす。	さんずい 氵 9	ハ	派手《ハで》 流派《リュウハ》
15	映	①うつる。うつす。②はえる。照りかがやく。	ひへん 日 9	エイ / うつ(る・す) / は(える)	映像《エイゾウ》 夕映《ゆうば》え
16	暖	①あたたかい。あたためる。	ひへん 日 13	ダン / あたた(か・かい・まる・める)	暖冬《ダントウ》 温暖《オンダン》
17	晩	①夕暮れ。夜。②おそい。終わりに近い。	ひへん 日 12	バン	今晩《コンバン》 晩年《バンネン》

漢字の豆知識

指事文字《しじ》

ものの形を表すのではなく、ものの関係を示すための文字。

↓上、↓中、↓下

(基点の横棒より上か下か)

「末」…木の上方↓先。

「本」…木の下↓ねもと。

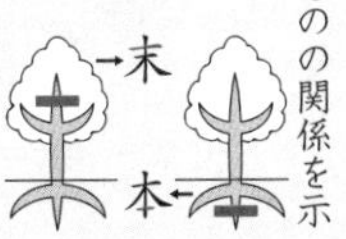

形声文字《けいせい》

「形」はかたち(意味)、「声」は音《おん》(読み)のことで、文字の半分ずつで意味と読みを示す文字。

右に音、左に意味↓洗、潮

上に音、下に意味↓幕、忘

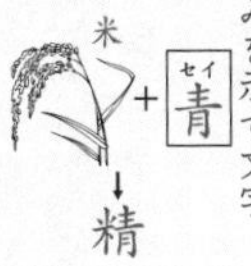

⑩天然シゲンを活用する。
生産活動のもととなるもの。

⑪難民キュウサイ活動。
困っている人を助けること。

⑫こまめにセンガンする。
かおをあらうこと。

⑬時代のチョウリュウに乗る。
時勢のなりゆき。

⑭ハデな格好をひかえる。
目立って華やかであるさま。

⑮なつかしいエイゾウ。
画面などにうつる姿。

⑯今年はダントウだ。
あたたかいふゆ。

⑰コンバンは来客がある予定だ。
きょうの夜。こよい。

❿ゲームのデンゲンを入れる。
でんきを供給するみなもと。

⓫借金をヘンサイする。
借りたものをかえすこと。

⓬テアライ・うがいを欠かさない。
てをあらうこと。
〔い〕

⓭船でシオカゼをあびる。
しお気をふくんだ海かぜ。
〔い〕

⓮他リュウハの作法を勉強する。
芸事で分かれた系統。

⓯きれいなユウバエをながめる。
ゆうやけ。
〔え〕

⓰心地よいオンダンな気候。
気候などがあたたかなこと。
〔え〕

⓱バンネンの作品。
一生の終わりの時期。

6 耳に障る音。
さまたげになる。
〔　る〕

対義語……

14 派手↕ジミ〔　〕

16 温暖↕カンレイ〔　〕

類義語……

1 地域=クイキ〔　〕

1 地域=チク〔　〕

2 従順=スナオ〔　〕

4 降参=コウフク〔　〕

9 激動=ゲキヘン〔　〕

13 潮流=ジリュウ〔　〕

同訓異字……

13 潮の流れを読む / □味のおやつ〔味〕

16 暖かい春の陽気 / □かい飲み物〔かい〕

訓読み 2 したがえる 4 おりる 4 ふる 5 のぞく 9 はげしい 10 みなもと 11 すます 15 うつる 16 あたたかい

漢字力UP

高校新出音訓…… 2 しょうよう 2 じゅ 3 りちぎ 6 さわる

対義語…… 14 地味 16 寒冷

類義語…… 1 区域 1 地区 2 素直 4 降伏 9 激変 13 時流

同訓異字…… 13 塩味 16 温かい

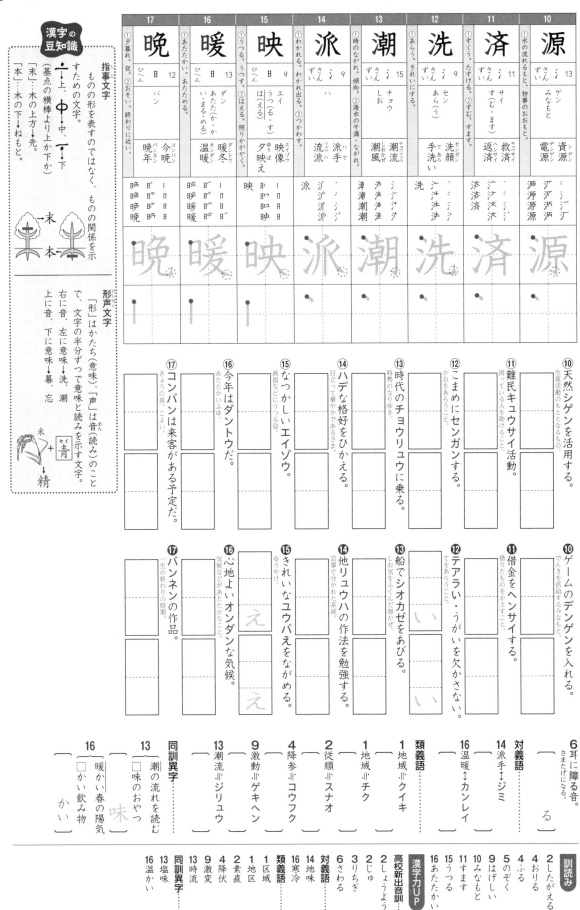

5級 第3回

5級学習漢字191字中 52字

	漢字	部首名	部首	画数	読み	意味	用例	筆順
1	胸	にくづき	月	10	キョウ / むね / むな	①むね。腹の上の部分。②こころ。	胸板《むないた》 度胸《ドキョウ》	丿 冂 月 月 肑 肑 肑 肑 胸 胸
2	臓	にくづき	月	19	ゾウ	①はらわた。体内器官の総称。	臓器《ゾウキ》 内臓《ナイゾウ》	月 月 月 月 月 肝 肝 肝 肝 臓 臓 臓 臓
3	腸	にくづき	月	13	チョウ	①ちょう。はらわた。消化器官の一つ。	小腸《ショウチョウ》 胃腸《イチョウ》	丿 冂 月 月 月 月 月 月 月 腸 腸 腸 腸
4	脳	にくづき	月	11	ノウ	①のう。あたま。②中心となる人。	頭脳《ズノウ》 首脳《シュノウ》	丿 冂 月 月 月 月 月 月 脳 脳 脳
5	肺	にくづき	月	9	ハイ	①はい。呼吸をつかさどる器官。	肺活量《ハイカツリョウ》 心肺《シンパイ》	丿 冂 月 月 月 月 月 月 肺
6	腹	にくづき	月	13	フク / はら	①はら。おなか。②心の中。③ものの中央。	空腹《クウフク》 中腹《チュウフク》	丿 冂 月 月 月 月 月 月 月 腹 腹 腹 腹
7	株	きへん	木	10	かぶ	①きりかぶ。	株価《かぶカ》 株式《かぶシキ》	一 十 才 木 木 木 朱 株 株 株
8	机	きへん	木	6	キ / つくえ	①つくえ。	机上《キジョウ》 勉強机《ベンキョウづくえ》	一 十 才 木 朷 机
9	権	きへん	木	15	ケン / ゴン	①いきおい。ちから。②かり。まにあわせ。	権利《ケンリ》 実権《ジッケン》	十 木 木 木 木 木 木 木 木 木 木 木 木 権 権

書き取りA（1回目・2回目）

①分厚いムナイタ。
むねの部分のいたのように平たいところ。

②ゾウキ移植を望む。
ないぞうのきかん。

③ショウチョウで消化される。
消化管の一つ。

④すぐれたズノウを持つ。
あたまのはたらき。

⑤ハイカツリョウを測定する。
はいが空気を出入させる最大量。

⑥クウフクは最高のスパイスだ。
おなかがすいていること。

⑦カブカが変動する。
かぶ式を売買する値段。

⑧キジョウの計画に過ぎない。
実際には役に立たない計画。

⑨ケンリを主張する。
主張し要求することができる資格。

書き取りB（1回目・2回目）

❶彼女はドキョウがある。
物事に動じない心。

❷ナイゾウの検査をする。
体のうちがわにあるぞうき。

❸イチョウの調子をととのえる。
内臓のい と ちょう。

❹各国シュノウとの会談。
中心となる人。

❺シンパイの機能が停止する。
しんぞう と はい。

❻山のチュウフクで休む。
ふもとと山頂の間。

❼カブシキ市場に出入りする。
かぶしき会社の資本の単位。

❽ベンキョウヅクエに座る。
べんきょうするときに使うつくえ。

❾チームのジッケンをにぎる。
じっさいのけんりょく。

訓読み

1 胸が高鳴る。（　　）

6 腹が立つ。（　　）

15 砂場で遊ぶ。（　　）

17 欠員を補う。（　　う）

漢字力UP

高校新出音訓

9 神の権化。（　　）
化身。

対義語

6 空腹↕マンプク（　　）

9 権利↕ギム（　　）

13 模型↕ジツブツ（　　）

類義語

4 頭脳＝チノウ（　　）

10 樹立＝カクリツ（　　）

12 大枚＝タイキン（　　）

解答

①胸板 ❶度胸 ②臓器 ❷内臓 ③小腸 ❸胃腸 ④頭脳 ❹首脳 ⑤肺活量 ❺心肺 ⑥空腹 ❻中腹 ⑦株価 ❼株式 ⑧机上 ❽勉強机 ⑨権利 ❾実権 ⑩街路樹 ❿樹立 ⑪相棒 ⓫鉄棒 ⑫大枚 ⓬枚挙 ⑬模型 ⓭規模 ⑭班長 ⓮救護班 ⑮土砂 ⓯砂鉄 ⑯磁石 ⓰青磁 ⑰補足 ⓱補佐

	10	11	12	13	14	15	16	17
漢字	樹	棒	枚	模	班	砂	磁	補
意味	①木。②たてる。	①ぼう。ぼうのように。	①薄くて平たいものを数える。②一つ一つ数える。	①かたどる。まねる。②かた。ひながた。	①組み分けされたグループ。	①すな。すな状の。	①じしゃく。②やきもの。	①おぎなう。②たすける。③さずける。
部首	きへん 木	きへん 木	きへん 木	きへん 木	おうへん 王	いしへん 石	いしへん 石	ころもへん 衤
画数	16	12	8	14	10	9	14	12
読み	ジュ	ボウ	マイ	モ ボ	ハン	サ シャ すな	ジ	ホ おぎな(う)
用例	街路樹《ガイロジュ》 樹立《ジュリツ》	相棒《あいボウ》 鉄棒《テツボウ》	大枚《タイマイ》 枚挙《マイキョ》	模型《モケイ》 規模《キボ》	班長《ハンチョウ》 救護班《キュウゴハン》	土砂《ドシャ》 砂鉄《サテツ》	磁石《ジシャク》 青磁《セイジ》	補足《ホソク》 補佐《ホサ》
筆順	一 十 オ 木 木 朩 桔 桔 桔 桔 樹 樹	一 十 オ 木 朩 栏 栏 栲 枔 椄 棒 棒	一 十 オ 木 朩 朩 朸 枚	一 十 オ 木 朩 栉 栉 栉 栉 椹 椹 模 模	一 丅 干 王 ⺩ 玎 玎 玡 班 班	一 ア 不 石 石 矽 矽 砂 砂	一 ア 不 石 石 石' 矿 矿 矿 矿 磁 磁 磁 磁	丶 ラ ネ 衤 衤 衤 衤 衤 衤 衤 補 補

漢字の豆知識

会意文字《かいい》
すでにある漢字を組み合わせ、新しい意味を示す文字。
「林・森」…木が多い。
「炎」…火が強い。
「古」…十人の口で言い伝えてきたこと。

転注文字《てんちゅう》
ある意味を表す文字を、本義と関連のある別の意味に利用する方法。「命令する」の意味の「令」の字が、「命令する人」の意味にも使用されるなど。

⑩ガイロジュの手入れをする。
まちのどうろに立っている木。

⑪新しいアイボウを探す。
一緒にするあいて。

⑫タイマイをはたく。
たくさんのお金。

⑬モケイの飛行機を作る。
形をまねて作ったもの。

⑭ハンチョウを決める。
小単位の集団のかしら。

⑮ドシャでうめたてる。
つちとすな。

⑯方位ジシャクを用いる。
じきコンパス。

⑰ホソク説明をする。
おぎない付け加えること。

❿新記録をジュリツする。
うちたてること。

⓫テツボウで逆上がりを練習する。
てつのぼう。遊具。

⓬マイキョにいとまがない。
一つ一つ数え上げられないほど数が多い。

⓭大会のキボを縮小する。
構えのおおきさ。

⓮キュウゴハンが来るのを待つ。
きゅうごを担当するグループ。

⓯サテツを集める。
細かいすな状のてつ。

⓰セイジの美しい器。
あおみがかった色のじき。

⓱委員長のホサをする。
仕事をたすけおぎなうこと。

12 枚挙≒レッキョ〔　〕
17 補足≒ツイカ〔　〕

同音異字……
2 内臓の病気／地下の貯□庫〔貯〕
4 わが社の頭脳／オ□を生かす〔才〕
6 腹式呼吸／□雑な関係〔雑〕／□習して覚える〔習〕
16 磁石を近づける／□養のある食物〔養〕

同訓異字……
6 本心とは裏腹だ／野□を走る〔野〕

四字熟語……
11 針小棒大《しんしょうぼうだい》
針くらい小さいことを棒くらい大きくおおげさに言い立てること。
15 白砂青松《はくしゃせいしょう》
白い砂と青い松。海岸などの景色の美しさをいう。

形の似ている漢字……
12 枚―板

訓読み
1 むね
6 はら
15 すなば
17 おぎなう

漢字力UP

高校新出音訓……
9 ごんげ

対義語……
6 満腹
9 義務
13 実物

類義語……
4 知能
10 確立
12 大金
12 列挙
17 追加

同音異字……
2 貯蔵
4 才能
6 複雑
復習
16 滋養

同訓異字……
6 野原

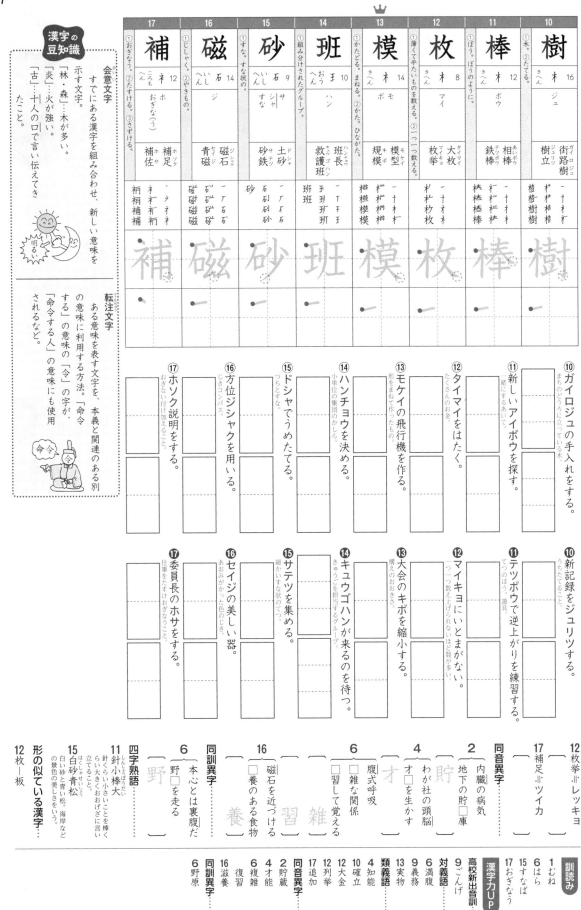

5級学習漢字191字中 70字

番号	漢字	部首	画数	読み	用例	意味
1	糖	米 こめへん	16	トウ	砂糖《サトウ》 糖分《トウブン》	①あめ。さとう。
2	絹	糸 いとへん	13	ケン / きぬ	絹糸《きぬいと》 絹織物《きぬおりもの》	①きぬ。きぬいと。
3	紅	糸 いとへん	9	コウ ク / べに くれない	紅葉《コウヨウ》 真紅《シンク》	①くれない。あざやかな赤色。
4	縦	糸 いとへん	16	ジュウ / たて	縦断《ジュウダン》 操縦《ソウジュウ》	①たて。上下または南北の方向。②ほしいまま。
5	縮	糸 いとへん	17	シュク / ちぢ(む・まる・める・れる・らす)	短縮《タンシュク》 縮小《シュクショウ》	①ちぢむ。ちぢまる。ちぢめる。
6	純	糸 いとへん	10	ジュン	純情《ジュンジョウ》 単純《タンジュン》	①まじりけがない。ありのまま。もっぱら。
7	納	糸 いとへん	10	ノウ ナッ ナ ナン トウ / おさ(める・まる)	納入《ノウニュウ》 納得《ナットク》	①おさめる。いれる。②おわる。③しまいこむ。
8	誤	言 ごんべん	14	ゴ / あやま(る)	誤解《ゴカイ》 正誤《セイゴ》	①あやまる。あやまり。
9	詞	言 ごんべん	12	シ	歌詞《カシ》 品詞《ヒンシ》	①ことば。

書き取りA 1回目 2回目

①サトウを減らす。（甘味料の一つ。）

②キヌイトで布を織る。（カイコのまゆからとったいと。）

③山のコウヨウが美しい。（はが秋にべに色になること。）

④日本列島ジュウダン。（たてに通り抜けること。）

⑤時間をタンシュクする。（みじかくちぢめること。）

⑥ジュンジョウな性格。（まじりけのない心。）

⑦商品をノウニュウする。（品物やお金をおさめること。）

⑧ゴカイが生じる。（あやまった思いこみ。）

⑨カシを口ずさむ。（節をつけてうたうためのことば。）

書き取りB 1回目 2回目

❶トウブンを取るのをひかえる。（とう類の成ぶん。）

❷キヌオリモノの貿易。（きぬでおったおりもの。）

❸シンクのじゅうたん。（まっか。）

❹飛行機をソウジュウする。（思うようにあやつること。）

❺画面をシュクショウする。（ちぢめてちいさくすること。）

❻タンジュンな計算ミス。（こみいっていないこと。）

❼説明にナットクできない。（理解して受けいれること、）

❽セイゴ判定をおこなう。（ただしいこととあやまっていること。）

❾単語のヒンシを調べる。（文法上の単語の分類。）

訓読み

3 口紅をつける。〔　　〕

3 紅にそまる。〔　　〕

4 縦線を引く。〔　　〕

5 セーターが縮む。〔　　む〕

7 税金を納める。〔　　める〕

8 文字を誤る。〔　　る〕

12 誠の心。〔　　〕

14 かたきを討つ。〔　　つ〕

15 相手を認める。〔　　める〕

16 旧友を訪ねる。〔　　ねる〕

16 京都に訪れる。〔　　れる〕

漢字力UP

高校新出音訓……

2 絹糸の束。（絹でできた糸。）※音読み〔　　〕

解答

①砂糖 ❶糖分 ②絹糸 ❷絹織物 ③紅葉 ❸真紅（深紅） ④縦断 ❹操縦 ⑤短縮 ❺縮小 ⑥純情 ❻単純 ⑦納入 ❼納得 ⑧誤解 ❽正誤 ⑨歌詞 ❾品詞 ⑩雑誌 ❿日誌 ⑪諸国 ⓫諸君 ⑫誠実 ⓬誠意 ⑬誕生 ⓭生誕 ⑭追討 ⓮検討 ⑮認定 ⓯確認 ⑯訪問 ⓰訪米 ⑰通訳 ⓱内訳 ⑱議論 ⓲言論

番号	漢字	意味	部首	画数	読み	用例
10	誌	①しるす。書きしるしたもの。	言 ごんべん	14	シ	雑誌《ザッシ》 日誌《ニッシ》
11	諸	①もろもろ。いろいろな。	言 ごんべん	15	ショ	諸国《ショコク》 諸君《ショクン》
12	誠	①まこと。まごころ。	言 ごんべん	13	セイ / まこと	誠実《セイジツ》 誠意《セイイ》
13	誕	①うまれる。うむ。	言 ごんべん	15	タン	誕生《タンジョウ》 生誕《セイタン》
14	討	①うつ。せめうつ。②たずねる。しらべる。	言 ごんべん	10	トウ / う(つ)	追討《ツイトウ》 検討《ケントウ》
15	認	①ゆるす。②見分ける。見きわめる。	言 ごんべん	14	ニン / みと(める)	認定《ニンテイ》 確認《カクニン》
16	訪	①おとずれる。人をたずねる。	言 ごんべん	11	ホウ / たず(ねる) / おとず(れる)	訪問《ホウモン》 訪米《ホウベイ》
17	訳	①やくす。やくしたもの。②わけ。理由。事情。	言 ごんべん	11	ヤク / わけ	通訳《ツウヤク》 内訳《うちわけ》
18	論	①ろんずる。いいあう。②考え。	言 ごんべん	15	ロン	議論《ギロン》 言論《ゲンロン》

⑩ザッシを立ち読みする。
定期的に刊行する書物。

⑪ショコクを旅する。
さまざまなくにぐに。

⑫セイジツな人がら。
真心がありまじめであるさま。

⑬孫のタンジョウを祝う。
うまれること。

⑭平氏をツイトウする。
敵をおってうつこと。

⑮資格ニンテイ試験を受ける。
みとめること。

⑯家庭ホウモンの日。
たずねみまうこと。

⑰同時ツウヤクをする。
双方のことばをやくし仲介すること。

⑱白熱したギロン。
意見を述べ合うこと。

❿航海ニッシを書く。
まいにちの出来事などの記録。

⓫ショクンの今後に期待する。
対等か目下の人びとを親しみをこめて呼ぶ語。

⓬セイイをもって謝罪する。
正直な態度で接する心。

⓭ピカソのセイタンを記念する。
うまれること。

⓮十分にケントウする。
よく吟味すること。

⓯何度もカクニンする。
たしかめること。

⓰仕事でホウベイする。
アメリカをおとずれること。

⓱金額のウチワケを計算する。
ないようをこうもく別に分けたもの。

⓲ゲンロンの自由を守る。
ことばで自分の意見を発すること。

7 納屋をかたづける。（　）
物置き小屋。

7 納戸にしまう。（　）
物置き部屋。

対義語……

4 縦断↕オウダン（　）

5 縮小↕カクダイ（　）

6 単純↕フクザツ（　）

7 納得↕フフク（　）

12 誠実↕フジツ（　）

類義語……

12 誠意＝マゴコロ（　）

同訓異字……

7
- 税金を納める
- 学問を□める
- 国を□める
- 成果を□める

（　める）（　める）（　める）

訓読み
3 くちべに
3 くれない
4 たてせん
5 ちぢむ
7 おさめる
8 あやまる
12 まこと
14 うつ
15 みとめる
16 たずねる
16 おとずれる

漢字力UP

高校新出音訓……
2 けんし
7 なや
7 なんど

対義語……
4 横断
5 拡大
6 複雑
7 不服
12 不実

類義語……
12 真心

同訓異字……
7 修める
治める
収める

漢字の豆知識

仮借《かしゃ》文字
ある意味を表す適当な漢字がない場合に、意味とは無関係に、同じ発音のすでにある漢字を借用する方法。ムギの「來」の音をかりて、「来る」の意味を表すなど。

革(なめしがわ)
↓ 音を借りて
あらたまる
(例：革命)

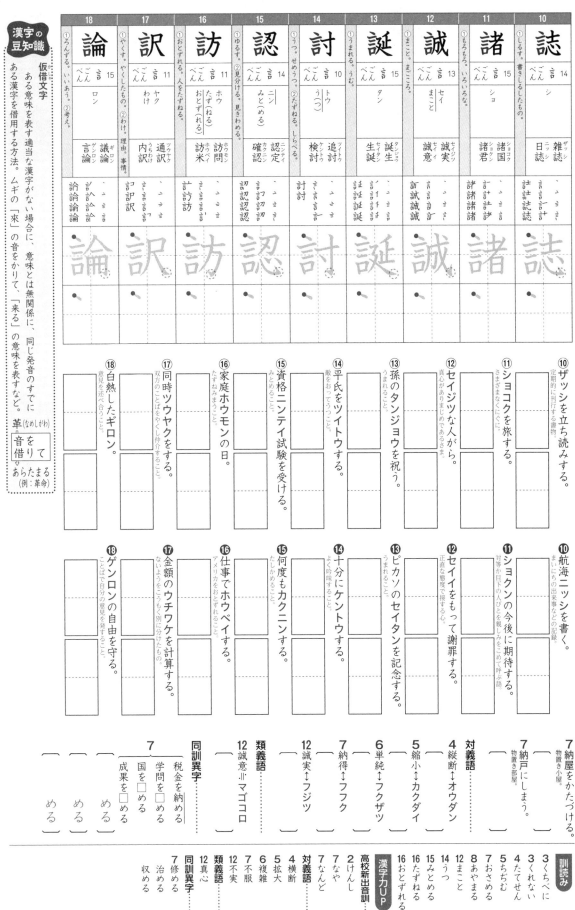

5級 第5回

5級学習漢字191字中 87字

番号	漢字	部首名	部首	画数	読み	用例	意味
1	穀	のぎへん	禾	14	コク	穀物《コクモツ》 穀類《コクルイ》	①こくもつ。米・麦・豆など。
2	私	のぎへん	禾	7	シ／わたくし／わたし	私腹《シフク》 私語《シゴ》	①わたくし。わたし。自分。②ひそかに。
3	秘	のぎへん	禾	10	ヒ／ひ(める)	秘書《ヒショ》 神秘《シンピ》	①ひめる。②おくぶかい。③通じが悪い。
4	鋼	かねへん	金	16	コウ／はがね	鋼鉄《コウテツ》 鋼材《コウザイ》	①はがね。
5	針	かねへん	金	10	シン／はり	針金《はりがね》 方針《ホウシン》	①はり。はり状の。②方向。進路。
6	銭	かねへん	金	14	セン／ぜに	銭湯《セントウ》 小銭《こぜに》	①ぜに。おかね。②おかねの単位。
7	乳	おつ	し	8	ニュウ／ちち／ち	牛乳《ギュウニュウ》 乳歯《ニュウシ》	①ちち。②おさない。
8	乱	おつ	し	7	ラン／みだ(れる・す)	混乱《コンラン》 乱読《ランドク》	①みだれる。みだす。
9	割	りっとう	刂	12	カツ／わ(る・れる)／わり／さ(く)	分割《ブンカツ》 割合《わりあい》	①わる。わける。さく。②比率。

書き取りA 1回目 2回目

①コクモツを育てる。 人類が主食とするもの。

②シフクを肥やす。 公の地位を利用し利益をむさぼること。

③政治家のヒショになる。 要職にある人の仕事を助ける人。

④コウテツの肉体を持つ。 はがねのように強いこと。

⑤ハリガネ細工の工芸品。 はり状に細くのばしたきんぞく。

⑥セントウに行く。 料金をとって入浴させる浴場。

⑦毎朝ギュウニュウを飲む。 ウシのちち。

⑧頭がコンランする。 わけがわからなくなること。

⑨代金をブンカツではらう。 いくつかにわけること。

書き取りB 1回目 2回目

❶コクルイの入荷を増やす。 こくもつのたぐい。

❷先生にシゴを注意される。 ひそひそ話。

❸シンピ的な光景。 普通の認識を超えた不思議なさま。

❹コウザイを用意する。 はがねでできたざいりょう。

❺ホウシンを変更する。 これから目ざす基本となるもの。

❻財布のコゼニを数える。 少ない額のおかね。

❼ニュウシがぬける。 赤子から幼児期までのは。

❽書物をランドクする。 いろいろな書物を手当たりしだいによむ。

❾計算してワリアイを求める。 全体に対する一部の比率。

訓読み

2 私の名前。 ※読みは二種類 （　　）（　　）

3 可能性を秘める。 （　　める）

4 鋼を精製する。 （　　）

7 ヤギの乳を飲む。 （　　）

7 動物の乳首。 （　　）

8 空気が乱れる。 （　　れる）

9 スイカを割る。 （　　る）

9 人員を割く。 （　　く）

11 玉ねぎを刻む。 （　　む）

12 明るい未来を創る。 （　　る）

16 目上の人を敬う。 （　　う）

17 目の敵にする。 （　　）

解答

①穀物 ❶穀類 ②私腹 ❷私語 ③秘書 ❸神秘 ④鋼鉄 ❹鋼材 ⑤針金 ❺方針 ⑥銭湯 ❻小銭 ⑦牛乳 ❼乳歯 ⑧混乱 ❽乱読 ⑨分割 ❾割合 ⑩劇的 ❿劇場 ⑪刻印 ⓫時刻 ⑫創傷 ⓬創造 ⑬郷土 ⓭望郷 ⑭郵送 ⓮郵便 ⑮階段 ⓯手段 ⑯敬語 ⓰敬意 ⑰敵意 ⓱無敵

番号	漢字	意味	部首	画数	読み	熟語
10	劇	①はなはだしい。②しばい。	刂 りっとう	15	ゲキ	劇的《ゲキテキ》 劇場《ゲキジョウ》
11	刻	①きざむ。②ひどい。きびしい。③とき。時間。	刂 りっとう	8	コク／きざ(む)	刻印《コクイン》 時刻《ジコク》
12	創	①きず。きずつける。②つくる。はじめる。	刂 りっとう	12	ソウ／つく(る)	創傷《ソウショウ》 創造《ソウゾウ》
13	郷	①いなか。地方。ふるさと。②場所。	阝 おおざと	11	キョウ／ゴウ	郷土《キョウド》 望郷《ボウキョウ》
14	郵	①ゆうびん。	阝 おおざと	11	ユウ	郵送《ユウソウ》 郵便《ユウビン》
15	段	①だん。②くぎり。切れ目。③てだて。	殳 るまた	9	ダン	階段《カイダン》 手段《シュダン》
16	敬	①うやまう。うやまいつつしむ。	攵 のぶん	12	ケイ／うやま(う)	敬語《ケイゴ》 敬意《ケイイ》
17	敵	①てき。かたき。②対等にあたる。	攵 のぶん	15	テキ／かたき	敵意《テキイ》 無敵《ムテキ》

⑩ゲキテキな結末。
（ドラマチック。）

⑪名前をコクインする。
（しるしをほること。）

⑫転んでソウショウができる。
（きず。）

⑬キョウドの歴史。
（生まれ育ったところ。）

⑭願書をユウソウする。
（ゆうびんでおくること。）

⑮非常カイダンを使う。
（だんになった通路。）

⑯ケイゴの使い方を学ぶ。
（うやまう気持ちを表す表現。）

⑰相手にテキイをいだく。
（にくむ気持ち。）

❿ゲキジョウに足を運ぶ。
（えんげきをするばしょ。）

⓫約束のジコクを過ぎる。
（ある定まったとき。）

⓬新しい文化をソウゾウする。
（新しいものを初めてつくりだすこと。）

⓭ボウキョウの思いが強まる。
（ふるさとをいとしく思うこと。）

⓮ユウビン局で手紙を出す。
（手紙などをおくる制度。）

⓯シュダンを選んではいられない。
（目的実現のためのてだて。）

⓰相手へのケイイを表す。
（うやまう気持ち。）

⓱ムテキのヒーロー。
（ならぶ者がいないほど強いこと。）

漢字力UP

対義語……
8 乱読↕セイドク〔　〕
12 創造↕モホウ〔　〕

類義語……
5 方針≒シシン〔　〕
15 手段≒ホウサク〔　〕

同音異字……
10 東京の劇場／□□にかられる〔　〕
17 敵をあざむく／登山に□した服〔　した〕

同訓異字……
12 未来を創る／人形を□る／庭園を□る〔　る〕〔　る〕

漢字の豆知識

訓読みのない漢字ー外来語

中国からは、それまで日本になかったものが多く輸入されてきた。それらのものと一緒に入ってきた言葉は「外来語」だから、当然日本語の読み(訓読み)はない。「肉《ニク》・茶《チャ》」などは、すべて音読みなんだ。

音読みのない漢字ー国字

日本人が作った漢字を「国字」という。本来の〝やまとことば〟を漢字にしたので、ほとんどは訓読みだけ。風が止まる「凪《なぎ》」、身を美しくする「躾《しつけ》」、「畑《はたけ》」や「峠《とうげ》」なども「国字」だよ。

訓読み
2 わたし わたくし
3 ひめる
4 はがね
7 ちち
7 ちくび
8 みだれる
9 わる
9 さく
11 きざむ
12 つくる
16 うやまう
17 かたき

漢字力UP

対義語……
8 精読
12 模倣

類義語……
5 指針
15 方策

同音異字……
10 激情
17 適した

同訓異字……
12 作る 造る

5級 第6回

5級学習漢字191字中104字

	漢字	部首	画数	読み	用例	意味
1	頂	頁（おおがい）	11	チョウ／いただき／いただ(く)	絶頂《ゼッチョウ》　頂点《チョウテン》	①いただき。てっぺん。②いただく。
2	預	頁（おおがい）	13	ヨ／あず(ける・かる)	預金《ヨキン》　預言《ヨゲン》	①あずける。あずかる。②あらかじめ。
3	亡	亠（なべぶた）	3	ボウ／モウ／な(い)	死亡《シボウ》　亡命《ボウメイ》	①ほろびる。②なくなる。③にげる。
4	宇	宀（うかんむり）	6	ウ	気宇《キウ》　宇治《ウジ》	①のき。やね。②そら。③品性。
5	宗	宀（うかんむり）	8	シュウ｜ソウ	宗教《シュウキョウ》　宗家《ソウケ》	①教義。教理。②祖先。本家。
6	宣	宀（うかんむり）	9	セン	宣告《センコク》　宣言《センゲン》	①ひろく告げ知らせる。②天子のおおせ。
7	宅	宀（うかんむり）	6	タク	住宅《ジュウタク》　宅地《タクチ》	①いえ。すまい。
8	宙	宀（うかんむり）	8	チュウ	宇宙《ウチュウ》　宙返《チュウがえ》り	①大空。空間。
9	宝	宀（うかんむり）	8	ホウ／たから	国宝《コクホウ》　宝石《ホウセキ》	①たからもの。たからとする。②とうとい。

書き取りA　1回目　2回目

①幸せのゼッチョウ。
ものごとの最高の状態。

②銀行にヨキンする。
おかねをあずけること。

③事故でシボウする。
しぬこと。

④キウ壮大な計画だ。
心の持ち方。

⑤シュウキョウの自由。
神仏などを信じて安らぎを得ようとすること。

⑥余命をセンコクされる。
いいわたすこと。

⑦ジュウタクが集まる。
人がすむための家。

⑧ウチュウ旅行を夢見る。
大気圏の外の空間。

⑨コクホウが公開される。
くにが指定し保護するたから。

書き取りB　1回目　2回目

❶チョウテンにのぼりつめる。
いちばん高いところ。

❷聖書のヨゲンを信じる。
神のおつげ。

❸他国にボウメイする。
迫害をさけて他国にのがれること。

❹源氏物語のウジ十帖を読む。
京都の地名。

❺ソウケの当主になる。
一門の中心のいえ。

❻平和センゲンを聞く。
意志や意見を表明することば。

❼森を開いてタクチを開発する。
住居に用いるとち。

❽チュウガエりの演技。（　　り）（　　り）
空中で体を回転させるわざ。

❾きれいなホウセキを買う。
装飾品のいし。

訓読み

1 山の頂へ登る。（　　　）

1 おかしを頂く。（　　く）

2 犬を人に預ける。（　　ける）

9 子宝にめぐまれる。（　　　）

11 厳しい練習。（　　しい）

11 厳かな式典。（　　か）

13 ぎょうざを蒸す。（　　す）

15 自伝を著す。（　　す）

15 著しい成長。（　　しい）

漢字力UP

高校新出音訓……

3 金の亡者。（　　　）
強い欲を持つ者。

3 亡き人をしのぶ。（　　き）
しぬ。

11 荘厳な雰囲気。（　　　）
おごそか。

解答

①絶頂 ❶頂点 ②預金 ❷預言 ③死亡 ❸亡命 ④気宇 ❹宇治 ⑤宗教 ❺宗家 ⑥宣告 ❻宣言 ⑦住宅 ❼宅地 ⑧宇宙 ❽宙返り ⑨国宝 ❾宝石 ⑩密度 ❿密着 ⑪厳重 ⓫厳格 ⑫若年 ⓬若者 ⑬蒸発 ⓭蒸気 ⑭貯蔵 ⓮酒蔵 ⑮著者 ⓯著名 ⑯車窓 ⓰窓口 ⑰消防署 ⓱署名

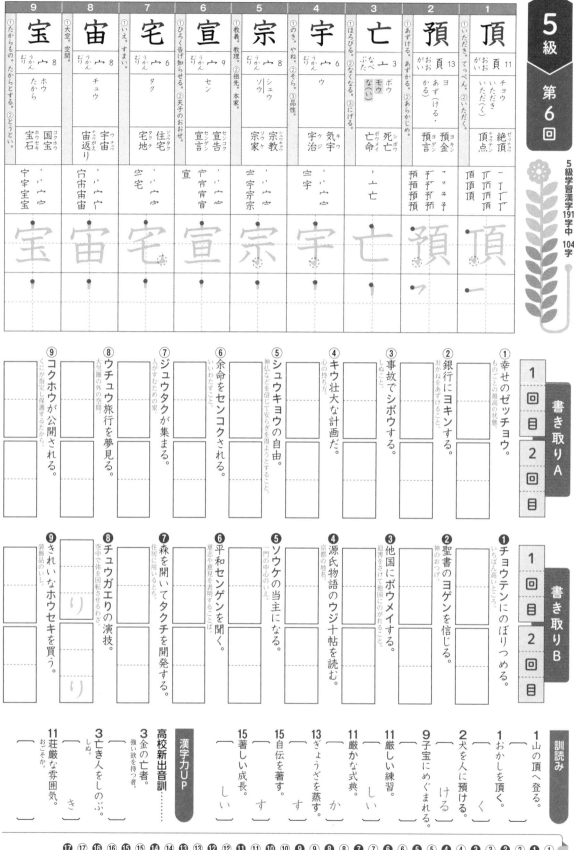

番号	漢字	部首	画数	読み	用例	意味
10	密	宀 うかんむり	11	ミツ	密度《ミツド》 密着《ミッチャク》	①ひそか。ひそかに。②すきまがない。
11	厳	⺍ つかんむり	17	ゲン ゴン / きび(しい) おごそ(か)	厳重《ゲンジュウ》 厳格《ゲンカク》	①きびしい。②おごそか。いかめしい。
12	若	艹 くさかんむり	8	ジャク ニャク / わか(い) も(しくは)	若年《ジャクネン》 若者《わかもの》	①わかい。おさない。②いくらか。すこし。
13	蒸	艹 くさかんむり	13	ジョウ / む(す・れる・らす)	蒸発《ジョウハツ》 蒸気《ジョウキ》	①むす。むれる。むらす。
14	蔵	艹 くさかんむり	15	ゾウ / くら	貯蔵《チョゾウ》 酒蔵《さかぐら》	①かくす。しまう。②くら。
15	著	艹 くさかんむり	11	チョ / あらわ(す) いちじる(しい)	著者《チョシャ》 著名《チョメイ》	①あらわす。②いちじるしい。
16	窓	穴 あなかんむり	11	ソウ / まど	車窓《シャソウ》 窓口《まどぐち》	①まど。
17	署	罒 あみがしら	13	ショ	消防署《ショウボウショ》 署名《ショメイ》	①やくわり。わりあて。②役所。③かきしるす。

密 厳 若 蒸 蔵 著 窓 署

⑩人口ミツドが高い。（含まれるものの比率。）

⑪ゲンジュウに警備する。（いい加減なことが許されないさま。）

⑫ジャクネン者の未来。（としがわかい人。）

⑬水分がジョウハツする。（気化すること。）

⑭米をチョゾウする。（たくわえておくこと。）

⑮好きな本のチョシャに会う。（書物を書いた人。）

⑯シャソウからの景色。（くるまなどのまど。）

⑰ショウボウショの前を通る。（しょうぼう活動にあたる機関・建築物。）

❿歌手にミッチャク取材する。（ぴったりつくこと。）

⓫ゲンカクな決まり。（不正をゆるさない態度。）

⓬ワカモノ特有の話し言葉。（としがわかい人。）

⓭ジョウキ機関車に乗る。（じょうはつなどで発生したきたい。）

⓮地元のサカグラを見学する。（おさけを造っているくら。）

⓯チョメイ人のインタビュー。（世間によくなまえが知られていること。）

⓰銀行マドグチで手続きをする。（対面で事務手続きをする所。）

⓱ショメイを集める。（自分のなまえを文書に書き記すこと。）

12 老若男女。（すべての人。）〔　　〕

12 山若しくは川。（または。）〔　しくは〕

対義語

1 頂点↕テイヘン〔　　〕

3 死亡↕タンジョウ〔　　〕

15 著名↕ムメイ〔　　〕

類義語

5 宗家≒イエモト〔　　〕

15 著者≒ヒッシャ〔　　〕

15 著名≒ユウメイ〔　　〕

17 署名≒キメイ〔　　〕

同訓異字

15 書物を著す。／姿を□す。〔　す〕／言葉で□す。〔　す〕

漢字の豆知識

呉音・漢音・唐音

漢字は長い年月にわたって伝来したので、多くの読みが伝わったんだ。

・呉音…仏教などと一緒に最も早く伝来した読み。

・漢音…遣唐使などによって伝えられた、中国の都ことば（漢民族）の読み。

・唐音…鎌倉時代以降に伝わった。主に禅宗関係の語に多い。

《次の例で、読みの違いを確かめよう。》

呉音…行列《ぎょう》　京都《きょう》　明星《みょう》

漢音…行動《こう》　京阪《けい》　明暗《めい》

唐音…行灯《あん》　南京《きん》　明国《みん》

訓読み

1 いただき　1 いただく　2 あずける　9 こだから　11 きびしい　11 おごそか　13 むす　15 あらわす　15 いちじるしい

漢字力UP

高校新出音訓……3 もうじゃ　3 なき　11 そうごん　12 ろうにゃく　なんにょ　12 もしくは

対義語……1 底辺　3 誕生　15 無名

類義語……5 家元　15 筆者　15 有名　17 記名

同訓異字……15 現す　表す

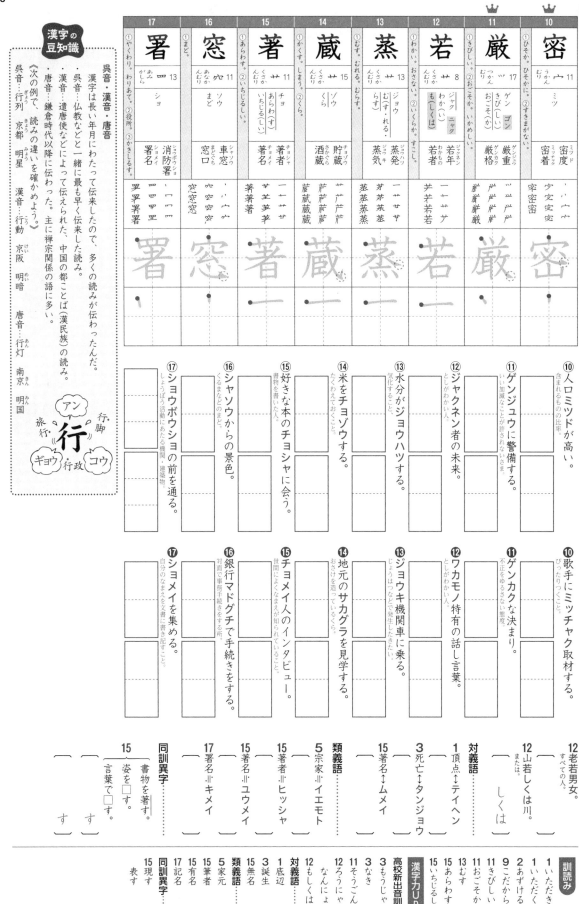

5級 第7回

5級学習漢字191字中122字

番号	漢字	意味	部首	画数	音・訓	用例
1	簡	①書物。手紙。②てがる。はぶく。	⺮《たけかんむり》	18	カン	書簡《ショカン》 簡単《カンタン》
2	筋	①からだのすじ。②道理。③血統。④あらまし。	⺮《たけかんむり》	12	キン / すじ	筋肉《キンニク》 筋道《すじみち》
3	策	①計略。はかりごと。②むち。つえ。	⺮《たけかんむり》	12	サク	対策《タイサク》 策略《サクリャク》
4	熟	①にる。②うれる。③十分に。つくづく。	灬《れんが》	15	ジュク / う(れる)	成熟《セイジュク》 熟読《ジュクドク》
5	座	①すわる。地位。②集まり。③劇団。④星座。	广《まだれ》	10	ザ / すわ(る)	座席《ザセキ》 座長《ザチョウ》
6	庁	①役所。	广《まだれ》	5	チョウ	県庁《ケンチョウ》 庁舎《チョウシャ》
7	尺	①長さ。ものさし。	尸《かばね》	4	シャク	尺度《シャクド》 縮尺《シュクシャク》
8	層	①かさなったもの。②人々や社会の区分。	尸《かばね》	14	ソウ	高層《コウソウ》 断層《ダンソウ》
9	展	①のべる。ならべる。②のびる。ひろがる。	尸《かばね》	10	テン	展示《テンジ》 発展《ハッテン》

書き取りA　1回目　2回目

1. 江戸時代のショカンを読む。（手紙。）
2. うでのキンニクをきたえる。（動物のからだを動かす器官。）
3. 災害タイサクを考える。（状況に応じてとる方法。）
4. みかんがセイジュクする。（じゅくすること。）
5. 新幹線のザセキを探す。（すわる場所。）
6. ケンチョウ所在地を覚える。（けんの事務を処理する役所。）
7. 判断のシャクドにする。（めやす。）
8. コウソウビルの最上階。（そうがたかく重なっていること。）
9. 工芸品をテンジする。（ならべて見せること。）

書き取りB　1回目　2回目

❶ カンタンな問題。（手数がかからないさま。）
❷ 話のスジミチが通る。（物事がそうなっている理由。）
❸ サクリャクを練る。（はかりごと。）
❹ 資料をジュクドクする。（よくよむこと。）
❺ ザチョウの声かけ。（場をとりまとめる役。）
❻ チョウシャをおとずれる。（役所の建物。）
❼ 百分の一にシュクシャクする。（地図や設計図などで実物より小さくえがくこと。）
❽ ダンソウを発見する。（地盤がずれる現象。）
❾ 土地のハッテンを見守る。（物事のいきおいや力が増すこと。）

訓読み

4 バナナが熟れる。（　）れる
5 いすに座る。（　）る
11 足を痛める。（　）める
13 下位を退ける。（　）ける
14 期日を延ばす。（　）ばす
16 答えに困る。（　）る
18 ふたを閉じる。（　）じる
18 戸を閉める。（　）める
18 門を閉ざす。（　）ざす

漢字力UP

高校新出音訓……

15 短冊を書く。（　）
和歌などを書く細長い紙。

対義語……

1 簡単↔フクザツ（　）
4 成熟↔ミジュク（　）

解答

①書簡 ❶簡単 ②筋肉 ❷筋道 ③対策 ❸策略 ④成熟 ❹熟読 ⑤座席 ❺座長 ⑥県庁 ❻庁舎 ⑦尺度 ❼縮尺 ⑧高層 ❽断層 ⑨展示 ❾発展 ⑩無届け ❿届け先 ⑪心痛 ⓫痛感 ⑫遺言 ⓬遺失 ⑬引退 ⓭退化 ⑭延期 ⓮延長 ⑮別冊 ⓯冊子 ⑯貧困 ⓰困難 ⑰内閣 ⓱組閣 ⑱密閉 ⓲閉店

番号	漢字	意味	部首	画数	読み	用例
10	届	①とどく。とどける。とどけ。	尸 かばね	8	とど(ける・く)	無届《ムとど》け　届《とど》け先《さき》
11	痛	①いたい。いためる。②いたく。非常に。	疒 やまいだれ	12	ツウ　いた(い・む・める)	心痛《シンツウ》　痛感《ツウカン》
12 ♕	遺	①のこす。のこる。②ぬけおちる。わすれる。	辶 しんにょう	15	イ｜ユイ	遺言《ユイゴン》　遺失《イシツ》
13 ♕	退	①しりぞく。②しりぞける。③おとろえる。	辶 しんにょう	9	タイ　しりぞ(く・ける)	引退《インタイ》　退化《タイカ》
14	延	①のばす。のびる。②日時などがのびて遅れる。	廴 えんにょう	8	エン　の(びる・べる・ばす)	延期《エンキ》　延長《エンチョウ》
15	冊	①とじた書物。	冂 どうがまえ	5	サツ　サク	別冊《ベッサツ》　冊子《サッシ》
16	困	①こまる。くるしむ。	囗 くにがまえ	7	コン　こま(る)	貧困《ヒンコン》　困難《コンナン》
17	閣	①高い建物。	門 もんがまえ	14	カク	内閣《ナイカク》　組閣《ソカク》
18	閉	①とじる。とざす。②おえる。おわる。	門 もんがまえ	11	ヘイ　と(じる)　し(まる・める)｜と(ざす)	密閉《ミッペイ》　閉店《ヘイテン》

漢字の豆知識

重箱読みと湯桶読み

「重箱《ジュウばこ》」のように、上が音読み、下が訓読みの熟語もあれば、「湯桶《ゆトウ》」のように、上が訓読み、下が音読みの熟語もある。団子《ダンご》・新型《シンがた》・縁側《エンがわ》は重箱読み、湯気《ゆゲ》・雨具《あまグ》・夕刊《ゆうカン》は湯桶読みだよ。

⑩ムトドけで外出する。
とどけを出さないこと。

⑪息子の病気にシンツウする。
ひどくしんぱいすること。

⑫故人のユイゴンを聞く。
死後のために言いのこすことば。

⑬現役をインタイする。
身をひくこと。

⑭台風のためエンキする。
のばすこと。

⑮ベッサツ付録を付ける。
本誌とはべつに作った本。

⑯知識がヒンコンだ。
とぼしいこと。

⑰ナイカク総理大臣。
国の最高行政機関。

⑱ミッペイ容器に入れる。
すきまなくぴったりととじること。

❿トドけサキ住所を明記する。
荷物をとどける場所。

⓫実力不足をツウカンする。
強くかんじること。

⓬イシツ物を保管する。
わすれたりなくしたりすること。

⓭文明がタイカする。
進歩が止まり、後もどりすること。

⓮エンチョウコードを用意する。
ながさをのばすこと。

⓯サッシが配られる。
とじた本。

⓰コンナンを乗りこえる。
非常にむずかしいこと。

⓱ソカク人事が発表される。
ないかくをそしきすること。

⓲六時にヘイテンする。
その日の商売を終えてみせをしめること。

12 遺失↕シュウトク〔　〕
13 退化↕シンカ〔　〕
14 延長↕タンシュク〔　〕
16 困難↕ヨウイ〔　〕

類義語……

3 策略≒ケイリャク〔　〕
9 発展≒シンテン〔　〕
11 心痛≒シンパイ〔　〕
11 心痛≒シンロウ〔　〕
12 遺失≒フンシツ〔　〕
13 引退≒ユウタイ〔　〕
13 退化≒タイコウ〔　〕
16 困難≒コンク〔　〕

訓読み

4 うれる
5 すわる
11 いためる
13 しりぞける
14 のばす
16 こまる
18 とじる
18 しめる
18 とざす

漢字力UP

高校新出音訓……

15 たんざく

対義語……

1 複雑
4 未熟
12 拾得
13 進化
14 短縮
16 容易

類義語……

3 計略
9 進展
11 心配
11 心労
12 紛失
13 勇退
13 退行
16 困苦

5級 第8回

5級学習漢字191字中 140字

番号	漢字	意味	部首	画数	読み	熟語
1	並	①ならぶ。ならべる。②ならびに。③なみ。	一 いち	8	ヘイ／なみ／なら(ぶ・べる・びに)	並立《ヘイリツ》 並木《なみき》
2	党	①なかま。くみ。あつまり。	儿 ひとあし	10	トウ	政党《セイトウ》 党派《トウハ》
3	処	①とりさばく。②おる。いる。③所。	几 つくえ	5	ショ	対処《タイショ》 処世《ショセイ》
4	勤	①つとめる。はたらく。②つとめ。仕事。	力 ちから	12	キン・ゴン／つと(める・まる)	勤務《キンム》 出勤《シュッキン》
5	券	①けん。きっぷ。	刀 かたな	8	ケン	旅券《リョケン》 乗車券《ジョウシャケン》
6	巻	①まく。とりまく。②まきもの。書物。	㔾 わりふ	9	カン／ま(く)／まき	巻末《カンマツ》 巻物《まきもの》
7	危	①あぶない。あやうい。②そこなう。	㔾 わりふ	6	キ／あぶ(ない)／あや(うい・ぶむ)	危険《キケン》 危機《キキ》
8	卵	①たまご。	卩 わりふ	7	ラン／たまご	産卵《サンラン》 生卵《なまたまご》
9	収	①おさめる。あつめる。②おさまる。ちぢまる。	又 また	4	シュウ／おさ(める・まる)	収入《シュウニュウ》 収束《シュウソク》

書き取りA　1回目　2回目

①実力者がヘイリツする。（ならびたつこと。）

②保守的なセイトウだ。（共通のせいさくを持つ人の団体。）

③冷静にタイショする。（適切にしょちすること。）

④キンム態度がよい。（会社などにつとめて働くこと。）

⑤リョケンを受領する。（パスポート。）

⑥カンマツ資料を読む。（書物の終わりの部分。）

⑦身にキケンがせまる。（あぶないさま。）

⑧海ガメのサンラン。（たまごをうむこと。）

⑨今月のシュウニュウを記録する。（他からおさめいれた金銭や物品。）

書き取りB　1回目　2回目

❶ナミキ道を通り過ぎる。（両側にきが植えならべてある道。）

❷二つのトウハが協力する。（とうや　はばつ。）

❸ショセイ術を身につける。（社会の中で生きていくこと。）

❹休日にシュッキンをする。（つとめにでること。）

❺ジョウシャケンを用意する。（交通機関を利用するためのきっぷ。）

❻マキモノを広げる。（横長の紙をじくにまいたもの。）

❼キキを乗り越える。（あぶない場面。）

❽ナマタマゴをご飯にかける。（加熱調理をしていないなまのたまご。）

❾事態がシュウソクに向かう。（おさまりがつくこと。）

訓読み

1 列に並ぶ。（　ぶ）

4 会社に勤める。（　める）

6 糸を巻く。（　く）

7 危ない橋。（　ない）

7 現状を危ぶむ。（　ぶむ）

9 丸く収まる。（　まる）

11 善い行い。（　い）

13 水を垂らす。（　らす）

15 力を奮う。（　う）

16 彼の後ろ姿。（　）

漢字力UP

高校新出音訓……

4 朝の勤行。（仏教でのつとめ。）（　）

12 否めない。（否定できない。）（　）

解答

①並立 ❶並木 ②政党 ❷党派 ③対処 ❸処世 ④勤務 ❹出勤 ⑤旅券 ❺乗車券 ⑥巻末 ❻巻物 ⑦危険 ❼危機 ⑧産卵 ❽生卵 ⑨収入 ❾収束 ⑩皇后 ❿皇太后 ⑪善意 ⓫改善 ⑫否定 ⓬安否 ⑬垂直 ⓭垂訓 ⑭演奏 ⓮奏上 ⑮興奮 ⓯奮起 ⑯姿勢 ⓰容姿 ⑰孝行 ⓱不孝 ⑱存在 ⓲生存

番号	漢字	部首	画数	読み	熟語	意味
10	后	口《くち》	6	コウ	皇后《コウゴウ》 皇太后《コウタイゴウ》	①きさき。
11	善	口《くち》	12	ゼン よ(い)	善意《ゼンイ》 改善《カイゼン》	①よい。正しい。②よくする。うまく。
12	否	口《くち》	7	ヒ いな	否定《ヒテイ》 安否《アンピ》	①いな。同意しない。②…か…でないか。
13	垂	土《つち》	8	スイ た(れる・らす)	垂直《スイチョク》 垂訓《スイクン》	①たれる。たらす。②規範を示す。教える。
14	奏	大《だい》	9	ソウ かな(でる)	演奏《エンソウ》 奏上《ソウジョウ》	①かなでる。②申し上げる。すすめる。
15	奮	大《だい》	16	フン ふる(う)	興奮《コウフン》 奮起《フンキ》	①ふるう。ふるいたつ。
16	姿	女《おんな》	9	シ すがた	姿勢《シセイ》 容姿《ヨウシ》	①すがた。かたち。ようす。
17	孝	子《こ》	7	コウ	孝行《コウコウ》 不孝《フコウ》	①父母や先祖によく仕えること。
18	存	子《こ》	6	ソン ゾン	存在《ソンザイ》 生存《セイゾン》	①ある。いる。②思う。考える。③たもつ。

⑩コウゴウ陛下。 君主のきさき。

⑪あたたかいゼンイに感謝する。 他人を思うよい心。

⑫頭ごなしにヒテイする。 いつわりであるとすること。

⑬スイチョク二等分線。 線や面がたがいに九〇度で交わること。

⑭楽器をエンソウする。 かなでること。

⑮コウフンしてさけぶ。 感情が高ぶること。

⑯前向きなシセイを見せる。 態度。

⑰親コウコウな息子。 親を大切にするさま。

⑱家族のソンザイに安心する。 そこにあること。

❿コウタイゴウ陛下。 君主の生母で先の君主のきさき。

⓫制度のカイゼンを図る。 悪い面をよくすること。

⓬友人のアンピを気遣う。 無事か無事でないか。

⓭山上のスイクン。 教えをたれること。

⓮国王にソウジョウする。 申しあげる。

⓯選手たちにフンキをうながす。 気力をふるいおこすこと。

⓰美しいヨウシ。 顔だちと体つき。

⓱親フコウな息子。 親に心配をかけるさま。

⓲セイゾンを確認する。 いきていること。

14 音を奏でる。 演奏する。
〔　　でる〕

対義語……

7 危険↕アンゼン〔　　〕

9 収入↕シシュツ〔　　〕

9 収束↕ハッサン〔　　〕

11 善意↕アクイ〔　　〕

13 垂直↕スイヘイ〔　　〕

15 興奮↕レイセイ〔　　〕

類義語……

9 収入＝ショトク〔　　〕

同訓異字……

4 会社に勤める ／ 委員を□める ／ 解決に□める
〔　　める〕〔　　める〕

形の似ている漢字……

17 孝—考

訓読み

1 ならぶ
4 つとめる
6 まく
7 あぶない
7 あやぶむ
9 おさまる
11 よい
13 たらす
15 ふるう
16 すがた

漢字力UP

高校新出音訓……
4 ごんぎょう
12 いな
14 かなでる

対義語……
7 安全
9 支出
9 発散
11 悪意
13 水平
15 冷静

類義語……
9 所得

同訓異字……
4 務める
努める

コラム Column

知っておきたい「国民の三大義務」

日本国憲法では、国民として果たすべき義務が定められている。「教育を受けさせる義務」（二十六条）、「勤労の義務」（二十七条）、「納税の義務」（三十条）が三大義務だよ。覚えておこう。

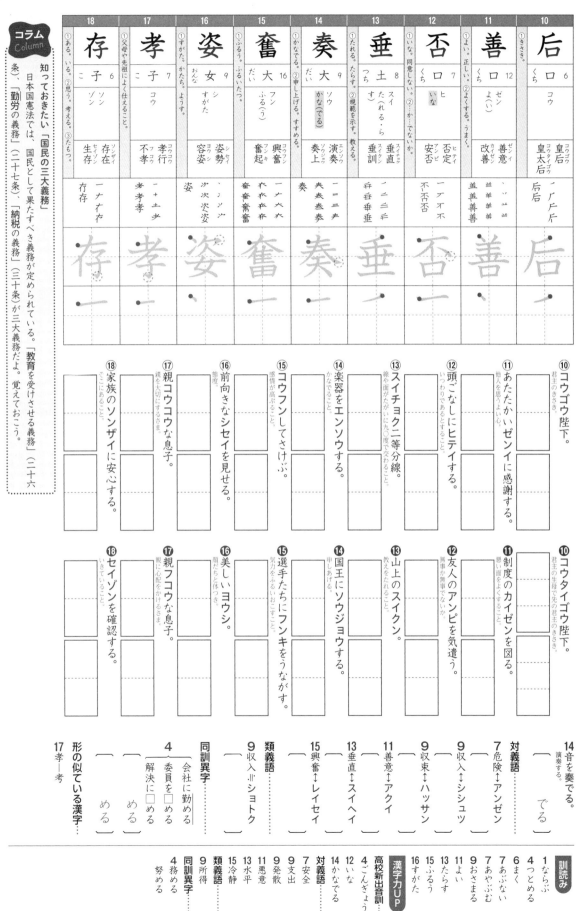

5級 第9回

5級学習漢字191字中157字

	漢字	意味	部首	画数	読み	用例
1	射	①弓をいる。鉄砲でうつ。勢いよく発する。	寸（すん）	10	シャ / い(る)	反射《ハンシャ》 注射《チュウシャ》
2	将	①ひきいる。ひきいる人。②…しようとする。	寸（すん）	10	ショウ	将軍《ショウグン》 将来《ショウライ》
3	寸	①長さ。②みじかい。すこし。	寸（すん）	3	スン	寸前《スンゼン》 採寸《サイスン》
4	専	①もっぱら。それだけをする。②ひとりじめ。	寸（すん）	9	セン / もっぱ(ら)	専門《センモン》 専有《センユウ》
5	尊	①たっとい。たっとぶ。②いばる。	寸（すん）	12	ソン / たっと(い・ぶ) / とうと(い・ぶ)	尊敬《ソンケイ》 尊大《ソンダイ》
6	就	①仕事や任務につく。②なる。なす。	尢（だいのまげあし）	12	シュウ / ジュ / つ(く・ける)	就職《シュウショク》 就業《シュウギョウ》
7	己	①おのれ。じぶん。	己（おのれ）	3	コ / キ / おのれ	利己《リコ》 知己《チキ》
8	幕	①まく。	巾（はば）	13	マク / バク	開幕《カイマク》 幕府《バクフ》
9	干	①ほす。ひる。かわく。②おかす。かかわる。	干（かん）	3	カン / ほ(す) / ひ(る)	若干《ジャッカン》 物干《ものほ》し

書き取りA

1回目 2回目

①光がハンシャする。
物に当たってはねかえること。

②ショウグンが命令する。
ぐんをひきいる人。

③ゴールスンゼンで追いぬく。
ちょっとまえ。

④センモン家の意見を聞く。
その道のエキスパート。

⑤両親をソンケイする。
とうとびうやまうこと。

⑥シュウショク活動にいそしむ。
仕事につくこと。

⑦リコ的な考え方を直す。
自分に得になることだけを考えること。

⑧文化祭がカイマクする。
始まること。

⑨ジャッカン残りがある。
いくらか。

書き取りB

1回目 2回目

❶チュウシャがこわい。
薬などを針で体内に入れること。

❷ショウライの夢を語る。
これから先。

❸制服のサイスンを行う。
体の各部の長さをはかること。

❹マンションのセンユウ部分。
自分だけで持っていること。

❺ソンダイな態度。
他人にえらぶった態度をとること。

❻日本のシュウギョウ率。
職につくこと。

❼古くからのチキと再会する。
しりあい。

❽室町バクフについて調べる。
武家政権の役所の呼称。

❾モノホしざおを買いかえる。
洗濯ものをほすこと。
［　　し］［　　し］

訓読み

1 的を射る。［　る］

4 専ら食べる。［　ら］

5 天皇を尊ぶ。※読みは二種類。［　ぶ］［　ぶ］

5 尊い仏様。※読みは二種類。［　い］［　い］

6 仕事に就く。［　く］

7 己の行い。［　］

9 川が干上がる。［　がる］

15 我が人生。［　］

17 朗らかな声。［　らか］

漢字力UP

高校新出音訓……

6 祈りが成就する。［　］
かなう。なしとげる。

解答

①反射 ❶注射 ②将軍 ❷将来 ③寸前 ❸採寸 ④専門 ❹専有 ⑤尊敬 ❺尊大 ⑥就職 ❻就業 ⑦利己 ❼知己 ⑧開幕 ❽幕府 ⑨若干 ❾物干し ⑩幼少 ❿幼心 ⑪恩人 ⓫恩師 ⑫憲法 ⓬憲章 ⑬忠義 ⓭忠実 ⑭忘年 ⓮物忘れ ⑮自我 ⓯我我（我々） ⑯暮春 ⓰夕暮れ ⑰朗読 ⓱朗報

	10	11	12	13	14	15	16	17
漢字	幼	恩	憲	忠	忘	我	暮	朗
意味	①おさない。いとけない。おさなご。	①めぐみ。なさけ。	①きまり。基本的なおきて。	①まこと。まごころ。まじめ。	①わすれる。おぼえていない。	①われ。わが。自分。自分の。	①くれる。くれ。②くらす。	①ほがらか。あきらか。
部首・画数	いとがしら 幺 5	こころ 心 10	こころ 心 16	こころ 心 8	こころ 心 7	ほこ 戈 7	ひ 日 14	つき 月 10
読み	ヨウ おさな(い)	オン	ケン	チュウ	ボウ わす(れる)	ガ われ わ	ボ く(れる・らす)	ロウ ほが(らか)
用例	幼少《ヨウショウ》 幼心《おさなごころ》	恩人《オンジン》 恩師《オンシ》	憲法《ケンポウ》 憲章《ケンショウ》	忠義《チュウギ》 忠実《チュウジツ》	忘年《ボウネン》 物忘《ものわす》れ	自我《ジガ》 我我《われわれ》	暮春《ボシュン》 夕暮《ゆうぐ》れ	朗読《ロウドク》 朗報《ロウホウ》
筆順	く 幺 幺 幻 幼	丨 冂 冂 冂 因 因 因 恩 恩 恩	丶 丷 宀 宀 宀 宀 宀 害 害 害 憲 憲	丶 口 口 中 中 忠 忠 忠	丶 亠 亡 亡 忘 忘 忘	ノ 二 千 手 我 我 我	一 艹 艹 艹 芦 芦 草 莫 莫 莫 暮 暮	丶 ㇇ ヨ ヨ 良 良 朗 朗 朗 朗

⑩ヨウショウのころの話。（年齢がおさないこと。）

⑪命のオンジンだ。（世話になったひと。）

⑫日本国ケンポウ第九条。（基本となるきまり。）

⑬主人にチュウギをつくす。（まごころから仕えること。）

⑭ボウネン会を開く。（そのとしの苦労をわすれること。）

⑮ジガに目覚める。（じぶんがじぶんであるという意識。）

⑯ボシュンの風景をながめる。（はるの終わり。）

⑰詩のロウドクをする。（声高くよみあげること。）

❿オサナゴコロにも感動した。（子供のときの気持ち。）

⓫オンシとの思い出。（お世話になった先生。）

⓬ユネスコケンショウを読む。（理想としてさだめたおきて。）

⓭チュウジツな人。（まじめでせいじつにつとめる。）

⓮モノワスれがはげしい。（物事をわすれること。）

⓯ワレワレの気持ちを述べる。（自分たち。）

⓰ユウグれ時のからすの声。（ゆうがたの日がくれるころ。）

⓱ロウホウが届く。（喜ばしい明るいしらせ。）

対義語……

4専有↕キョウユウ（　　）
6就職↕タイショク（　　）
6就業↕シツギョウ（　　）
7利己↕リタ（　　）
13忠義↕フチュウ（　　）
13忠実↕フジツ（　　）
17朗報↕ヒホウ（　　）

類義語……

2将来≒ミライ（　　）
3寸前≒チョクゼン（　　）
13忠義≒チュウセツ（　　）

同訓異字……

6 仕事に就く／駅に□く（　く）／磁石が□く（　く）

形の似ている漢字……

17朗－郎

訓読み

1いる
4もっぱら
5たっとぶ とうとぶ
5たっとい とうとい
6つく
7おのれ
9ひあがる
15わ
17ほがらか

漢字力UP

高校新出音訓……6じょうじゅ

対義語……4共有 6退職 6失業 7利他 13不忠 13不実 17悲報

類義語……2未来 3直前 13忠節

同訓異字……6着く 付く

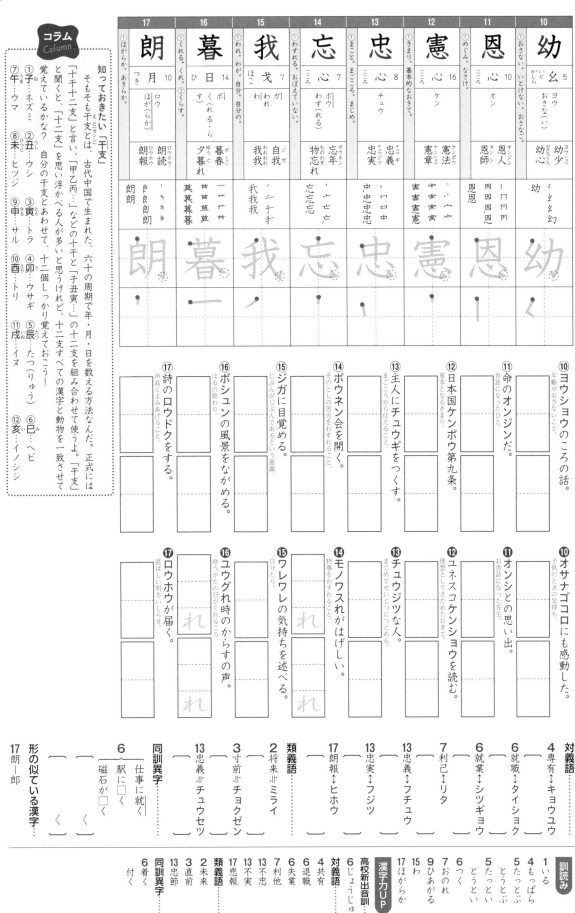

5級 第10回

5級学習漢字191字中 174字

番号	漢字	部首	画数	読み	用例	意味
1	染	き 木	9	セン／そ(める・まる)／し(みる・み)	染色《センショク》 感染《カンセン》	①そめる。②そまる。しみる。うつる。
2	欲	あくび 欠	11	ヨク／ほ(しい)／ほっ(する)	欲望《ヨクボウ》 意欲《イヨク》	①ほっする。ほしがる。
3	泉	みず 水	9	セン／いずみ	温泉《オンセン》 源泉《ゲンセン》	①いずみ。地中からわき出る水。
4	灰	ひ 火	6	カイ／はい	灰色《はいいろ》 石灰《セッカイ》	①はい。はいになる。ほろびる。
5	片	かた 片	4	ヘン／かた	片方《かたホウ》 断片《ダンペン》	①かたほう。②きれはし。かけら。③わずか。
6	承	て 手	8	ショウ／うけたまわ(る)	伝承《デンショウ》 承知《ショウチ》	①うける。うけつぐ。②うけたまわる。
7	異	た 田	11	イ／こと	異動《イドウ》 異議《イギ》	①ことなる。別の。②ふつうとちがう。
8	疑	ひき 疋	14	ギ／うたが(う)	質疑《シツギ》 疑念《ギネン》	①うたがう。うたがい。
9	皇	しろ 白	9	コウ／オウ	皇室《コウシツ》 天皇《テンノウ》	①天皇に関してもちいる語。

書き取りA（1回目・2回目）

①布をセンショクする。 いろをつけてそめること。
②ヨクボウをみたす。 不足感を解消しようとする心。
③家族でオンセンに行く。 地熱で熱せられわき出るいずみ。
④ハイイロの厚い雲。 うすいねずみいろ。
⑤どちらかカタホウを選ぶ。 二つあるうちの一つ。
⑥地方のデンショウ。 うけついで後世へつたえること。
⑦人事イドウの季節。 地位などがかわること。
⑧国会でシツギが行われた。 不明な点を問いただすこと。
⑨コウシツをおとずれる。 てんのうの一家。

書き取りB（1回目・2回目）

❶病気のカンセンを防ぐ。 病原体が体内に入ること。
❷学習イヨクに燃える。 積極的にやろうとする気持ち。
❸ゲンセンかけ流し。 水のわき出るみなもと。
❹セッカイで線を引く。 水酸化カルシウムの粉。
❺ダンペン的な記録。 一部分。
❻その件はショウチした。 聞き入れること。
❼現状にイギを唱える。 反対意見。
❽ギネンをいだく。 うたがう心。
❾テンノウの位につく。 憲法で定められた日本国の象徴。

訓読み

1 布を染める。 〔　　める〕
2 欲しいグッズ。 〔　　しい〕
3 公園の泉。 〔　　〕
6 要望を承る。 〔　　る〕
7 言を異にする。 〔　　〕
8 相手を疑う。 〔　　う〕
10 皿に盛る。 〔　　る〕
10 スポーツが盛ん。 〔　　ん〕
16 舌をやけどする。 〔　　〕

漢字力UP

高校新出音訓……

1 目に染みる。 刺激がこたえる。 〔　　みる〕
2 焼肉を欲する。 ほしいと思う。 〔　　する〕
10 盛者必衰。 勢いが盛んな者。 〔　　〕

解答

①染色 ❶感染 ②欲望 ❷意欲 ③温泉 ❸源泉 ④灰色 ❹石灰 ⑤片方 ❺断片 ⑥伝承 ❻承知 ⑦異動 ❼異議 ⑧質疑 ❽疑念 ⑨皇室 ❾天皇 ⑩盛大 ❿盛夏 ⑪加盟 ⓫同盟 ⑫看病 ⓬看板 ⑬墓穴 ⓭毛穴 ⑭体系 ⓮理系 ⑮翌日 ⓯翌年 ⑯毒舌 ⓰舌戦 ⑰神聖 ⓱聖書

コラム Column

知っておきたい「社会人用語」

社会生活を送るうえで、ビジネスマナーとして使う言葉があるよ。いざ使うときのために、さまざまな定型句を覚えておこう。

- 「承知いたしました」…「了解」の意。
- 「弊社・小社」…自分の会社をへりくだって言う。
- 「御社・貴社」…相手の会社を敬って言う。話すときは「御社」、書くときは「貴社」を用いる。
- 「恐縮です」「恐れ入ります」…自分の過失や相手の好意に申し訳ない気持ちや感謝の気持ちを表す。
- 「お世話になっております」…電話やメールの冒頭で必ず使うあいさつの言葉。

番号	漢字	意味	部首	画数	読み	用例
10	盛	①もる。高く積み上げる。②さかん。	さら 皿	11	セイ ジョウ / も(る) さか(る・ん)	盛大《セイダイ》 盛夏《セイカ》
11	盟	①ちかう。ちかい。	さら 皿	13	メイ	加盟《カメイ》 同盟《ドウメイ》
12	看	①みる。注意してよくみる。	め 目	9	カン	看病《カンビョウ》 看板《カンバン》
13	穴	①あな。くぼんでいるところ。	あな 穴	5	ケツ / あな	墓穴《ボケツ》 毛穴《けあな》
14	系	①つながり。②分類したまとまりや組織。	いと 糸	7	ケイ	体系《タイケイ》 理系《リケイ》
15	翌	①あくる。次の。	はね 羽	11	ヨク	翌日《ヨクジツ》 翌年《ヨクネン》
16	舌	①した。②ことば。	した 舌	6	ゼツ / した	毒舌《ドクゼツ》 舌戦《ゼッセン》
17	聖	①すぐれている。きよらかな。	みみ 耳	13	セイ	神聖《シンセイ》 聖書《セイショ》

⑩セイダイに祝う。（りっぱで規模がおおきいこと。）

⑪国連にカメイする。（組織に一員としてくわわること。）

⑫深夜もカンビョウする。（びょうにんを介抱すること。）

⑬ボケツをほる。（自分の言動があだとなること。）

⑭知識をタイケイづける。（部分をまとめること。）

⑮ヨクジツまで考える。（あくるひ。）

⑯ドクゼツをふるう。（意地の悪い皮肉。）

⑰シンセイなオーラ。（清らかでけがれがないさま。）

❿セイカのみぎり。（なつのいちばん暑い時期。）

⓫ドウメイを結ぶ。（おなじ行動をとると約束すること。）

⓬店の前にカンバンを出す。（人目につくように置くいた。）

⓭家でケアナのケアをする。（けの生えるあな。）

⓮リケイ科目を勉強する。（数学や自然科学などの分野。）

⓯ヨクネンには上京する。（次のとし。）

⓰ゼッセンをくり広げた。（言い争うこと。）

⓱セイショの音読。（ユダヤ教・キリスト教の教えを記したしょもつ。）

対義語……
8 質疑↕オウトウ〔　〕
10 盛夏↕ゲントウ〔　〕

類義語……
2 欲望≒ヨッキュウ〔　〕
7 異議≒イロン〔　〕
8 疑念≒ギシン〔　〕
12 看病≒カンゴ〔　〕
16 舌戦≒コウロン〔　〕

同音異字……
7 部署を異動する／机を□動する〔動〕
7 異議を述べる／□義のある仕事〔義〕

同訓異字……
1 布を染める／彼を見□める〔めるめる〕

訓読み
1 そめる
2 ほしい
3 いずみ
6 うけたまわる
7 こと
8 うたがう
10 もる
10 さかん
16 した

漢字力UP

高校新出音訓……
1 しみる
2 ほっする
10 じょうしゃ

対義語……
8 応答
10 厳冬

類義語……
2 欲求
7 異論
8 疑心
12 看護
16 口論

同音異字……
7 移動
7 意義

同訓異字……
1 初める

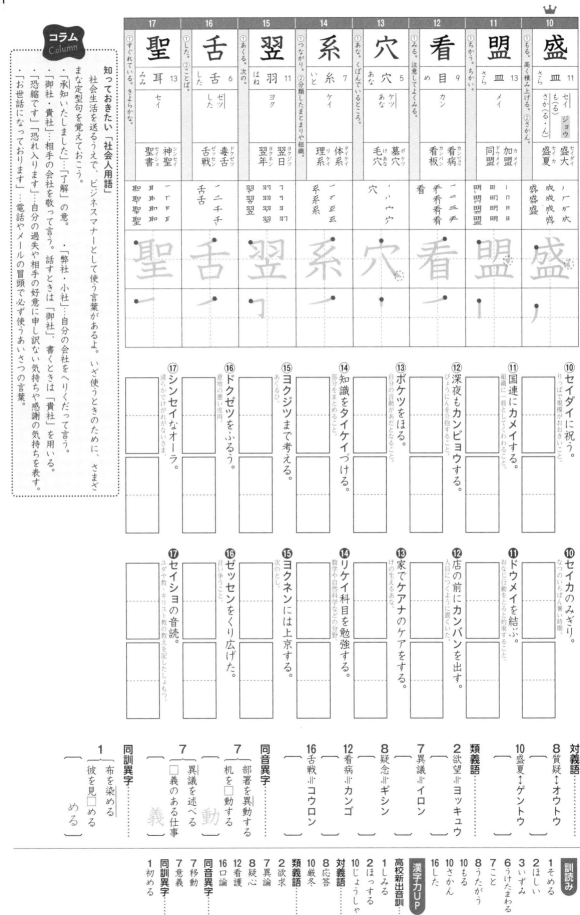

5級 第11回

5級学習漢字191字中 191字

	1	2	3	4	5	6	7	8	9
漢字	胃	背	至	蚕	衆	裁	装	裏	視
意味	①内臓のひとつ。消化器。	①せなか。うしろ。②そむく。そむける。	①いたる。とどく。②このうえもない。	①かいこ。カイコガの幼虫。	①数が多い。もろもろ。多くの人。	①布を切る。②処理する。③さばく。	①よそおう。②かざる。③とりつける。	①うら。うらがわ。②うち。なか。	①目で見る。②みなす。…と見る。
部首	にく 肉	にく 肉	いたる 至	むし 虫	ち 血	ころも 衣	ころも 衣	ころも 衣	みる 見
画数	9	9	6	10	12	12	12	13	11
読み	イ	ハイ／せ せい／そむ(く・ける)	シ／いた(る)	サン／かいこ	シュウ／シュ	サイ／さば(く)／た(つ)	ソウ／ショウ／よそお(う)	リ／うら	シ
用例	胃腸《イチョウ》 胃液《イエキ》	背後《ハイゴ》 背反《ハイハン》	冬至《トウジ》 至上《シジョウ》	養蚕《ヨウサン》 蚕食《サンショク》	観衆《カンシュウ》 民衆《ミンシュウ》	裁判《サイバン》 裁量《サイリョウ》	服装《フクソウ》 装束《ショウゾク》	裏側《うらがわ》 脳裏《ノウリ》	視線《シセン》 軽視《ケイシ》

書き取りA

1回目　2回目

①イチョウの調子が悪い。
食物の消化・吸収が行われる器官。

②ハイゴで声がする。
うしろ。

③トウジの日にカボチャを食べる。
太陽がいちばん南に寄る日。

④ヨウサンのさかんな地域。
カイコを飼ってまゆを取ること。

⑤カンシュウの黄色い声。
見物人たち。

⑥サイバンで争う。
司法機関がはんだんすること。

⑦フクソウを改める。
みなり。

⑧会場のウラガワを見学する。
ふだんは見えないうらの面。

⑨シセンを落とす。
目が見ている方向。

書き取りB

1回目　2回目

❶イエキが逆流する。
いで出る食べ物を溶かすえきたい。

❷命令にハイハンする。
そむくこと。

❸シジョウの喜び。
このうえないこと。

❹海外市場をサンショクする。
じわじわ侵略すること。

❺ミンシュウの意見を受け入れる。
一般の人々。

❻個人のサイリョウにゆだねる。
その人の考えで処理すること。

❼ごうかなショウゾクをまとう。
身支度をした衣服。

❽考えがノウリにうかぶ。
頭の中。

❾相手をケイシする。
かろんじること。

訓読み

2 背中を向ける。（　　）
2 上背がある。（　　）
2 顔を背ける。（　ける）
3 思いが至る。（　る）
4 蚕を飼う。（　　）
6 法で裁く。（　く）
6 布をはさみで裁つ。（　つ）
11 会見に臨む。（　む）
13 貴ぶべき人。※読みは二種類。（　ぶ）（　ぶ）
13 貴いおくり物。※読みは二種類。（　い）（　い）
15 難しい問題だ。（　しい）

解答

①胃腸 ❶胃液 ②背後 ❷背反 ③冬至 ❸至上 ④養蚕 ❹蚕食 ⑤観衆 ❺民衆 ⑥裁判 ❻裁量 ⑦服装 ❼装束 ⑧裏側 ❽脳裏 ⑨視線 ❾軽視 ⑩回覧 ❿一覧 ⑪君臨 ⓫臨時 ⑫警告 ⓬警備 ⑬貴族 ⓭貴重 ⑭運賃 ⓮賃貸 ⑮難解 ⓯災難 ⑯革靴 ⓰革新 ⑰骨肉 ⓱骨折り

	10	11	12	13	14	15	16	17
漢字	覧	臨	警	貴	賃	難	革	骨
意味	①みる。よくみる。広くながめる。	①見おろす。上に立つ。②その場に直面する。	①いましめる。注意する。②まもる。そなえる。	①たっとい。②たっとぶ。大切にする。	①報酬や代償として支払う金銭。	①むずかしい。②わざわい。苦しみ。	①かわ。なめしがわ。②あらたまる。	①ほね。②人がら。きだて。
部首・画数	みる 見 17	しん 臣 18	げん 言 19	かい 貝 12	かい 貝 13	ふるとり 隹 18	かくのかわ 革 9	ほね 骨 10
読み	ラン	リン / のぞ(む)	ケイ	キ / たっと(い・ぶ) / とうと(い・ぶ)	チン	ナン / むずか(しい) / かた(い)	カク / かわ	コツ / ほね
用例	回覧《カイラン》 一覧《イチラン》	君臨《クンリン》 臨時《リンジ》	警告《ケイコク》 警備《ケイビ》	貴族《キゾク》 貴重《キチョウ》	運賃《ウンチン》 賃貸《チンタイ》	難解《ナンカイ》 災難《サイナン》	革靴《かわぐつ》 革新《カクシン》	骨肉《コツニク》 骨《ほね》折《お》り

覧 臨 警 貴 賃 難 革 骨

コラム Column

知っておきたい「裁判員制度」

「裁判員制度」は司法制度改革の一つで、二〇〇九年から導入されたよ。殺人や放火といった重い罪の裁判で、有権者(十八歳以上)から裁判員候補者が選ばれる。裁判員となったら、実際の裁判に立ち合い、裁判官と一緒に有罪・無罪の判断や量刑を行うんだ。

知っておきたい「敷金・礼金って何?」

法律上、十八歳以上であれば単独で賃貸借契約を結ぶことができる。ここでは、よく耳にする「敷金《しききん》・礼金《れいきん》」について覚えよう。

・敷金…賃料の不払いや退去時の原状回復(傷や汚れの修復)費用にあてられる。

・礼金…貸主に支払う謝礼的な費用。

⑩ 書類をカイランする。
順々にまわして見ること。

⑪ 財界にクンリンする。
絶対的勢力をもつこと。

⑫ パトカーによるケイコク。
気をつけるよう注意を与えること。

⑬ イギリスのキゾク階級。
社会の上流の特権身分のこと。

⑭ ウンチンをはらう。
貨物や旅客をはこぶ料金。

⑮ ナンカイな文章。
わかりにくいこと。

⑯ カワグツをはく。
かわでできたくつ。

⑰ コツニクの争い。
血筋のつながっている人。

❿ ショップのイチランをみる。
内容がひとめでわかるもの。

⓫ リンジ国会を開く。
そのときどきの事情に応じて行うこと。

⓬ ケイビは万全だ。
非常時にそなえ守ること。

⓭ キチョウな意見だ。
とても大切であるさま。

⓮ チンタイ物件をさがす。
料金を取り、物を相手にかしだすこと。

⓯ サイナンにまきこまれる。
思いがけないわざわい。

⓰ カクシン的な考え方。
従来の物事をあたらしくすること。

⓱ ホネオり損のくたびれもうけ。
苦労すること。

漢字力UP

高校新出音訓……

5 衆生の民。 仏の救済の対象。 (　　)

7 美しい装い。 服やかざり。 (　　い)

15 得難い経験。 手に入れにくい。 (　　い)

対義語……

3 冬至↕ゲシ (　　)

9 軽視↕ジュウシ (　　)

11 臨時↕テイレイ (　　)

15 難解↕ヘイイ (　　)

16 革新↕ホシュ (　　)

類義語……

3 至上≒サイコウ (　　)

6 裁量≒ショダン (　　)

13 貴重≒ジュウヨウ (　　)

訓読み

2 せなか
2 うわぜい
2 そむける
3 いたる
4 かいこ
6 さばく
6 たつ
11 のぞむ
13 たっとぶ
とうとぶ
13 たっとい
とうとい
15 むずかしい

漢字力UP

高校新出音訓……

5 しゅじょう
7 よそおい
15 えがたい

対義語……

3 夏至
9 重視
11 定例
15 平易
16 保守

類義語……

3 最高
6 処断
13 重要

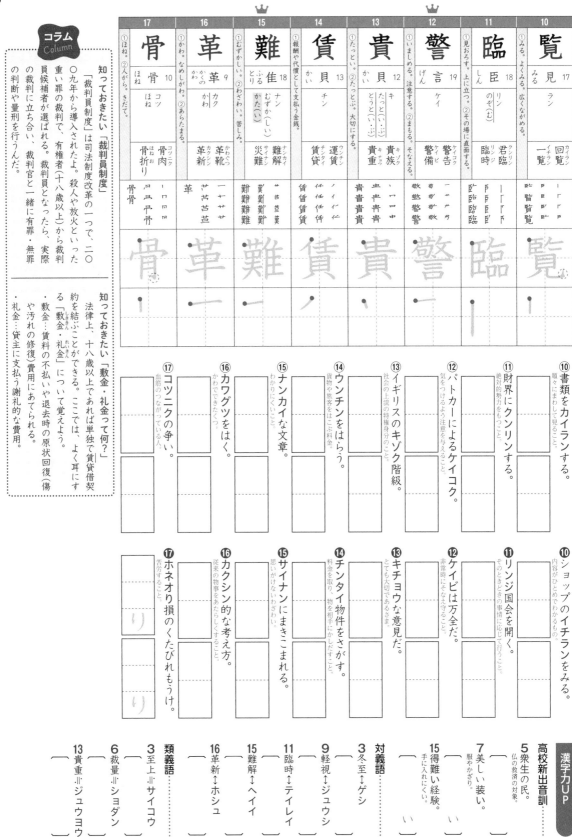

5級 確認問題

一 次の——の漢字の読みをひらがなで書きなさい。（10）1×10

1 会場は興奮のるつぼと化した。（　　）
2 彼女は三か国語を操る。（　　）
3 この絵は一見の価値がある。（　　）
4 目じりが垂れた表情になる。（　　）
5 夏休みに中学時代の同窓会を開く。（　　）
6 手分けして敵の弱点を探す。（　　）
7 女王陛下が来日する予定だ。（　　）
8 川に沿って道が曲がっている。（　　）
9 日本列島を縦断する。（　　）
10 胸板が厚いがっしりとした体格。（　　）

四 次の——線のカタカナの部分を漢字一字と送りがな（ひらがな）になおしなさい。（6）2×3

1 学校の規則が**キビシイ**。（　　）
2 **アブナイ**場所に近づかない。（　　）
3 手を合わせて**オガム**。（　　）

五 漢字の読みには音と訓があります。次の熟語の読みは□の中のどの組み合わせになっていますか。ア〜エの記号で答えなさい。（8）2×4

ア 音と音　イ 音と訓
ウ 訓と訓　エ 訓と音

1 味方（　　）
2 宝庫（　　）
3 黒潮（　　）
4 台所（　　）

六 次のカタカナを漢字になおし、一字だけ書きなさい。（8）2×4

1 一心不**ラン**（　　）
2 **ソウ**立記念（　　）
3 単**ジュン**明快（　　）
4 世界**イ**産（　　）

九 漢字を二字組み合わせた熟語では、二つの漢字の間に意味の上で、次のような関係があります。（10）2×5

ア 反対や対《つい》になる意味の字を組み合わせたもの。（例…**強弱**）
イ 同じような意味の字を組み合わせたもの。（例…**進行**）
ウ 上の字が下の字の意味を説明（修飾《しょく》）しているもの。（例…**国旗**）
エ 下の字から上の字へ返って読むと意味がよくわかるもの。（例…**消火**）

次の熟語は、右のア〜エのどれにあたるか、記号で答えなさい。

1 喜劇（　　）
2 善悪（　　）
3 死亡（　　）
4 就職（　　）
5 長針（　　）

一	／10
二	／6
三	／6
四	／6
五	／8
六	／8
七	／12
八	／6
九	／10
十	／8
十一	／20
合計	／100

二 次の漢字の部首と部首名を後の□の中から選び、記号で答えなさい。 (6) 1×6

庁　刻　蔵

	部首	部首名
庁	1（　）	2（　）
刻	3（　）	4（　）
蔵	5（　）	6（　）

あ 刂　い 言　う 厂
え 艹　お 戈　か 广

ア ごんべん　イ まだれ
ウ ほこづくり　エ くさかんむり
オ がんだれ　カ りっとう

三 次の漢字の太い画のところは筆順の何画目か、また総画数は何画か、算用数字（1、2、3…）で答えなさい。 (6) 1×6

衆　宙　並

	何画目	総画数
衆	1（　）	2（　）
宙	3（　）	4（　）
並	5（　）	6（　）

七 後の□の中のひらがなを漢字になおして、対義語（意味が反対や対《つい》になることば）と、類義語（意味がよくにたことば）を書きなさい。□の中のひらがなは一度だけ使い、漢字一字を書きなさい。 (12) 2×6

対義語

1 地味 ―（　）手
2 可決 ―（　）決
3 散在 ―（　）集

類義語

4 向上 ― 発（　）
5 真心 ―（　）意
6 直前 ―（　）前

ひ　すん　みっ　せい　は　てん

八 後の□の中から漢字を選んで、次の意味にあてはまる熟語を作りなさい。答えは記号で書きなさい。 (6) 2×3

1 非常に大切であるさま。（　・　）
2 思うまま、満足がいくまで。（　・　）
3 中に入れてしまっておくこと。（　・　）

ア 重　イ 収　ウ 存　エ 納
オ 分　カ 貴

十 次の―線のカタカナを漢字になおしなさい。 (8) 2×4

1 兄は銀行に**ツト**めている。（　）
2 計画を実現できるよう**ツト**める。（　）
3 一年間の委員長の**ニンキ**を終えた。（　）
4 若者に**ニンキ**があるテレビタレント。（　）

十一 次の―線のカタカナを漢字になおしなさい。 (20) 2×10

1 **マイキョ**にいとまがない。（　）
2 風が強いので窓を**シ**める。（　）
3 道路にごみを**ス**てるな。（　）
4 水玉**モヨウ**のスカート。（　）
5 **センモン**家に相談しよう。（　）
6 手早く仕事を**ショリ**する。（　）
7 不足する栄養を**オギナ**う。（　）
8 将来は**ツウヤク**だ。（　）
9 鼻で**コキュウ**する。（　）
10 **アナ**があったら入りたい。（　）

4級 第1回

4級学習漢字313字中 19字

番号	漢字	意味	部首	画数	読み	用例
1	依	①たよる。よりかかる。②そのまま。もとのまま。	亻 にんべん	8	イ エ	依存《イゾン》 依然《イゼン》
2	偉	①えらい。すぐれている。	亻 にんべん	12	イ えら(い)	偉大《イダイ》 偉業《イギョウ》
3	儀	①作法。礼法。②かたどったもの。	亻 にんべん	15	ギ	礼儀《レイギ》 地球儀《チキュウギ》
4	仰	①あおむけになる。見上げる。②あがめうやまう。	亻 にんべん	6	ギョウ コウ あお(ぐ) おお(せ)	仰視《ギョウシ》 信仰《シンコウ》
5	傾	①かたむく。かたむける。②心を寄せる。	亻 にんべん	13	ケイ かたむ(く・ける)	傾向《ケイコウ》 傾注《ケイチュウ》
6	伺	①うかがう。たずねる。	亻 にんべん	7	シ うかが(う)	伺候《シコウ》 伺《うかが》う
7	侵	①おかす。他人の領分にはいりこむ。	亻 にんべん	9	シン おか(す)	侵入《シンニュウ》 侵略《シンリャク》
8	僧	①仏門に入って修行する人。	亻 にんべん	13	ソウ	高僧《コウソウ》 小僧《こぞう》
9	俗	①ならわし。習慣。②世の中。	亻 にんべん	9	ゾク	良俗《リョウゾク》 世俗《セゾク》

書き取りA　1回目 2回目

①食料供給を海外にイソンする。
他のものに頼って生活すること。

②イダイな政治家だ。
非常に立派なさま。

③レイギをわきまえる。
社会の交際上の動作や作法。

④大空をギョウシする。
あおぎ見ること。

⑤試験のケイコウを調べる。
性質・状態のかたむき。

⑥将軍にシコウする武士。
貴人のそばに仕えること。

⑦あやしい人がシンニュウする。
他の領分に不法に押しいること。

⑧コウソウの説教をきく。
知徳にすぐれた法師。

⑨公序リョウゾクに反する行い。
善良な慣習。

書き取りB　1回目 2回目

❶差はイゼン縮まらない。
もとのままであるさま。

❷イギョウをなしとげる。
すぐれた成果。

❸チキュウギをまわす。
ちきゅうの模型。

❹古来からの神社シンコウ。
神や仏を尊び、従うこと。

❺部活動にケイチュウする。
一つのことに心を集中すること。

❻先生の自宅にウカガう。
「訪問する」の謙譲語。
（　う）（　う）

❼敵にシンリャクされる。
他国に入って領土などを奪うこと。

❽寺のコゾウがお使いに行く。
仏門に入って、修行中の男の子。

❾セゾクに染まって生きる。
よのなかの考え。

訓読み

2 偉い人が来る。（　い）
4 指示を仰ぐ。（　ぐ）
5 首を傾ける。（　ける）
7 領土を侵す。（　す）
10 ビルが倒れる。（　れる）
15 引退を嘆く。（　く）
16 暴言を吐く。（　く）
17 クジラが潮を噴く。（　く）
19 雲の峰。（　）

漢字力UP　高校新出音訓

1 仏教に帰依する。
信仰して教えに従う。
（　）

4 仰せのままに。
目上の人のことば。
（　せ）

6 宮中に伺候する。
貴人のそばに仕えること。
（　）

解答

①依存 ❶依然 ②偉大 ❷偉業 ③礼儀 ❸地球儀 ④仰視 ❹信仰 ⑤傾向 ❺傾注 ⑥伺候 ❻伺う ⑦侵入 ❼侵略 ⑧高僧 ❽小僧 ⑨良俗 ❾世俗 ⑩倒産 ❿倒置 ⑪傍観 ⓫傍系 ⑫絶叫 ⓬叫ぶ ⑬咲く ⓭遅咲き ⑭吹奏 ⓮吹く ⑮悲嘆 ⓯感嘆 ⑯吐血 ⓰吐息 ⑰噴火 ⓱噴出 ⑱峠道 ⓲峠 ⑲連峰 ⓳最高峰

番号	漢字	意味	部首	画数	音訓	用例
10	倒	①たおれる。たおす。②さかさま。	イ にんべん	10	トウ / たお(れる・す)	倒産《トウサン》 倒置《トウチ》
11	傍	①かたわら。そば。②わかれた。派生した。	イ にんべん	12	ボウ / かたわ(ら)	傍観《ボウカン》 傍系《ボウケイ》
12	叫	①さけぶ。大声をあげる。	口 くちへん	6	キョウ / さけ(ぶ)	絶叫《ゼッキョウ》 叫《さけ》ぶ
13	咲	①さく。花が開く。	口 くちへん	9	さ(く)	咲《さ》く 遅《おそ》咲《ざ》き
14	吹	①ふく。	口 くちへん	7	スイ / ふ(く)	吹奏《スイソウ》 吹《ふ》く
15	嘆	①なげく。かなしむ。②たたえる。ほめる。	口 くちへん	13	タン / なげ(く・かわしい)	悲嘆《ヒタン》 感嘆《カンタン》
16	吐	①口からはき出す。②のべる。うちあける。	口 くちへん	6	ト / は(く)	吐血《トケツ》 吐息《といき》
17	噴	①ふく。吐く。	口 くちへん	15	フン / ふ(く)	噴火《フンカ》 噴出《フンシュツ》
18	峠	①とうげ。	山 やまへん	9	とうげ	峠道《とうげみち》 峠《とうげ》
19	峰	①山のいただき。高い山。	山 やまへん	10	ホウ / みね	連峰《レンポウ》 最高峰《サイコウホウ》

⑩不景気で会社がトウサンした。（経営ができなくなり、会社がつぶれること。）

⑪冷静に事態をボウカンする。（関係のない立場で見ること。）

⑫思わずゼッキョウする。（ありったけの声を出してさけぶこと。）

⑬今年も桜の花がサく。（つぼみが開くこと。）

⑭スイソウ楽部に入部する。（管楽器をふき鳴らすこと。）

⑮ヒタンの涙に暮れる。（かなしみなげくこと。）

⑯トケツして病院に運ばれる。（ちをはくこと。）

⑰フンカ活動が活発化する。（地下のマグマが地上にふきでること。）

⑱トウゲミチをゆっくり進む。（とうげを通るみち。）

⑲アルプスのレンポウ。（つらなり続いている山のみね。）

❿トウチ法を用いて表現する。（さかさまにおくこと。）

⓫源氏のボウケイに当たる一族。（直けいから分かれたけい統。）

⓬助けを求めてサケぶ。（大声をあげること。）

⓭彼はオソザきの苦労人だ。（成功するのに時間のかかった人。）

⓮台風で激しい風がフく。（風が起こること。）

⓯カンタンの声が上がる。（心に深くかんじてほめたたえる。）

⓰ほっとトイキをもらす。（思わずはくいき。）

⓱不満がフンシュツする。（勢いよくふきでること。）

⓲寒さのトウゲをこした。（物事の頂点。）

⓳日本サイコウホウは富士山だ。（もっともたかい山。）

11 傍らで見守る。（そば。すぐ近く。）〔　　ら〕

対義語
1 依存↕ドクリツ〔　　〕
9 良俗↕アクシュウ〔　　〕
11 傍系↕チョッケイ〔　　〕

類義語
5 傾向≒フウチョウ〔　　〕
10 倒産≒ハサン〔　　〕

同音異字
15 名演に感嘆する / □□に説明する〔　　〕

同訓異字
14 風が吹く / 煙を□く〔　　く〕

四字熟語
1 旧態《きゅうたい》依《い》然《ぜん》　昔のままで変化や進捗がないさま。
10 七転八倒《しちてんばっとう》　のたうち回ってもがき苦しむこと。

訓読み 2 えらい　4 あおぐ　5 かたむける　7 おかす　10 たおれる　15 なげく　16 はく　17 ふく　19 みね

漢字力UP
高校新出音訓 1 きえ　4 おおせ　6 しこう　11 かたわら
対義語 1 独立　9 悪習　11 直系
類義語 5 風潮　10 破産
同音異字 15 簡単
同訓異字 14 噴く

4級 第2回

4級学習漢字313字中 38字

	漢字	意味	部首	画数	読み	用例
1	壊	①こわす。こわれる。	つちへん 土	16	カイ／こわ(す・れる)	破壊《ハカイ》 決壊《ケッカイ》
2	堤	①つつみ。土手。	つちへん 土	12	テイ／つつみ	堤防《テイボウ》 防波堤《ボウハテイ》
3	塔	①高くそびえる建造物。	つちへん 土	12	トウ	鉄塔《テットウ》 金字塔《キンジトウ》
4	坊	①僧侶のすまい。僧。	つちへん 土	7	ボウ／ボッ	坊主《ボウズ》 寝坊《ねボウ》
5	婚	①夫婦になる。縁組みをする。	おんなへん 女	11	コン	結婚《ケッコン》 婚礼《コンレイ》
6	姓	①氏族。家の名前。血族。	おんなへん 女	8	セイ／ショウ	姓名《セイメイ》 百姓《ヒャクショウ》
7	奴	①しもべ。下男。②人を卑しめる語。	おんなへん 女	5	ド	農奴《ノウド》 守銭奴《シュセンド》
8	妙	①美しい。すぐれている。②不思議。おかしい。	おんなへん 女	7	ミョウ	絶妙《ゼツミョウ》 軽妙《ケイミョウ》
9	娘	①むすめ。	おんなへん 女	10	むすめ	村娘《むらむすめ》 末娘《すえむすめ》

書き取りA　1回目　2回目

① 戦争によってハカイされた街。（こわすこと。）

② テイボウ沿いを散歩する。（川や海沿いに築く構造物。）

③ 山の中にテットウを建てる。（高圧送電線の柱。）

④ 暑いのでボウズ頭にする。（髪を短く刈った頭。）

⑤ 姉のケッコン式に参加する。（正式に夫婦となること。）

⑥ セイメイ判断をする。（みょうじ と なまえ。）

⑦ ノウド制に反対した人物。（身分の低いのう業従事者。）

⑧ ゼツミョウのタイミング。（きわめて巧みですぐれているさま。）

⑨ ムラムスメと出会う。（むらに住む少女。）

書き取りB　1回目　2回目

❶ 雨でダムがケッカイする。（やぶれて崩れること。）

❷ 台風対策にボウハテイを作る。（外海からのなみをふせぐための構造物。）

❸ 推理小説のキンジトウ的作品。（後世まで残るすぐれた業績。）

❹ ネボウして学校に遅刻する。（朝遅くまで眠っていること。）

❺ コンレイの準備に追われる。（夫婦となる儀式。）

❻ 江戸時代のヒャクショウの生活。（農業・林業・漁業などに従事した身分の人々。）

❼ シュセンドとののしられる。（けちな人を卑しめていう語。）

❽ ケイミョウな作風で人気だ。（文章や話がけいかいでおもしろいこと。）

❾ スエムスメをかわいがる。（きょうだいで一番下のむすめ。）

訓読み

1 自転車が壊れる。［　　れる］

2 堤の桜が散る。［　　］

10 幅を利かせる。［　　］

15 暴飲暴食を慎む。［　　む］

16 進路について悩む。［　　む］

18 委員会で忙しい。［　　しい］

漢字力UP

高校新出音訓

14 見るも無惨な姿。（いたましくあわれな様子。）［　　］

14 惨めな気持ち。（見るにしのびない様子。）［　　め］

対義語

1 破壊↕ケンセツ［　　］

14 惨敗↕アッショウ［　　］

15 慎重↕ケイソツ［　　］

解答

① 破壊 ❶ 決壊 ② 堤防 ❷ 防波堤 ③ 鉄塔 ❸ 金字塔 ④ 坊主 ❹ 寝坊 ⑤ 結婚 ❺ 婚礼 ⑥ 姓名 ❻ 百姓 ⑦ 農奴 ❼ 守銭奴 ⑧ 絶妙 ❽ 軽妙 ⑨ 村娘 ❾ 末娘 ⑩ 幅員 ❿ 紙幅 ⑪ 帽子 ⓫ 制帽 ⑫ 記憶 ⓬ 憶測 ⑬ 恒久 ⓭ 恒例 ⑭ 惨敗 ⓮ 悲惨 ⑮ 慎重 ⓯ 謹慎 ⑯ 苦悩 ⓰ 悩殺 ⑰ 恐怖 ⓱ 怖い ⑱ 忙殺 ⓲ 多忙 ⑲ 高慢 ⓳ 慢性

番号	漢字	意味	部首	画数	読み	用例
10	幅	①はば。物の横の長さ。	巾 はばへん	12	フク / はば	幅員《フクイン》 紙幅《シフク》
11	帽	①かぶりもの。ぼうし。	巾 はばへん	12	ボウ	帽子《ボウシ》 制帽《セイボウ》
12	憶	①おぼえる。おもいだす。②おしはかる。	忄 りっしんべん	16	オク	記憶《キオク》 憶測《オクソク》
13	恒	①つねに。いつまでも変わらない。	忄 りっしんべん	9	コウ	恒久《コウキュウ》 恒例《コウレイ》
14	惨	①みじめ。②いたむ。いたましい。	忄 りっしんべん	11	サン / ザン / みじ(め)	惨敗《ザンパイ》 悲惨《ヒサン》
15	慎	①つつしむ。注意深くする。	忄 りっしんべん	13	シン / つつし(む)	慎重《シンチョウ》 謹慎《キンシン》
16	悩	①なやむ。なやます。なやみ。	忄 りっしんべん	10	ノウ / なや(む・ます)	苦悩《クノウ》 悩殺《ノウサツ》
17	怖	①こわい。おそれる。	忄 りっしんべん	8	フ / こわ(い)	恐怖《キョウフ》 怖《こわ》い
18	忙	①いそがしい。せわしい。	忄 りっしんべん	6	ボウ / いそが(しい)	忙殺《ボウサツ》 多忙《タボウ》
19	慢	①なまける。あなどる。②ゆるやか。おそい。	忄 りっしんべん	14	マン	高慢《コウマン》 慢性《マンセイ》

⑩フクイン減少の標識。
道・船・橋などの横の長さ。

⑪ボウシを目深にかぶる。
頭にかぶるもの。

⑫キオクに新しい出来事。
忘れずに心に留めておくこと。

⑬コウキュウ平和を願う。
ある状態が長く変わらないこと。

⑭決勝戦でザンパイした。
さんざんに負けること。

⑮シンチョウに事を運ぶ。
注意深くふるまうさま。

⑯顔にクノウの色がにじむ。
あれこれなやむこと。

⑰高い場所にキョウフをいだく。
おそろしく感じること。

⑱日常業務にボウサツされる。
仕事に追われること。

⑲コウマンな態度をとる。
うぬぼれて人をあなどること。

❿シフクが許すまで書く。
定められた原稿の枚数。

⓫学校指定のセイボウを買う。
ある集団に属する者がかぶるよう定められたぼうし。

⓬オクソクでものを言うな。
自分で勝手におしはかること。

⓭新春コウレイの行事。
いつも決まって行われること。

⓮ヒサンな事件が起こる。
見ていられないほどいたましいこと。

⓯自宅でキンシンする。
反省して言動をひかえめにすること。

⓰飼い犬の仕草にノウサツされる。
おおいになやませること。

⓱かれはコワいもの知らずだ。
自信に満ちて、何物もおそれない人。

⓲タボウな毎日を送る。
非常にいそがしいこと。

⓳マンセイ的なひざの痛み。
長引いてなかなか治らない状態。

19 慢性↕キュウセイ（　　）

類義語……

5 婚礼＝シュウゲン（　　）
6 百姓＝ノウミン（　　）
12 憶測＝スイサツ（　　）
13 恒久＝エイエン（　　）

同音異字……

2 堤防の工事 / 宿題を□出する（出）

10 幅員を調べる / 至□のひととき（至） / □業を始める（業）

16 苦悩が深まる / 各国の首□（首） / 薬の効□（効）

訓読み 1 こわれる　2 つつみ　10 はば　15 つつしむ　16 なやむ　18 いそがしい

漢字力UP

高校新出音訓…… 14 むざん　14 みじめ

対義語…… 1 建設　14 圧勝　15 軽率　19 急性

類義語…… 5 祝言　6 農民　12 推察　13 永遠

同音異字…… 2 提出　10 至福　副業　16 首脳　効能

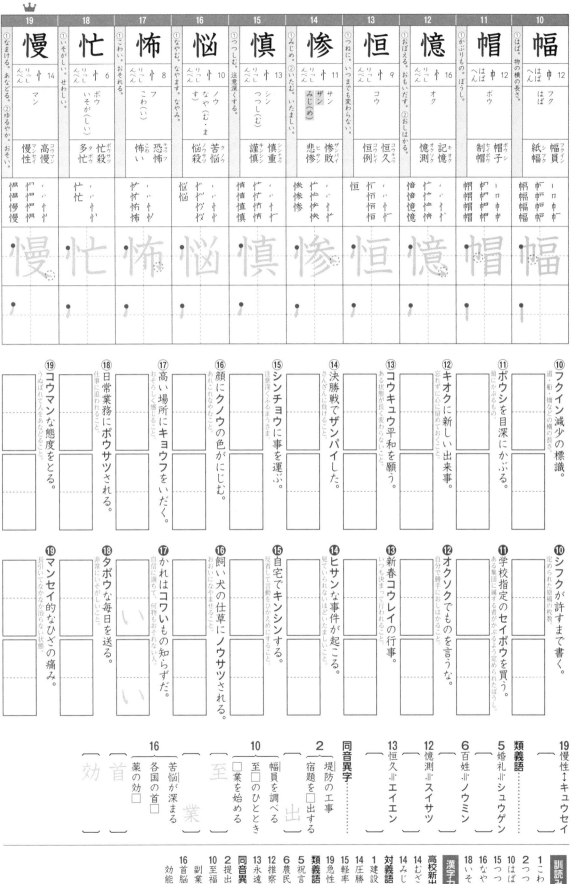

4級 第3回

4級学習漢字313字中 57字

	漢字	意味	部首	画数	読み	用例	筆順
1	握	①にぎる。つかむ。②自分のものにする。	扌（てへん）	12	アク / にぎ(る)	握手《アクシュ》 握力《アクリョク》	一 十 扌 扌 扌 扌 扩 护 据 据 握 握
2	扱	①あつかう。	扌（てへん）	6	あつか(う)	扱《あつか》う 扱《あつか》い	一 十 扌 扌 扨 扱
3	援	①たすける。すくう。	扌（てへん）	12	エン	援助《エンジョ》 応援《オウエン》	一 十 扌 扌 扌 扌 扌 扌 扌 扌 援 援
4	押	①おさえる。②判をおす。署名する。	扌（てへん）	8	オウ / お(す・さえる)	押収《オウシュウ》 押印《オウイン》	一 十 扌 扌 扣 扣 押 押
5	拠	①よる。たよる。よりどころ。	扌（てへん）	8	キョ / コ	根拠《コンキョ》 証拠《ショウコ》	一 十 扌 扌 扨 扨 拠 拠
6	掘	①ほる。ほり出す。	扌（てへん）	11	クツ / ほ(る)	発掘《ハックツ》 採掘《サイクツ》	一 十 扌 扌 扌 扌 扌 扌 掘 掘 掘
7	抗	①てむかう。はりあう。	扌（てへん）	7	コウ	抗議《コウギ》 対抗《タイコウ》	一 十 扌 扌 扌 抗 抗
8	振	①ふりうごかす。②盛んになる。	扌（てへん）	10	シン / ふ(る・るう・れる)	振動《シンドウ》 不振《フシン》	一 十 扌 扌 扌 扌 扌 扌 振 振
9	拓	①きりひらく。②文字などを写し取る。	扌（てへん）	8	タク	開拓《カイタク》 魚拓《ギョタク》	一 十 扌 扌 扌 扌 拓 拓

書き取りA（1回目・2回目）

① 固いアクシュを交わす。（互いにてをにぎりあうこと。）

② 貴重品をアツカう際の注意。（物を使ったり操作したりする。）

③ 開店資金をエンジョする。（力をかすこと。）

④ 関係資料をオウシュウする。（捜査機関などが差しおさえること。）

⑤ コンキョを持って意見を言う。（もとになる理由。）

⑥ 化石のハックツ調査に行く。（ほり出すこと。）

⑦ 判定にコウギする。（反対意見を主張すること。）

⑧ 窓が激しくシンドウする。（ゆれうごくこと。）

⑨ 新しい分野をカイタクする。（きりひらくこと。）

書き取りB（1回目・2回目）

❶ アクリョク検査を受ける。（手で物をにぎるちから。）

❷ いまだに子供アツカいを受ける。（大人を子供のようにみなすこと。）

❸ 好きな球団のオウエンをする。（はげますこと。）

❹ 書類に署名してオウインする。（判をおすこと。）

❺ ショウコの品を提出する。（事実を明らかにする材料。）

❻ 海底資源のサイクツを行う。（鉱物などをほり出すこと。）

❼ 兄にタイコウ意識を燃やす。（互いにはりあうこと。）

❽ 経営フシンから立ち直る。（勢いがよくないこと。）

❾ マダイのギョタクを取る。（紙にさかなの形を写し取ったもの。）

訓読み

1 ハンドルを握る。（　る）

4 背中を押す。（　す）

6 穴を掘る。（　る）

8 手を振る。（　る）

11 若菜を摘む。（　む）

13 歯を抜く。（　く）

15 未来を描く。（　く）

15 イラストを描く。（　く）

16 代金を払う。（　う）

17 魚を捕らえる。（　らえる）

17 犯人を捕まえる。（　まえる）

18 赤んぼうを抱く。（　く）

18 疑問を抱く。（　く）

18 荷物を抱える。（　える）

19 銃に弾をこめる。（　）

解答

① 握手 ❶ 握力 ② 扱う ❷ 扱い ③ 援助 ❸ 応援 ④ 押収 ❹ 押印 ⑤ 根拠 ❺ 証拠 ⑥ 発掘 ❻ 採掘 ⑦ 抗議 ❼ 対抗 ⑧ 振動 ❽ 不振 ⑨ 開拓 ❾ 魚拓 ⑩ 抵抗 ❿ 抵当 ⑪ 摘出 ⓫ 摘発 ⑫ 拍手 ⓬ 拍子 ⑬ 抜本 ⓭ 選抜 ⑭ 運搬 ⓮ 搬入 ⑮ 描写 ⓯ 素描 ⑯ 払底 ⓰ 払暁 ⑰ 捕食 ⓱ 捕手 ⑱ 介抱 ⓲ 抱負 ⑲ 弾丸 ⓳ 弾力

10 抵
①こばむ。さからう。②相当する。
てへん 扌 8
テイ
抵抗《テイコウ》 抵当《テイトウ》

11 摘
①つむ。えらびとる。②あばく。ゆびさす。
てへん 扌 14
テキ
つ(む)
摘出《テキシュツ》 摘発《テキハツ》

12 拍
①うつ。てでたたく。②音数の単位。
てへん 扌 8
ハク
ヒョウ
拍手《ハクシュ》 拍子《ヒョウシ》

13 抜
①ぬく。ひきぬく。ぬける。②えらびだす。
てへん 扌 7
バツ
ぬ(く・ける・
かす・かる)
抜本《バッポン》 選抜《センバツ》

14 搬
①持ち運ぶ。移す。
てへん 扌 13
ハン
運搬《ウンパン》 搬入《ハンニュウ》

15 描
①形や様子を絵や文章でかきあらわす。
てへん 扌 11
ビョウ
えが(く)
か(く)
描写《ビョウシャ》 素描《ソビョウ》

16 払
①はらう。なくなる。②夜が明ける。
てへん 扌 5
フツ
はら(う)
払底《フッテイ》 払暁《フツギョウ》

17 捕
①とる。とらえる。つかまえる。
てへん 扌 10
ホ
と(らえる・
らわれる・る)
つか(まえる・まる)
捕食《ホショク》 捕手《ホシュ》

18 抱 ♛
①だく。両手でかかえる。②心にいだく。
てへん 扌 8
ホウ
だ(く)
いだ(く)
かか(える)
介抱《カイホウ》 抱負《ホウフ》

19 弾 ♛
①鉄砲のたま。②はずむ。はじく。
ゆみへん 弓 12
ダン
たま
ひ(く)
はず(む)
弾丸《ダンガン》 弾力《ダンリョク》

⑩激しいテイコウにあう。
外からの力にさからうこと。

⑪ガラス片をテキシュツする。
つまんで取りだすこと。

⑫見事な演奏にハクシュを送る。
てをたたいて音を出すこと。

⑬バッポン的な改革が必要だ。
おおもとの原因をぬき除くこと。

⑭材料をウンパンする。
ほかの場所にはこぶこと。

⑮主人公の心理ビョウシャ。
うつしえがくこと。

⑯在庫がフッテイしている。
すっかりなくなること。

⑰ネコがネズミをホショクする。
とらえてたべること。

⑱けが人をカイホウする。
世話をすること。

⑲ダンガンが的に命中する。
鉄砲などで打ち出すたま。

❿土地をテイトウに入れる。
権利や財産を借金の保証にあてること。

⓫密輸入をテキハツする。
不正をあばいて公表すること。

⓬体でヒョウシをとる。
テンポ。

⓭学年センバツリレーに出る。
すぐれたものをえらびだすこと。

⓮新居に家具をハンニュウする。
はこびいれること。

⓯わが校の歴史をソビョウする。
ある物事について簡潔に文章を書くこと。

⓰フツギョウに家を出る。
夜明け方。

⓱野球部でホシュをする。
キャッチャー。

⓲新学期のホウフを述べる。
心にいだいている決意。

⓳ボールのダンリョクを確かめる。
はずむちから。

漢字力UP

19 ピアノを弾く。（　く）
19 喜びで声が弾む。（　む）

高校新出音訓……
4 武器を押収する。（　　）
差し押さえること。
16 人材が払底する。（　　）
すっかりなくなること。

対義語……
8 不振↔コウチョウ（　　）
10 抵抗↔フクジュウ（　　）

類義語……
3 応援＝カセイ（　　）
14 運搬＝ユソウ（　　）

同訓異字……
4 { 背中を押す／委員長に□す }（　す）
19 { ピアノを弾く／注意を□く }（　く）

訓読み
1 にぎる
4 おす
6 ほる
8 ふる
11 つむ
13 ぬく
15 えがく
15 かく
16 はらう
17 とらえる
17 つかまえる
18 だく
18 いだく
18 かかえる
19 たま
19 ひく
19 はずむ

漢字力UP
高校新出音訓……
4 おうしゅう
16 ふってい
対義語……
8 好調
10 服従
類義語……
3 加勢
14 輸送
同訓異字……
4 推す
19 引く

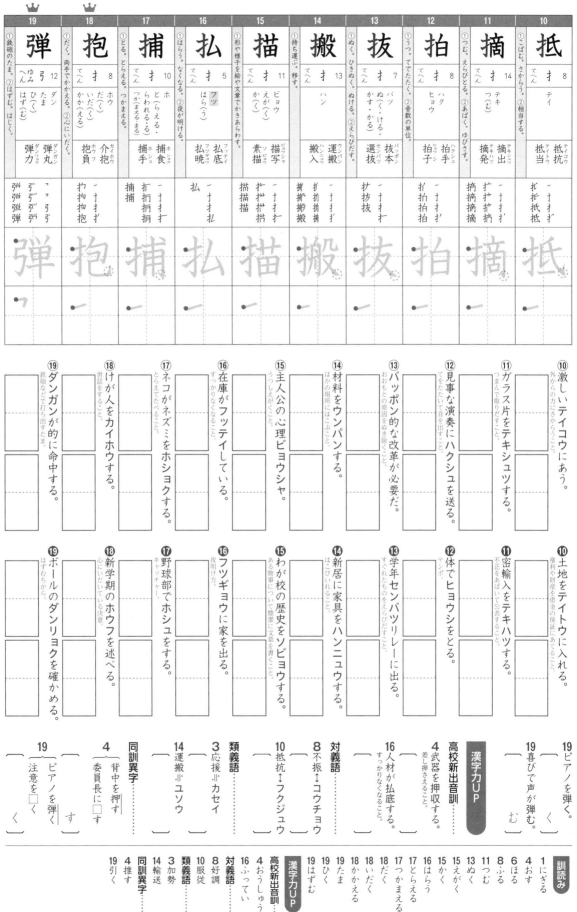

4級 第4回

4級学習漢字313字中 76字

番号	漢字	部首	画数	読み	用例	意味
1	御	彳《ぎょうにんべん》	12	ギョ / ゴ / おん	大御所《おおゴショ》 制御《セイギョ》	①敬意や丁寧さを表す語。②あやつる。
2	征	彳《ぎょうにんべん》	8	セイ	遠征《エンセイ》 征服《セイフク》	①ゆく。旅に出る。②うつ。不正を武力でただす。
3	徴	彳《ぎょうにんべん》	14	チョウ	象徴《ショウチョウ》 徴収《チョウシュウ》	①しるし。あらわれ。②あつめる。取り立てる。
4	彼	彳《ぎょうにんべん》	8	ヒ / かれ / かの	彼我《ヒガ》 彼岸《ヒガン》	①かれ。あの人。第三者。②あれ。あの。かの。
5	微	彳《ぎょうにんべん》	13	ビ	微笑《ビショウ》 機微《キビ》	①かすか。わずか。②小さい。こまかい。
6	陰	阝《こざとへん》	11	イン / かげ / かげ(る)	山陰《サンイン》 陰険《インケン》	①日かげ。覆われているところ。②ひそかに。
7	隠	阝《こざとへん》	14	イン / かく(す・れる)	隠居《インキョ》 隠語《インゴ》	①おおわれる。②おおいかくす。
8	陣	阝《こざとへん》	10	ジン	円陣《エンジン》 陣痛《ジンツウ》	①戦うときの構え。②にわかに。
9	隣	阝《こざとへん》	16	リン / となり / とな(る)	近隣《キンリン》 隣人《リンジン》	①となり。となりあう。

書き取りA 1回目 2回目

①政界のオオゴショが亡くなる。
その世界で大きな力を持つ人物。

②海外へエンセイする。
調査や試合でとおくに行くこと。

③ハトは平和のショウチョウだ。
シンボル。

④ヒガの実力の差は歴然だ。
相手方と自分方。

⑤口元にビショウを浮かべる。
ほほえみ。

⑥サンイン地方を旅する。
中国地方の北側、日本海に面する地域。

⑦インキョ生活を送る。
仕事から離れて気ままに暮らすこと。

⑧試合前にエンジンを組む。
多くの人が輪の形に並ぶこと。

⑨キンリン諸国との関係を保つ。
となり合ったちかい辺り。

書き取りB 1回目 2回目

❶運転をセイギョするシステム。
思いどおりになるように調整すること。

❷世界セイフクの野望。
支配下に置くこと。

❸幹事が会費をチョウシュウする。
取り立てること。

❹暑さも寒さもヒガンまで。
春分、秋分の日の前後各三日間。

❺人情のキビに通じた人物。
表面にあらわれないこまかな事情。

❻インケンな態度をとる。
意地悪く見えるさま。

❼インゴを使って伝達する。
特定の集団内だけで通用する特別な言葉。

❽妻のジンツウが始まる。
出産時に起こる腹部のいたみ。

❾リンジンと親しくつき合う。
となりに住むひと。

訓読み

1 完売御礼。（　　）
4 彼は優しい人だ。（　　）
4 彼女は私の姉だ。（　　）
6 木の陰に入る。（　　）
6 日が陰る。（　　る）
7 手で顔を隠す。（　　す）
9 隣の家の犬。（　　）
10 獲物をねらう。（　　）
11 計画が狂う。（　　う）
12 視界が狭まる。（　　まる）
12 心が狭い。（　　い）
15 土で服が汚れる。（　　れる）
15 汚い言葉を使う。（　　い）
16 汗をかく。（　　）
19 感傷に浸る。（　　る）

解答

①大御所 ❶制御 ②遠征 ❷征服 ③象徴 ❸徴収 ④彼我 ❹彼岸 ⑤微笑 ❺機微 ⑥山陰 ❻陰険 ⑦隠居 ❼隠語 ⑧円陣 ❽陣痛 ⑨近隣 ❾隣人 ⑩獲得 ❿乱獲 ⑪熱狂 ⓫狂言 ⑫狭量 ⓬狭義 ⑬狩猟 ⓭狩り ⑭猛暑 ⓮猛毒 ⑮汚染 ⓯汚名 ⑯発汗 ⓰汗顔 ⑰実況 ⓱比況 ⑱湖沼 ⓲沼地 ⑲浸水 ⓳浸食

4級

番号	漢字	意味	部首	画数	読み	用例
10	獲	①手に入れる。つかまえる。	けものへん 犭	16	カク／え(る)	獲得《カクトク》 乱獲《ランカク》
11	狂	①気がちがう。夢中になる。②こっけい。	けものへん 犭	7	キョウ／くる(う・おしい)	熱狂《ネッキョウ》 狂言《キョウゲン》
12	狭	①せまい。せばめる。	けものへん 犭	9	キョウ／せば(める・まる) せま(い)	狭量《キョウリョウ》 狭義《キョウギ》
13	狩	①かり。	けものへん 犭	9	シュ／か(る・り)	狩猟《シュリョウ》 狩《か》り
14	猛	①たけだけしい。荒々しい。	けものへん 犭	11	モウ	猛暑《モウショ》 猛毒《モウドク》
15	汚	①よごれる。きたない。②けがれる。	さんずい 氵	6	オ／よご(す・れる) きたな(い) けが(す・れる・らわしい)	汚染《オセン》 汚名《オメイ》
16	汗	①あせ。あせをかく。	さんずい 氵	6	カン／あせ	発汗《ハッカン》 汗顔《カンガン》
17	況	①ありさま。ようす。②たとえる。くらべる。	さんずい 氵	8	キョウ	実況《ジッキョウ》 比況《ヒキョウ》
18	沼	①ぬま。泥深い自然の池。	さんずい 氵	8	ショウ／ぬま	湖沼《コショウ》 沼地《ぬまチ》
19	浸	①ひたす。ひたる。②しみる。しみこむ。	さんずい 氵	10	シン／ひた(す・る)	浸水《シンスイ》 浸食《シンショク》

⑩高額の商品をカクトクする。
手に入れること。

⑪俳優のネッキョウ的なファン。
夢中になること。

⑫キョウリョウな性格で困る。
人を受け入れる心がせまいこと。

⑬シュリョウが解禁された。
野生の鳥獣をとらえること。

⑭連日のモウショが続く。
はげしいあつさ。

⑮大気オセンを引き起こす原因。
よごれること。

⑯熱が高く、ひどくハッカンする。
あせが出ること。

⑰野球のジッキョウ放送を見る。
じっさいの様子。

⑱コショウの水質を改善する計画。
みずうみ と ぬま。

⑲台風で家がシンスイする。
みずびたしになること。

❿ランカクを防止する条約。
魚・鳥獣をむやみにとること。

⓫キョウゲンの公演を見に行く。
日本の古典芸能。

⓬クモはキョウギには虫ではない。
せまい範囲で物事を解釈する意味。

⓭山へカりに出かける。
鳥獣をおいたててとらえること。

⓮フグにはモウドクがある。
どく性のはげしいどく。

⓯オメイ返上の機会を得る。
悪い評判。

⓰カンガンの至りです。
かおからあせが出るほど恥ずかしいさま。

⓱ヒキョウの助動詞。
他とくらべ、たとえていう言い方。

⓲ヌマチに足を取られる。
泥深くじめじめする所。

⓳波にシンショクされた岩。
水や風が地表を削り取ること。

漢字力UP

高校新出音訓……

12 狭小な土地。（せまく小さいさま。）〔　〕

15 思い出を汚す。（損なう。きずつける。）〔　〕

18 池沼にすむ生物。（いけ と ぬま。）〔　〕

対義語……

3 徴収↕ノウニュウ〔　〕

9 近隣↕エンポウ〔　〕

12 狭義↕コウギ〔　〕

17 実況↕ロクガ〔　〕

類義語……

9 近隣＝シュウヘン〔　〕

14 猛毒＝ゲキドク〔　〕

15 汚名＝アクヒョウ〔　〕

同音異字……

19 家が浸水する／不法に□入する〔　〕

訓読み

1 おんれい　4 かれ　4 かのじょ　6 かげ　6 かげる　7 かくす　9 となり　10 えもの　11 くるう　12 せばまる　12 せまい　15 よごれる　15 きたない　16 あせ　19 ひたる

漢字力UP

高校新出音訓……12 きょうしょう　15 けがす　18 ちしょう

対義語……3 納入　9 遠方　12 広義　17 録画

類義語……9 周辺　14 劇毒　15 悪評

同音異字……19 侵入

4級 第5回

4級学習漢字313字中 94字

	漢字	部首	画数	読み	用例	意味
1	沢	氵 さんずい	7	タク / さわ	沼沢《ショウタク》 沢山《タクサン》	①さわ。②うるおい。ものが豊かにあること。
2	濁	氵 さんずい	16	ダク / にご(る・す)	濁流《ダクリュウ》 濁点《ダクテン》	①にごる。よごす。
3	淡	氵 さんずい	11	タン / あわ(い)	淡水《タンスイ》 冷淡《レイタン》	①あわい。色や味がうすい。②さっぱりしている。
4	澄	氵 さんずい	15	チョウ / す(む・ます)	清澄《セイチョウ》 上澄《うわず》み	①すむ。すます。にごりがない。
5	沈	氵 さんずい	7	チン / しず(む・める)	沈痛《チンツウ》 沈着《チンチャク》	①しずむ。しずめる。②おちつく。しずか。
6	滴	氵 さんずい	14	テキ / しずく / したた(る)	水滴《スイテキ》 滴下《テキカ》	①しずく。②したたる。しずくが落ちる。
7	添	氵 さんずい	11	テン / そ(える・う)	添加《テンカ》 添乗《テンジョウ》	①そえる。つけくわえる。②そう。つきそう。
8	渡	氵 さんずい	12	ト / わた(る・す)	渡航《トコウ》 過渡《カト》	①わたる。わたす。②とおる。過ぎる。
9	濃	氵 さんずい	16	ノウ / こ(い)	濃厚《ノウコウ》 濃密《ノウミツ》	①色や味などがこい。

書き取りA 1回目 2回目

①ショウタク地に生息する虫。
ぬまやさわ。

②川がダクリュウと化す。
にごっている水の大きながれ。

③タンスイにすむ魚。
まみず。

④セイチョウな空気を吸う。
すんでいてきよらかなさま。

⑤チンツウな面持ちで語る。
深い悲しみや心配事で気持ちがしずむさま。

⑥葉にスイテキがつく。
みずのしずく。

⑦食品に着色料をテンカする。
そえくわえること。

⑧トコウ手続きを代行する。
船や飛行機で外国へ行くこと。

⑨ノウコウな味わいのコーヒー。
きわめてこいさま。

書き取りB 1回目 2回目

❶タクサンの人でにぎわう祭り。
数量の多いこと。

❷平仮名にダクテンをつける。
だく音を表す符号。

❸レイタンな仕打ちを受ける。
ひややかであっさりしていること。

❹スープのウワズみだけをすくう。（ み）（ み）
液体の混合物がしずみ、すんでいるうえの部分。

❺冷静チンチャクな判断を下す。
落ちついて、あわてないさま。

❻試薬を少しずつテキカする。
しずく状にして落とすこと。

❼テンジョウ員付きのツアー。
客に付きそって世話をする旅行社の社員。

❽戦後のカト期を生き抜いた。
新しい状態に移り変わること。

❾ノウミツな時間を過ごす。
こくてこまやかであるさま。

訓読み

1 沢を散歩する。（ ）
2 川の水が濁る。（ る）
3 淡い色づかい。（ い）
5 夕日が沈む。（ む）
6 滴が垂れる。（ ）
7 手紙を添える。（ える）
8 海を渡る鳥。（ る）
9 濃い味の料理。（ い）
10 船が港に泊まる。（ まる）
12 宙に浮く。（ く）
14 氷が溶ける。（ ける）
15 涙を流す。（ ）
17 珍しい生き物。（ しい）
18 暇をつぶす。（ ）

解答

①沼沢 ❶沢山 ②濁流 ❷濁点 ③淡水 ❸冷淡 ④清澄 ❹上澄み ⑤沈痛 ❺沈着 ⑥水滴 ❻滴下 ⑦添加 ❼添乗 ⑧渡航 ❽過渡 ⑨濃厚 ❾濃密 ⑩宿泊 ❿停泊 ⑪海浜 ⓫砂浜 ⑫浮上 ⓬浮遊 ⑬散漫 ⓭漫画 ⑭溶解 ⓮溶接 ⑮感涙 ⓯落涙 ⑯環状 ⓰環境 ⑰珍味 ⓱珍説 ⑱余暇 ⓲寸暇

番号	漢字	部首	画数	読み	熟語	意味
10	泊	氵 さんずい	8	ハク、と(まる・める)	宿泊《シュクハク》、停泊《テイハク》	①とまる。とめる。②さっぱりしているさま。
11	浜	氵 さんずい	10	ヒン、はま	海浜《カイヒン》、砂浜《すなはま》	①はま。水ぎわ。波うちぎわ。
12	浮	氵 さんずい	10	フ、う(く・かぶ・かべる・かれる)	浮上《フジョウ》、浮遊《フユウ》	①うく。うかぶ。うかべる。
13	漫	氵 さんずい	14	マン	散漫《サンマン》、漫画《マンガ》	①みだりに。とりとめがない。
14	溶	氵 さんずい	13	ヨウ、と(ける・かす・く)	溶解《ヨウカイ》、溶接《ヨウセツ》	①とける。とかす。②熱で固体が液状になる。
15	涙	氵 さんずい	10	ルイ、なみだ	感涙《カンルイ》、落涙《ラクルイ》	①なみだ。なみだを流す。
16	環	王 おうへん	17	カン	環状《カンジョウ》、環境《カンキョウ》	①輪。輪の形。②めぐらす。めぐる。かこむ。
17	珍	王 おうへん	9	チン、めずら(しい)	珍味《チンミ》、珍説《チンセツ》	①めずらしい。思いがけない。②かわっている。
18	暇	日 ひへん	13	カ、ひま	余暇《ヨカ》、寸暇《スンカ》	①ひま。やすみ。

⑩温泉旅館にシュクハクする。
とまること。

⑪カイヒン公園で遊ぶ。
はまべ。

⑫フジョウする気球を見る。
うかびあがること。

⑬注意力がサンマンで困る。
気がちってしまうこと。

⑭食塩をヨウカイさせる。
物質が他の液体にとけること。

⑮優勝してカンルイにむせぶ。
心に深くかんじて流すなみだ。

⑯カンジョウ道路を整備する。
輪のような形。

⑰山海のチンミを食べ比べる。
めずらしくおいしい食物。

⑱ヨカの過ごし方を見直す。
あまったひまな時間。

❿テイハクしているフェリー。
船がいかりを下ろしてとまること。

⓫スナハマに波が打ち寄せる。
すな地のはまべ。

⓬空中にフユウする物体。
水面や空中にうかびただようこと。

⓭少年マンガを読みふける。
絵とせりふで物語を書いたもの。

⓮鉄をヨウセツする技術。
とかしてくっつけること。

⓯思わずラクルイする。
泣くこと。

⓰カンキョウを守る取り組み。
人間や生物を取り巻く外界。

⓱信じがたいチンセツを言う。
風変わりな意見。

⓲スンカを惜《お》しんで勉強する。
少しのひま。

漢字力UP

高校新出音訓……

4 明澄な音色。（　　）
明るくすみわたること。

6 汗が滴る。（　る　）
しずくとなり垂れ落ちる。

対義語……

3 冷淡↕シンセツ（　　）

同音異字……

6
- 水滴がつく
- 誤りを指□する（指）
- 最□な人事（最）
- 油断は大□だ（大）

13
- 散漫な文章
- 高□な人物（高）

同訓異字……

4
- 耳を澄ます
- 用事を□ます（　ます　）

14
- 卵を溶く
- 着物の帯を□く（　く　）

訓読み

1 さわ　2 にごる　3 あわい　5 しずむ　6 しずく　7 そえる　8 わたる　9 こい　10 とまる　12 うく　14 とける　15 なみだ　17 めずらしい　18 ひま

漢字力UP

高校新出音訓……4 めいちょう　6 したたる

対義語……3 親切

同音異字……6 指摘　最適　大敵　13 高慢

同訓異字……4 済ます　14 解く

漢字の豆知識

読みが違えば意味も異なる

ほとんどの漢字は音・訓両方の読みがあるから、読み方が二つ以上あって、しかも意味が異なる熟語がいろいろとあるよ。沢山(タクサン・さわやま)、大家(タイカ・おおや)など。

4級学習漢字313字中 112字

1	脚	①あし。すね。②支えとなるもの。③立場。	月 にくづき 11	キャク・キャ・あし	脚力《キャクリョク》 失脚《シッキャク》	丿 刀 月 月 肚 肚 胠 胠 脚
2	脂	①動物性のあぶら。	月 にくづき 10	シ・あぶら	樹脂《ジュシ》 油脂《ユシ》	丿 刀 月 月 月' 肐 脂 脂 脂
3	脱	①ぬぐ。ぬげる。②ぬける。ぬけだす。	月 にくづき 11	ダツ・ぬ(ぐ・げる)	脱衣《ダツイ》 脱退《ダッタイ》	丿 刀 月 月 月' 月' 胪 胪 胪 脱 脱
4	胴	①どう。からだの中央の部分。	月 にくづき 10	ドウ	胴体《ドウタイ》 胴衣《ドウイ》	丿 刀 月 月 肌 肌 胴 胴 胴 胴
5	肪	①あぶら。動物の体内のあぶら。	月 にくづき 8	ボウ	脂肪《シボウ》	丿 刀 月 月 月' 肪 肪 肪
6	腰	①こし。	月 にくづき 13	ヨウ・こし	腰痛《ヨウツウ》 本腰《ホンごし》	丿 刀 月 月 肝 肝 肝 肝 腰 腰 腰 腰 腰
7	腕	①うで。うでまえ。	月 にくづき 12	ワン・うで	腕章《ワンショウ》 手腕《シュワン》	丿 刀 月 月 月' 月' 肸 肸 胗 胗 腕 腕
8	殖	①ふえる。ふやす。	歹 かばねへん 12	ショク・ふ(える・やす)	増殖《ゾウショク》 養殖《ヨウショク》	一 ア 歹 歹 歹 歹 歹 歹 殖 殖 殖 殖
9	祈	①いのる。神仏にねがう。	ネ しめすへん 8	キ・いの(る)	祈願《キガン》 祈念《キネン》	丶 ラ ネ ネ ネ' 祈 祈 祈

書き取りA 1回目 2回目

①キャクリョクには自信がある。（歩いたり走ったりするあしのちから。）

②合成ジュシを使用した製品。（木から出た粘液が固まったもの。）

③大衆浴場のダツイ所。（服をぬぐこと。）

④ドウタイ着陸を試みる。（からだの中心部。）

⑤シボウの取り過ぎで太る。（動植物に含まれる常温で固体の油し。）

⑥ヨウツウに効果のある体操。（こしのいたみ。）

⑦参加者はワンショウをつける。（目印としてうでにまく布。）

⑧アメーバがゾウショクする。（ふえること。）

⑨合格キガンで有名な神社。（神仏にいのりねがうこと。）

書き取りB 1回目 2回目

❶大臣がシッキャクする。（立場をうしなうこと。）

❷植物性のユシが原料だ。（動植物から採取したあぶら。）

❸国際連盟からダッタイする。（団体・組織からぬけること。）

❹救命ドウイを着用する。（上半身にまとう袖のない服。）

もう一度書いてみよう！

❻ホンゴシを入れて取り組む。（真剣な気構え。）

❼優れたシュワンを持つ経営者。（物事をうまく行う能力。）

❽マグロのヨウショクが盛んだ。（魚介類を人工的に飼育すること。）

❾永久の平和をキネンする式典。（心をこめていのること。）

訓読み

1 机の脚。（　　）

2 脂がのった魚。（　　）

3 服を脱ぐ。（　　ぐ）

7 腕の見せ所。（　　）

8 財産が殖える。（　　える）

9 神様に祈る。（　　る）

10 柱が朽ちる。（　　ちる）

11 声が枯れる。（　　れる）

12 桃の皮をむく。（　　）

13 杯を交わす。（　　）

16 煙が目にしみる。（　　）

16 雨に煙る町。（　　る）

漢字力UP

高校新出音訓……

1 脚立に乗る。（踏み台。）（　　）

解答

①脚力 ❶失脚 ②樹脂 ❷油脂 ③脱衣 ❸脱退 ④胴体 ❹胴衣 ⑤脂肪 ⑥腰痛 ❻本腰 ⑦腕章 ❼手腕 ⑧増殖 ❽養殖 ⑨祈願 ❾祈念 ⑩老朽 ❿不朽 ⑪枯死 ⓫栄枯 ⑫白桃 ⓬桃源郷（桃源境） ⑬祝杯 ⓭満杯 ⑭長柄 ⓮人柄 ⑮空欄 ⓯欄干 ⑯煙幕 ⓰禁煙 ⑰乾燥 ⓱高燥 ⑱爆破 ⓲爆笑

番号	漢字	意味	部首	画数	読み	用例
10	朽	①くちる。くさる。	木 きへん	6	キュウ く(ちる)	老朽《ロウキュウ》 不朽《フキュウ》
11	枯	①かれる。水がかわく。②衰える。	木 きへん	9	コ か(れる・らす)	枯死《コシ》 栄枯《エイコ》
12	桃	①もも。	木 きへん	10	トウ もも	白桃《ハクトウ》 桃源郷《トウゲンキョウ》
13	杯	①さかずき。酒をつぐ器。	木 きへん	8	ハイ さかずき	祝杯《シュクハイ》 満杯《マンパイ》
14	柄	①え。器物の取っ手。②権力。③性質。種類。	木 きへん	9	ヘイ がら え	長柄《ながえ》 人柄《ひとがら》
15	欄	①かこい。わく。しきり。②てすり。	木 きへん	20	ラン	空欄《クウラン》 欄干《ランカン》
16	煙	①けむり。けむる。	火 ひへん	13	エン けむり けむ(る・い)	煙幕《エンマク》 禁煙《キンエン》
17	燥	①かわく。かわかす。	火 ひへん	17	ソウ	乾燥《カンソウ》 高燥《コウソウ》
18	爆	①はぜる。はじける。	火 ひへん	19	バク	爆破《バクハ》 爆笑《バクショウ》

⑩ロウキュウ化した校舎の工事。
古くなって役立たないこと。

⑪大量の森の木がコシする。
かれること。

⑫ハクトウのジャムを作る。
果肉がしろいもも。

⑬勝利のシュクハイをあげる。
いわって飲む酒。

⑭ナガエのひしゃくで水をくむ。
取っ手がながいこと。

⑮クウランに語句を補う。
中に何も書かれていない枠。

⑯エンマクを張って姿を消す。
行動をかくすためにめぐらすけむり。

⑰冬場は空気がカンソウする。
水分や湿気がなくなること。

⑱街のビルがバクハされる。
ばくはつによって物を壊すこと。

❿フキュウの名作と呼ばれる。
長く後世に残ること。

⓫エイコ盛衰《せいすい》は世の習いだ。
盛んなときと衰えるときがあること。

⓬トウゲンキョウを夢見る。
俗世間を離れた平和な別世界。

⓭スタジアムは人でマンパイだ。
人員がいっぱいになること。

⓮立派なヒトガラにあこがれる。
そのひとの性格。ひととなり。

⓯橋のランカンにもたれかかる。
てすり。

⓰父はキンエンを決意した。
たばこを吸う習慣をやめること。

⓱コウソウな土地に住む。
土地がたかく湿気が少ないこと。

⓲クラス中がバクショウする。
どっとわらうこと。

6 腰痛で苦しむ。
腰の痛み。
（　　）

14 横柄な態度。
偉そうで無礼なさま。
（　　）

対義語……

3 脱退↕カメイ（　　）

7 手腕↕ギリョウ（　　）

類義語……

10 不朽≒エイエン（　　）

14 手柄≒コウセキ（　　）

同音異字……

8 殖産興業 / □林活動を行う（林）

11 木が枯死する / □人をしのぶ / □参の社員（人）（参）

同訓異字……

8 貯金が殖える / 仲間が□える（　える）

訓読み
1 あし
2 あぶら
3 ぬぐ
7 うで
8 ふえる
9 いのる
10 くちる
11 かれる
12 もも
13 さかずき
16 けむり
16 けむる

漢字力UP
高校新出音訓……
1 きゃたつ
6 ようつう
14 おうへい

対義語……
3 加盟
7 技量

類義語……
10 永遠
14 功績

同音異字……
8 植林
11 故人
古参

同訓異字……
8 増える

漢字の豆知識

「殖える」と「増える」、どう違う？

「殖える」は、他から加わらないでそれ自身で数や量が多くなること。「増える」は、すでにある数や量の上に同じものが加わって多くなること。「友達が殖える」とは言わないよ。

4級 第7回

4級学習漢字313字中 131字

番号	漢字	意味	部首	画数	読み	用例
1	瞬	①またたく。ごく短いじかん。	目 めへん	18	シュン、またた(く)	瞬間《シュンカン》、瞬時《シュンジ》
2	眠	①ねむる。ねむい。ねむり。	目 めへん	10	ミン、ねむ(る・い)	冬眠《トウミン》、仮眠《カミン》
3	砲	①火薬で弾を撃ち出す兵器。	石 いしへん	10	ホウ	砲丸《ホウガン》、鉄砲《テッポウ》
4	稿	①したがき。詩や文章の原案。	禾 のぎへん	15	コウ	草稿《ソウコウ》、投稿《トウコウ》
5	称	①となえる。名づける。②たたえる。ほめる。	禾 のぎへん	10	ショウ	愛称《アイショウ》、称賛《ショウサン》
6	稲	①いね。	禾 のぎへん	14	トウ、いね、いな	水稲《スイトウ》、稲作《いなサク》
7	被	①おおいかぶさる。着る。②こうむる。うける。	衤 ころもへん	10	ヒ、こうむ(る)	被服《ヒフク》、被害《ヒガイ》
8	端	①ただしい。きちんとしている。②はし。すえ。	立 たつへん	14	タン、はし、は、はた	異端《イタン》、発端《ホッタン》
9	粒	①つぶ。つぶ状の。	米 こめへん	11	リュウ、つぶ	粒子《リュウシ》、大粒《おおつぶ》

書き取りA（1回目・2回目）

①決定的なシュンカンを見る。（ごく短いあいだ。）

②トウミンから目覚める。（ねむった状態でふゆを越すこと。）

③ホウガン投げの日本代表選手。（金属製の球。）

④ソウコウだから見せられない。（文章の下書き。）

⑤友達をアイショウで呼ぶ。（親しく呼ぶ名前。）

⑥スイトウ農業が盛んな地域。（たんぼで育てるいね。）

⑦ヒフク費を節約する。（体をおおう着用物。）

⑧学界でイタンと呼ばれた学者。（ただしいと思われる考えからはずれていること。）

⑨細かい砂のリュウシ。（きわめて小さいつぶ。）

書き取りB（1回目・2回目）

❶シュンジに検査結果が出る。（わずかのあいだ。）

❷昼休みにカミンをとる。（一時的に少し寝ること。）

❸テッポウが伝来した土地。（鉄で作られた、火薬を使って弾を撃ち出す武器。）

❹雑誌に小説をトウコウする。（書いたものを新聞・雑誌などへ寄せること。）

❺ショウサンに値する研究だ。（ほめそやすこと。）

❻イナサクの歴史を調べる。（いねを栽培すること。）

❼台風によってヒガイが出る。（がいをうけること。）

❽全てのホッタンとなった事件。（物事の始まり。）

❾急にオオツブの雨が降り出した。（つぶがおおきいこと。）

訓読み

2 深く眠る。（　　る）

6 稲を育てる。（　　）

7 損害を被る。（　　る）

8 紙の端に書く。（　　）

8 道端にとめる。（　　）

12 コップの縁。（　　）

14 家業を継ぐ。（　　ぐ）

16 魚が網にかかる。（　　）

漢字力UP

高校新出音訓……

1 星が瞬く。（光が明滅する。）（　　く）

8 端数が出る。（余りの数。）（　　）

18 糸が絡む。（巻きつく。）（　　む）

解答

①瞬間 ❶瞬時 ②冬眠 ❷仮眠 ③砲丸 ❸鉄砲 ④草稿 ❹投稿 ⑤愛称 ❺称賛 ⑥水稲 ❻稲作 ⑦被服 ❼被害 ⑧異端 ❽発端 ⑨粒子 ❾大粒 ⑩維持 ❿維新 ⑪経緯 ⓫緯線 ⑫縁側 ⓬縁談 ⑬繰る ⑭継承 ⓮継続 ⑮紹介 ⑯漁網 ⓰鉄道網 ⑰指紋 ⓱家紋 ⑱連絡 ⓲脈絡 ⑲全般 ⓳先般

4級

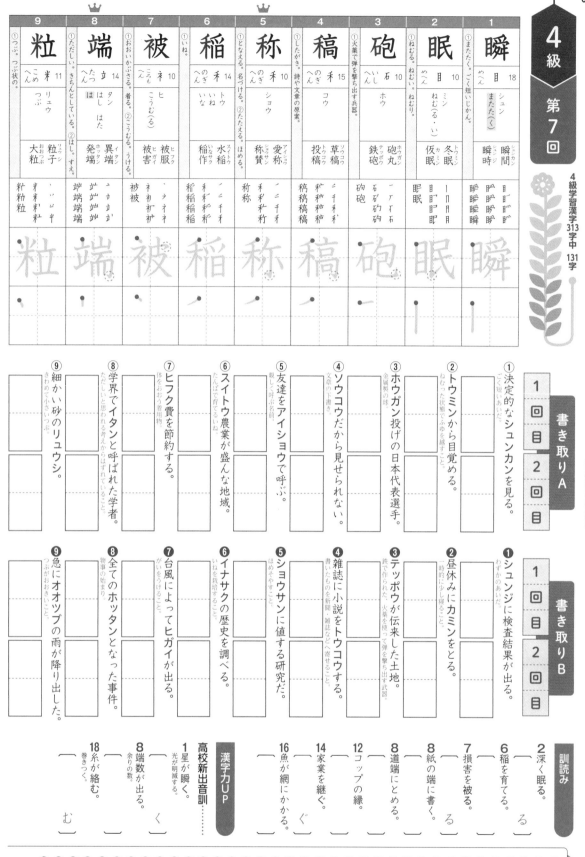

番号	漢字	意味	部首・画数	読み	用例
10	維	①つなぐ。ささえる。②すじ。糸。③これ。	糸 いとへん 14	イ	維持《イジ》 維新《イシン》
11	緯	①よこいと。よこ。東西の方向。	糸 いとへん 16	イ	経緯《ケイイ》 緯線《イセン》
12	縁	①ふち。へり。②ちなむ。関係がある。	糸 いとへん 15	エン ふち	縁側《エンがわ》 縁談《エンダン》
13	繰	①くる。たぐる。順に送る。	糸 いとへん 19	く(る)	繰《く》る
14	継	①つぐ。つなぐ。	糸 いとへん 13	ケイ つ(ぐ)	継承《ケイショウ》 継続《ケイゾク》
15	紹	①とりもつ。ひきあわせる。	糸 いとへん 11	ショウ	紹介《ショウカイ》
16	網	①あみ。あみ目状のもの。②あみでとらえる。	糸 いとへん 14	モウ あみ	漁網《ギョモウ》 鉄道網《テツドウモウ》
17	紋	①もよう。すじ。②もんどころ。	糸 いとへん 10	モン	指紋《シモン》 家紋《カモン》
18	絡	①つながる。つなぐ。②すじ。すじみち。	糸 いとへん 12	ラク から(む・まる・める)	連絡《レンラク》 脈絡《ミャクラク》
19	般	①物事の種類。たぐい。②ある局面。回。	舟 ふねへん 10	ハン	全般《ゼンパン》 先般《センパン》

⑩心身の健康イジに努める。 たもち続けること。

⑪事件のケイイを説明する。 いきさつ。

⑫エンガワに出て花火を見る。 座敷の外部に設ける板敷の部分。

⑬親指で本のページをクる。 順にめくる。

⑭地域の伝統をケイショウする。 うけつぐこと。

⑮自己ショウカイをする。 解説して知らせること。

⑯破れたギョモウを修理する。 魚介類の捕獲に用いるあみ。

⑰現場にはシモンが残っていた。 ゆびの内側の模様。

⑱電話で欠席をレンラクする。 情報を知らせること。

⑲生活ゼンパンにかかわる支援。 物事のぜんたい。

❿明治イシンの立役者。 すべてが改まり、あたらしくなること。

⓫地図帳でイセンを確認する。 赤道に平行に引く仮想のせん。

⓬友人のエンダンをまとめる。 夫婦や養子などのえん組の話。

もう一度書いてみよう!

⓮ケイゾクは力なり。 引きつづいて行うこと。

もう一度書いてみよう!

⓰全国に広がるテツドウモウ。 てつどうのあみの目状の広がり。

⓱カモンを入れた羽織を着る。 それぞれのいえで定めているしるし。

⓲前後のミヤクラクがない話。 一貫したすじみち。

⓳センパンの件、承りました。 このあいだ。

対義語……

1 瞬間↕エイエン（　）

8 異端↕セイトウ（　）

8 発端↕シュウキョク（　）

11 緯線↕ケイセン（　）

14 継続↕チュウダン（　）

類義語……

4 草稿≒ブンアン（　）

5 称賛≒カンタン（　）

18 脈絡≒スジミチ（　）

同音異字……

5 左右対称の図形／十八歳以上対□／対□実験をする（対）（対）（　）

19 全般的な知識／荷物の運□（運）

形の似ている漢字……

12 縁—緑

訓読み 2 ねむる　6 いね　7 こうむる　8 はし　8 みちばた　12 ふち　14 つぐ　16 あみ

漢字力UP

高校新出音訓…… 1 またたく　8 はすう　18 からむ

対義語…… 1 永遠　8 正統　8 終局　11 経線　14 中断

類義語…… 4 文案　5 感嘆　18 筋道

同音異字…… 5 対象　対照　19 運搬

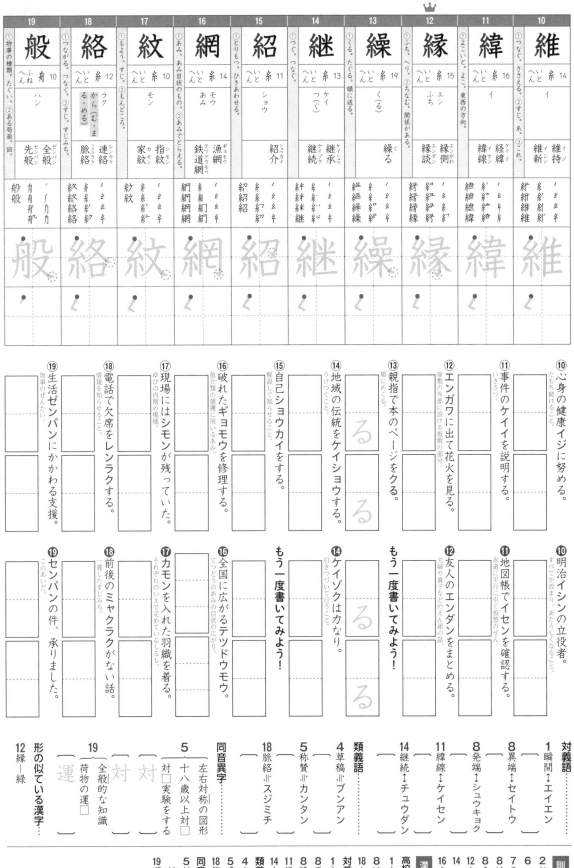

4級 第8回

4級学習漢字313字中149字

番号	漢字	部首	画数	読み	意味	用例
1	触	角（つのへん）	13	ショク／ふ(れる)／さわ(る)	①ふれる。さわる。	感触《カンショク》　接触《セッショク》
2	詰	言（ごんべん）	13	キツ／つ(める・まる・む)	①つめる。②といつめる。	詰問《キツモン》　詰《つ》め物《もの》
3	誇	言（ごんべん）	13	コ／ほこ(る)	①自慢する。おおげさに言う。	誇大《コダイ》　誇示《コジ》
4	詳	言（ごんべん）	13	ショウ／くわ(しい)	①くわしい。つまびらかにする。	詳細《ショウサイ》　未詳《ミショウ》
5	訴	言（ごんべん）	12	ソ／うった(える)	①うったえる。申し立てる。	告訴《コクソ》　直訴《ジキソ》
6	謡	言（ごんべん）	16	ヨウ／うたい／うた(う)	①うたう。うた。	民謡《ミンヨウ》　歌謡《カヨウ》
7	贈	貝（かいへん）	18	ゾウ／ソウ／おく(る)	①金品や官位などをおくりあたえる。	贈与《ゾウヨ》　寄贈《キゾウ》
8	販	貝（かいへん）	11	ハン	①あきなう。うる。	市販《シハン》　販売《ハンバイ》
9	賦	貝（かいへん）	15	フ	①さずける。さずかる。②分割してとる。	天賦《テンプ》　月賦《ゲップ》

書き取りA（1回目／2回目）

①ざらざらした布のカンショク。（さわったかんじ。）

②欠席の理由をキツモンする。（厳しく責めてといただすこと。）

③コダイな広告を禁止する。（おおげさなさま。）

④病院でショウサイに検査する。（くわしくこまかなこと。）

⑤横領罪でコクソする。（被害者が犯人の捜査や処罰を求めること。）

⑥祖母からミンヨウを教わる。（その土地の人々が作り、うたううた。）

⑦財産を息子にゾウヨする。（金品をおくること。）

⑧シハンされている薬を飲む。（普通の店で売ること。）

⑨テンプの才能を発揮する。（生まれつきの資質。）

書き取りB（1回目／2回目）

❶外部とのセッショクを断つ。（交渉を持つこと。）

❷歯のツメモノが取れる。（虫歯などの穴をうめてふさぐもの。）［め］

❸ことさらに権力をコジする。（得意げに見せること。）

❹作者がミショウの物語。（まだはっきりしないこと。）

❺人員不足を社長にジキソした。（一定の手続きを経ず最高位者にうったえること。）

❻テレビでカヨウ番組を見る。（流行しているうた・童ようなどの総称。）

❼母校へ蔵書をキゾウする。（学校などに物をおくること。）

❽名産品をハンバイする。（商品をうりさばくこと。）

❾代金をゲップで支払う。（つき割りで支払うこと。）

訓読み

1 心に触れる話。〔　れる〕

1 手で触る。〔　る〕

3 無敗を誇る。〔　る〕

4 法律に詳しい。〔　しい〕

5 不満を訴える。〔　える〕

7 記念品を贈る。〔　る〕

11 城の跡。〔　〕

12 ウサギが跳ねる。〔　ねる〕

12 とび箱を跳ぶ。〔　ぶ〕

13 しっぽを踏む。〔　む〕

14 心が躍る。〔　る〕

漢字力UP

高校新出音訓……

2 不注意を難詰する。（手厳しく非難すること。）〔　〕

解答

①感触 ❶接触 ②詰問 ❷詰め物 ③誇大 ❸誇示 ④詳細 ❹未詳 ⑤告訴 ❺直訴 ⑥民謡 ❻歌謡 ⑦贈与 ❼寄贈 ⑧市販 ❽販売 ⑨天賦 ❾月賦 ⑩距離 ⑪追跡 ⓫遺跡 ⑫跳躍 ⓬跳馬 ⑬雑踏 ⓭踏破 ⑭飛躍 ⓮活躍 ⑮舞踊 ⓯踊り場 ⑯比較 ⓰較差 ⑰一軒 ⓱軒下 ⑱希釈 ⓲釈明

番号	漢字	意味	部首・画数	読み	用例
10	距	①へだてる。きょり。	𧾷（あしへん）12	キョ	距離《キョリ》
11	跡	①物が通ったあと。②物事が行われたあと。	𧾷（あしへん）13	セキ / あと	追跡《ツイセキ》 遺跡《イセキ》
12	跳	①はねる。とぶ。おどる。	𧾷（あしへん）13	チョウ / は(ねる) / と(ぶ)	跳躍《チョウヤク》 跳馬《チョウバ》
13	踏	①ふむ。ふまえる。あるく。	𧾷（あしへん）15	トウ / ふ(む・まえる)	雑踏《ザットウ》 踏破《トウハ》
14	躍	①おどる。とびはねる。	𧾷（あしへん）21	ヤク / おど(る)	飛躍《ヒヤク》 活躍《カツヤク》
15	踊	①おどる。おどり。	𧾷（あしへん）14	ヨウ / おど(る・り)	舞踊《ブヨウ》 踊《おど》り場《ば》
16	較	①くらべる。②いちじるしい。	車（くるまへん）13	カク	比較《ヒカク》 較差《カクサ》
17	軒	①のき。ひさし。②家を数える語。	車（くるまへん）10	ケン / のき	一軒《イッケン》 軒下《のきした》
18	釈	①ときあかす。②とく。とける。③言い訳をする。	釆（のごめへん）11	シャク	希釈《キシャク》 釈明《シャクメイ》

⑩駅までのキョリを測る。（へだたり。）

⑪犯人をツイセキする。（あとをおいかけること。）

⑫全身の力でチョウヤクする。（とびあがること。）

⑬ザットウの中で人を探す。（人ごみ。）

⑭話がヒヤクしてわからない。（とび越して進むこと。）

⑮日本ブヨウの教室に通う。（曲などに合わせ、身振りで感情を表現する芸術。）

⑯二つの案をヒカクする。（くらべ合わせること。）

⑰近くにイッケンも家がない。（ひとつの家。）

⑱薬品を水でキシャクする。（濃度を薄くすること。）

もう一度書いてみよう！

⓫イセキの調査をする。（建物や事件のあと。）

⓬得意な種目はチョウバだ。（うまの背の形をした用具を使った体操競技。）

⓭日本アルプスをトウハする。（困難な道や長い道のりを歩きぬくこと。）

⓮全国大会でカツヤクする。（めざましいはたらきをすること。）

⓯オドリバで友人を待つ。（階段の途中にある、やや広くて平らな場所。）

⓰昼夜の気温のカクサが大きい。（二つ以上のものをひかくしたときの違い。）

⓱ノキシタで雨宿りをする。（屋根が突き出ているしたの所。）

⓲シャクメイを求める。（自分の事情を申し開きすること。）

6 観世流の謡を習う。（能の詞章。）〔　　〕

6 能の一節を謡う。（調子をつけて発声すること。）〔　う〕

対義語……

4 詳細↕カンリャク〔　　〕

18 希釈↕ノウシュク〔　　〕

類義語……

4 詳細≒イサイ〔　　〕

16 比較≒タイショウ〔　　〕

18 釈明≒ベンカイ〔　　〕

同訓異字……

1 触るな危険 ／ 計画に□る〔　る〕

7 感謝状を贈る ／ 荷物を□る〔　る〕

12 段差を跳ぶ ／ アメリカへ□ぶ〔　ぶ〕

14 池の魚が躍る ／ ワルツを□る〔　る〕

訓読み 1ふれる 1さわる 3ほこる 4くわしい 5うったえる 7おくる 11あと 12はねる 12とぶ 13ふむ 14おどる

漢字力UP 高校新出音訓…… 2なんきつ 6うたい 6うたう 対義語…… 4簡略 18濃縮 類義語…… 4委細 16対照 18弁解 同訓異字…… 1障る 7送る 12飛ぶ 14踊る

漢字の豆知識

「跳ぶ」と「飛ぶ」、どう違う？

「跳ぶ」は「足を使って高く上がる」という意味で、「飛ぶ」は「空中を移動する」という意味。英語で表すと違いがわかりやすいね。

jump＝跳ぶ

fly＝飛ぶ

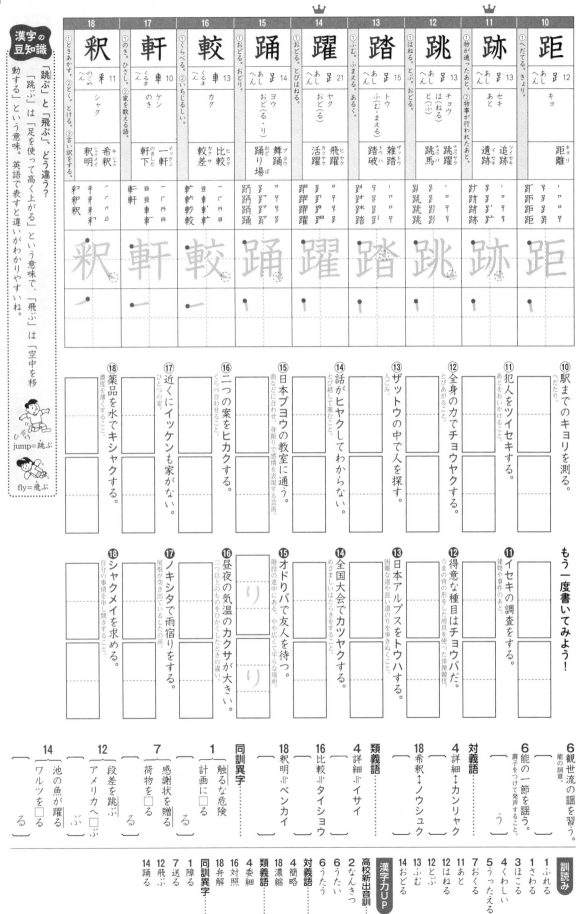

4級 第9回

4級学習漢字313字中168字

	漢字	部首	画数	読み	用例	意味
1	鋭	金 かねへん	15	エイ／するど(い)	鋭利《エイリ》　気鋭《キエイ》	①するどい。よく切れる。②つよい。すばやい。
2	鉛	金 かねへん	13	エン／なまり	鉛筆《エンピツ》　鉛直《エンチョク》	①なまり。
3	鑑	金 かねへん	23	カン／かんが(みる)	図鑑《ズカン》　鑑賞《カンショウ》	①かがみ。手本。模範。②見分ける。
4	鎖	金 かねへん	18	サ／くさり	連鎖《レンサ》　閉鎖《ヘイサ》	①くさり。つなぐ。②とざす。とじる。
5	鈍	金 かねへん	12	ドン／にぶ(い・る)	鈍感《ドンカン》　鈍器《ドンキ》	①にぶい。とがっていない。②のろい。おろか。
6	飾	食 しょくへん	13	ショク／かざ(る)	装飾《ソウショク》　粉飾《フンショク》	①かざる。②とりつくろう。よそおう。
7	駆	馬 うまへん	14	ク／か(ける・る)	駆動《クドウ》　駆使《クシ》	①かける。ウマなどで走る。②かりたてる。おう。
8	騒	馬 うまへん	18	ソウ／さわ(ぐ)	騒音《ソウオン》　物騒《ブッソウ》	①さわぐ。さわがす。
9	鮮	魚 うおへん	17	セン／あざ(やか)	鮮明《センメイ》　新鮮《シンセン》	①はっきりしている。②あたらしい。いきがいい。

書き取りA

1回目　2回目

① エイリな包丁で肉を切る。
刃がするどくてよく切れるさま。

② エンピツで下書きをする。
木の軸の中にこくえんの芯が入った文房具。

③ 植物ズカンで名前を調べる。
事物を絵や写真で解説した書物。

④ 負のレンサを断ち切りたい。
つながっていること。

⑤ 外見の変化にドンカンだ。
反応のしかたがにぶいさま。

⑥ 教室を造花でソウショクする。
かざること。

⑦ 山道を四輪クドウ車が進む。
力を与えてうごかすこと。

⑧ ソウオンに悩まされる。
うるさく感じるおと。

⑨ 態度をセンメイにする。
はっきりしていること。

書き取りB

1回目　2回目

❶ キエイの若手研究者。
いきが盛んなこと。

❷ 垂直とエンチョクの違い。
地球の重力の方向。

❸ 美術品のカンショウに行く。
よく味わい理解すること。

❹ 古くなった工場をヘイサする。
とじて出入りのできないようにすること。

❺ ドンキを用いた犯行。
刃のついていない重くてかたい道具。

❻ フンショク決算を告発する。
うわべを立派に見せかけること。

❼ 最新の映像技術をクシする。
つかいこなすこと。

❽ 最近は世の中がブッソウだ。
何か起こりそうで危険なさま。

❾ シンセンな海の幸を味わう。
あたらしく、いきがいいこと。

訓読み

1 鋭い視線。（　　い）

2 鉛を加工する。（　　）

4 犬を鎖でつなぐ。（　　）

5 反応が鈍い。（　　い）

6 絵を飾る。（　　る）

7 野を駆ける。（　　ける）

8 駅前で騒ぐ。（　　ぐ）

9 鮮やかな色。（　　やか）

12 諸《もろ》刃《は》の剣。（　　）

14 舌を刺す味。（　　す）

16 全国を巡る旅。（　　る）

17 影を落とす。（　　）

漢字力UP

高校新出音訓……

3 失敗に鑑みる。（　　みる）
先例に照らして考える。

解答

①鋭利　❶気鋭　②鉛筆　❷鉛直　③図鑑　❸鑑賞　④連鎖　❹閉鎖　⑤鈍感　❺鈍器　⑥装飾　❻粉飾　⑦駆動　❼駆使　⑧騒音　❽物騒　⑨鮮明　❾新鮮　⑩高齢　❿樹齢　⑪稲刈り　⓫草刈り　⑫真剣　⓬剣道　⑬配剤　⓭洗剤　⑭刺激　⓮風刺　⑮到着　⓯周到　⑯巡業　⓰巡回　⑰影響　⓱投影　⑱色彩　⓲多彩　⑲新郎　⓳郎党(郎等)

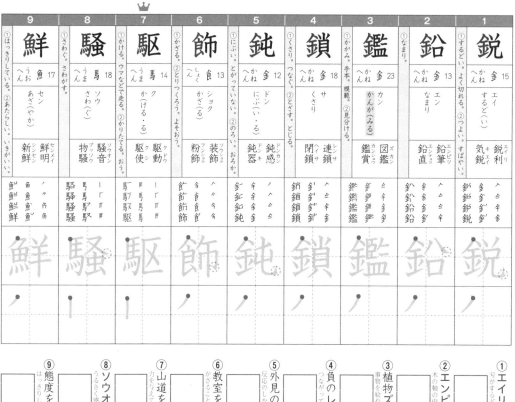

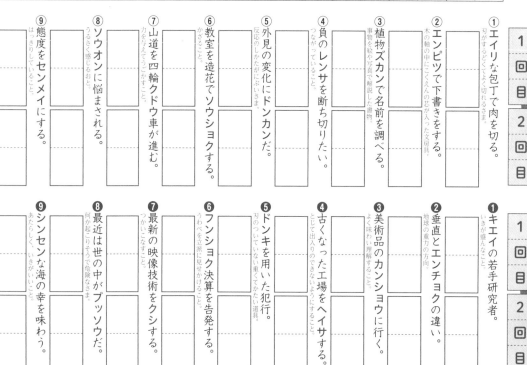

番号	漢字	意味	部首	画数	読み	用例
10	齢	①よわい。とし。	歯 はへん	17	レイ	高齢《コウレイ》 樹齢《ジュレイ》
11	刈	①かる。かりとる。	刂 りっとう	4	か(る)	稲刈《いねか》り 草刈《くさか》り
12	剣	①つるぎ。先のとがったもの。	刂 りっとう	10	ケン つるぎ	真剣《シンケン》 剣道《ケンドウ》
13	剤	①まぜる。ととのえる。調合する。②調合した薬。	刂 りっとう	10	ザイ	配剤《ハイザイ》 洗剤《センザイ》
14	刺	①さす。つきさす。②そしる。相手を非難する。	刂 りっとう	8	シ さ(す・さる)	刺激《シゲキ》 風刺《フウシ》
15	到	①いたる。いきつく。②ゆきとどく。ぬかりない。	刂 りっとう	8	トウ	到着《トウチャク》 周到《シュウトウ》
16	巡	①めぐる。まわり歩く。②みまわる。	巛 かわ	6	ジュン めぐ(る)	巡業《ジュンギョウ》 巡回《ジュンカイ》
17	影	①光が遮られてできる黒いかげ。②像。かたち。	彡 さんづくり	15	エイ かげ	影響《エイキョウ》 投影《トウエイ》
18	彩	①いろどる。いろどり。ようす。	彡 さんづくり	11	サイ いろど(る)	色彩《シキサイ》 多彩《タサイ》
19	郎	①おとこ。若い男性。②けらい。	阝 おおざと	9	ロウ	新郎《シンロウ》 郎党《ロウトウ》

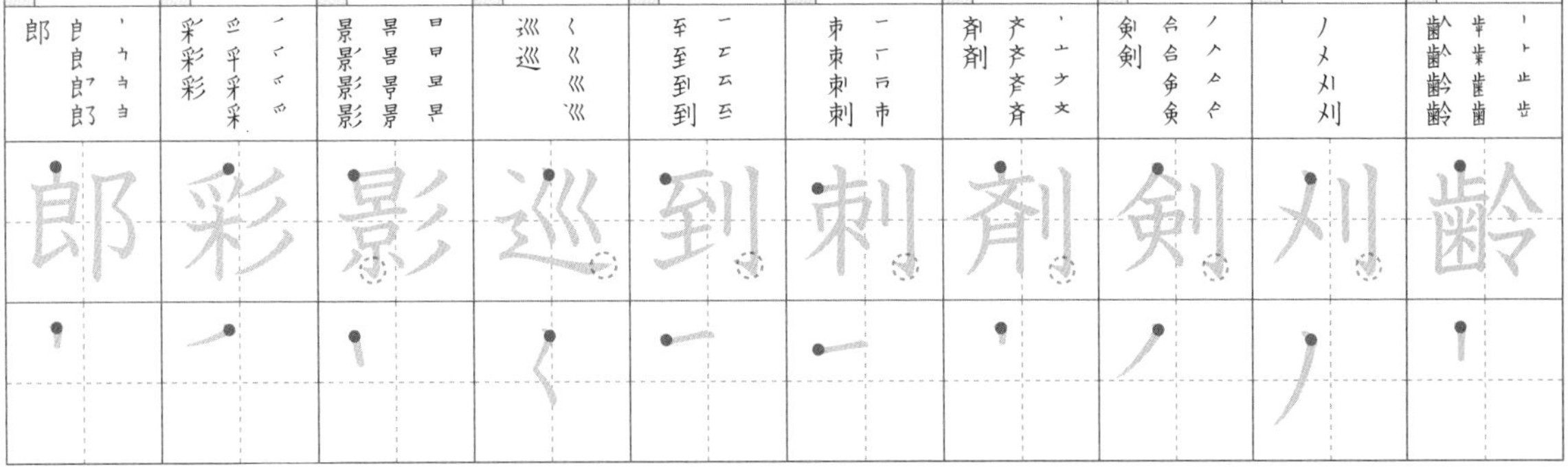

⑩コウレイ化による諸問題。
老年であること。

⑪秋はイネカリの季節だ。
実ったいねをかりとること。

⑫シンケンに課題に取り組む。
本気であること。

⑬天のハイザイと言うべき結末だ。
天は物事を適切にはいするということ。

⑭都会にはシゲキが多い。
外部からはたらきかけること。

⑮列車がトウチャクする。
目的地などに行きつくこと。

⑯お笑い芸人の地方ジュンギョウ。
興行してまわること。

⑰大雪のエイキョウで運休する。
力が他のものにまで及ぶこと。

⑱シキサイ豊かな絵本。
いろどり。

⑲シンロウが入場する。
結婚式をあげたばかりの男性。

❿ジュレイ百年の大木。
木が生まれてから今日までの期間。

⓫クサカリの手伝いをする。
くさをかること。

⓬ケンドウの大会に出る。
防具をつけ、竹刀を用いて行う競技。

⓭食器用のセンザイを買う。
あらうための薬。

⓮世相をフウシした絵画。
遠回しに他の欠点をつくこと。

⓯シュウトウな注意を払う。
すみずみまでゆきとどくさま。

⓰警備員がジュンカイする。
見てまわること。

⓱作家の心情をトウエイする。
他に反映させて映し出すこと。

⓲タサイな商品をそろえる。
変化や種類がたくさんあること。

⓳一族ロウトウを総動員する。
家来。関係者。

18 野山を彩る花々。
ものに色をつける。
〔　る〕

対義語……
4 閉鎖↔カイホウ〔　〕
14 刺激↔ハンノウ〔　〕
15 到着↔シュッパツ〔　〕

類義語……
14 風刺≒ヒニク〔　〕
15 周到≒ニュウネン〔　〕

同音異字……
3 音楽の鑑賞／熱帯魚の□賞〔賞〕
15 用意周到な人／抱腹絶□の話〔絶〕
19 新郎は友人だ／明□な青年だ〔明〕

同訓異字……
17 鏡に影が映る／□の実力者〔　〕

訓読み
1 するどい
2 なまり
4 くさり
5 にぶい
6 かざる
7 かける
8 さわぐ
9 あざやか
12 つるぎ
14 さす
16 めぐる
17 かげ

漢字力UP
高校新出音訓……
3 かんがみる
18 いろどる

対義語……
4 開放
14 反応
15 出発

類義語……
14 皮肉
15 入念

同音異字……
3 観賞
15 絶倒
19 明朗

同訓異字……
17 陰

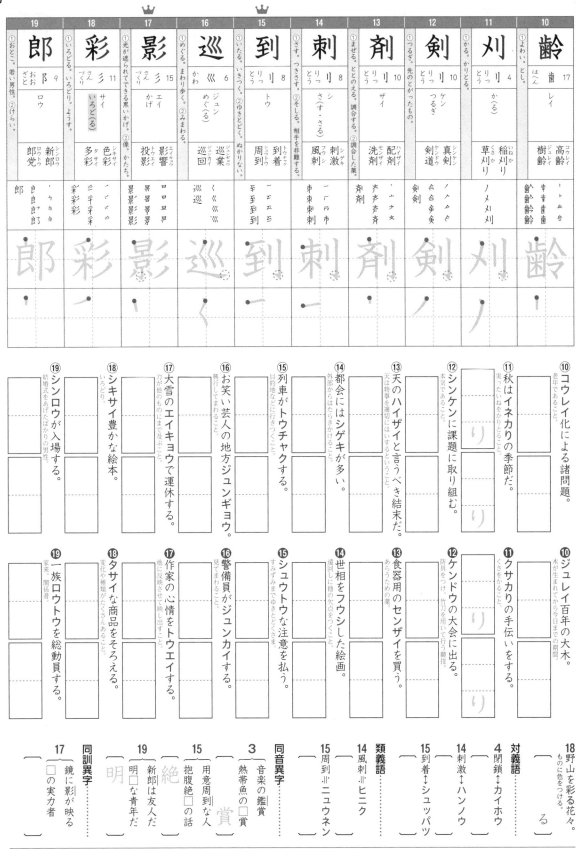

4級 第10回

4級学習漢字313字中187字

	漢字	部首	画数	読み	意味	用例
1	攻	攵（のぶん）	7	コウ／せ(める)	①せめる。敵をうつ。②みがく。まなぶ。おさめる。	攻防《コウボウ》　専攻《センコウ》
2	敏	攵（のぶん）	10	ビン	①はやい。すばやい。②かしこい。するどい。	機敏《キビン》　敏感《ビンカン》
3	敷	攵（のぶん）	15	フ／し(く)	①しく。広げる。	屋《や》敷《しき》　座《ざ》敷《しき》
4	殿	殳（るまた）	13	デン／テン／との／どの	①大きな建物。	宮殿《キュウデン》　殿堂《デンドウ》
5	隷	隶（れいづくり）	16	レイ	①つきしたがう。②しもべ。③書体の一つ。	隷属《レイゾク》　隷書《レイショ》
6	項	頁（おおがい）	12	コウ	①小分けした一つ一つのことがら。	事項《ジコウ》　要項《ヨウコウ》
7	頼	頁（おおがい）	16	ライ／たの(む・もしい)／たよ(る)	①たよる。たのむ。	信頼《シンライ》　無頼《ブライ》
8	介	人（ひとやね）	4	カイ	①間に入る。仲立ちする。②たすける。つきそう。	仲介《チュウカイ》　介護《カイゴ》
9	寂	宀（うかんむり）	11	ジャク／セキ／さび／さび(しい・れる)	①さびしい。さびれる。しずか。	静寂《セイジャク》　寂然《セキゼン》

書き取りA

1回目　2回目

① 激しい首位コウボウ戦が続く。（互いにせめと守りを繰り返す戦い。）

② キビンな動きを見せる。（すばやく行動すること。）

③ 立派なヤシキを構える。（大きないえ。）

④ ベルサイユキュウデンに行く。（王や君主が住む所。）

⑤ 大国にレイゾクする小国。（言いなりになること。）

⑥ 注意ジコウを守って使う。（一つ一つのことがら。）

⑦ 仲間とシンライ関係を築く。（しんじてたよること。）

⑧ 株式売買をチュウカイする。（二者の間を取り持つこと。）

⑨ セイジャクを破る大きな音。（ひっそりとしていること。）

書き取りB

1回目　2回目

❶ 大学では農学をセンコウする。（ある一つのことを研究すること。）

❷ 流行にビンカンな若者。（かんかくがするどいこと。）

❸ ザシキに案内される。（たたみをしきつめた部屋。）

❹ デンドウ入りした野球選手。（ある分野で業績を残した人物をたたえる機関。）

❺ レイショ体で記された木簡。（漢字のしょたいのひとつ。）

❻ 入試のヨウコウを確認する。（大切なことがら。）

❼ ブライを気取る。（定職につかず、日ごろの行いの悪い人。）

❽ カイゴの仕事に就く。（病人などの世話や手当てをすること。）

❾ セキゼンとした境内を歩く。（ひっそりと静かなさま。）

訓読み

1 城を攻める。（　　める）

4 殿様商売。（　　）

4 高殿に登る。（　　）

7 紅茶を頼む。（　　む）

7 友人を頼る。（　　る）

9 わびと寂。（　　）

9 一人は寂しい。（　　しい）

10 寝る子は育つ。（　　る）

13 気性が荒い。（　　い）

13 海が荒れる。（　　れる）

15 薪をくべる。（　　）

16 電気を蓄える。（　　える）

17 空気が薄い。（　　い）

18 雑草が茂る。（　　る）

19 意表を突く。（　　く）

解答

①攻防　❶専攻　②機敏　❷敏感　③屋敷　❸座敷　④宮殿　❹殿堂　⑤隷属　❺隷書　⑥事項　❻要項　⑦信頼　❼無頼　⑧仲介　❽介護　⑨静寂　❾寂然　⑩就寝　❿寝食　⑪里芋　⓫芋虫　⑫菓子　⓬氷菓　⑬荒野　⓭荒天　⑭芝居　⓮天然芝　⑮薪水　⓯薪炭　⑯蓄積　⓰貯蓄　⑰軽薄　⓱薄暮　⑱繁茂　⓲茂み　⑲突破　⓳突然

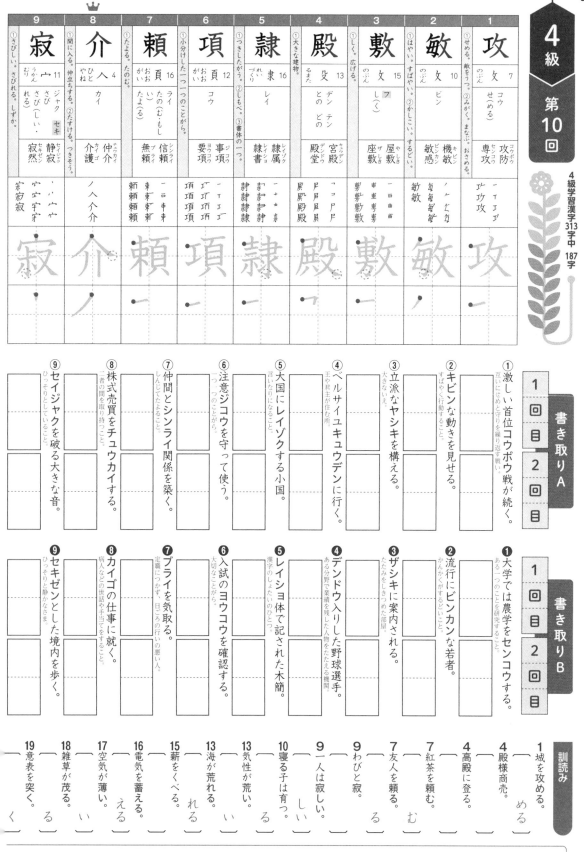

10	寝	①ねる。横になる。	宀《うかんむり》	13	シン／ね(る・かす)	就寝《シュウシン》　寝食《シンショク》
11	芋	①さといも。いも類の総称。	艹《くさかんむり》	6	いも	里芋《さといも》　芋虫《いもむし》
12	菓	①かし。間食用の食品。	艹《くさかんむり》	11	カ	菓子《カシ》　氷菓《ヒョウカ》
13	荒	①あらい。あれる。あらす。②すさむ。乱れる。	艹《くさかんむり》	9	コウ／あら(い)／あ(れる・らす)	荒野《コウヤ》　荒天《コウテン》
14	芝	①しば。しばくさ。	艹《くさかんむり》	6	しば	芝居《しばい》　天然芝《テンネンしば》
15	薪	①たきぎ。燃料にする木。	艹《くさかんむり》	16	シン／たきぎ	薪水《シンスイ》　薪炭《シンタン》
16	蓄	①たくわえる。たくわえ。	艹《くさかんむり》	13	チク／たくわ(える)	蓄積《チクセキ》　貯蓄《チョチク》
17	薄	①うすい。うすめる。②せまる。ちかづく。	艹《くさかんむり》	16	ハク／うす(い・める・まる・らぐ・れる)	軽薄《ケイハク》　薄暮《ハクボ》
18	茂	①しげる。草木が盛んにのびる。	艹《くさかんむり》	8	モ／しげ(る)	繁茂《ハンモ》　茂《しげ》み
19	突	①つく。つきあたる。②だしぬけに。にわかに。	穴《あなかんむり》	8	トツ／つ(く)	突破《トッパ》　突然《トツゼン》

⑩妹は九時にはシュウシンする。
ねどこに入ること。

⑪サトイモを使った料理。
ぬめりのある小さいいも。

⑫私の兄はおカシ作りが得意だ。
食事以外に食べる甘いもの。

⑬人のいないコウヤをさまよう。
あれはてた　のはら。

⑭シバイの見学に行く。
演劇、とくに歌舞伎などの興行物。

⑮シンスイの労をとる。
人に仕えて骨身を惜しまず働くこと。

⑯チクセキしたデータを使う。
たくさんたまること。

⑰ケイハクな態度を改める。
言動に慎重さを欠くさま。

⑱夏草がハンモしている。
たくさん生えていること。

⑲売り上げ目標をトッパした。
ある水準を超えること。

❿シンショクを共にした仲。
ねること　と　たべること。

⓫畑でイモムシを見つけた。
チョウ・ガのようちゅうのうち、毛のないものの総称。

⓬暑い日にヒョウカを食べる。
アイスクリーム、シャーベットなど。

⓭コウテンの中、船出する。
風雨の非常に強いあれた空模様。

⓮テンネンシバの球場で試合する。
植物のしば。人工しばに対して言う。

⓯シンタンの材料となる木。
たきぎ　と　すみ。

⓰老後に備えてチョチクする。
金品をたくわえること。

⓱ハクボの時間帯は事故が多い。
日がくれようとするころ。

⓲シゲみの中から鹿が飛び出す。
草木の生いしげったところ。

⓳トツゼン大きな声を出した。
急に。

漢字力UP

高校新出音訓……

3 鉄道を敷設する。　設備を備えつけること。（　　）

9 寂然とした空気。　ひっそりと静かなさま。（　　）

対義語……

2 敏感↕ドンカン（　　）

5 隷属↕ドクリツ（　　）

16 貯蓄↕ショウヒ（　　）

17 軽薄↕ジュウコウ（　　）

類義語……

5 隷属≒フクジュウ（　　）

14 芝居≒エンゲキ（　　）

17 軽薄≒センパク（　　）

19 突然≒フイ（　　）

同訓異字……

1 敵国を攻める／失敗を□める（　　める）

訓読み

1 せめる　4 とのさま　4 たかどの　7 たのむ　7 たよる　9 さび　9 さびしい　10 ねる　13 あらい　13 あれる　15 たきぎ　16 たくわえる　17 うすい　18 しげる　19 つく

漢字力UP

高校新出音訓……3 ふせつ　9 せきぜん（じゃくぜん）（じゃくねん）

対義語……2 鈍感　5 独立　16 消費　17 重厚

類義語……5 服従　14 演劇　17 浅薄　19 不意

同訓異字……1 責める

4級 第11回

4級学習漢字313字中205字

	漢字	意味	部首	画数	読み	用例
1	罰	①ばつ。しおき。こらしめ。	罒（あみがしら）	14	バツ・バチ	処罰《ショバツ》　罰則《バッソク》
2	箇	①物事を一つ一つさす語。	竹（たけかんむり）	14	カ	箇所《カショ》　箇条《カジョウ》
3	範	①手本。きまり。②さかい。くぎり。わく。	竹（たけかんむり）	15	ハン	規範《キハン》　範囲《ハンイ》
4	需	①もとめる。必要とする。	雨（あめかんむり）	14	ジュ	需要《ジュヨウ》　必需《ヒツジュ》
5	震	①ふるう。ふるえる。ゆれうごく。	雨（あめかんむり）	15	シン・ふる(う・える)	地震《ジシン》　震源《シンゲン》
6	霧	①きり。きりのようなもの。	雨（あめかんむり）	19	ム・きり	霧散《ムサン》　霧中《ムチュウ》
7	雷	①かみなり。	雨（あめかんむり）	13	ライ・かみなり	落雷《ラクライ》　地雷《ジライ》
8	露	①つゆ。はかないもの。②あらわす。あらわになる。	雨（あめかんむり）	21	ロ・ロウ・つゆ	結露《ケツロ》　露骨《ロコツ》
9	髪	①かみの毛。	髟（かみがしら）	14	ハツ・かみ	散髪《サンパツ》　整髪《セイハツ》

書き取りA　1回目　2回目

①罪を犯してショバツを受ける。（罪に相当するばつを与えること。）

②破れたカショを直して着る。（ところ。）

③社会生活のキハンを示す。（行動や判断の基準となるもの。）

④夏は電力のジュヨウが高まる。（物資や人材のもとめの総量。）

⑤日本はジシンが多い国だ。（じめんがふるえ動くこと。）

⑥長年の課題がムサンした。（きりのようにあとかたもなく消えること。）

⑦街路樹にラクライする。（かみなりがおちること。）

⑧窓ガラスにケツロする。（物の表面につゆが生じる現象。）

⑨一か月ごとにサンパツする。（伸びたかみの毛を刈ること。）

書き取りB　1回目　2回目

❶バッソクが強化される。（違反者をばっするための決まり。）

❷アイデアをカジョウ書きする。（ある事柄をいくつかに分けて書き並べること。）

❸期末試験の出題ハンイ。（ある一定の限られた広がり。）

❹地方では車はヒツジュ品だ。（かならずいること。）

❺うわさ話のシンゲンを探す。（物事が起こったもと。）

❻五里ムチュウでも手探りで進む。（物事の状況がわからず、判断がつかないこと。）

❼ジライを除去する平和活動。（じめんに設置する爆弾。）

❽ロコツに不満な表情をする。（感情などを隠さず、あらわにすること。）

❾ドライヤーでセイハツする。（かみをととのえること。）

訓読み

5 声が震える。（える）

6 霧が深い。

7 雷が鳴る。

8 露と消える。

9 髪を切る。

13 舞の名人。

13 病人を見舞う。（う）

14 床の間にかざる。（の）

14 床に落とす。

16 力を尽くす。（くす）

17 山の尾根。

18 扇であおぐ。

漢字力UP

音読み……

1 罰があたる。

解答

①処罰　❶罰則　②箇所　❷箇条　③規範　❸範囲　④需要　❹必需　⑤地震　❺震源　⑥霧散　❻霧中　⑦落雷　❼地雷　⑧結露　❽露骨　⑨散髪　❾整髪　⑩人為　❿作為　⑪煮魚　⓫雑煮　⑫痛烈　⓬強烈　⑬舞台　⓭乱舞　⑭起床　⓮温床　⑮屈指　⓯屈服　⑯尽力　⓰無尽蔵　⑰首尾　⓱末尾　⑱扇子　⓲扇動

番号	10 👑	11	12	13	14	15 👑	16 👑	17	18
漢字	為	煮	烈	舞	床	屈	尽	尾	扇
意味	①なす。する。おこなう。②まねする。いつわる。	①にる。にえる。	①はげしい。勢いが強い。	①まう。おどる。②ふるいたたせる。はげます。	①ねどこ。ゆか。②なえどこ。	①かがむ。ちぢむ。おれまがる。②くじける。	①つくす。だしきる。②つきる。	①しっぽ。うしろ。	①おうぎ。うちわ。あおぐ。②あおる。おだてる。
部首・画数	れんが 灬 9	れんが 灬 12	れんが 灬 10	まいあし 舛 15	まだれ 广 7	かばね 尸 8	かばね 尸 6	かばね 尸 7	とだれ 戸 10
読み	イ	シャ / に(る・える・やす)	レツ	ブ / まい / ま(う)	ショウ / とこ / ゆか	クツ	ジン / つ(くす・きる・かす)	ビ / お	セン / おうぎ
用例	人為《ジンイ》 作為《サクイ》	煮魚《にざかな》 雑煮《ゾウに》	痛烈《ツウレツ》 強烈《キョウレツ》	舞台《ブタイ》 乱舞《ランブ》	起床《キショウ》 温床《オンショウ》	屈指《クッシ》 屈服《クップク》	尽力《ジンリョク》 無尽蔵《ムジンゾウ》	首尾《シュビ》 末尾《マツビ》	扇子《センス》 扇動《センドウ》

コラム Column

知っておきたい「需要と供給」

商品やサービスを買おうとすることを「需要」、売ろうとすることを「供給」と言うよ。需要と供給のバランスで商品の価格は変わる。大雨で野菜が不作の年には、野菜の値段はどうなるかな？

⑩ジンイ的なミスを防止する。（ひとの力で何かをすること。）

⑪夕食にニザカナが出る。（さかなをにたもの。）

⑫ツウレツな皮肉を言う。（非常に激しいさま。）

⑬ブタイの上で合唱する。（ステージ。）

⑭毎朝七時にキショウする。（ねどこからおきだすこと。）

⑮世界クッシの技術を持つ。（ゆびおり数えるほどすぐれていること。）

⑯科学の発展にジンリョクする。（ちからをつくすこと。）

⑰文章のシュビを整える。（始めから終わりまで。）

⑱先生はセンスを持ち歩いている。（携帯用のおうぎ。）

❿結果にサクイが入ることを防ぐ。（わざとするつくりごと。）

⓫正月にゾウニを食べる。（もち・野菜・肉などの具材を入れた汁物。）

⓬キョウレツな個性の持ち主だ。（つよくてはげしいさま。）

⓭森の中でチョウがランブする。（入り乱れて飛び回ること。）

⓮犯罪のオンショウとなる。（ある結果が生じやすい環境。）

⓯権力にクップクする。（負けをみとめてしたがうこと。）

⓰彼の食欲はムジンゾウだ。（限りがないこと。）

⓱手紙のマツビに加える言葉。（最後。）

⓲センドウされて暴徒化する。（気持ちをあおってそそのかすこと。）

高校新出音訓……

11 煮沸消毒をする。（水などを沸騰させること。）〔　　〕

対義語……

1 処罰↕オンショウ〔　　〕

4 需要↕キョウキュウ〔　　〕

10 人為↕シゼン〔　　〕

12 強烈↕ビジャク〔　　〕

14 起床↕シュウシン〔　　〕

15 屈服↕テイコウ〔　　〕

類義語……

2 箇条 ≒ コウモク〔　　〕

3 規範 ≒ モハン〔　　〕

3 範囲 ≒ リョウイキ〔　　〕

15 屈指 ≒ ユウスウ〔　　〕

同訓異字……

5 ｛寒さで体が震う／勇気を□う｝〔　　う〕

訓読み

5 ふるえる　6 きり　7 かみなり　8 つゆ　9 かみ　13 まい　13 みまう　14 とこのま　14 ゆか　16 つくす　17 おね　18 おうぎ

漢字力UP

音読み……1 ばち

高校新出音訓……11 しゃふつ

対義語……1 恩賞　4 供給　10 自然　12 微弱　14 就寝　15 抵抗

類義語……2 項目　3 模範　3 領域　15 有数

同訓異字……5 奮う

4級 第12回

4級学習漢字313字中223字

番号	漢字	意味	部首・画数	読み	用例
1	疲	①つかれる。おとろえる。	疒 やまいだれ 10	ヒ / つか(れる)	疲労《ヒロウ》 疲《つか》れ目《め》
2	療	①いやす。病気をなおす。	疒 やまいだれ 17	リョウ	治療《チリョウ》 医療《イリョウ》
3	違	①ちがう。異なる。②そむく。したがわない。	辶 しんにょう 13	イ / ちが(う・える)	相違《ソウイ》 違法《イホウ》
4	迎	①むかえる。②相手の気にあうようにする。	辶 しんにょう 7	ゲイ / むか(える)	送迎《ソウゲイ》 迎合《ゲイゴウ》
5	遣	①つかわす。さしむける。	辶 しんにょう 13	ケン / つか(う・わす)	派遣《ハケン》 先遣《センケン》
6	込	①こむ。こめる。	辶 しんにょう 5	こ(む・める)	見込《みこ》み 仕込《しこ》む
7	遅	①おそい。のろい。②おくれる。おくらす。	辶 しんにょう 12	チ / おく(れる・らす) / おそ(い)	遅筆《チヒツ》 遅刻《チコク》
8	途	①みち。みちすじ。②手段。	辶 しんにょう 10	ト	途上《トジョウ》 途方《トホウ》
9	逃	①にげる。にがす。	辶 しんにょう 9	トウ / に(げる・がす) / のが(す・れる)	逃亡《トウボウ》 逃走《トウソウ》

書き取りA　1回目　2回目

①体にヒロウがたまる。（つかれ。）

②けがのチリョウが長引く。（病気やけがをなおすこと。）

③記事に事実とソウイがある。（同じでないこと。）

④会場までソウゲイバスが出る。（おくりむかえ。）

⑤海外に記者をハケンする。（命じて行かせること。）

⑥今年の新人はミコみがある。（将来の可能性。）

⑦チヒツで有名な小説家。（文章を書くのがおそいこと。）

⑧発展トジョウ国への支援を行う。（進行しつつある状態。）

⑨容疑者がトウボウする。（にげて身を隠すこと。）

書き取りB　1回目　2回目

❶ツカれメに効く点眼薬を差す。（めの使い過ぎで、かすみや痛みのある状態。）

❷イリョウ技術が発展する。（技術や薬で病気をなおすこと。）

❸イホウな薬物に注意する。（ほうりつに背くこと。）

❹大衆にゲイゴウしやすい。（相手に合わせて考えを変えること。）

❺調査のためセンケン隊を送る。（先に送り込むこと。）

❻飼っている犬に芸をシコむ。（教えて身につけさせる。）

❼授業の始まりにチコクする。（決められた時間におくれること。）

❽失敗してトホウに暮れる。（手段がなくどうしようもないこと。）

❾トウソウ経路を下見する。（にげさること。）

訓読み

3 答えが違う。（　　う）

4 新入生を迎える。（　　える）

5 使者を遣わす。（　　わす）

7 電車に遅れる。（　　れる）

7 判断が遅い。（　　い）

9 ペットが逃げる。（　　げる）

9 機会を逃す。（　　す）

10 透かしの入った紙。（　　かし）

11 危険が迫る。（　　る）

12 人目を避ける。（　　ける）

13 年を越す。（　　す）

14 趣のある庭。（　　）

15 二匹のネコ。（　　）

18 病気と闘う。（　　う）

解答

①疲労 ❶疲れ目 ②治療 ❷医療 ③相違 ❸違法 ④送迎 ❹迎合 ⑤派遣 ❺先遣 ⑥見込み ❻仕込む ⑦遅筆 ❼遅刻 ⑧途上 ❽途方 ⑨逃亡 ❾逃走 ⑩透明 ❿透過 ⑪迫真 ⓫迫害 ⑫避難 ⓬回避 ⑬越冬 ⓭優越 ⑭趣味 ⓮趣向 ⑮匹敵 ⓯匹夫 ⑯圏内 ⓰首都圏 ⑰弐千円 ⑱闘病 ⓲健闘

番号	漢字	部首・画数	読み	用例	意味
10	透	辶《しんにょう》 10	トウ / す(く・かす・ける)	透明《トウメイ》 透過《トウカ》	①すく。すかす。すきとおる。②とおる。とおす。
11 ♛	迫	辶《しんにょう》 8	ハク / せま(る)	迫真《ハクシン》 迫害《ハクガイ》	①せまる。さしせまる。②おいつめる。苦しめる。
12 ♛	避	辶《しんにょう》 16	ヒ / さ(ける)	避難《ヒナン》 回避《カイヒ》	①さける。よける。のがれる。
13	越	走《そうにょう》 12	エツ / こ(す・える)	越冬《エットウ》 優越《ユウエツ》	①こす。こえる。②すぐれる。抜きんでている。
14	趣	走《そうにょう》 15	シュ / おもむき	趣味《シュミ》 趣向《シュコウ》	①おもむき。あじわい。②心の向かうところ。
15	匹	匸《かくしがまえ》 4	ヒツ / ひき	匹敵《ヒッテキ》 匹夫《ヒップ》	①二つがならぶ。対になる。②いやしい。
16	圏	囗《くにがまえ》 12	ケン	圏内《ケンナイ》 首都圏《シュトケン》	①かぎられた区域。範囲。
17	弐	弋《しきがまえ》 6	ニ	弐千円《ニセンエン》	①二（金銭証書などで使う）。
18	闘	門《もんがまえ》 18	トウ / たたか(う)	闘病《トウビョウ》 健闘《ケントウ》	①たたかう。たたかわせる。

漢字の豆知識

「越える」と「超える」、どう違う？

「越える」は、ものの上を過ぎて向こうへ行くことを表し、「峠を越える」などと用いる。「超える」は、一定の分量を過ぎてその先へ行くことを表し、「定員を超える」などと用いるよ。

⑩トウメイなビニールに包む。（すきとおって見えるさま。）

⑪ハクシンの演技を見せる。（しんにせまっていること。）

⑫全校でヒナン訓練を行う。（災害をさけて立ちのくこと。）

⑬調査隊は南極でエットウした。（ふゆをこすこと。）

⑭シュミのよい家具がそろった店。（物のおもむきや美しさを感じとる能力。）

⑮プロにヒッテキする実力。（同程度であること。）

⑯決勝進出ケンナイに入る。（範囲のうち。）

⑰領収金ニセンエン也。（合計にせんえんのお金。）

⑱トウビョウ生活を送る。（やまいとたたかうこと。）

もう一度書いてみよう！

❿放射線は物質をトウカする。（光や放射線などが物質をとおりぬけること。）

⓫少数民族をハクガイする。（弱い者をおいつめて苦しめること。）

⓬危険を未然にカイヒする。（さけるようにすること。）

⓭満点を取ってユウエツ感を持つ。（他よりすぐれていること。）

⓮以前とはシュコウを変える。（物事をおもしろくする工夫。）

⓯ヒップも志を奪うべからず。（人の志は尊重すべきであることのたとえ。）

⓰シュトケンに住むのが夢だ。（しゅととその周辺を含む地域。）

⓲両者のケントウをたたえる。（立派にたたかうこと。）

漢字力UP

対義語

3 違法↔テキホウ（　）

7 遅刻↔ソウタイ（　）

9 逃亡↔ツイセキ（　）

11 迫害↔ホゴ（　）

類義語

4 迎合＝ツイジュウ（　）

同音異字

3 意見の相違がある / 差□は明らかだ（差）/ 経□を調べる（経）

同訓異字

5 相手に気を遣う / 人をこき□う（　う）

7 約束に遅れる / 流行に□れる（　れる）

18 自然災害と闘う / 敵と□う（　う）

訓読み

3 ちがう　4 むかえる　5 つかわす　7 おくれる　7 おそい　9 にげる　9 のがす　10 すかし　11 せまる　12 さける　13 こす　14 おもむき　15 にひき　18 たたかう

漢字力UP

対義語　3 適法　7 早退　9 追跡　11 保護

類義語　4 追従

同音異字　3 差異　経緯

同訓異字　5 使う　7 後れる　18 戦う

4級 第13回

4級学習漢字313字中241字

	漢字	意味	部首・画数	読み	用例	筆順
1	丘	①おか。小高い土地。	一（いち）5	キュウ おか	砂丘《サキュウ》 段丘《ダンキュウ》	ノ イ 𠂆 斤 丘
2	丈	①長さの単位。たけ。高さ。②強いこと。	一（いち）3	ジョウ たけ	丈夫《ジョウブ》 気丈《キジョウ》	一 ナ 丈
3	与	①あたえる。②仲間になる。かかわりができる。	一（いち）3	ヨ あた（える）	貸与《タイヨ》 関与《カンヨ》	一 与 与
4	丹	①あか。に。あかい色。②まごころ。	丶（てん）4	タン	丹頂《タンチョウ》 丹念《タンネン》	ノ 刀 円 丹
5	乾	①かわく。かわかす。ほす。	乙（おつ）11	カン かわ（く・かす）	乾物《カンブツ》 乾季《カンキ》	一 十 𠫓 古 古 吉 直 卓 卓 乾 乾
6	互	①たがい。たがいに。	二（に）4	ゴ たが（い）	相互《ソウゴ》 互角《ゴカク》	一 工 互 互
7	兼	①かねる。②かねて。あらかじめ。	八（はち）10	ケン か（ねる）	兼用《ケンヨウ》 兼業《ケンギョウ》	丶 丷 䒑 𠂉 当 当 彗 兼 兼 兼
8	凡	①すべて。みな。②ありふれた。なみ。	几（つくえ）3	ボン ハン	非凡《ヒボン》 凡人《ボンジン》	ノ 几 凡
9	凶	①わざわい。不吉。	凵（うけばこ）4	キョウ	凶作《キョウサク》 凶悪《キョウアク》	ノ メ 区 凶

書き取りA（1回目・2回目）

① 鳥取サキュウを旅する。
すなが積もってできたおか。

② ジョウブに育ったことを喜ぶ。
極めて健康なさま。

③ 制服をタイヨする。
かしあたえること。

④ タンチョウ鶴《づる》の生息地。
頭のてっぺんが赤いツル。

⑤ 干しシイタケはカンブツだ。
かわかした食料品。

⑥ ソウゴ理解を深める。
たがいに関係がある両方の側。

⑦ 男女ケンヨウのジャージ。
一つのものが二つのことに使えること。

⑧ ヒボンな才能の持ち主だ。
ふつうよりとくに優れていること。

⑨ キョウサクで米不足になる。
野菜や穀物のできが悪いこと。

書き取りB（1回目・2回目）

❶ ダンキュウ地形を調査する。
河・海沿いの平らな面と崖からなるかいだん状の地形。

❷ キジョウな態度を見せる。
心がしっかりしていること。

❸ 株主が経営にカンヨする。
かかわること。

❹ タンネンに仕上げる。
丁寧に行うさま。

❺ カンキには水が不足する。
一年のうち、とくに雨が少ないきせつ。

❻ 両者ゴカクの勝負になる。
両者の力量に差がないこと。

❼ 両親はケンギョウ農家だ。
二つ以上の仕事を行うこと。

❽ ボンジンには理解しがたい芸術。
普通のひと。

❾ キョウアク事件が連続する。
性質が残忍でひどいこと。

訓読み

1 小高い丘。〔　　〕
2 思いの丈。〔　　〕
3 希望を与える。〔　える〕
5 空気が乾く。〔　く〕
6 互いを思いやる。〔　い〕
7 大は小を兼ねる。〔　ねる〕
10 運動を勧める。〔　める〕
11 性能が劣る。〔　る〕
12 過半を占める。〔　める〕
12 今後を占う。〔　う〕
13 危険が及ぶ。〔　ぶ〕
16 卵を含む食品。〔　む〕

漢字力UP

高校新出音訓……
8 辞書の凡例を読む。〔　　〕
書物の方針を示したもの。

解答

①砂丘 ❶段丘 ②丈夫 ❷気丈 ③貸与 ❸関与 ④丹頂 ❹丹念 ⑤乾物 ❺乾季（乾期） ⑥相互 ❻互角 ⑦兼用 ❼兼業 ⑧非凡 ❽凡人 ⑨凶作 ❾凶悪 ⑩勧告 ❿勧業 ⑪劣悪 ⓫劣等 ⑫占星 ⓬独占 ⑬波及 ⓭言及 ⑭却下 ⓮焼却 ⑮即位 ⓯即座 ⑯含有 ⓰包含 ⑰召集 ⓱召し物 ⑱唐詩 ⓲唐草

コラム Column

知っておきたい「与党と野党」

政権を担当する政党を「与党《よとう》」、それ以外を「野党《やとう》」と言って、それぞれの立場から国民の利益実現のために働いているよ。選挙で投票する前には、各党の主張を調べてみよう。

番号	漢字	意味	部首	画数	読み	用例
10	勧	①すすめる。はげます。	力（ちから）	13	カン／すす(める)	勧告《カンコク》 勧業《カンギョウ》
11	劣	①おとる。よわい。いやしい。	力（ちから）	6	レツ／おと(る)	劣悪《レツアク》 劣等《レットウ》
12	占	①うらなう。②しめる。自分のものになる。	ト（ぼく）	5	セン／し(める)／うらな(う)	占星《センセイ》 独占《ドクセン》
13	及	①およぶ。追いつく。およぼす。	又（また）	3	キュウ／およ(ぶ・び・ぼす)	波及《ハキュウ》 言及《ゲンキュウ》
14	却	①しりぞく。しりぞける。②…しおわる。	卩（わりふ）	7	キャク	却下《キャッカ》 焼却《ショウキャク》
15	即	①地位や位置につく。②すぐに。ただちに。	卩（わりふ）	7	ソク	即位《ソクイ》 即座《ソクザ》
16	含	①あわせもつ。口の中にふくむ。	口（くち）	7	ガン／ふく(む・める)	含有《ガンユウ》 包含《ホウガン》
17	召	①まねく。②「食う」「着る」などの尊敬語。	口（くち）	5	ショウ／め(す)	召集《ショウシュウ》 召《め》し物《もの》
18	唐	①中国の王朝名。②にわかに。だしぬけに。	口（くち）	10	トウ／から	唐詩《トウシ》 唐草《からくさ》

⑩立ちのきをカンコクされる。（説きすすめること。）

⑪レツアクな条件で働かされる。（ひどくおとっているさま。）

⑫センセイ術で予言する。（ほしうらない。）

⑬地域経済へのハキュウ効果。（影響が徐々に広がること。）

⑭申し出をキャッカする。（しりぞけること。）

⑮国王のソクイを祝う。（くらいにつくこと。）

⑯鉄分をガンユウしている。（成分としてふくむこと。）

⑰非番の医師をショウシュウする。（あつまるように命じること。）

⑱国語の時間にトウシを学ぶ。（とうの時代に作られたし。）

❿明治時代のカンギョウ政策。（さんぎょうを奨励すること。）

⓫レットウ感にさいなまれる。（普通よりおとっていること。）

⓬上位をドクセンする。（ひとりじめにすること。）

⓭進退問題にゲンキュウする。（話がおよぶこと。）

⓮ごみをショウキャクする装置。（やきすてること。）

⓯商品はソクザに売り切れた。（すぐその場。）

⓰複数の問題をホウガンする。（中につつみふくんでいること。）

⓱おメしモノをお預かりします。（着る人を敬ってそのきものを言う語。）　し　し

⓲カラクサ模様の着物を着る。（つるくさをモチーフとした図案。）

対義語

3 貸与↔シャクヨウ（　）
7 兼業↔センギョウ（　）
8 凡人↔イジン（　）
9 凶作↔ホウサク（　）
11 劣悪↔ユウリョウ（　）
14 却下↔ジュリ（　）
17 召集↔カイサン（　）

類義語

2 丈夫＝ケンコウ（　）
4 丹念＝メンミツ（　）
12 独占＝センユウ（　）

同音異字

17 召集をかける
□待を受ける（待）
友達に□介する（介）

訓読み

1 おか　2 たけ　3 あたえる　5 かわく　6 たがい　7 かねる　10 すすめる　11 おとる　12 しめる　12 うらなう　13 およぶ　16 ふくむ

漢字力UP

高校新出音訓　8 はんれい

対義語　3 借用　7 専業　8 偉人　9 豊作　11 優良　14 受理　17 解散

類義語　2 健康　4 綿密　12 専有

同音異字　17 招待　紹介

4級 第14回

4級学習漢字313字中259字

	1	2	3	4	5	6	7	8	9
漢字	堅	執	壁	壱	威	奥	奇	尋	巨
部首	つち 土	つち 土	つち 土	さむらい 士	おんな 女	だい 大	だい 大	すん 寸	え 工
画数	12	11	16	7	9	12	8	12	5
読み	ケン かた(い)	シツ シュウ と(る)	ヘキ かべ	イチ	イ	オウ おく	キ	ジン たず(ねる)	キョ
熟語	堅固《ケンゴ》 堅実《ケンジツ》	執筆《シッピツ》 執着《シュウチャク》	鉄壁《テッペキ》 絶壁《ゼッペキ》	壱万円《イチマンエン》	威圧《イアツ》 威厳《イゲン》	山奥《やまおく》 奥義《オウギ》	奇異《キイ》 奇数《キスウ》	尋問《ジンモン》 尋常《ジンジョウ》	巨大《キョダイ》 巨星《キョセイ》
意味	①かたい。しっかりしている。	①手にとる。つかさどる。②こだわる。まもる。	①かべ。かこい。②かべのように切り立ったところ。	①一（金銭証書などで使う）。	①おどす。おびやかす。②いかめしい。おごそかな。	①おく深い所。②おく深く、知り難いこと。	①めずらしい。ふつうでない。②二で割り切れない。	①たずねる。といただす。②ふつう。つね。	①おおきい。おおい。②すぐれた。えらい。

書き取りA（1回目／2回目）

① ケンゴなつくりの城。（かたく頑強なさま。）
② 小説をシッピツする。（ペンをとって文章などを書くこと。）
③ テッペキの守りを見せる。（守りが非常にかたいこと。）
④ 領収金イチマンエン也。（合計いちまんえんのお金。）
⑤ 相手をイアツするような目。（強い力でおさえつけること。）
⑥ アルプスのヤマオク。（やまのおく深い所。）
⑦ キイな目で見られる。（ふつうと変わっているさま。）
⑧ 裁判でジンモンを受ける。（といただすこと。）
⑨ キョダイな船が寄港する。（非常におおきいさま。）

書き取りB（1回目／2回目）

❶ ケンジツなやり方で進める。（手がかたく確かで危なげのないこと。）
❷ お金にシュウチャクする。（心がとらわれて断ち切れないこと。）
❸ ゼッペキを前に足がすくむ。（切り立った崖。）

もう一度書いてみよう！

❺ イゲンに満ちた態度を示す。（堂々としておごそかなこと。）
❻ オウギを伝授される。（学術などの最も重要で難解な事柄。）
❼ 一・三・五はキスウだ。（二で割り切れないせいすう。）
❽ ジンジョウでない大雨だ。（ふつうのこと。）
❾ 日本映画界のキョセイ。（輝かしい業績をあげた人物。）

訓読み

1 堅い職業につく。（　い）
2 指揮を執る。（　る）
3 壁にぶつかる。（　）
8 道を尋ねる。（　ねる）
11 火を恐れる。（　れる）
12 天の恵み。（　み）
13 行いを恥じる。（　じる）
13 恥ずかしい言動。（　ずかしい）
14 肩を怒らせる。（　ら）
14 怒りっぽい人。（　り）
16 初恋が実る。（　）
16 故郷を恋う。（　う）
16 人恋しい性格。（　しい）
17 心が惑う。（　う）
18 鉄砲を撃つ。（　つ）

解答

①堅固 ❶堅実 ②執筆 ❷執着 ③鉄壁 ❸絶壁 ④壱万円 ⑤威圧 ❺威厳 ⑥山奥 ❻奥義 ⑦奇異 ❼奇数 ⑧尋問 ❽尋常 ⑨巨大 ❾巨星 ⑩幾多 ❿幾何学 ⑪恐妻 ⓫恐縮 ⑫恩恵 ⓬知恵 ⑬無恥 ⓭赤恥 ⑭激怒 ⓮怒号 ⑮配慮 ⓯思慮 ⑯失恋 ⓰恋愛 ⑰困惑 ⓱迷惑 ⑱進撃 ⓲目撃

	10	11	12	13	14	15	16	17	18
漢字	幾	恐	恵	恥	怒	慮	恋	惑	撃
意味	①いく。いくつ。いくら。	①おそれる。こわがる。②おそれいる。かしこまる。	①めぐむ。情けをかける。②かしこい。さとい。	①はじる。はじ。	①おこる。いかる。	①おもんぱかる。思いめぐらす。	①特別の愛情を感じて思いしたう。	①まどう。まどわす。	①たたく。せめる。②ふれる。あたる。
部首・画数	いとがしら 幺 12	こころ 心 10	こころ 心 10	こころ 心 10	こころ 心 9	こころ 心 15	こころ 心 10	こころ 心 12	て 手 15
読み	キ / いく	キョウ / おそ(れる・ろしい)	ケイ / エ / めぐ(む)	チ / はじ / は(じる・じらう・ずかしい)	ド / いか(る) / おこ(る)	リョ	レン / こい / こ(う) / こい(しい)	ワク / まど(う)	ゲキ / う(つ)
用例	幾多《いくた》 幾何学《キカガク》	恐妻《キョウサイ》 恐縮《キョウシュク》	恩恵《オンケイ》 知恵《チエ》	厚顔無恥《コウガンムチ》 赤恥《あかはじ》	激怒《ゲキド》 怒号《ドゴウ》	配慮《ハイリョ》 思慮《シリョ》	失恋《シツレン》 恋愛《レンアイ》	困惑《コンワク》 迷惑《メイワク》	進撃《シンゲキ》 目撃《モクゲキ》

コラム Column

知っておきたい「数字の表記」

一や二の上に「一」を加えると二や三、三は縦に線を引くと五になってしまう。領収書などの書類では、金額を書き換えられないように壱(一)、弐(二)、参(三)という表記を使うんだ。

⑩イクタの困難に直面する。
たくさん。

⑪キョウサイ家と呼ばれる人。
つまをおそれる夫。

⑫自然のオンケイに浴する。
めぐみ。

⑬厚顔ムチだと批判する。
ずうずうしくてはじ知らずなさま。

⑭裏切られてゲキドする。
はげしくおこること。

⑮子育てにハイリョした住宅。
心をくばること。

⑯シツレンしてショックを受ける。
好きな人への思いがかなわないこと。

⑰コンワクの表情を見せる。
こまりとまどうこと。

⑱全軍でシンゲキする。
すすんで敵をこうげきすること。

⑩キカガクの勉強をする。
図形や空間の性質を研究するがくもん。

⑪不勉強でキョウシュクです。
申し訳なく思うこと。

⑫おばあちゃんの生活のチエ。
物事を正しく処理していく能力。

⑬公衆の面前でアカハジをかく。
多くの人の前で受けるはじ。

⑭ドゴウが飛び交う戦場。
おこってあげる大きな声。

⑮シリョ深い性格の人物だ。
注意深く考え判断すること。

⑯レンアイ小説を好んで読む。
特定の人に特別のあいじょうをもつこと。

⑰仲間にメイワクをかける。
人のしたことで不快に感じること。

⑱交通事故をモクゲキする。
実際に見ること。

漢字力UP

高校新出音訓……

6 奥羽山脈に登る。 今の東北地方。 〔　〕

対義語……

9 巨大↕ビショウ 〔　〕

18 進撃↕タイキャク 〔　〕

類義語……

1 堅実≒チャクジツ 〔　〕

5 威厳≒イフウ 〔　〕

7 奇異≒トッピ 〔　〕

15 思慮≒フンベツ 〔　〕

同訓異字……

8 名前を尋ねる／恩師を□ねる 〔ねる〕

18 船の大砲を撃つ／人々の心を□つ 〔つ〕／敵将の首を□つ 〔つ〕

訓読み

1 かたい　2 とる　3 かべ　8 たずねる　11 おそれる　12 めぐみ　13 はじる　13 はずかしい　14 いから　14 おこり　16 はつこい　16 こう　16 こいしい　17 まどう　18 うつ

漢字力UP

高校新出音訓……6 おうう

対義語……9 微小　18 退却

類義語……1 着実　5 威風　7 突飛　15 分別

同訓異字……8 訪ねる　18 打つ　討つ

4級 第15回

4級学習漢字313字中277字

	漢字	意味	部首・画数	読み	用例	筆順
1	戒	①いましめる。つつしむ。②用心する。	戈（ほこ） 7	カイ／いまし(める)	自戒《ジカイ》 警戒《ケイカイ》	一 二 チ 开 戒 戒
2	戯	①たわむれる。あそぶ。②しばい。演技。	戈（ほこ） 15	ギ／たわむ(れる)	遊戯《ユウギ》 戯曲《ギキョク》	ト 广 卢 虍 虚 戯 戯 戯
3	旨	①むね。こころざし。考え。	日（ひ） 6	シ／むね	要旨《ヨウシ》 宗旨《シュウシ》	一 ヒ 旨 旨
4	斜	①ななめ。かたむき。	斗（とます） 11	シャ／なな(め)	斜面《シャメン》 斜陽《シャヨウ》	ノ 人 余 余 斜
5	旬	①十日。一か月のなかの十日間。	日（ひ） 6	ジュン／シュン	下旬《ゲジュン》 旬刊《ジュンカン》	ノ 勹 旬 旬
6	是	①ただしい。②よいとして定めた方針。	日（ひ） 9	ゼ	是非《ゼヒ》 国是《コクゼ》	口 日 旦 早 是
7	曇	①くもる。くもり。	日（ひ） 16	ドン／くも(る)	曇天《ドンテン》 曇《くも》り	日 旦 昌 曇 曇
8	普	①広く行き渡る。あまねく。②なみ。ふつう。	日（ひ） 12	フ	普及《フキュウ》 普通《フツウ》	丷 並 普 普
9	暦	①こよみ。月日。	日（ひ） 14	レキ／こよみ	西暦《セイレキ》 旧暦《キュウレキ》	一 厂 暦 暦

書き取りA（1回目・2回目）

①ジカイして手抜きをしない。 みずからいましめること。

②おユウギ会を見に行く。 子供たちが音楽に合わせてする踊り。

③論文のヨウシをつかむ。 内容の主な点。

④山のシャメンに建つ家。 ななめに傾いているじめん。

⑤ゲジュンに新刊が出る。 二十日ごろから月末までの間。

⑥判断のゼヒを論じる。 正しい事と正しくないこと。

⑦ドンテンで空が暗い。 くもったてんき。

⑧下水道がフキュウする。 広く行き渡ること。

⑨セイレキで記入する。 せいようのこよみ。

書き取りB（1回目・2回目）

❶テロへのケイカイを高める。 注意し用心すること。

❷特別なギキョクを上演する。 演劇の脚本。

❸シュウシに合わないやり方だ。 自分の好み、主義、やり方。

❹シャヨウとなった石炭産業。 没落しつつあること。

❺ジュンカンの雑誌を買う。 新聞、雑誌などを十日ごとに発行すること。

❻平和共存をコクゼとする。 くに全体が認めた方針。

❼今日の天気はクモりだ。 雲が空をおおっていること。

❽今年の暑さはフツウではない。 いつもと同じであること。

❾キュウレキではまだ昨年だ。 明治五年まで用いられたこよみ。

訓読み

1 自らを戒める。（ める ）

4 斜めに横切る。（ め ）

9 暦をめくる。（ ）

10 土地を更地にする。（ ）

11 おむつを替える。（ える ）

12 危険を冒す。（ す ）

14 柔らかいタオル。（ らかい ）

17 獣に出くわす。（ ）

漢字力UP

高校新出音訓

2 犬と戯れる。 遊び興じる。（ れる ）

3 退職する旨を言う。 述べたことの中心。（ ）

10 夜が更ける。 夜が深まる。（ ける ）

対義語

1 警戒↔ユダン（ ）

解答

①自戒 ❶警戒 ②遊戯 ❷戯曲 ③要旨 ❸宗旨 ④斜面 ❹斜陽 ⑤下旬 ❺旬刊 ⑥是非 ❻国是 ⑦曇天 ❼曇り ⑧普及 ❽普通 ⑨西暦 ❾旧暦 ⑩更新 ❿変更 ⑪代替 ⓫交替 ⑫冒険 ⓬冒頭 ⑬朱肉 ⓭朱色 ⑭柔和 ⓮優柔 ⑮歓喜 ⓯歓声 ⑯歳月 ⓰歳暮 ⑰獣医 ⓱鳥獣 ⑱玄米 ⓲玄関

番号	漢字	意味	部首・画数	読み	用例
10	更	①かえる。かわる。②ふかまる。ふける。	いわく 曰 7	コウ さら ふ(ける・かす)	更新《コウシン》 変更《ヘンコウ》
11	替	①かえる。かわる。	いわく 曰 12	タイ か(える・わる)	代替《ダイタイ》 交替《コウタイ》
12	冒	①おかす。無理にする。②はじまり。	いわく 曰 9	ボウ おか(す)	冒険《ボウケン》 冒頭《ボウトウ》
13	朱	①あか。黄色みをおびたあか。	き 木 6	シュ	朱肉《シュニク》 朱色《シュいろ》
14	柔	①やわらかい。②おだやか。③しっかりしていない。	き 木 9	ジュウ ニュウ やわ(らか・らかい)	柔和《ニュウワ》 優柔不断《ユウジュウフダン》
15	歓	①よろこぶ。たのしむ。	あくび 欠 15	カン	歓喜《カンキ》 歓声《カンセイ》
16	歳	①とし。つきひ。年齢。	とめる 止 13	サイ セイ	歳月《サイゲツ》 歳暮《セイボ》
17	獣	①けもの。けだもの。	いぬ 犬 16	ジュウ けもの	獣医《ジュウイ》 鳥獣《チョウジュウ》
18	玄	①くろい色。赤ぐろい色。②深い。奥深い道理。	げん 玄 5	ゲン	玄米《ゲンマイ》 玄関《ゲンカン》

⑩世界記録をコウシンする。（あらためてあたらしくなること。）

⑪会議でダイタイ案を出す。（他のものでかえること。）

⑫長編のボウケン小説を読む。（危ないことをあえてすること。）

⑬はんこにシュニクを付ける。（はんこを押すとき使うもの）

⑭ニュウワな笑顔が素敵だ。（やさしくおとなしいさま。）

⑮優勝にカンキする。（非常によろこぶこと。）

⑯サイゲツ人を待たず。（時間を大切にせよといういましめ。）

⑰将来はジュウイになりたい。（動物の病気を診る人。）

⑱毎朝ゲンマイを食べる。（もみを取っただけのこめ。）

❿来週の予定をヘンコウする。（決められた物事をかえること。）

⓫昼夜コウタイ制で働く。（入れかわること。）

⓬ボウトウで結論を述べる。（発端の部分。）

⓭鳥居はシュイロのものが多い。（黄色を含んだあか。）

⓮ユウジュウ不断な性格をしている。（物事の決断がにぶいこと。）

⓯客席からカンセイが上がる。（よろこびのあまり叫ぶこえ。）

⓰セイボの大売り出しセール。（年末。）

⓱チョウジュウを保護する法律。（とりやけもの。）

⓲ゲンカンで客に会う。（建物の正面の人が出入りする所。）

8 普通↕トクベツ（　）
12 冒頭↕マツビ（　）
14 柔和↕ケンアク（　）
15 歓喜↕ヒタン（　）

類義語
1 警戒＝ヨウジン（　）
3 要旨＝タイイ（　）
8 普通＝ジンジョウ（　）
16 歳月＝コウイン（　）

同音異字
15 歓喜の声／避難の□告／生物の□察
（告）（察）

同訓異字
12 尊厳を冒す／罪を□す／領土を□す
（す）（す）

訓読み 1 いましめる 4 ななめ 9 こよみ 10 さらち 11 かえる 12 おかす 14 やわらかい 17 けもの

漢字力UP

高校新出音訓 2 たわむれる 3 むね 10 ふける

対義語 1 油断 8 特別 12 末尾 14 険悪 15 悲嘆

類義語 1 用心 3 大意 8 尋常 16 光陰

同音異字 15 勧告 観察

同訓異字 12 犯す 侵す

漢字の豆知識

「冒す」と「犯す」と「侵す」、どう違う？

「冒す」は、かまわず目的を達しようとすることを、「犯す」は法やおきてを破ることを、「侵す」は他の領土に次第に入り込むことを意味するよ。では「危険」はどの「おかす」かな？

4級 第16回

4級学習漢字313字中295字

	1	2	3	4	5	6	7	8	9
漢字	甘	畳	皆	監	盗	盤	盆	盾	矛
意味	①あまい。おいしい。②あまんじる。満足する。	①たたむ。かさねる。②たたみ。	①みな。だれもかれも。	①みはる。とりしまる。②ろうや。	①ぬすむ。ぬすみ。ぬすびと。	①平らな台。②勝負の一局面。	①ぼん。くぼんだ形のもの。②「盂蘭盆」の略。	①矢・やりなどの攻撃を防ぐ防具。	①長柄のさきに両刃の剣をつけた武器。
部首・画数	かん 甘 5	た 田 12	しろ 白 9	さら 皿 15	さら 皿 11	さら 皿 15	さら 皿 9	め 目 9	ほこ 矛 5
読み	カン あま(い・える・やかす)	ジョウ たたみ たた(む)	カイ みな	カン	トウ ぬす(む)	バン	ボン	ジュン たて	ム ほこ
用例	甘言《カンゲン》 甘受《カンジュ》	重畳《チョウジョウ》 畳語《ジョウゴ》	皆無《カイム》 皆目《カイモク》	監視《カンシ》 収監《シュウカン》	盗難《トウナン》 盗用《トウヨウ》	基盤《キバン》 序盤《ジョバン》	盆地《ボンチ》 旧盆《キュウボン》	盾突《たてつ》く 後《うし》ろ盾《だて》	矛盾《ムジュン》 矛先《ほこさき》

書き取りA（1回目・2回目）

①カンゲンに乗せられてはだめだ。 相手の気を引くためのあまいことば。

②チョウジョウする山並み。 いくつもかさなっていること。

③専門知識はカイムに等しい。 一つもないさま。

④カンシ社会化が進んでいる。 注意してみはること。

⑤自転車のトウナン事件。 ぬすまれること。

⑥生活のキバンを整える。 土台。

⑦ボンチは気温差が大きい。 四方を山で囲まれた平らな場所。

⑧年長者にタテツく。 さからう。 （く）（く）

⑨行動にムジュンがある。 つじつまが合わないこと。

書き取りB（1回目・2回目）

❶厳しい運命をカンジュする。 あまんじて受け入れること。

❷「またまた」はジョウゴだ。 同じ言葉を重ねた複合語。

❸内容がカイモクわからない。 全く。

❹犯罪者をシュウカンする。 刑事施設に入れること。

❺ロゴのトウヨウを疑われる。 ぬすんで使うこと。

❻ジョバンからリードをうばう。 初めのうち。

❼キュウボンに家族一同が集まる。 陰暦で行うおぼん。

❽ウシろダテを得る。 かげから力を貸し、助けること。 （ろ）（ろ）

❾話のホコサキを向ける。 攻撃の目標。

訓読み

1 甘いお菓子。（　い）

2 畳を張り替える。（　）

2 ハンカチを畳む。（　む）

3 皆に伝える。（　）

5 人の目を盗む。（　む）

11 翼を広げる。（　）

12 紫の花が咲く。（　）

14 空腹に耐える。（　える）

15 肩を落とす。（　）

16 野菜が腐る。（　る）

18 不徳の致す所だ。（　す）

漢字力UP

高校新出音訓……

10 語学に秀でる。 抜きん出ている。（　でる）

解答

①甘言 ❶甘受 ②重畳 ❷畳語 ③皆無 ❸皆目 ④監視 ❹収監 ⑤盗難 ❺盗用 ⑥基盤 ❻序盤 ⑦盆地 ❼旧盆 ⑧盾突く ❽後ろ盾 ⑨矛盾 ❾矛先 ⑩優秀 ❿秀才 ⑪比翼 ⓫尾翼 ⑫紫外線 ⓬紫雲 ⑬繁栄 ⓭繁盛 ⑭耐性 ⓮耐久 ⑮比肩 ⓯強肩 ⑯腐敗 ⓰腐心 ⑰皮膚 ⓱完膚 ⑱招致 ⓲一致

コラム Column

知っておきたい「お盆って何？」

祖先の冥福を祈って供養する、仏教の行事「盂蘭盆会《うらぼんえ》」を省略して「お盆」と呼ぶよ。ご先祖様があの世と行き来する乗り物として、キュウリやナスなどで「精霊馬《しょうりょううま》」を作ることもあるよ。

番号	漢字	意味	部首	読み	用例
10	秀	①ひいでる。すぐれる。のびる。	のぎ 禾 7	シュウ／ひい(でる)	優秀《ユウシュウ》 秀才《シュウサイ》
11	翼	①鳥や飛行機などの羽。	はね 羽 17	ヨク／つばさ	比翼連理《ヒヨクレンリ》 尾翼《ビヨク》
12	紫	①むらさき。	いと 糸 12	シ／むらさき	紫外線《シガイセン》 紫雲《シウン》
13	繁	①しげる。ふえる。②さかんになる。	いと 糸 16	ハン	繁栄《ハンエイ》 繁盛《ハンジョウ》
14	耐	①たえる。たえしのぶ。②もちこたえる。	しかして 而 9	タイ／た(える)	耐性《タイセイ》 耐久《タイキュウ》
15	肩	①かた。	にく 肉 8	ケン／かた	比肩《ヒケン》 強肩《キョウケン》
16	腐	①くさる。くちる。②こころをいためる。	にく 肉 14	フ／くさ(る・れる・らす)	腐敗《フハイ》 腐心《フシン》
17	膚	①はだ。体をおおうかわ。	にく 肉 15	フ	皮膚《ヒフ》 完膚《カンプ》
18	致	①まねきよせる。②きわめる。つくす。行き着く。	いたる 至 10	チ／いた(す)	招致《ショウチ》 一致《イッチ》

⑩ユウシュウな成績を収める。
非常にすぐれていること。

⑪ヒヨク連理のちぎりを結ぶ。
男女の仲がむつまじいこと。

⑫シガイセンの対策は万全だ。
太陽光の一種。

⑬かつてハンエイした文明。
さかえ、発展すること。

⑭タイセイの強い新型ウイルス。
病原菌などが特定の薬に示す抵抗力。

⑮プロにヒケンする実力だ。
かたを並べること。

⑯食品のフハイを防止する。
くさること。

⑰定期的にヒフ科に通う。
はだ。

⑱冬季五輪をショウチする。
まねきよせること。

❿シュウサイの呼び声が高い。
学識などのすぐれた人。

⓫ビヨクにロゴマークがある。
飛行機などの後端に取り付けられたつばさ。

⓬シウンたなびく空を見上げる。
むらさき色のくも。

⓭新しい店がハンジョウする。
にぎわいさかえること。

⓮家のタイキュウ力を高める。
長くもちこたえること。

⓯キョウケンの外野手を指名する。
かたがつよいこと。

⓰息子の教育にフシンする。
ひどくこころを使うこと。

⓱カンプなきまでに論破する。
無傷のところがないほど。

⓲クラスの意見がイッチする。
ひとつにまとまること。

15 肩章を付ける。（　）
服の肩に付けるしるし。

対義語……

1 甘言↕クゲン（　）

18 一致↕ソウイ（　）

類義語……

3 皆無≒ゼツム（　）

6 基盤≒ドダイ（　）

13 繁栄≒セイキョウ（　）

15 比肩≒ヒッテキ（　）

16 腐心≒クリョ（　）

同訓異字……

15
- 肩車をする
- □側通行の車線
- 裏□で働く

（側）（裏）

訓読み 1 あまい　2 たたみ　2 たたむ　3 みな　5 ぬすむ　11 つばさ　12 むらさき　14 たえる　15 かた　16 くさる　18 いたす

漢字力UP **高校新出音訓**……10 ひいでる　15 けんしょう　**対義語**……1 苦言　18 相違　**類義語**……3 絶無　6 土台　13 盛況　15 匹敵　16 苦慮　**同訓異字**……15 片側　裏方

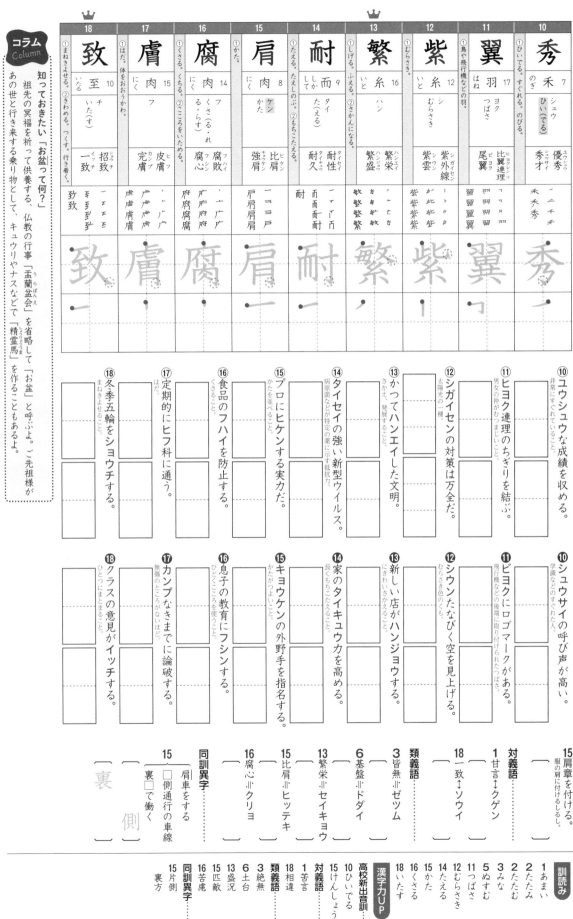

番号	漢字	部首	画数	読み	用例	意味
1	舗	舌《した》	15	ホ	舗装《ホソウ》 店舗《テンポ》	①しく。しきつめる。ならべる。②みせ。商店。
2	舟	舟《ふね》	6	シュウ ふね ふな	舟運《シュウウン》 舟歌《ふなうた》	①ふね。ふねの形をしたおけ。
3	襲	衣《ころも》	22	シュウ おそ(う)	逆襲《ギャクシュウ》 世襲《セシュウ》	①おそう。おそいかかる。②つぐ。ひきつぐ。
4	誉	言《げん》	13	ヨ ほま(れ)	名誉《メイヨ》 栄誉《エイヨ》	①ほまれ。ほめる。
5	豪	豕《ぶた》	14	ゴウ	豪快《ゴウカイ》 古豪《コゴウ》	①たけだけしい。②力や才知のすぐれた人。
6	輝	車《くるま》	15	キ かがや(く)	光輝《コウキ》 輝石《キセキ》	①かがやく。かがやき。
7	載	車《くるま》	13	サイ の(せる・る)	積載《セキサイ》 連載《レンサイ》	①物をのせる。②印刷物にのせる。
8	輩	車《くるま》	15	ハイ	後輩《コウハイ》 輩出《ハイシュツ》	①ともがら。なかま。②ならぶ。つらなる。
9	雅	隹《ふるとり》	13	ガ	優雅《ユウガ》 雅語《ガゴ》	①みやび。おくゆかしい。②正しい。正統な。

書き取りA（1回目・2回目）

①道路のホソウ工事を行う。（アスファルトなどで固めること。）

②シュウウンが盛んな町。（ふねによる交通や輸送。）

③ギャクシュウに転じる。（負けている方が攻勢に出ること。）

④メイヨある賞をいただいた。（すぐれていると認められること。）

⑤ゴウカイな笑い声がする。（規模が大きく力強いさま。）

⑥コウキある伝統を守る。（ほまれ。）

⑦船に荷物をセキサイする。（つみのせること。）

⑧コウハイに指導を行う。（年齢や経験が自分より下の人。）

⑨身のこなしのユウガな女性。（上品で美しいこと。）

書き取りB（1回目・2回目）

❶テンポを移転する。（みせ。）

❷遠くからフナウタが聞こえる。（ふな乗りがふねをこぎながらうたう歌。）

❸政治家のセシュウ問題。（子孫が受けついでいくこと。）

❹勝利のエイヨをたたえる。（さかえあるほまれ。）

❺ココウのチームが勝ち残る。（長く経験を積んだすぐれた人や集団。）

❻キセキが産出する地層。（カルシウム・マグネシウム・鉄などを含む鉱物。）

❼小説を雑誌にレンサイする。（続き物としてのせること。）

❽著名人をハイシュツした学校。（才能ある人が次々と世にでること。）

❾ガゴを集めた辞書。（みやびで正しいことば。）

訓読み

2 小さな舟に乗る。〔　　〕

3 シカを襲うクマ。〔　　う〕

4 名作の誉れが高い。〔　　れ〕

6 星が輝く。〔　　く〕

7 車に荷を載せる。〔　　せる〕

10 雌のライオン。〔　　〕

11 雄のジャガー。〔　　〕

12 親元を離れる。〔　　れる〕

13 声が響く。〔　　く〕

14 あっと驚く。〔　　く〕

15 鬼に金棒。〔　　〕

17 注意されて黙る。〔　　る〕

漢字力UP

高校新出音訓……

16 見目麗しい人。（美しい。）〔　　しい〕

解答

①舗装 ❶店舗 ②舟運 ❷舟歌 ③逆襲 ❸世襲 ④名誉 ❹栄誉 ⑤豪快 ❺古豪 ⑥光輝 ❻輝石 ⑦積載 ❼連載 ⑧後輩 ❽輩出 ⑨優雅 ❾雅語 ⑩雌雄 ❿雌花 ⑪雄牛 ⓫雄大 ⑫分離 ⓬離陸 ⑬音響 ⓭反響 ⑭驚異 ⓮驚天 ⑮鬼神 ⓯鬼才 ⑯麗句 ⓰麗人 ⑰沈黙 ⓱黙殺 ⑱太鼓 ⓲鼓動

番号	漢字	部首	画数	読み	意味	用例
10	雌	隹 ふるとり	14	シ／め／めす	①動植物のめす。	雌雄《シユウ》　雌花《めばな》
11	雄	隹 ふるとり	12	ユウ／お／おす	①動植物のおす。②おおしい。いさましい。	雄牛《おうし》　雄大《ユウダイ》
12	離	隹 ふるとり	18	リ／はな(れる・す)	①はなれる。はなす。	分離《ブンリ》　離陸《リリク》
13	響	音 おと	20	キョウ／ひび(く)	①おとや声が広がり伝わる。②他に変化をもたらす。	音響《オンキョウ》　反響《ハンキョウ》
14	驚	馬 うま	22	キョウ／おどろ(く・かす)	①おどろく。おどろかす。	驚異《キョウイ》　驚天動地《キョウテンドウチ》
15	鬼	鬼 おに	10	キ／おに	①おに。ばけもの。②人間わざとは思われない。	鬼神《キシン》　鬼才《キサイ》
16	麗	鹿 しか	19	レイ／うるわ(しい)	①うるわしい。美しい。	美辞麗句《ビジレイク》　麗人《レイジン》
17	黙	黒 くろ	15	モク／だま(る)	①だまる。口をつむぐ。	沈黙《チンモク》　黙殺《モクサツ》
18	鼓	鼓 つづみ	13	コ／つづみ	①つづみ。打楽器の一種。②うつ。はげます。	太鼓《タイコ》　鼓動《コドウ》

⑩シユウを決する時が来た。
どちらが強いかを決める。

⑪オウシを育てる。
おすのウシ。

⑫政教ブンリの原則。
わけてはなすこと。

⑬オンキョウ設備が整っている。
おとのひびき。

⑭キョウイ的な記録が出た。
おどろくほどすばらしいこと。

⑮キシンのごとき戦いぶり。
荒々しく恐ろしいかみ。

⑯美辞レイクを並べ立てる。
美しくきれいに飾り立てたことば。

⑰長いチンモクを破る。
だまりこむこと。

⑱タイコをたたいて音を出す。
打楽器の一種。

❿松のメバナのつくりを調べる。
おしべがなくめしべだけのはな。

⓫ユウダイな景色が広がる。
規模がおおきく堂々としたさま。

⓬リリクの前に点検する。
飛行機などが飛び立つこと。

⓭海外でハンキョウを呼ぶ。
物事に対して示されるはんのう。

⓮キョウテン動地の事件が起きる。
世間を大いにおどろかせること。

⓯映画界のキサイと呼ばれる。
人間ばなれしたさいのう。

⓰ドレス姿のレイジン。
容姿の美しい女性。

⓱少数意見をモクサツする。
知っていながら無視すること。

⓲期待に胸のコドウが高まる。
心臓が脈打つこと。

18 鼓を打つ。（　）
打楽器。たいこ。

対義語……
5 古豪↕シンエイ（　）
9 雅語↕ゾクゴ（　）
12 分離↕ケツゴウ（　）

類義語……
4 名誉＝エイコウ（　）
6 光輝＝メイセイ（　）
17 沈黙＝ムゴン（　）
17 黙殺＝ムシ（　）

同音異字……
6 光輝を放つ／実力を発□する（発）

同訓異字……
7 写真を載せる／口車に□せる（せる）

訓読み
2 ふね
3 おそう
4 ほまれ
6 かがやく
7 のせる
10 めす
11 おす
12 はなれる
13 ひびく
14 おどろく
15 おに
17 だまる

漢字力UP

高校新出音訓……
16 うるわしい
18 つづみ

対義語……
5 新鋭
9 俗語
12 結合

類義語……
4 栄光
6 名声
17 無言
17 無視

同音異字……
6 発揮

同訓異字……
7 乗せる

コラム Column

知っておきたい「名誉毀損《きそん》って何？」

「事実を示し、公然と、人の社会的評価を低下させること」をいう（刑法二百三十条）。SNSなどで発信した内容が、意図せず名誉毀損になっているかもしれないよ。気をつけよう！

4級 模擬テスト

一 次の——線の漢字の読みをひらがなで記せ。 (30) 1×30

1 地球儀でハワイの位置を確認する。
2 行進曲を吹奏する。
3 反抗的な態度をとる。
4 腕力には自信がある。
5 注意力が散漫で困る。
6 カエルが冬眠から目覚めた。
7 彼からの連絡がとだえる。
8 内容を項目ごとに検討する。
9 突然の訪問に驚く。
10 烈火のごとく怒る。
11 趣味のよい家具をそろえる。
12 冷夏のため米が凶作だ。
13 光沢が見事な石。
14 社屋が老朽化する。

二 次の——線のカタカナにあてはまる漢字をそれぞれのア～オから一つ選び、記号で答えよ。 (30) 2×15

1 冷静に事態を**ボウ**観する。
2 **ボウ**険だがやってみよう。
3 脂**ボウ**分の多い食品。
（ア 防　イ 傍　ウ 望　エ 亡　オ 冒）

4 **ケン**実な方法をとる。
5 有能な人材を派**ケン**する。
6 何事にも真**ケン**に取り組む。
（ア 圏　イ 堅　ウ 軒　エ 遣　オ 剣）

7 毎朝六時に起**ショウ**する。
8 **ショウ**細に調査する。
9 友人を愛**ショウ**で呼ぶ。
（ア 詳　イ 床　ウ 召　エ 障　オ 称）

10 刑事が犯人を**ジン**問する。
11 社長が**ジン**頭指揮をとる。
12 資源は無**ジン**蔵ではない。
（ア 仁　イ 人　ウ 尋　エ 陣　オ 尽）

13 車の流れが**ト**まる。
14 貨物船が港に**ト**まる。
15 彼女の赤い服に目が**ト**まる。
（ア 富　イ 閉　ウ 止　エ 留　オ 泊）

次の熟語は上のア～オのどれにあたるか、一つ選び、記号で答えよ。

1 鋭利
2 避暑
3 未熟
4 押印
5 首尾
6 濃淡
7 筆跡
8 抜群
9 救援
10 握力

五 次の漢字の部首をア～エから一つ選び、記号で答えよ。 (10) 1×10

1 御（ア 彳　イ 卩　ウ 止　エ 缶）
2 裏（ア 亠　イ 田　ウ 衣　エ 里）
3 隷（ア 士　イ 小　ウ 隶　エ 示）
4 歳（ア 止　イ 厂　ウ 小　エ 戈）
5 舗（ア 舎　イ 舌　ウ 口　エ 用）
6 幕（ア 艹　イ 巾　ウ 大　エ 日）
7 寝（ア 宀　イ 冫　ウ 冖　エ 又）
8 料（ア 米　イ 木　ウ 斗　エ 十）
9 慮（ア 虍　イ 七　ウ 田　エ 心）
10 殿（ア 尸　イ 共　ウ 几　エ 殳）

一	／30
二	／30
三	／10
四	／20
五	／10
六	／20
七	／10
八	／20
九	／10
十	／40
合計	／200

15 金の含有量を調べる。（　　）
16 間違いを指摘する。（　　）
17 丹精して植木を育てる。（　　）
18 あくまでも憶測に過ぎない。（　　）
19 なかなかの妙案だ。（　　）
20 病人を手厚く介抱する。（　　）
21 火山が火を噴く。（　　）
22 暑いので日陰に入る。（　　）
23 兄と背丈を比べる。（　　）
24 道端に花が咲いている。（　　）
25 長年の努力が報われた。（　　）
26 彼女は慎み深い性格だ。（　　）
27 とても子供の仕業ではない。（　　）
28 堤の桜がほころび始める。（　　）
29 休む暇なく質問される。（　　）
30 友人を駅まで迎えに行く。（　　）

三 1～5の三つの□に共通する漢字を入れて熟語を作れ。漢字はア～コから一つ選び、記号で答えよ。 (10) 2×5

1 影□・反□・音□（　　）
2 □張・□示・□大（　　）
3 □力・切□・□真（　　）
4 強□・□快・文□（　　）
5 □起・額□・□因（　　）

ア 豪　イ 迫　ウ 珍　エ 敏　オ 響
カ 騒　キ 縁　ク 抵　ケ 誇　コ 被

四 熟語の構成のしかたには次のようなものがある。 (20) 2×10

ア 同じような意味の漢字を重ねたもの（岩石）
イ 反対または対応の意味を表す字を重ねたもの（高低）
ウ 上の字が下の字を修飾しているもの（洋画）
エ 下の字が上の字の目的語・補語になっているもの（着席）
オ 上の字が下の字の意味を打ち消しているもの（非常）

六 後の□内のひらがなを漢字に直して（　）に入れ、対義語・類義語を作れ。□内のひらがなは一度だけ使うこと。 (20) 2×10

対義語

1 永遠―（　　）間
2 守備―攻（　　）
3 高雅―低（　　）
4 優良―（　　）悪
5 脱退―加（　　）

類義語

6 善戦―健（　　）
7 冷静―（　　）着
8 功績―手（　　）
9 可否―（　　）非
10 栄光―名（　　）

がら・ぜ・ぞく・れつ・げき
とう・めい・しゅん・よ・ちん

七 次の——線のカタカナを漢字一字と送りがな（ひらがな）に直せ。 (10) 2×5

〈例〉 問題に**コタエル**。 答える

1 父は仕事が**イソガシイ**。

2 失恋の**ニガイ**思い出。

3 地下室に食品を**タクワエル**。

4 助言に耳を**カタムケル**。

5 完成までに三年の年月を**ツイヤシ**た。

八 文中の四字熟語の——線のカタカナを漢字に直せ。 (20) 2×10

1 うわさは**デン光石火**の速さで広まった。

2 新製品が**空前ゼツ後**の大ヒットとなる。

3 蔵書を**ニソク三文**で売り飛ばす。

4 **起死カイ生**の逆転打を打つ。

5 **牛飲バ食**は健康を害する。

6 いつも多数派の意見に**フ和雷同**する。

十 次の——線のカタカナを漢字に直せ。 (40) 2×20

1 新しい言葉が世間に**シントウ**する。

2 事件の**ケイイ**を調べる。

3 高校新記録を**ジュリツ**する。

4 息子の**ジマン**ばかりする。

5 美術品の**カンテイ**を依頼する。

6 彼は国民的**エイユウ**となった。

7 彼は**ドクゼツ**家として有名だ。

8 風で水面に**ハモン**が生じる。

9 映画を見て**カンルイ**にむせぶ。

10 成功の見込みは**カイム**に等しい。

7 **無味乾ソウ**で退屈な講演だ。（　　）

8 **前ト洋々**たる音楽家。（　　）

9 日本有数の**山シ水明**の地だ。（　　）

10 **博ラン強記**で知られる学者。（　　）

九 次の各文にまちがって使われている同じ読みの漢字が一字ある。上に誤字を、下に正しい漢字を記せ。 (10) 2×5

1 急死した著名な作家の偉稿を一冊の本にまとめて出版した。（　　）→（　　）

2 原因不明の伝染病が流行し、刷急な対応が望まれている。（　　）→（　　）

3 鉄道の路線を延長するため線路の布設工事を行うことが決まった。（　　）→（　　）

4 山中に放置された自動車の当録番号から所有者が割り出された。（　　）→（　　）

5 不景気のため会社が到産したが、故郷に帰り再起を図る決意をした。（　　）→（　　）

11 山は空気が**ス**んでいる。（　　）

12 野菜を軟らかく**ニ**る。（　　）

13 腕をハチに**サ**された。（　　）

14 事実に**モト**づいて書かれた小説。（　　）

15 記憶が**アザ**やかによみがえる。（　　）

16 この熱も今夜が**トウゲ**だろう。（　　）

17 同じ作業を**ク**り返し行う。（　　）

18 山里に**カク**れ住む。（　　）

19 朝から**キリサメ**が降っている。（　　）

20 来年の運勢を**ウラナ**う。（　　）

― おわり ―

3級 第1回

3級学習漢字284字中 19字

番号	漢字	意味	部首	画数	読み	用例
1	佳	①すぐれている。美しい。めでたい。	亻 にんべん	8	カ	佳境《カキョウ》 佳作《カサク》
2	偶	①たまたま。②対になる。二で割り切れる数。	亻 にんべん	11	グウ	偶然《グウゼン》 偶数《グウスウ》
3	倹	①つつましい。質素。	亻 にんべん	10	ケン	倹約《ケンヤク》 節倹《セッケン》
4	債	①借りがある。②貸した金銭を取り立てる。	亻 にんべん	13	サイ	負債《フサイ》 債権《サイケン》
5	催	①もよおす。②うながす。せきたてる。	亻 にんべん	13	サイ もよお(す)	開催《カイサイ》 催眠《サイミン》
6	侍	①はべる。②さむらい。	亻 にんべん	8	ジ さむらい	侍従《ジジュウ》 近侍《キンジ》
7	伸	①のびる。のばす。	亻 にんべん	7	シン の(びる・ばす・べる)	伸縮《シンシュク》 屈伸《クッシン》
8	促	①うながす。せきたてる。②間をつめる。	亻 にんべん	9	ソク うなが(す)	促進《ソクシン》 促音《ソクオン》
9	伐	①きる。木をきり倒す。②討つ。ころす。	亻 にんべん	6	バツ	伐採《バッサイ》 殺伐《サツバツ》

書き取りA

1回目 2回目

①物語がカキョウに入る。
おもしろい場面。

②知人にグウゼン出会う。
たまたま。

③生活費をケンヤクする。
切りつめること。

④多くのフサイを抱える。
ほかから借りた金品。

⑤イベントをカイサイする。
会合、式典などをひらき行うこと。

⑥天皇のジジュウとなる。
天皇や皇太子に仕える人。

⑦シンシュク性のある布。
のびちぢみ。

⑧成長をソクシンする。
うながしすすめること。

⑨木をバッサイする。
樹木をきりだすこと。

書き取りB

1回目 2回目

❶絵がカサクに選ばれる。
よいさくひん。

❷グウスウの番号を引く。
二で割り切れるかず。

❸セッケンして貯金する。
出費を少なくすること。

❹不良サイケンの処理をする。
借金の返済を請求できるけんり。

❺サイミン術をかける。
ねむけをもよおすこと。

❻キンジとして働く。
主君のそばで仕える人。

❼ひざのクッシン運動を行う。
曲げのばしすること。

❽ソクオンは「っ」で表される。
つまるおと。

❾サツバツとした空気。
荒々しくすさまじいこと。

訓読み

5 眠気を催す。（　　す）

6 侍と商人。（　　）

7 体を伸ばす。（　　ばす）

8 相手を促す。（　　す）

10 犬を伴う。（　　う）

11 目を伏せる。（　　せる）

13 娘が嫁ぐ。（　　ぐ）

漢字力UP

高校新出音訓……

12 先生に倣う。（　　う）
まねする。

13 一般に降嫁する。（　　）
皇女や王女が非皇族に嫁ぐ。

15 如実に表れる。（　　）
事実であること。

17 女婿と会う。（　　）
むすめの夫。

解答

①佳境 ❶佳作 ②偶然 ❷偶数 ③倹約 ❸節倹 ④負債 ❹債権 ⑤開催 ❺催眠 ⑥侍従 ❻近侍 ⑦伸縮 ❼屈伸 ⑧促進 ❽促音 ⑨伐採 ❾殺伐 ⑩同伴 ❿相伴 ⑪起伏 ⓫潜伏 ⑫模倣 ⑬花嫁 ⓭転嫁 ⑭娯楽 ⑮突如 ⓯欠如 ⑯令嬢 ⓰愛嬢 ⑰花婿 ⓱娘婿 ⑱姫君 ⓲舞姫 ⑲妨害 ⓳妨げ

3級

19	18	17	16	15 ♛	14	13	12	11	10
妨	姫	婿	嬢	如	娯	嫁	倣	伏	伴
女 おんなへん 7	女 おんなへん 10	女 おんなへん 12	女 おんなへん 16	女 おんなへん 6	女 おんなへん 10	女 おんなへん 13	亻 にんべん 10	亻 にんべん 6	亻 にんべん 7
ボウ さまた(げる)	ひめ	セイ むこ	ジョウ	ジョ ニョ	ゴ	カ よめ とつ(ぐ)	ホウ なら(う)	フク ふ(せる・す)	ハン バン ともな(う)
妨害《ボウガイ》 妨《さまた》げ	姫君《ひめぎみ》 舞姫《まいひめ》	花婿《はなむこ》 娘婿《むすめむこ》	令嬢《レイジョウ》 愛嬢《アイジョウ》	突如《トツジョ》 欠如《ケツジョ》	娯楽《ゴラク》	花嫁《はなよめ》 転嫁《テンカ》	模倣《モホウ》	起伏《キフク》 潜伏《センプク》	同伴《ドウハン》 相伴《ショウバン》
①さまたげる。じゃまをする。	①ひめ。高貴な女性。	①むこ。	①むすめ。おとめ。	①…のようだ。②状態を表す語に添える助字。	①たのしむ。たのしみ。	①よめにいく。②罪や責任をなすりつける。	①ならう。まねる。	①ふせる。ふす。②かくれる。ひそむ。	①ともなう。とも。②あいてをする。

⑩夫人ドウハンで出席する。
連れ立っていくこと。

⑪キフクに富んだ人生。
栄えたり衰えたりすること。

⑫人の作品をモホウする。
まねること。

⑬美しいハナヨメ。
結婚して間もないよめ。

⑭ゴラク費がかさむ。
遊びやたのしみ。

⑮トツジョ雷雨になる。
急に。

⑯深窓のレイジョウ。
他人のむすめの敬称。

⑰ハナムコが入場する。
結婚して間もないむこ。

⑱大切なヒメギミ。
貴人のむすめの敬称。

⑲営業ボウガイで訴える。
じゃまをすること。

❿おショウバンにあずかる。
他につき合ってその利益をうけること。

⓫犯人はいまだセンプク中だ。
ひそかにかくれていること。

もう一度書いてみよう!

⓭部下に責任をテンカする。
なすりつける。

もう一度書いてみよう!

⓯注意力がケツジョする。
かけていること。

⓰アイジョウを紹介される。
まなむすめ。

⓱ムスメムコと仲がよい。
むすめの夫。

⓲森鷗外の『マイヒメ』を読む。
作品名。太田豊太郎とエリスの物語。

⓳通行のサマタげになる。
じゃまになる。

対義語……
2 偶然↕ヒッゼン〔　　〕
2 偶数↕キスウ〔　　〕
4 債権↕サイム〔　　〕
12 模倣↕ソウゾウ〔　　〕

類義語……
3 倹約≒シッソ〔　　〕
4 負債≒シャッキン〔　　〕
15 突如≒トツゼン〔　　〕
15 突如≒フイ〔　　〕

同訓異字……
7 { 手を伸ばす / 日程を□ばす }〔　　ばす〕
12 { 前例に倣う / そろばんを□う }〔　　う〕

四字熟語……
1 佳人薄命《かじんはくめい》
美しい人には不幸な者が多い。
15 面目躍如《めんぼくやくじょ》
得意分野で実力が十分発揮されて、目を引くさま。

漢字力UP

訓読み
5 もよおす
6 さむらい
7 のばす
8 うながす
10 ともなう
11 ふせる
13 とつぐ

高校新出音訓……
12 ならう
13 こうか
15 にょじつ
17 じょせい

対義語……
2 必然
2 奇数
4 債務
12 創造

類義語……
3 質素
4 借金
15 突然
15 不意

同訓異字……
7 延ばす
12 習う

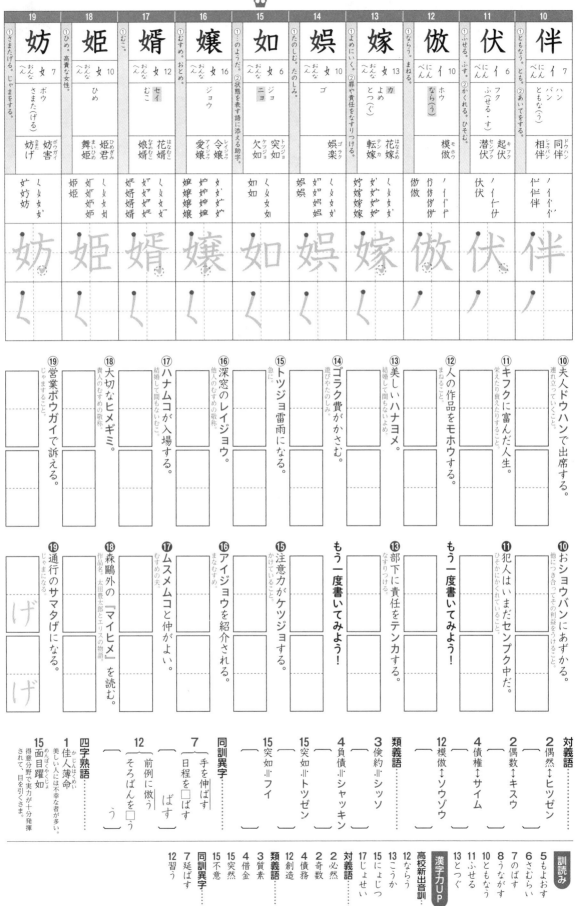

3級学習漢字284字中 38字

番号	漢字	意味	部首名	部首	画数	音訓	用例
1	喚	①よぶ。よびよせる。②さけぶ。わめく。	くちへん	口	12	カン	喚起《カンキ》 喚声《カンセイ》
2	喫	①たべる。のむ。すう。②こうむる。	くちへん	口	12	キツ	満喫《マンキツ》 喫煙《キツエン》
3	嘱	①たのむ。いいつける。②つける。よせる。	くちへん	口	15	ショク	委嘱《イショク》 嘱望《ショクボウ》
4	孤	①みなしご。親をなくした子。②ひとつ。	こへん	子	9	コ	孤独《コドク》 孤高《ココウ》
5	孔	①あな。すきま。	こへん	子	4	コウ	鼻孔《ビコウ》 気孔《キコウ》
6	峡	①たにあい。細長く狭まった所。	やまへん	山	9	キョウ	海峡《カイキョウ》 峡谷《キョウコク》
7	塊	①土のかたまり。かたまり。	つちへん	土	13	カイ かたまり	金塊《キンカイ》 団塊《ダンカイ》
8	坑	①あな。地中にほったあな。	つちへん	土	7	コウ	坑道《コウドウ》 炭坑《タンコウ》
9	壇	①ほかより一段高くした台。②なかま。	つちへん	土	16	ダン タン	花壇《カダン》 壇上《ダンジョウ》

書き取りA

1回目 2回目

① 注意をカンキする。（よびおこすこと。）

② 大自然をマンキツする。（十分に味わうこと。）

③ 役員をイショクされる。（頼んでまかせること。）

④ 晩年はコドクだった。（ひとりぼっちであること。）

⑤ ビコウを広げる。（はなの穴。）

⑥ 明石カイキョウ大橋を渡る。（陸地に挟まれうみの狭くなった部分。）

⑦ 隠されたキンカイを発見した。（きんのかたまり。）

⑧ コウドウを掘る。（せきたんを掘り出す穴の中の通路。）

⑨ 公園のカダンをながめる。（土を盛ってくさばなを植えたところ。）

書き取りB

1回目 2回目

❶ 驚きのカンセイがあがる。（おおごえで叫ぶこえ。）

❷ キツエンは二十歳から。（たばこを吸うこと。）

❸ 前途をショクボウされる。（のぞみをかけること。）

❹ ココウの存在。（ひとり抜きん出てすぐれているさま。）

❺ 葉のキコウを観察する。（植物の表皮にある小さな穴。）

❻ 深いキョウコクに足がすくむ。（幅が狭くがけが高い、けわしいたに。）

❼ ダンカイの世代。（かたまり。）

❽ タンコウ内で事故が起きる。（せきたんを掘り出すための穴。）

❾ ダンジョウでスピーチする。（ステージなどのうえ。）

漢字力UP

訓読み

7 金属の塊。（　　）

11 土に埋める。（　　める）

12 心の隔たり。（　　たり）

高校新出音訓

9 土壇場。（　　）最後の決断を迫られる場面。

14 敵の侵入を阻む。（　　む）さまたげる。

19 陵に参拝する。（　　）天皇・皇后などの墓所。

対義語

2 喫煙↕キンエン（　　）

13 追随↕ソッセン（　　）

15 陳腐↕シンキ（　　）

18 隆起↕チンカ（　　）

類義語

3 嘱望≒キタイ（　　）

解答

①喚起 ❶喚声 ②満喫 ❷喫煙 ③委嘱 ❸嘱望 ④孤独 ❹孤高 ⑤鼻孔 ❺気孔 ⑥海峡 ❻峡谷 ⑦金塊 ❼団塊 ⑧坑道 ❽炭坑 ⑨花壇 ❾壇上 ⑩古墳 ❿墳墓 ⑪埋設 ⓫埋蔵 ⑫間隔 ⓬隔月 ⑬追随 ⓭随筆 ⑭阻止 ⓮阻害 ⑮陳列 ⓯陳腐 ⑯陶芸 ⓰陶器 ⑰陪席 ⓱陪食 ⑱隆起 ⓲隆盛 ⑲丘陵 ⓳陵墓

番号	漢字	意味	部首	画数	音訓	熟語
10	墳	①土を盛り上げた墓。	扌 つちへん	15	フン	古墳《コフン》 墳墓《フンボ》
11	埋	①うめる。うもれる。	扌 つちへん	10	マイ う(める・まる・もれる)	埋設《マイセツ》 埋蔵《マイゾウ》
12 ♛	隔	①へだてる。へだたる。②一つおいて次の。	阝 こざとへん	13	カク へだ(てる・たる)	間隔《カンカク》 隔月《カクゲツ》
13	随	①したがう。ついて行く。②思いのまま。	阝 こざとへん	12	ズイ	追随《ツイズイ》 随筆《ズイヒツ》
14	阻	①けわしい。②はばむ。へだてる。	阝 こざとへん	8	ソ はば(む)	阻止《ソシ》 阻害《ソガイ》
15 ♛	陳	①ならべる。②のべる。告げる。③ふるい。	阝 こざとへん	11	チン	陳列《チンレツ》 陳腐《チンプ》
16	陶	①やきもの。②たのしむ。うっとりする。	阝 こざとへん	11	トウ	陶芸《トウゲイ》 陶器《トウキ》
17	陪	①したがう。つきそう。	阝 こざとへん	11	バイ	陪席《バイセキ》 陪食《バイショク》
18	隆	①もりあがってたかい。②さかえる。	阝 こざとへん	11	リュウ	隆起《リュウキ》 隆盛《リュウセイ》
19	陵	①おおきなおか。②みささぎ。③しのぐ。	阝 こざとへん	11	リョウ みささぎ	丘陵《キュウリョウ》 陵墓《リョウボ》

⑩飛鳥《あすか》時代のコフンを見学する。 盛り土をした昔のはか。

⑪ガス管をマイセツする。 地下にうめてとりつけること。

⑫カンカクを広くとる。 二つのもののあいだの距離。

⑬他のツイズイを許さない。 おいつくこと。

⑭敵の侵入をソシする。 はばむこと。

⑮商品をチンレツする。 並べること。

⑯トウゲイ教室に通う。 焼き物のげいじゅつ。

⑰バイセキの栄に浴する。 目上の人とせきを同じくすること。

⑱陸地がリュウキする。 高く盛り上がること。

⑲キュウリョウ地帯。 傾斜のなだらかな地形。

❿フンボの地に帰る。 先祖代々のはかがある故郷。

⓫マイゾウ金を見つける。 うめて隠すこと。

⓬カクゲツでレッスンに通う。 ひとつきおき。

⓭日々の思いをズイヒツに書く。 エッセイ。

⓮通行をソガイする。 じゃまをすること。

⓯発想がチンプだ。 ありふれて古くさいこと。

⓰趣味はトウキ集めです。 やきもの。

⓱王のごバイショクをたまわる。 目上の人としょくじを共にすること。

⓲国家リュウセイの記録。 勢いがさかんなこと。

⓳リョウボを訪問する。 天皇・皇族のはか。

12 間隔≒キョリ（　）

13 随筆≒ズイソウ（　）

14 阻止≒ボウシ（　）

15 陳列≒テンジ（　）

16 陶器≒ジキ（　）

同音異字……

1 注意喚起／部屋を□□する／勝利に□□する（　）（　）

3 業務を委嘱する／□□手術を行う／□□の経歴を持つ／□□が足りる（　）（　）（　）（　）

8 炭坑の出入り口／□□で栄えた町（　）

10 巨大な墳墓／不満が□出する（出）

訓読み 7かたまり 11うめる 12へだたり

漢字力UP

高校新出音訓…… 9どたんば 14はばむ 19みささぎ

対義語…… 2禁煙 13率先 15新奇 18沈下

類義語…… 3期待 12距離 13随想 14防止 15展示 16磁器

同音異字…… 1換気 歓喜 3移植 異色 衣食 8炭鉱 10噴出

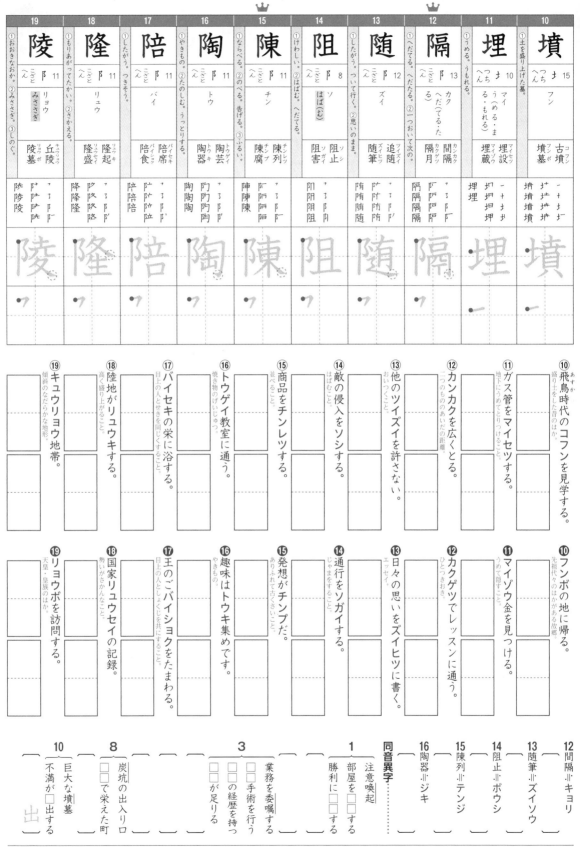

3級 第3回

3級学習漢字284字中 57字

番号	漢字	意味	部首	画数	読み	用例
1	掛	①かける。かかる。②うけもち。費用。	扌 てへん	11	か(ける・かる) かかり	腰《こし》掛《か》け 掛《か》け値《ね》
2	換	①かえる。かわる。	扌 てへん	12	カン か(える・わる)	転換《テンカン》 交換《コウカン》
3	掲	①高くさしあげる。②目につくようにのせて示す。	扌 てへん	11	ケイ かか(げる)	掲示《ケイジ》 掲載《ケイサイ》
4	携	①みにつける。手にさげて持つ。②関係する。	扌 てへん	13	ケイ たずさ(える・わる)	携帯《ケイタイ》 連携《レンケイ》
5	拘	①とらえる。②かかわる。こだわる。	扌 てへん	8	コウ	拘束《コウソク》 拘置《コウチ》
6	控	①ひかえる。さしひく。②うったえる。	扌 てへん	11	コウ ひか(える)	控《ひか》え室《シツ》 控訴《コウソ》
7	搾	①しぼる。しめつける。	扌 てへん	13	サク しぼ(る)	乳《ちち》搾《しぼ》り 圧搾《アッサク》
8	撮	①映画や写真をとる。②つまむ。	扌 てへん	15	サツ と(る)	撮影《サツエイ》 空撮《クウサツ》
9	擦	①する。すれる。	扌 てへん	17	サツ す(る・れる)	擦過傷《サッカショウ》 塗擦《トサツ》

書き取りA

1回目 2回目

①木でできたコシカけに座る。（いす。ベンチ。）〔け〕〔け〕
②発想をテンカンする。（かえること。）
③試験の日程をケイジする。（かかげしめすこと。）
④参考書をケイタイする。（身につけること。）
⑤身柄をコウソクされる。（自由を制限すること。）
⑥ヒカえシツで出番を待つ。（待機しておくための部屋。）〔え〕〔え〕
⑦チチシボりをする。（ウシやヤギなどのちちをしぼること。）〔り〕〔り〕
⑧記念サツエイをする。（写真などをとること。）
⑨サッカショウを負う。（すりきず。）

書き取りB

1回目 2回目

❶現金カけネなしの商売。（実際より高いねだんをつけないこと。）〔け〕〔け〕
❷品物をコウカンしてもらう。（とりかえること。）
❸新聞にケイサイする。（文章などをのせること。）
❹部内のレンケイを密にする。（れんらくを取りながら一緒に物事にとりくむこと。）
❺被告人をコウチする。（実刑判決を受けた者を刑事施設に収容すること。）
❻判決を不服としてコウソする。（裁判所の判決に不服を申し立てること。）
❼種子をアッサクする。（強く押しつけてしぼること。）
❽ドローンでクウサツする。（くうちゅうからさつえいすること。）
❾薬を皮膚にトサツする。（ぬってすりこむこと。）

訓読み

2 空気を換える。〔　える〕
3 メダルを掲げる。〔　げる〕
4 本を携える。〔　える〕
8 景色を撮る。〔　る〕
9 擦り傷が痛む。〔　り〕
12 床を掃く。〔　く〕
16 たこを揚げる。〔　げる〕
19 気持ちを抑える。〔　える〕

漢字力UP

高校新出音訓……

6 税金の控除。（一定の金額を差し引くこと。）〔　〕
7 労働力の搾取。（しぼりとること。）〔　〕

対義語……

5 拘束↕カイホウ〔　〕

解答

①腰掛け ❶掛け値 ②転換 ❷交換 ③掲示 ❸掲載 ④携帯 ❹連携 ⑤拘束 ❺拘置 ⑥控え室 ❻控訴 ⑦乳搾り ❼圧搾 ⑧撮影 ❽空撮 ⑨擦過傷 ❾塗擦 ⑩摂取 ❿摂関 ⑪措置 ⓫挙措 ⑫掃除 ⓬一掃 ⑬選択 ⓭採択 ⑭抽象 ⓮抽出 ⑮排除 ⓯排他 ⑯浮揚 ⓰高揚 ⑰動揺 ⓱横揺れ ⑱抱擁 ⓲擁護 ⑲抑圧 ⓳抑制

番号	漢字	意味	部首	画数	読み	用例
10	摂	①とる。②かねる。代わって行う。③おさめる。	扌 てへん	13	セツ	摂取《セッシュ》 摂関《セッカン》
11	措	①おく。とりはからう。②ふるまう。ふるまい。	扌 てへん	11	ソ	措置《ソチ》 挙措《キョソ》
12	掃	①はく。はらう。とりのぞく。	扌 てへん	11	ソウ / は(く)	掃除《ソウジ》 一掃《イッソウ》
13	択	①えらぶ。とる。よる。	扌 てへん	7	タク	選択《センタク》 採択《サイタク》
14	抽	①ひく。ひきぬく。	扌 てへん	8	チュウ	抽象《チュウショウ》 抽出《チュウシュツ》
15 ♛	排	①おしのける。しりぞける。	扌 てへん	11	ハイ	排除《ハイジョ》 排他《ハイタ》
16 ♛	揚	①あげる。②たかまる。③ほめる。	扌 てへん	12	ヨウ / あ(がる・げる)	浮揚《フヨウ》 高揚《コウヨウ》
17	揺	①ゆれる。ゆれうごく。	扌 てへん	12	ヨウ / ゆ(れる・る・らぐ・るぐ・する・さぶる・すぶる)	動揺《ドウヨウ》 横《よこ》揺《ゆ》れ
18	擁	①いだく。だく。②まもる。たすける。	扌 てへん	16	ヨウ	抱擁《ホウヨウ》 擁護《ヨウゴ》
19 ♛	抑	①おさえる。おさえつける。	扌 てへん	7	ヨク / おさ(える)	抑圧《ヨクアツ》 抑制《ヨクセイ》

⑩栄養をセッシュする。
とり入れること。

⑪適切なソチをとる。
とりはからうこと。

⑫ソウジの時間。
汚れをのぞいてきれいにすること。

⑬進路をセンタクする。
えらびとること。

⑭チュウショウ的な文章。
ものごとからある要素を抜きだすこと。

⑮暴力をハイジョする。
とりのぞくこと。

⑯世界の景気がフヨウする。
うかびあがること。

⑰内心のドウヨウを隠す。
ゆれうごくこと。

⑱別れのホウヨウをかわす。
だきしめること。

⑲自由がヨクアツされる。
無理におさえつけること。

❿藤原氏のセッカン政治。
せっしょう と かんぱく。

⓫優雅なキョソに見とれる。
立ち居ふるまい。

⓬走者イッソウのヒット。
いちどに払い去ること。

⓭議決案をサイタクする。
複数からえらんで取り上げること。

⓮液体をチュウシュツする。
ものや要素を抜きだすこと。

⓯ハイタ的経済水域を守る。
仲間以外をしりぞけること。

⓰気分がコウヨウする。
たかまること。

⓱地面のヨコユれに注意する。
ゆれうごくさま。

⓲人権をヨウゴする。
助け守ること。

⓳感情をヨクセイする。
おさえとどめること。

14 抽象↕グタイ（　）
17 動揺↕アンテイ（　）
18 擁護↕シンガイ（　）
19 抑制↕ソクセイ（　）

類義語……
4 携帯＝ケイコウ（　）
10 摂取＝キュウシュウ（　）
11 措置＝ショリ（　）
12 掃除＝セイソウ（　）
15 排除＝ジョキョ（　）
19 抑制＝ヨクシ（　）

同訓異字……
8
写真を撮る
責任を□る（　る）
指揮を□る（　る）
社員を□る（　る）

訓読み
2 かえる
3 かかげる
4 たずさえる
8 とる
9 すりきず
12 はく
16 あげる
19 おさえる

漢字力UP

高校新出音訓……
6 こうじょ
7 さくしゅ

対義語……
5 解放
14 具体
17 安定
18 侵害
19 促成

類義語……
4 携行
10 吸収
11 処理
12 清掃
15 除去
19 抑止

同訓異字……
8 取る
執る
採る

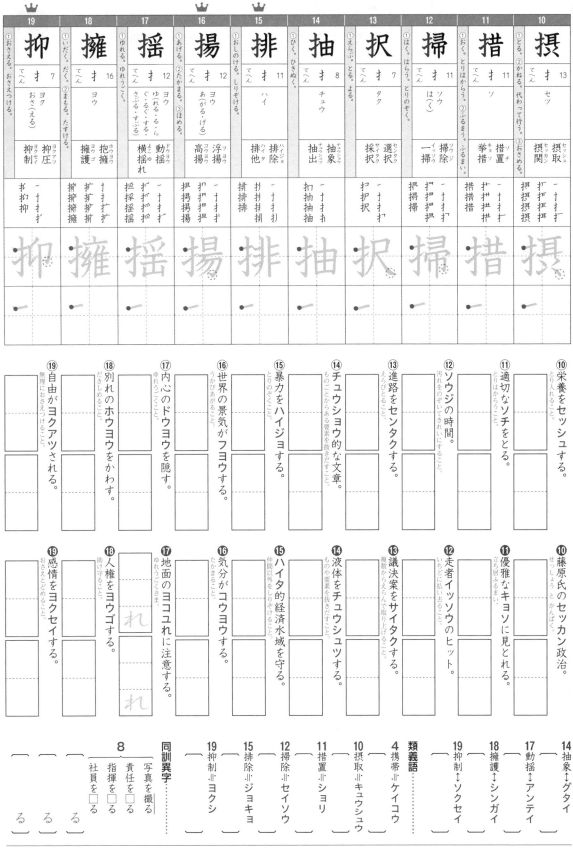

3級 第4回

3級学習漢字284字中76字

番号	漢字	意味	部首・部首名・画数	読み	用例
1	滑	①すべる。②なめらか。③みだす。	氵 さんずい 13	カツ コツ すべ(る) なめ(らか)	滑降《カッコウ》 円滑《エンカツ》
2	湿	①しめる。うるおす。	氵 さんずい 12	シツ しめ(る・す)	湿度《シツド》 多湿《タシツ》
3	潤	①うるおう。②かざる。つや。②めぐみ。もうけ。	氵 さんずい 15	ジュン うるお(う・す) うる(む)	潤沢《ジュンタク》 利潤《リジュン》
4	瀬	①川や海のあさい所。流れのはやい所。	氵 さんずい 19	せ	浅瀬《あさせ》 瀬《せ》戸《と》際《ぎわ》
5	潜	①もぐる。②ひそむ。かくれる。	氵 さんずい 15	セン ひそ(む) もぐ(る)	潜水《センスイ》 潜在《センザイ》
6	滞	①とどこおる。②とどまる。	氵 さんずい 13	タイ とどこお(る)	滞納《タイノウ》 滞在《タイザイ》
7	滝	①たき。	氵 さんずい 13	たき	滝口《たきぐち》 滝登《たきのぼ》り
8	泌	①にじむ。しみる。	氵 さんずい 8	ヒツ ヒ	分泌《ブンピツ(ブンピ)》
9	漂	①ただよう。さすらう。②さらす。	氵 さんずい 14	ヒョウ ただよ(う)	漂泊《ヒョウハク》 漂着《ヒョウチャク》

書き取りA（1回目・2回目）

①スキーのカッコウ競技。（すべりおりること。）
②今日はシツドが高い。（空気のしめり具合。）
③ジュンタクな資金。（たくさんあるさま。）
④川のアサセを渡る。（水のあさい所。）
⑤センスイして魚を捕まえる。（みずにもぐる。）
⑥家賃をタイノウする。（期限内におさめないこと。）
⑦タキグチをのぞき込む。（たきの落ちる所。）
⑧胃液がブンピツする。（にじみ出ること。）
⑨ヒョウハクの旅に出る。（さすらうこと。）

書き取りB（1回目・2回目）

❶会議をエンカツに進める。（すらすらと運ぶこと。）
❷高温タシツの地域。（しっけがおおい。）
❸リジュンを追求する会社。（もうけ。）
❹勝つか負けるかのセトギワ。（分かれ目。）
❺センザイ能力を引き出す。（表面に現れずひそんでいること。）
❻実家にタイザイする。（ある期間とどまること。）
❼鯉《こい》のタキノボリ。（立身出世することのたとえ。）　り
❾無人島にヒョウチャクする。（流れただよい岸につくこと。）

もう一度書いてみよう！

訓読み

1 雪山を滑る。（　　）る
1 滑らかな動き。（　　）らか
2 雨で地面が湿る。（　　）る
3 のどが潤う。（　　）う
3 目が潤む。（　　）む
5 物陰に潜む。（　　）む
5 海に潜る。（　　）る
6 返済が滞る。（　　）る
9 波に漂う。（　　）う
11 悪を滅ぼす。（　　）ぼす
14 水が漏れる。（　　）れる
16 巧みな指遣い。（　　）み

漢字力UP

高校新出音訓……

8 泌尿器科に通う。（尿生成・排出に関わる器官系。）（　　）

解答

①滑降 ❶円滑 ②湿度 ❷多湿 ③潤沢 ❸利潤 ④浅瀬 ❹瀬戸際 ⑤潜水 ❺潜在 ⑥滞納 ❻滞在 ⑦滝口 ❼滝登り ⑧分泌 ⑨漂泊 ❾漂着 ⑩没頭 ❿没収 ⑪絶滅 ⓫消滅 ⑫濫用 ⓬濫獲 ⑬波浪 ⓭浪費 ⑭漏電 ⓮遺漏 ⑮湾岸 ⓯湾曲 ⑯巧妙 ⓰技巧 ⑰帆船 ⓱帆柱 ⑱地獄 ⓲監獄 ⑲猟師 ⓳猟奇

番号	漢字	部首	画数	読み	用例	意味
10	没	さんずい 氵	7	ボツ	没頭《ボットウ》 没収《ボッシュウ》	①深くしずむ。②なくなる。③かくれる。④死ぬ。
11 ♛	滅	さんずい 氵	13	メツ ほろ(びる・ぼす)	絶滅《ゼツメツ》 消滅《ショウメツ》	①ほろびる。ほろぼす。②きえる。
12	濫	さんずい 氵	18	ラン	濫用《ランヨウ》 濫獲《ランカク》	①みだれる。みだりに。②水があふれる。広がる。
13	浪	さんずい 氵	10	ロウ	波浪《ハロウ》 浪費《ロウヒ》	①おおなみ。②さすらう。さまよう。③みだりに。
14	漏	さんずい 氵	14	ロウ も(る・れる・らす)	漏電《ロウデン》 遺漏《イロウ》	①もる。もれる。もらす。②ぬけおちる。
15	湾	さんずい 氵	12	ワン	湾岸《ワンガン》 湾曲《ワンキョク》	①わん。いりえ。②まがる。
16 ♛	巧	たくみへん 工	5	コウ たく(み)	巧妙《コウミョウ》 技巧《ギコウ》	①じょうずである。わざ。
17	帆	はばへん 巾	6	ハン ほ	帆船《ハンセン》 帆柱《ほばしら》	①ふねのほ。ほかけぶね。
18	獄	けものへん 犭	14	ゴク	地獄《ジゴク》 監獄《カンゴク》	①ろうや。
19	猟	けものへん 犭	11	リョウ	猟師《リョウシ》 猟奇《リョウキ》	①鳥獣をかる。かり。②あさる。さがしもとめる。

⑩読書にボットウする。熱中すること。

⑪ゼツメツの恐れがある動物。ほろびたえること。

⑫職権をランヨウする。みだりにもちいること。

⑬ハロウ注意報。なみの総称。

⑭ロウデン箇所を調べる。でんきがもれること。

⑮ワンガンをドライブする。わんに沿った陸地。

⑯コウミョウな手口。非常にたくみであるさま。

⑰ハンセンが停泊する。ほ をかけたふね。

⑱ジゴクの一丁目。破滅や困難に向かう第一歩。

⑲リョウシが鹿をねらう。かりゅうど。

❿漫画をボッシュウされる。とりあげること。

⓫効力がショウメツする。きえてなくなること。

⓬希少生物をランカクする。むやみにとること。

⓭時間をロウヒする。むだづかいすること。

⓮書類のイロウに気づく。不十分な箇所があること。

⓯ワンキョクした木の板。まがっていること。

⓰ギコウ派のピアニスト。技術がすぐれているさま。テクニック。

⓱ホバシラを立てる。ふねの ほ を立てるためのはしら。

⓲カンゴクから脱走する。刑務所。

⓳リョウキ的な性格。異様なものをあさりもとめるさま。

対義語……

3 潤沢↕フッテイ〔　　〕

11 消滅↕ハッセイ〔　　〕

13 浪費↕セツヤク〔　　〕

18 地獄↕ゴクラク〔　　〕

18 地獄↕テンゴク〔　　〕

類義語……

9 漂泊≒ホウロウ〔　　〕

10 没頭≒ボツニュウ〔　　〕

10 没頭≒センネン〔　　〕

14 遺漏≒ダツラク〔　　〕

同音異字……

6 家賃滞納 / 携□電話〔携〕

9 各地を漂泊する / 心情を□□する〔　　〕

訓読み

1 すべる
1 なめらか
2 しめる
3 うるおう
3 うるむ
5 ひそむ
5 もぐる
6 とどこおる
9 ただよう
11 ほろぼす
14 もれる
16 たくみ

漢字力UP

高校新出音訓……
8 ひにょうき

対義語……
3 払底
11 発生
13 節約
18 極楽
18 天国

類義語……
9 放浪
10 没入
10 専念
14 脱落

同音異字……
6 携帯
9 表白

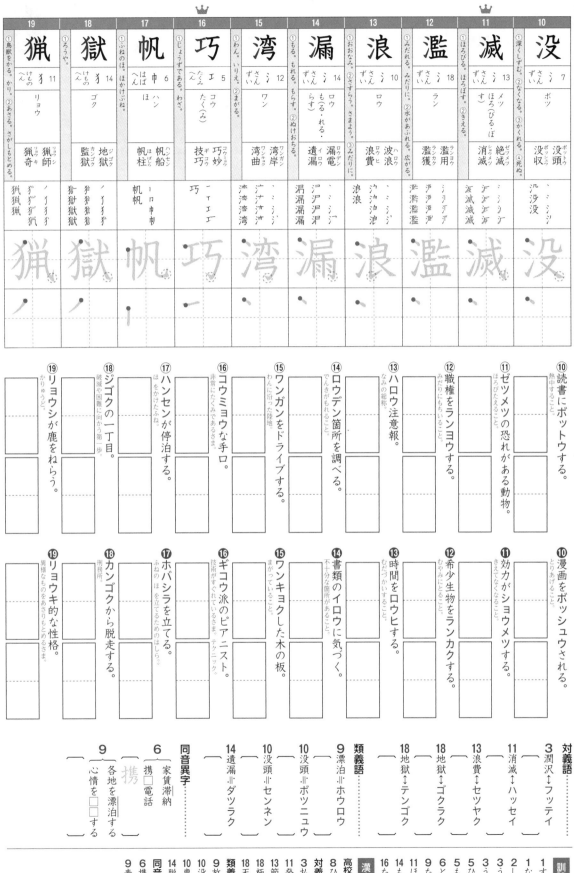

3級 第5回

3級学習漢字284字中 94字

番号	漢字	意味	部首	画数	読み	用例
1	悦	①よろこぶ。うれしく思う。	忄 りっしんべん	10	エツ	満悦《マンエツ》 悦楽《エツラク》
2	怪	①ふしぎに思う。あやしい。②なみはずれたもの。	忄 りっしんべん	8	カイ あや(しい・しむ)	怪異《カイイ》 怪力《カイリキ》
3	悔	①くいる。くやむ。	忄 りっしんべん	9	カイ く(いる・やむ) くや(しい)	後悔《コウカイ》 悔《くや》し涙《なみだ》
4	慨	①なげく。いきどおる。	忄 りっしんべん	13	ガイ	感慨《カンガイ》 慨嘆《ガイタン》
5	悟	①さとる。さとり。	忄 りっしんべん	10	ゴ さと(る)	覚悟《カクゴ》 悟性《ゴセイ》
6	慌	①あわてる。うろたえる。おそれる。	忄 りっしんべん	12	コウ あわ(てる・ただしい)	恐慌《キョウコウ》 大慌《おおあわ》て
7	恨	①うらむ。うらめしい。	忄 りっしんべん	9	コン うら(む・めしい)	痛恨《ツウコン》 遺恨《イコン》
8	惜	①おしむ。おしい。	忄 りっしんべん	11	セキ お(しい・しむ)	惜敗《セキハイ》 惜別《セキベツ》
9	憎	①にくむ。にくしみ。	忄 りっしんべん	14	ゾウ にく(む・い・らしい・しみ)	憎悪《ゾウオ》 愛憎《アイゾウ》

書き取りA　1回目　2回目

①ゴマンエツの表情。
みちたりて喜ぶこと。

②カイイ小説を読む。
不思議であやしい様子。

③コウカイ先に立たず。
あとでくやんでも取り返しがつかないこと。

④カンガイ深い話。
しみじみと深くかんじること。

⑤決死のカクゴで臨む。
心構えをすること。

⑥経済キョウコウが起きる。
おそれあわてること。パニック。

⑦ツウコンのミスが出る。
非常に残念なこと。

⑧二対一でセキハイした。
わずかな差で負けること。

⑨ゾウオの念を抱く。
にくみ嫌うこと。

書き取りB　1回目　2回目

❶深いエツラクにひたる。
よろこびたのしむこと。

❷彼はカイリキなことで有名だ。
なみはずれて強いちからを持つこと。

❸思わずクヤしナミダをこぼす。
くやしさから出るなみだ。

❹現代の風潮をガイタンする。
なげきいきどおること。

❺ゴセイをもって判断する。
知的な思考能力。

❻オオアワてで出かける。
非常に落ち着きをなくすさま。

❼イコンの残る関係。
忘れられない根深いうらみ。

❽セキベツの念にたえない。
わかれをおしむこと。

❾このドラマはアイゾウ劇だ。
あいすることとにくむこと。

訓読み

2 怪しい人物。〔　しい〕

3 行いを悔やむ。〔　やむ〕

5 気持ちを悟る。〔　る〕

7 荒天を恨む。〔　む〕

8 別れを惜しむ。〔　しむ〕

9 憎さ百倍。〔　さ〕

12 肝を冷やす。〔　〕

16 夢が膨らむ。〔　らむ〕

18 策を施す。〔　す〕

漢字力UP

高校新出音訓……

6 世界恐慌。〔　〕
おそれあわてること。

18 お布施をする。〔　〕
僧などに品物や金品を与えること。

対義語……

9 憎悪↕アイコウ〔　〕

解答

①満悦 ❶悦楽 ②怪異 ❷怪力 ③後悔 ❸悔し涙 ④感慨 ❹慨嘆 ⑤覚悟 ❺悟性 ⑥恐慌 ❻大慌て ⑦痛恨 ❼遺恨 ⑧惜敗 ❽惜別 ⑨憎悪 ❾愛憎 ⑩円弧 ❿弧状 ⑪徐行 ⓫徐徐(徐々) ⑫肝臓 ⓬肝心 ⑬胎児 ⓭胎動 ⑭大胆 ⓮落胆 ⑮細胞 ⓯同胞 ⑯膨大 ⓰膨張 ⑰角膜 ⓱鼓膜 ⑱実施 ⓲施設

番号	漢字	意味	部首	画数	音訓	熟語
10	弧	①弓なりにまがった線。	ゆみへん 弓	9	コ	円弧《エンコ》 弧状《コジョウ》
11	徐	①おもむろ。ゆるやか。	ぎょうにんべん 彳	10	ジョ	徐行《ジョコウ》 徐徐《ジョジョ》
12	肝	①きも。五臓のひとつ。②こころ。大切なところ。	にくづき 月	7	カン きも	肝臓《カンゾウ》 肝心《カンジン》
13	胎	①はらむ。みごもる。②きざし。	にくづき 月	9	タイ	胎児《タイジ》 胎動《タイドウ》
14	胆	①きも。②きもったま。こころ。	にくづき 月	9	タン	大胆《ダイタン》 落胆《ラクタン》
15	胞	①生物体を組織する原形質。②はら。	にくづき 月	9	ホウ	細胞《サイボウ》 同胞《ドウホウ》
16	膨	①ふくらむ。はれる。	にくづき 月	16	ボウ ふく(らむ・れる)	膨大《ボウダイ》 膨張《ボウチョウ》
17	膜	①まく。うすい皮。	にくづき 月	14	マク	角膜《カクマク》 鼓膜《コマク》
18	施	①おこなう。設ける。②ほどこしをあたえる。	ほうへん 方	9	シ セ ほどこ(す)	実施《ジッシ》 施設《シセツ》

漢字の豆知識

読めるかな？ 難読植物

次の植物の漢字、正しく読めるかな？

①土筆 ②紫陽花 ③秋桜 ④竜胆 ⑤仙人掌 ⑥蒲公英 ⑦躑躅 ⑧鬱金香

こたえ

①つくし ②あじさい ③こすもす ④りんどう ⑤さぼてん ⑥たんぽぽ ⑦つつじ ⑧ちゅーりっぷ

⑩鳥が空にエンコを描く。（えん周の一部分。）

⑪ジョコウ運転をする。（ゆっくりと進むこと。）

⑫カンゾウをいたわる。（ぞうき の一つ。）

⑬タイジが順調に成長する。（母親のからだの中にいる子。）

⑭ダイタンな発言に驚く。（思い切ったことを平気で行うさま。）

⑮植物のサイボウを観察する。（生物体を組成する単位。）

⑯ボウダイな蔵書を誇る。（非常に多いさま。）

⑰手術でカクマクを移植する。（眼球の前面を覆うまく。）

⑱街頭調査をジッシする。（行うこと。）

❿コジョウに連なる島々。（そり曲がっていること。）

⓫ジョジョに人がまばらになる。（だんだんと少しずつ。）

⓬努力がカンジンだ。（特に大事であるさま。）

⓭若い力のタイドウ。（かすかなうごき。）

⓮合否結果にラクタンする。（がっかりする。）

⓯世界のドウホウの声を集める。（生まれた国土をおなじくする人々。）

⓰スポンジがボウチョウする。（ふくらむこと。）

⓱事故で耳のコマクが破れる。（耳の奥にある音を聞くためのまく。）

⓲公共のシセツを利用する。（目的をもって造った建物などのせつび。）

14 落胆 ↕ ハップン【　】

16 膨張 ↕ シュウシュク【　】

類義語……

1 悦楽 ≒ カンラク【　】

5 覚悟 ≒ カンネン【　】

9 憎悪 ≒ ケンオ【　】

12 肝心 ≒ カンヨウ【　】

14 大胆 ≒ ゴウタン【　】

同音異字……

4 感慨深い【　】 □数で計算する【数】

9 憎悪の念を抱く【　】 寺の小□と話す【小】

11 徐行運転【　】 敵を排□する【排】

14 大胆な行動【　】 □任の先生【任】

訓読み 2 あやしい 3 くやむ 5 さとる 7 うらむ 8 おしむ 9 にくさ 12 きも 16 ふくらむ 18 ほどこす

漢字力UP

高校新出音訓…… 6 きょうこう 18 ふせ

対義語…… 9 愛好 14 発奮(発憤) 16 収縮

類義語…… 1 歓楽 5 観念 9 嫌悪 12 肝要 14 豪胆

同音異字…… 4 概数 9 小僧 11 排除 14 担任

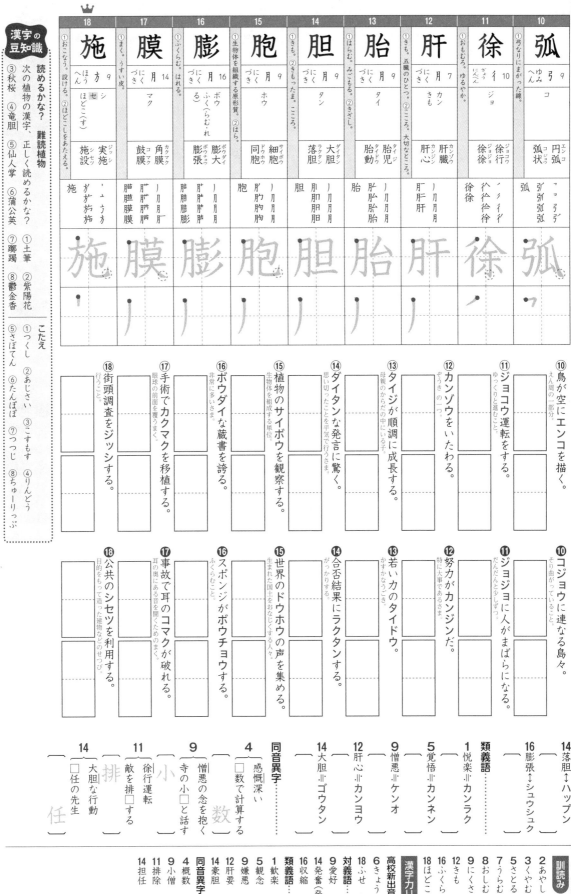

3級 第6回

3級学習漢字284字中113字

番号	漢字	意味	部首	画数	読み	用例
1	殊	①ことに。とりわけ。	歹（かばねへん）	10	シュ／こと	殊勝《シュショウ》　特殊《トクシュ》
2	概	①おおむね。だいたい。②ようす。心もち。	木（きへん）	14	ガイ	概略《ガイリャク》　気概《キガイ》
3	棋	①碁。しょうぎ。	木（きへん）	12	キ	将棋《ショウギ》　棋士《キシ》
4	楼	①たかどの。やぐら。	木（きへん）	13	ロウ	楼閣《ロウカク》　望楼《ボウロウ》
5	炊	①めしをたく。煮たきをする。	火（ひへん）	8	スイ／た(く)	自炊《ジスイ》　炊事《スイジ》
6	炉	①いろり。ひばち。	火（ひへん）	8	ロ	炉端《ろばた》　暖炉《ダンロ》
7	祉	①さいわい。神のめぐみ。	ネ（しめすへん）	8	シ	福祉《フクシ》
8	犠	①いけにえ。	牛（うしへん）	17	ギ	犠打《ギダ》　犠牲《ギセイ》
9	牲	①いけにえ。	牛（うしへん）	9	セイ	犠牲《ギセイ》

書き取りA（1回目・2回目）

①シュショウな態度をとる。
心がけや行動がけなげで感心なさま。

②式のガイリャクを説明する。
あらまし。

③休み時間にショウギを指す。
交互にコマを動かして行う室内遊戯。

④空中ロウカク。
架空の事物。

⑤毎日ジスイする。
じぶんで食事を作ること。

⑥ロバタで話をする。
いろりのそば。

⑦社会フクシについて学ぶ。
社会に共通するしあわせ。

⑧ギダで走者を進める。
野球のバントやフライ。

⑨多くのギセイを払う。
目的のために失うこと。

書き取りB（1回目・2回目）

❶トクシュな製法を用いる。
普通とは異なること。

❷キガイを持った人物。
強い意志。

❸プロキシの対局を観戦する。
碁やしょうぎをさす職業の人。

❹ボウロウを建設する。
遠くを見渡すための高い建物。

❺スイジ当番を交代する。
食べ物を煮たきすること。

❻ダンロに火をつける。
火をたいて室内をあたためる装置。

もう一度書いてみよう！

❽災害のギセイ者をいたむ。
不測の災難で命を奪われること。

もう一度書いてみよう！

訓読み

1 殊更発言しない。（　　）

5 米を炊く。（　　く）

11 表情が硬い。（　　い）

14 穏やかな性格。（　　やか）

18 裸で寝る。（　　）

19 音楽を聴く。（　　く）

漢字力UP

高校新出音訓

12 国家の礎を築く。（　　）
基礎となる大事なもの。

16 稲が出穂する。（　　）
穂がでること。

対義語

1 特殊↕イッパン（　　）

2 概略↕イサイ（　　）

14 穏健↕カゲキ（　　）

17 幼稚↕ロウレン（　　）

解答

①殊勝 ❶特殊 ②概略 ❷気概 ③将棋 ❸棋士 ④楼閣 ❹望楼 ⑤自炊 ❺炊事 ⑥炉端 ❻暖炉 ⑦福祉 ⑧犠打 ❽犠牲 ⑨犠牲 ⑩湖畔 ❿河畔 ⑪硬筆 ⓫硬化 ⑫基礎 ⓬礎石 ⑬石碑 ⓭記念碑 ⑭平穏 ⓮穏健 ⑮収穫 ⑯稲穂 ⓰穂先 ⑰幼稚 ⓱稚魚 ⑱裸婦 ⓲裸眼 ⑲聴取 ⓳聴衆

番号	漢字	意味	部首	画数	読み	用例
10	畔	①ほとり。水ぎわ。②あぜ。	田 たへん	10	ハン	湖畔《コハン》 河畔《カハン》
11	硬	①かたい。かたいもの。②つよい。てごわい。	石 いしへん	12	コウ かた(い)	硬筆《コウヒツ》 硬化《コウカ》
12	礎	①いしずえ。土台。	石 いしへん	18	ソ いしずえ	基礎《キソ》 礎石《ソセキ》
13	碑	①いしぶみ。文字などを刻んで建てたいし。	石 いしへん	14	ヒ	石碑《セキヒ》 記念碑《キネンヒ》
14	穏	①おだやか。やすらか。	禾 のぎへん	16	オン おだ(やか)	平穏《ヘイオン》 穏健《オンケン》
15	穫	①穀物をかりとる。とりいれる。	禾 のぎへん	18	カク	収穫《シュウカク》
16	穂	①ほ。ほのようなもの。	禾 のぎへん	15	スイ ほ	稲穂《いなほ》 穂先《ほさき》
17	稚	①おさない。わかい。	禾 のぎへん	13	チ	幼稚《ヨウチ》 稚魚《チギョ》
18	裸	①はだか。むきだしの。	衤 ころもへん	13	ラ はだか	裸婦《ラフ》 裸眼《ラガン》
19	聴	①きく。注意してきく。	耳 みみへん	17	チョウ き(く)	聴取《チョウシュ》 聴衆《チョウシュウ》

⑩コハンの村で休む。
みずうみのほとり。

⑪コウヒツで書写をする。
えんぴつやペンなど先のかたいひっき具。

⑫生活のキソを固める。
物事が成立するおおもと。

⑬公園のセキヒの周りで遊ぶ。
いし造りのひ。

⑭ヘイオンな暮らしを望む。
静かでおだやかであるさま。

⑮野菜をシュウカクする。
取り入れること。

⑯イナホが一面に実る。
イネの ほ。

⑰ヨウチな考えを改める。
未熟なさま。

⑱ラフの絵が飾られる。
はだかの女性。

⑲事情チョウシュをする。
ききとること。

もう一度書いてみよう!

❿カハンに停泊した舟。
かわのほとり。

⓫態度をコウカさせる。
妥協や屈服をしないこと。

⓬近代日本のソセキを築く。
大もとをなす大事なもの。

⓭学校創立のキネンヒを建てる。
モニュメント。

⓮オンケン派の考えに賛同する。
性格や思想がおだやかでしっかりしているさま。

⓯イネのホサキにトンボが止まる。
ほ のせん端。

⓰チギョを川に放流する。
卵からかえって間もないさかな。

⓱ラガンだと遠くが見えない。
めがねなどを付けていないむきだしの目。

⓲チョウシュウを感動させる演奏。
聞きに集まった人たち。

類義語

5 炊事＝チョウリ（　）
12 基礎＝キホン（　）
14 平穏＝ブジ（　）
17 幼稚＝ミジュク（　）

同音異字

11 態度が硬化する
□□な品物
空から□□する
□□を両替する
薬の□□を試す
（　）（　）（　）（　）

同訓異字

11 表情が硬い
口が□い
□い信念
得□い友情
（　い）（　い）（　い）

訓読み
1 ことさら
5 たく
11 かたい
14 おだやか
18 はだか
19 きく

漢字力UP

高校新出音訓
12 いしずえ
16 しゅっすい

対義語
1 一般
2 委細
14 過激
17 老練

類義語
5 調理
12 基本
14 無事
17 未熟

同音異字
11 高価
降下
硬貨
効果

同訓異字
11 堅い
固い
難い

3級 第7回

3級学習漢字284字中132字

No.	漢字	部首	部首名	画数	読み	用例	意味
1	緩	糸	いとへん	15	カン / ゆる(い・やか・む・める)	緩慢《カンマン》 緩和《カンワ》	①ゆるい。のろい。②ゆるむ。ゆるめる。
2	絞	糸	いとへん	12	コウ / しぼ(る) / し(める・まる)	絞殺《コウサツ》 豆絞《まめしぼ》り	①しめる。②しぼる。
3	綱	糸	いとへん	14	コウ / つな	大綱《タイコウ》 手綱《たづな》	①つな。おおもと。人間の守るべき道。
4	紺	糸	いとへん	11	コン	濃紺《ノウコン》 紺青《コンジョウ》	①こん色。紫がかったこい青色。
5	繕	糸	いとへん	18	ゼン / つくろ(う)	修繕《シュウゼン》 営繕《エイゼン》	①つくろう。なおす。おさめる。
6	締	糸	いとへん	15	テイ / し(まる・める)	締結《テイケツ》 締約《テイヤク》	①しめる。むすぶ。
7	縛	糸	いとへん	16	バク / しば(る)	束縛《ソクバク》 捕縛《ホバク》	①しばる。自由をうばう。
8	紛	糸	いとへん	10	フン / まぎ(れる・らす・らわす・らわしい)	紛失《フンシツ》 紛争《フンソウ》	①まぎれる。②みだれる。もつれる。
9	縫	糸	いとへん	16	ホウ / ぬ(う)	縫合《ホウゴウ》 裁縫《サイホウ》	①ぬう。②とりつくろう。

書き取りA

①カンマンな動き。
動きがゆったりしていてのろいこと。

②コウサツ死体が発見される。
首をしめてころすこと。

③計画のタイコウを示す。
基本となることがら。

④ノウコンの制服を着る。
こい こん色。

⑤かばんをシュウゼンに出す。
つくろいなおすこと。

⑥条約をテイケツする。
取りむすぶこと。

⑦厳しいソクバクをきらう。
制限を加え自由をうばうこと。

⑧書類をフンシツする。
まぎれてなくすこと。

⑨傷口をホウゴウする。
ぬいあわせること。

書き取りB

❶脚の痛みをカンワする。
やわらげること。

❷マメシボリの手ぬぐい。
小円を一面に染め出した染め物。

❸見事なタヅナさばき。
馬を操縦するつな。

❹コンジョウの空を見上げる。
あざやかな あお色。

❺校舎のエイゼンをおこなう。
建物を造ったりなおしたりすること。

❻取引がテイヤクする。
契やくなどをむすぶこと。

❼犯人がホバクされた。
つかまえてしばること。

❽フンソウ解決のため尽力する。
もめごと。

❾私の趣味はサイホウです。
針仕事。

訓読み

1 緩やかなカーブ。〔　やか　〕
2 首が絞まる。〔　まる　〕
5 ほころびを繕う。〔　う　〕
6 ねじを締める。〔　める　〕
7 手首を縛る。〔　る　〕
8 気を紛らわす。〔　らわす　〕
9 傷口を縫う。〔　う　〕
12 会議で諮る。〔　る　〕
13 電車で席を譲る。〔　る　〕
14 仕事を請ける。〔　ける　〕
19 遊びに誘う。〔　う　〕

漢字力UP

高校新出音訓……

2 絞首刑に処す。〔　　〕
首をしめて死に至らしめる。

解答

①緩慢 ❶緩和 ②絞殺 ❷豆絞り ③大綱 ❸手綱 ④濃紺 ❹紺青 ⑤修繕 ❺営繕 ⑥締結 ❻締約 ⑦束縛 ❼捕縛 ⑧紛失 ❽紛争 ⑨縫合 ❾裁縫 ⑩詠嘆 ❿朗詠 ⑪該博 ⓫該当 ⑫諮問 ⓬諮議 ⑬譲渡 ⓭譲歩 ⑭請求 ⓮申請 ⑮委託 ⓯仮託 ⑯応諾 ⓰承諾 ⑰訂正 ⓱改訂 ⑱無謀 ⓲参謀 ⑲誘致 ⓳誘因

番号	漢字	意味	部首	画数	読み	用例
10	詠	①声に出して感動する。②詩や歌をうたう。作る。	言 ごんべん	12	エイ よ(む)	詠嘆《エイタン》 朗詠《ロウエイ》
11	該	①ゆきわたる。②あてはまる。	言 ごんべん	13	ガイ	該博《ガイハク》 該当《ガイトウ》
12	諮	①はかる。上の人が下の人にたずねる。	言 ごんべん	16	シ はか(る)	諮問《シモン》 諮議《シギ》
13	譲	①ゆずる。ゆずりあたえる。②へりくだる。	言 ごんべん	20	ジョウ ゆず(る)	譲渡《ジョウト》 譲歩《ジョウホ》
14	請	①こう。ねがう。②うける。	言 ごんべん	15	セイ シン う(ける) こ(う)	請求《セイキュウ》 申請《シンセイ》
15	託	①たくする。たのむ。②かこつける。③おつげ。	言 ごんべん	10	タク	委託《イタク》 仮託《カタク》
16	諾	①「はい」と答える。②同意する。引きうける。	言 ごんべん	15	ダク	応諾《オウダク》 承諾《ショウダク》
17	訂	①あらためる。ただす。	言 ごんべん	9	テイ	訂正《テイセイ》 改訂《カイテイ》
18	謀	①はかる。たくらむ。はかりごと。	言 ごんべん	16	ボウ ム はか(る)	無謀《ムボウ》 参謀《サンボウ》
19	誘	①さそう。いざなう。②ひきおこす。	言 ごんべん	14	ユウ さそ(う)	誘致《ユウチ》 誘因《ユウイン》

⑩エイタンの声を漏らす。
感動すること。

⑪ガイハクな知識の持ち主。
学識などが非常に広いさま。

⑫政府のシモン機関。
意見を求めること。

⑬不要なものをジョウトする。
ゆずりわたすこと。

⑭代金をセイキュウする。
相手にもとめること。

⑮業務をイタクする。
他に頼むこと。

⑯先方のオウダクを待つ。
人の頼みを聞き入れること。

⑰誤字をテイセイする。
誤りを直すこと。

⑱ムボウな運転をしない。
深い考えのないさま。

⑲観光客をユウチする。
招き寄せること。

❿詩をロウエイする。
節をつけてうたうこと。

⓫全項目にガイトウする。
あてはまること。

⓬運営についてシギする。
目下の人に問いはかること。

⓭互いにジョウホする。
自分の意見をまげ他に従うこと。

⓮パスポートをシンセイする。
願い出ること。

⓯女性にカタクして書く。
他のものにかこつけること。

⓰親のショウダクを得る。
申し入れを聞き入れること。

⓱本のカイテイ作業をする。
書物の内容をあらためて直すこと。

⓲軍のサンボウが作戦を立てる。
作戦の計画、指導にあたる指揮官。

⓳眠気をユウインする寝不足。
引き起こすもととなるもの。

10 和歌を詠む。 詩歌を作る。 （　　む）

14 道の普請をする。 土木工事、建築工事。 （　　）

14 許しを請う。 願い求める。 （　　う）

18 謀反を企てる。 上に背いて兵を起こすこと。 （　　）

18 悪事を謀る。 くわだてる。 （　　る）

対義語……

1 緩慢↔ビンソク （　　）

3 大綱↔サイモク （　　）

8 紛争↔ワカイ （　　）

12 諮問↔トウシン （　　）

15 委託↔ジュタク （　　）

類義語……

8 紛失≒イシツ （　　）

19 誘因≒キイン （　　）

訓読み
1 ゆるやか
2 しまる
5 つくろう
6 しめる
7 しばる
8 まぎらわす
9 ぬう
12 はかる
13 ゆずる
14 うける
19 さそう

漢字力UP

高校新出音訓……
2 こうしゅ
10 よむ
14 ふしん
14 こう
18 むほん
18 はかる

対義語……
1 敏速
3 細目
8 和解
12 答申
15 受託

類義語……
8 遺失
19 起因

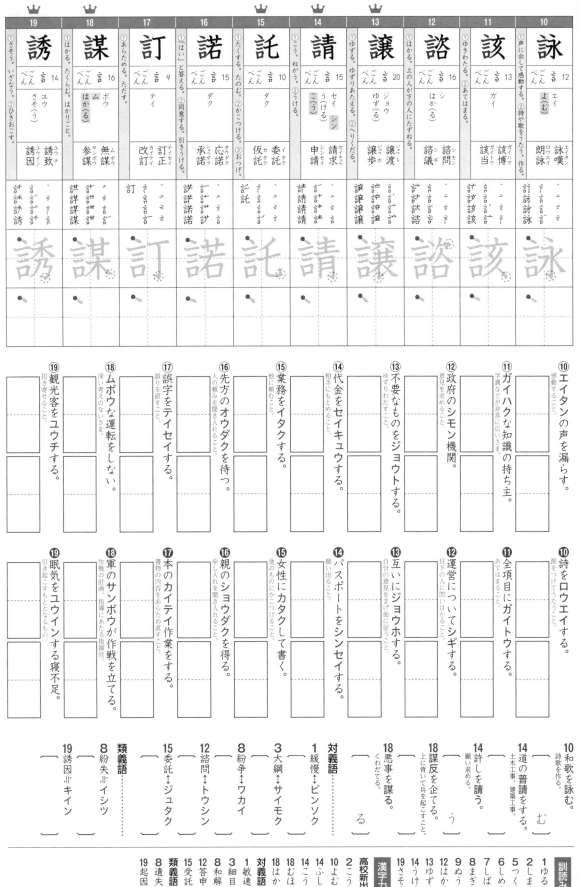

3級 第8回

3級学習漢字284字中151字

	1	2	3	4	5	6	7	8	9
漢字	粋	粗	粘	糧	軌	軸	賊	酵	酔
部首	米 こめへん	米 こめへん	米 こめへん	米 こめへん	車 くるまへん	車 くるまへん	貝 かいへん	酉 とりへん	酉 とりへん
画数	10	11	11	18	9	12	13	14	11
読み	スイ いき	ソ あら(い)	ネン ねば(る)	リョウ ロウ かて	キ	ジク	ゾク	コウ	スイ よ(う)
用例	純粋《ジュンスイ》 無粋《ブスイ》	粗末《ソマツ》 粗茶《ソチャ》	粘着《ネンチャク》 粘土《ネンド》	食糧《ショクリョウ》 糧食《リョウショク》	軌道《キドウ》 常軌《ジョウキ》	地軸《チジク》 機軸《キジク》	盗賊《トウゾク》 賊臣《ゾクシン》	酵素《コウソ》 酵母《コウボ》	酔態《スイタイ》 心酔《シンスイ》
意味	①まじりけがない。すぐれた。②いき。	①あらい。おおざっぱな。②謙遜の意。	①ねばる。ねばり気がある。	①たべもの。旅行や行軍用のかて。	①わだち。車の通ったあと。②すじみち。てほん。	①まるいものの中心。物事の中心。②まきもの。	①ぬすびと。わるもの。②反逆者。	①酒のもと。	①酒や乗り物によう。②こころを奪われる。

書き取りA　1回目　2回目

①ジュンスイな心の持ち主。
きよらかなさま。

②物をソマツにするな。
いい加減にあつかうさま。

③ネンチャク力が強いシール。
ねばりつくこと。

④世界のショクリョウ事情。
米、麦などしょくじの中心となるたべもの。

⑤店の経営がキドウに乗る。
計画されたみちすじ。

⑥チジクの傾きについて学ぶ。
惑星の自転する回転じく。

⑦山中でトウゾクに襲われる。
他人の物を奪う者。

⑧消化コウソのはたらき。
生体内での化学反応の触媒となる物質。

⑨とんだスイタイをさらす。
酒によった姿や様子。

書き取りB　1回目　2回目

❶ブスイな振る舞いはよくない。
人情の微妙さがわからないこと。

❷ソチャですがどうぞ。
飲み物を提供するときのへりくだった言い方。

❸ネンドで動物を作る。
陶磁器の材料になるつち。

❹非常用リョウショクを備蓄する。
備蓄・携行するしょくりょう。

❺ジョウキをいっした振る舞い。
ふつうのやり方。

❻経営の新キジクを打ち出す。
もととなるやり方。

❼明智光秀はゾクシンである。
主君に反逆する家来。

❽コウボによってパンがふくらむ。
糖を分解する微生物。

❾ロック音楽にシンスイする。
夢中になること。

訓読み

1 粋なはからい。（　　）
2 粗いみじん切り。（　い）
3 最後まで粘る。（　る）
9 車に酔う。（　う）
11 鐘の音が響く。（　　）
13 体を鍛える。（　える）
14 銭を鋳る。（　る）
18 作業に飽きる。（　きる）

漢字力UP

高校新出音訓

4 兵糧を運ぶ。
将兵の食べる食糧。（　　）

4 生きる糧。
支えとなるもの。（　　）

15 騒ぎを鎮める。
落ち着かせる。（　める）

解答

①純粋 ❶無粋 ②粗末 ❷粗茶 ③粘着 ❸粘土 ④食糧 ❹糧食 ⑤軌道 ❺常軌 ⑥地軸 ❻機軸 ⑦盗賊 ❼賊臣 ⑧酵素 ❽酵母 ⑨酔態 ❾心酔 ⑩交錯 ❿錯覚 ⑪警鐘 ⓫半鐘 ⑫手錠 ⓬錠剤 ⑬鍛鉄 ⓭鍛練（鍛錬） ⑭鋳造 ⓮改鋳 ⑮重鎮 ⓯鎮静 ⑯錬金 ⓰精錬 ⑰餓死 ⓱餓鬼 ⑱飽食 ⓲飽和 ⑲骨髄 ⓳神髄（真髄）

番号	漢字	部首・画数	読み	意味	用例
10	錯	金 かねへん 16	サク	①まじわる。②いれちがう。まちがい。	交錯《コウサク》　錯覚《サッカク》
11	鐘	金 かねへん 20	ショウ　かね	①かね。つりがね。	警鐘《ケイショウ》　半鐘《ハンショウ》
12	錠	金 かねへん 16	ジョウ	①かぎ。②丸薬。	手錠《てジョウ》　錠剤《ジョウザイ》
13	鍛	金 かねへん 17	タン　きた(える)	①きたえる。	鍛鉄《タンテツ》　鍛錬《タンレン》
14	鋳	金 かねへん 15	チュウ　い(る)	①金属をとかして型に流す。	鋳造《チュウゾウ》　改鋳《カイチュウ》
15	鎮	金 かねへん 18	チン　しず(める・まる)	①おもし。②しずめる。しずまる。	重鎮《ジュウチン》　鎮静《チンセイ》
16	錬	金 かねへん 16	レン	①ねる。きたえる。	錬金《レンキン》　精錬《セイレン》
17	餓	食 しょくへん 15	ガ	①うえる。うえ。	餓死《ガシ》　餓鬼《ガキ》
18	飽	食 しょくへん 13	ホウ　あ(きる・かす)	①腹いっぱい食べる。満たされる。	飽食《ホウショク》　飽和《ホウワ》
19	髄	骨 ほねへん 19	ズイ	①骨のずい。②物事の本質。	骨髄《コツズイ》　神髄《シンズイ》

⑩感情が複雑にコウサクする。（入りまじること。）

⑪現代社会にケイショウを鳴らす。（危険を告げること。）

⑫犯人にテジョウをかける。（金属製のうでわ。）

⑬タンテツして形を作る。（てつをきたえ上げること。）

⑭なべをチュウゾウする。（金属を溶かし型に入れ形にすること。）

⑮財界のジュウチンと話す。（中心的人物。）

⑯レンキン術の研究をする。（鉄や銅からきんを作ること。）

⑰飢饉《ききん》で多くの人がガシした。（うえじに。）

⑱ホウショクの時代を生きる。（暮らしに不自由がないことのたとえ。）

⑲コツズイの移植をする。（ほねの中にあるやわらかい組織。）

❿目のサッカクを利用した画像。（事物を実際とは異なって感じ取ること。）

⓫ハンショウをたたき鳴らす。（小型のつりがね。）

⓬ジョウザイの薬を飲む。（固形にした薬。）

⓭日々のタンレンによる筋肉。（心身・技術をみがくこと。）

⓮貨幣《かへい》のカイチュウをおこなう。（い直して新しいお金をつくること。）

⓯薬でチンセイ化させる。（しずまり落ち着くこと。）

⓰セイレンして金の純度を高める。（不純物を除いて質のよいものにすること。）

⓱死後ガキ道に落ちて苦しむ。（仏教用語。）

⓲人口がホウワ状態になる。（最大限満たされた状態にあること。）

⓳科学のシンズイを追求する。（その道の本質。）

対義語

2 粗末↕タイセツ（　　）

7 賊臣↕チュウシン（　　）

12 錠剤↕サンヤク（　　）

15 鎮静↕コウフン（　　）

類義語

1 無粋≒ヤボ（　　）

9 心酔≒ケイトウ（　　）

10 錯覚≒ゴカイ（　　）

15 重鎮≒キョトウ（　　）

19 神髄≒オウギ（　　）

同訓異字

2 計画が粗い／金遣いが□い（　　い）

四字熟語

18 飽食終日《ほうしょくしゅうじつ》　お腹いっぱい食べて、何もしないまま一日を過ごすこと。≒無為徒食《むいとしょく》

訓読み　1 いき　2 あらい　3 ねばる　9 よう　11 かね　13 きたえる　14 いる　18 あきる

漢字力UP

高校新出音訓　4 ひょうろう　4 かて　15 しずめる

対義語　2 大切　7 忠臣　12 散薬　15 興奮

類義語　1 野暮　9 傾倒　10 誤解　15 巨頭　19 奥義

同訓異字　2 荒い

3級学習漢字284字中170字

	漢字	意味	部首	画数	読み	用例
1	騎	①馬に乗る。	馬 うまへん	18	キ	騎手《キシュ》 騎乗《キジョウ》
2	駐	①とどまる。とどめる。	馬 うまへん	15	チュウ	駐車《チュウシャ》 常駐《ジョウチュウ》
3	鯨	①くじら。②多い。大きい。	魚 うおへん	19	ゲイ くじら	捕鯨《ホゲイ》 鯨油《ゲイユ》
4	刑	①しおき。おきて。	刂 りっとう	6	ケイ	刑罰《ケイバツ》 刑事《ケイジ》
5	削	①けずる。けずりとる。	刂 りっとう	9	サク けず(る)	削減《サクゲン》 添削《テンサク》
6	郭	①かこい。囲まれた場所。	阝 おおざと	11	カク	輪郭《リンカク》 城郭《ジョウカク》
7	郊	①まちはずれ。いなか。	阝 おおざと	9	コウ	近郊《キンコウ》 郊外《コウガイ》
8	邪	①よこしま。正しくない。②人に害を及ぼすもの。	阝 おおざと	8	ジャ	邪悪《ジャアク》 邪魔《ジャマ》
9	邦	①くに。領土。②わが国。とくに日本。	阝 おおざと	7	ホウ	連邦《レンポウ》 邦楽《ホウガク》

書き取りA（1回目・2回目）

① 競馬のキシュにあこがれる。 馬に乗る人。

② ここはチュウシャ禁止区域だ。 くるまをとめること。

③ ホゲイを制限する。 クジラをつかまえること。

④ 違反者にケイバツを科する。 犯罪者に負わせる制裁。

⑤ 来年の予算をサクゲンする。 けずりへらすこと。

⑥ 皿のリンカクをなぞる。 まわりのふち取った部分。

⑦ 都市キンコウの住宅地。 都市周辺。

⑧ ジャアクな考えを改める。 心がねじけているさま。

⑨ スイスレンポウは26州からなる。 国家が結合して構成する国家。

書き取りB（1回目・2回目）

❶ キジョウ体験に参加する。 馬にのること。

❷ 警備員がジョウチュウする。 つねにいること。

❸ ゲイユで明かりをつける。 クジラから採れるあぶら。

❹ ケイジ責任を問われる。 犯罪者がとがめを負わなければならない責任。

❺ 文章のテンサクを依頼する。 他人の詩文などを改め直すこと。

❻ 戦国時代のジョウカクの跡。 しろの周囲に設けたかこい。

❼ コウガイに遊びに出かける。 都会に隣接した田園地帯。

❽ 人のジャマをしてはいけない。 さまたげること。

❾ ホウガクを聞くのが好きだ。 日本の曲。

訓読み

3 鯨の骨格標本。（　　）

5 木を削る。（　　る）

10 仏像を彫る。（　　る）

13 家庭を顧みる。（　　みる）

14 悪事を企てる。（　　てる）

15 冠をかぶせる。（　　）

漢字力UP

高校新出音訓……

12 顔を殴打する。 ひどくなぐること。（　　）

対義語……

4 刑事↕ミンジ（　　）

5 削減↕ツイカ（　　）

7 郊外↕トシン（　　）

8 邪悪↕ゼンリョウ（　　）

9 邦楽↕ヨウガク（　　）

解答

①騎手 ❶騎乗 ②駐車 ❷常駐 ③捕鯨 ❸鯨油 ④刑罰 ❹刑事 ⑤削減 ❺添削 ⑥輪郭 ❻城郭 ⑦近郊 ❼郊外 ⑧邪悪 ❽邪魔 ⑨連邦 ❾邦楽 ⑩彫刻 ❿彫像 ⑪敢然 ⓫果敢 ⑫殴殺 ⓬横殴り ⑬回顧 ⓭顧問 ⑭企画 ⓮企業 ⑮栄冠 ⓯冠水 ⑯冗談 ⓰冗長 ⑰宴会 ⓱酒宴 ⑱不審 ⓲審判 ⑲窒息 ⓳窒素

番号	漢字	意味	部首・画数	読み	用例
10	彫	①ほる。きざむ。	彡 さんづくり 11	チョウ / ほ(る)	彫刻《チョウコク》 彫像《チョウゾウ》
11	敢	①あえて。思い切ってする。	攵 のぶん 12	カン	敢然《カンゼン》 果敢《カカン》
12	殴	①なぐる。たたく。	殳 るまた 8	オウ / なぐ(る)	殴殺《オウサツ》 横殴《よこなぐ》り
13	顧	①かえりみる。②思いめぐらす。心にかける。	頁 おおがい 21	コ / かえり(みる)	回顧《カイコ》 顧問《コモン》
14	企	①くわだてる。事を始める。	人 ひとやね 6	キ / くわだ(てる)	企画《キカク》 企業《キギョウ》
15	冠	①かんむり。頭にかぶるもの。	冖 わかんむり 9	カン / かんむり	栄冠《エイカン》 冠水《カンスイ》
16	冗	①むだ。あまる。不必要な。②わずらわしい。	冖 わかんむり 4	ジョウ	冗談《ジョウダン》 冗長《ジョウチョウ》
17	宴	①うたげ。さかもり。	宀 うかんむり 10	エン	宴会《エンカイ》 酒宴《シュエン》
18	審	①つまびらか。あきらか。あきらかにする。	宀 うかんむり 15	シン	不審《フシン》 審判《シンパン》
19	窒	①ふさぐ。ふさがる。	穴 あなかんむり 11	チツ	窒息《チッソク》 窒素《チッソ》

⑩仏像をチョウコクする。　木などをほり像を作ること。
⑪敵にカンゼンと立ち向かう。　思い切って行うさま。
⑫オウサツ事件が起きる。　なぐりころすこと。
⑬学生時代をカイコする。　過去を思いおこすこと。
⑭新製品のキカクを練る。　もくろみ。
⑮優勝のエイカンに輝く。　名誉。
⑯笑えないジョウダンを言うな。　ふざけて言う話。
⑰エンカイの幹事をする。　酒食を共にし楽しむ集まり。
⑱家の外にフシンな人物がいる。　疑わしいさま。
⑲煙にまかれチッソクしかけた。　呼吸が止まること。

❿氷のチョウゾウを見る。　ほりきざんで作ったぞう。
⓫格上の相手にカカンにいどむ。　思い切ってするさま。
⓬ヨコナグりの雨が降る。　よこから強く吹きつけるさま。
⓭部活動のコモンに相談する。　担当教員。
⓮志望したキギョウに就職する。　営利目的で経済活動を行う組織体。
⓯大雨で道路がカンスイする。　みずにつかること。
⓰ジョウチョウな説明が続く。　的を射ずにながたらしいさま。
⓱送別のシュエンを張る。　さかもり。
⓲試合のシンパンを務める。　勝敗や反則をはん定し競技を進める人。
⓳チッソを用いた実験をする。　元そ記号Nの気体。

対義語……
16 冗長↕カンケツ〔　　〕

類義語……
11 敢然＝ケツゼン〔　　〕
11 果敢＝ユウモウ〔　　〕
13 回顧＝ツイオク〔　　〕
18 不審＝ギワク〔　　〕

同音異字……
18
不審な人物
城を□□する〔　　〕
達成に□□する〔　　〕
□□感を持つ〔　　〕

同訓異字……
10
仏像を彫る
穴を□る〔　る〕
13
家庭を顧みる
行いを□みる〔　みる〕

四字熟語……
1 一騎当千《いっきとうせん》
人並み以上の技術や経験があること。

訓読み
3 くじら
5 けずる
10 ほる
13 かえりみる
14 くわだてる
15 かんむり

漢字力UP

高校新出音訓……
12 おうだ

対義語……
4 民事
5 追加
7 都心
8 善良
9 洋楽
16 簡潔

類義語……
11 決然
11 勇猛
13 追憶
18 疑惑

同音異字……
18 普請
腐心
不信

同訓異字……
10 掘る
13 省みる

3級 第10回

3級学習漢字284字中189字

	漢字	部首・画数	読み	用例	意味
1	華	艹 くさかんむり 10	カ ケ はな	華道《カドウ》 華美《カビ》	①はな。②はなやか。さかえる。
2	菊	艹 くさかんむり 11	キク	白菊《しらギク》 菊花《キッカ》	①きく。
3	葬	艹 くさかんむり 12	ソウ ほうむ(る)	火葬《カソウ》 葬儀《ソウギ》	①ほうむる。
4	藩	艹 くさかんむり 18	ハン	藩校《ハンコウ》 藩主《ハンシュ》	①はん。大名の領地。
5	苗	艹 くさかんむり 8	ビョウ なえ なわ	苗木《なえぎ》 苗代《なわしろ》	①なえ。
6	芳	艹 くさかんむり 7	ホウ かんば(しい)	芳香《ホウコウ》 芳名《ホウメイ》	①かんばしい。②他人への尊敬の意。
7	虐	虍 とらかんむり 9	ギャク しいた(げる)	残虐《ザンギャク》 虐待《ギャクタイ》	①しいたげる。いじめる。むごいめにあわせる。
8	虚	虍 とらかんむり 11	キョ コ	虚勢《キョセイ》 虚弱《キョジャク》	①中身がない。邪心がない。うそ。②よわる。
9	覆	覀 おおいかんむり 18	フク おお(う) くつがえ(す・る)	覆面《フクメン》 転覆《テンプク》	①おおう。かぶせる。②くつがえす。くつがえる。

書き取りA

1回目 2回目

①カドウのけいこに通う。 いけばな。

②庭でシラギクを育てる。 しろい色のキク。

③遺体をカソウする。 遺体を焼き、骨をおさめてほうむること。

④ハンコウ跡を見学する。 江戸時代の教育施設。

⑤桜のナエギを植える。 きのなえ。

⑥ユリがホウコウを放つ。 よいにおい。

⑦ザンギャクな犯罪。 むごたらしいさま。

⑧キョセイを張る。 からいばりをすること。

⑨フクメンで顔を隠した強盗。 顔をおおい隠すための布。

書き取りB

1回目 2回目

❶カビな服装を避ける。 派手であるさま。

❷キッカが咲き乱れる。 キクのはな。

❸ソウギをしめやかに執り行う。 そうしき。

❹歴代ハンシュが眠る墓所。 大名。

❺ナワシロの時期になる。 なえを育てる水田。

❻ホウメイ帳に記入する。 他人を敬って、そのせいめいをいう語。

❼ギャクタイを未然に防ぐ。 むごい扱いをすること。

❽キョジャク体質を改善する。 体がひよわで病気がちなこと。

❾台風でボートがテンプクする。 ひっくり返ること。

訓読み

1 華がある人。（　　）

9 目を覆う。（　　う）

16 卵を焦がす。（　　がす）

17 先生を慕う。（　　う）

漢字力UP

高校新出音訓

1 華厳の滝に行く。 栃木県日光市にある滝。（　　）

3 手厚く葬る。 遺骨などを墓に納める。（　　る）

5 イチゴの種苗。 たね と なえ。（　　）

6 芳しい花。 立ち込める香りがよい。（　　しい）

7 民衆を虐げる。 むごく扱う。（　　げる）

8 虚空を見つめる。 何もないところ。（　　）

9 判決が覆る。 ひっくり返る。（　　る）

解答

①華道 ❶華美 ②白菊 ❷菊花 ③火葬 ❸葬儀 ④藩校 ❹藩主 ⑤苗木 ❺苗代 ⑥芳香 ❻芳名 ⑦残虐 ❼虐待 ⑧虚勢 ❽虚弱 ⑨覆面 ❾転覆 ⑩書籍 ❿戸籍 ⑪篤実 ⓫危篤 ⑫切符 ⓬音符 ⑬名簿 ⓭簿記 ⑭零落 ⓮零細 ⑮亡霊 ⓯心霊 ⑯焦点 ⓰焦燥 ⑰思慕 ⓱慕情 ⑱清廉 ⓲廉価 ⑲画廊 ⓳廊下

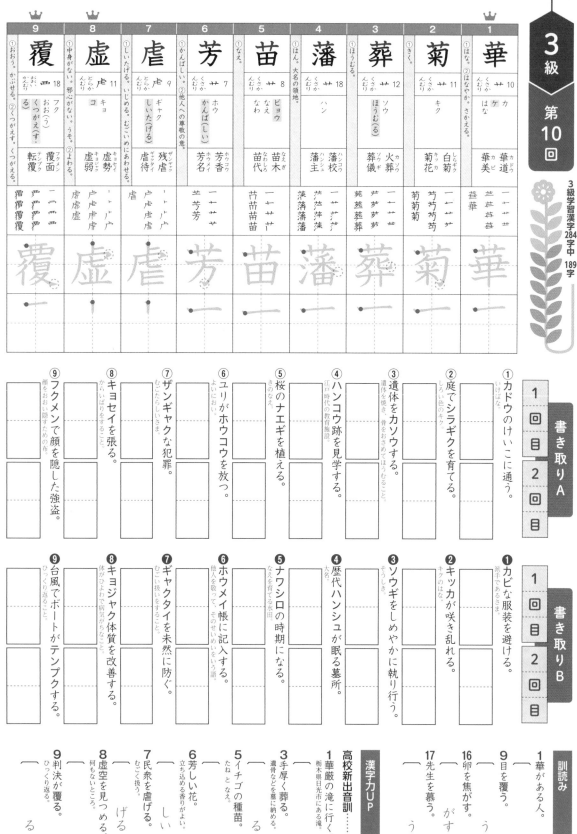

番号	漢字	意味	部首・画数	読み	用例
10	籍	①ふみ。本。書物。②登録する。	竹《たけかんむり》 20	セキ	書籍《ショセキ》 戸籍《コセキ》
11	篤	①人情にあつい。熱心である。②病気が重い。	竹《たけかんむり》 16	トク	篤実《トクジツ》 危篤《キトク》
12	符	①わりふ。ふだ。②記号。	竹《たけかんむり》 11	フ	切符《キップ》 音符《オンプ》
13	簿	①帳面。文書。	竹《たけかんむり》 19	ボ	名簿《メイボ》 簿記《ボキ》
14	零	①おちる。おちぶれる。②わずか。③ゼロ。	雨《あめかんむり》 13	レイ	零落《レイラク》 零細《レイサイ》
15	霊	①たましい。②かみ。③ふしぎな。④すぐれた。	雨《あめかんむり》 15	レイ リョウ たま	亡霊《ボウレイ》 心霊《シンレイ》
16	焦	①こげる。こがす。②こがれる。あせる。	灬《れんが》 12	ショウ こ(げる・がす・がれる) あせ(る)	焦点《ショウテン》 焦燥《ショウソウ》
17	慕	①したう。おもいをよせる。	㣺《したごころ》 14	ボ した(う)	思慕《シボ》 慕情《ボジョウ》
18	廉	①いさぎよい。きよい。②やすい。	广《まだれ》 13	レン	清廉《セイレン》 廉価《レンカ》
19	廊	①建物に造られた通路。わたどの。	广《まだれ》 12	ロウ	画廊《ガロウ》 廊下《ロウカ》

⑩ショセキを購入する。 本。

⑪彼女は温厚トクジツな性格だ。 人情にあつくじっちょくなこと。

⑫新幹線のキップを買う。 チケット。

⑬メイボで住所を調べる。 なまえや住所などを記した帳面。

⑭レイラクした資産家。 おちぶれること。

⑮ボウレイが出るという部屋。 死者のたましい。

⑯話のショウテンをしぼり込む。 関心や注意が集まるところ。

⑰ひそかなシボの念を抱く。 おもいしたうこと。

⑱私はセイレン潔白だ。 心がきよくて欲がなく、後ろ暗くないこと。

⑲ガロウで個展を開く。 絵などを並べる所。

❿役所でコセキを調べる。 生年月日や家族の情報が書かれた公文書。

⓫祖母がキトクになる。 生命があぶない状態。

⓬オンプを読んで演奏する。 おんがくの記号。

⓭ボキ検定を受検する。 会計の情報の計算技術。

⓮レイサイ企業を経営する。 規模が非常に小さいさま。

⓯シンレイ写真におびえる。 科学で説明できない不思議な現象。

⓰ショウソウに駆られる。 いらだちあせること。

⓱故郷へボジョウを寄せる。 したわしくおもう気持ち。

⓲レンカ品をたくさん買った。 値段が安いこと。

⓳ロウカは静かに歩こう。 室内の細長い通路。

15 悪霊退散。 人にたたりをする霊。（　）

15 言霊を信じる。 言葉に宿ると信じられた霊力。（　）

16 寝坊して焦る。 ひどくあわてる。（　）る

対義語……

1 華美↕シッソ（　）

7 虐待↕アイゴ（　）

8 虚弱↕キョウソウ（　）

14 零落↕エイガ（　）

18 廉価↕コウカ（　）

類義語……

1 華美≒カレイ（　）

14 零細≒ビサイ（　）

16 焦燥≒ショウリョ（　）

17 思慕≒レンボ（　）

18 廉価≒アンカ（　）

訓読み 1 はな 9 おおう 16 こがす 17 したう

漢字力UP

高校新出音訓… 1 けごん 3 ほうむる 5 しゅびょう 6 かんばしい 7 しいたげる 8 こくう 9 くつがえる 15 あくりょう 15 ことだま 16 あせる

対義語… 1 質素 7 愛護 8 強壮 14 栄華 18 高価

類義語… 1 華麗 14 微細 16 焦慮 17 恋慕 18 安価

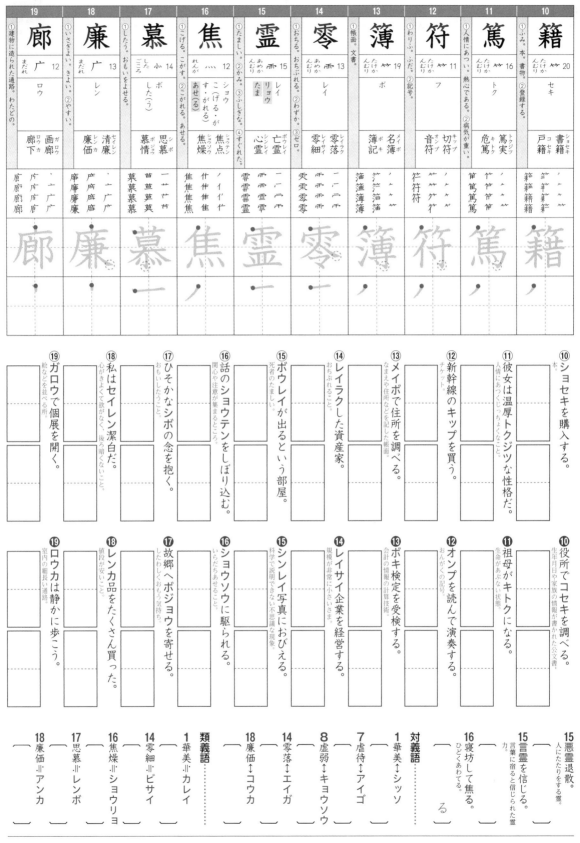

3級 第11回

3級学習漢字284字中208字

	漢字	部首	画数	音読み	訓読み	意味	用例
1	厘	厂 がんだれ	9	リン		①貨幣・長さ・重さ・小数の単位。	一厘《イチリン》　厘毛《リンモウ》
2	房	戸 とだれ	8	ボウ	ふさ	①へや。いえ。②ふさ。	冷房《レイボウ》　子房《シボウ》
3	疾	疒 やまいだれ	10	シツ		①やまい。②はやい。③ねたむ。	疾患《シッカン》　疾走《シッソウ》
4	痘	疒 やまいだれ	12	トウ		①皮膚にできものの跡が残る感染症。	水痘《スイトウ》　天然痘《テンネントウ》
5	癖	疒 やまいだれ	18	ヘキ	くせ	①くせ。かたよった習性。	潔癖《ケッペキ》　口癖《くちぐせ》
6	尿	尸 かばね	7	ニョウ		①小便。	尿意《ニョウイ》　検尿《ケンニョウ》
7	遇	辶 しんにょう	12	グウ		①思いがけなくであう。②もてなす。あつかう。	奇遇《キグウ》　冷遇《レイグウ》
8	遵	辶 しんにょう	15	ジュン		①規則や道理にしたがう。	遵守《ジュンシュ》　遵法《ジュンポウ》
9	遂	辶 しんにょう	12	スイ	と(げる)	①なしとげる。やりとげる。	遂行《スイコウ》　未遂《ミスイ》

書き取りA　1回目　2回目

① イチリンは約〇・三ミリだ。　長さの単位。
② レイボウが効いた部屋。　室内の温度を外気より低くすること。
③ 慢性シッカンを予防する。　病気。
④ 幼児はスイトウにかかりやすい。　みずぼうそう。
⑤ 彼女はケッペキな人だ。　汚いことを極度に嫌うさま。
⑥ ニョウイを必死に我慢する。　小便したいという感覚。
⑦ ここで会うとはキグウだね。　思いがけなくであうこと。
⑧ 交通ルールをジュンシュする。　したがいまもること。
⑨ 無事に任務をスイコウする。　やりとおすこと。

書き取りB　1回目　2回目

❶ リンモウの狂いもない。　ごくわずかなこと。
❷ 生物の授業でシボウを観察する。　被子植物のめしべの下の部分。
❸ 校門まで全力シッソウする。　はやくはしること。
❹ テンネントウが流行する。　感染症のひとつ。
❺ 人のクチグセをまねする。　言いなれてくせになっていること。
❻ 人間ドックでケンニョウを行う。　にょうけんさ。
❼ ひどくレイグウされる。　ひややかにもてなすこと。
❽ ジュンポウ精神が強い。　ほうりつをまもること。
❾ 事件はミスイに終わった。　よくないことをやりかけてやりとげなかったこと。

訓読み

2 ぶどうの房。（　）
9 思いを遂げる。（　）げる
10 災難に遭う。（　）う
12 期待を超える。（　）える
13 敵地に赴く。（　）く
19 想像力に乏しい。（　）しい

漢字力UP

対義語……
7 冷遇↕コウグウ（　）
7 冷遇↕ユウグウ（　）
8 遵守↕イハン（　）
11 逮捕↕シャクホウ（　）
12 超過↕ミマン（　）
12 超過↕フソク（　）

解答

①一厘　❶厘毛　②冷房　❷子房　③疾患　❸疾走　④水痘　❹天然痘　⑤潔癖　❺口癖　⑥尿意　❻検尿　⑦奇遇　❼冷遇　⑧遵守(順守)　❽遵法(順法)　⑨遂行　❾未遂　⑩遭難　❿遭遇　⑪逮捕　⑫超過　⓬超越　⑬赴任　⓭赴援　⑭魅力　⓮魅惑　⑮巨匠　⓯意匠　⑯匿名　⓰秘匿　⑰衝動　⓱衝突　⑱閲覧　⓲校閲　⑲貧乏　⓳欠乏

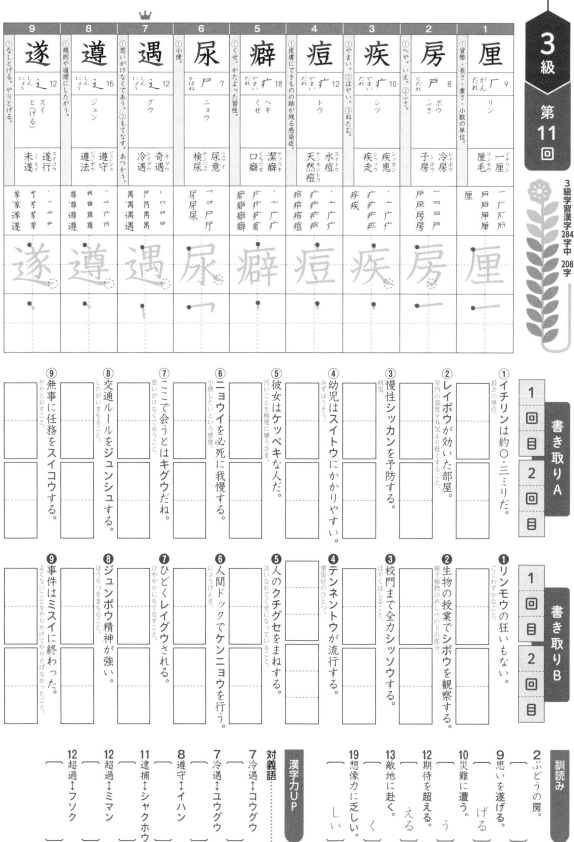

10	遭	①あう。であう。めぐりあう。	しんにょう 辶 14	ソウ / あ(う)	遭難《ソウナン》 遭遇《ソウグウ》
11	逮	①追いかける。とらえる。	しんにょう 辶 11	タイ	逮捕《タイホ》
12	超	①こえる。こす。②ぬきんでる。かけはなれる。	そうにょう 走 12	チョウ / こ(える・す)	超過《チョウカ》 超越《チョウエツ》
13	赴	①おもむく。出かけていく。	そうにょう 走 9	フ / おもむ(く)	赴任《フニン》 赴援《フエン》
14	魅	①人の心をまどわし、ひきつける。②化け物。	きにょう 鬼 15	ミ	魅力《ミリョク》 魅惑《ミワク》
15	匠	①職人。②工夫をこらす。考案する。	はこがまえ 匚 6	ショウ	巨匠《キョショウ》 意匠《イショウ》
16	匿	①かくす。かくれる。かくまう。	かくしがまえ 匸 10	トク	匿名《トクメイ》 秘匿《ヒトク》
17	衝	①かなめ。中心。②つく。	ぎょうがまえ 行 15	ショウ	衝動《ショウドウ》 衝突《ショウトツ》
18	閲	①しらべる。よむ。かぞえる。	もんがまえ 門 15	エツ	閲覧《エツラン》 校閲《コウエツ》
19	乏	①とぼしい。まずしい。	の ノ 4	ボウ / とぼ(しい)	貧乏《ビンボウ》 欠乏《ケツボウ》

⑩雪山でソウナンする。
災いにあうこと。

⑪現行犯でタイホする。
つかまえること。

⑫チョウカ料金を払う。
既定の枠をこえること。

⑬単身フニンをする。
命じられたところへ行くこと。

⑭ミリョクを存分にアピールする。
人の心をひきつけて夢中にさせるちから。

⑮映画界のキョショウ。
特にすぐれている人。

⑯トクメイで投書する。
自分のなまえを隠すこと。

⑰ショウドウ的におやつを買う。
理性がなく発作的に行動しようとする心の動き。

⑱図書をエツランする。
見たり読んだりすること。

⑲ビンボウくじを引く。
最も損な役回り。

⑩事件現場にソウグウする。
思いがけずであうこと。

もう一度書いてみよう！

⑫当初の想定をチョウエツする。
他のものや標準をはるかにこえてまさること。

⑬災害地をフエンする。
出かけていって助けること。

⑭ミワク的なダンスの演技。
人の心をひきつけ、まどわすこと。

⑮イショウをこらした作品。
趣向や工夫。

⑯取材源をヒトクする。
ひそかに隠しておくこと。

⑰考えが合わずショウトツする。
立場や意見が反する者同士が言論などで争うこと。

⑱本のコウエツ作業をする。
原稿に誤りや不備がないかを検討すること。

⑲ビタミンがケツボウする。
不足すること。

類義語……
3 疾患≒シッペイ（　　）
15 巨匠≒タイカ（　　）
15 意匠≒シュコウ（　　）
16 秘匿≒イントク（　　）
17 衝動≒ショウゲキ（　　）
18 閲覧≒エツドク（　　）
19 欠乏≒フソク（　　）

同音異字……
15 意匠をこらす
□□を着る（　　）

同訓異字……
10 災難に遭う
馬が□う（　　う）
街で□う（　　う）
12 定員を超える
山脈を□える（　　える）

訓読み
2 ふさ
9 とげる
10 あう
12 こえる
13 おもむく
19 とぼしい

漢字力UP

対義語……
7 厚遇
7 優遇
8 違反
11 釈放
12 未満
12 不足

類義語……
3 疾病
15 大家
15 趣向
16 隠匿
17 衝撃
18 閲読
19 不足

同音異字……
15 衣装

同訓異字……
10 合う
会う
12 越える

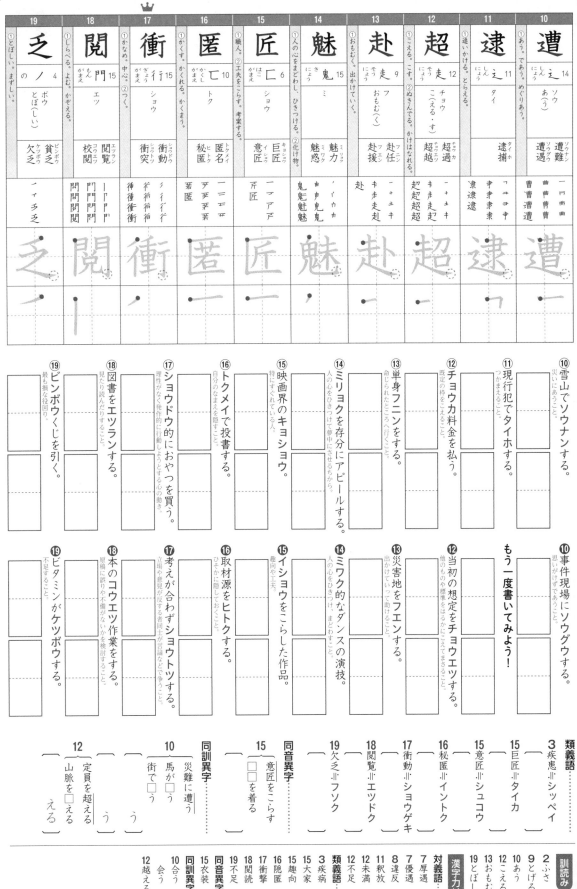

3級 第12回

3級学習漢字284字中227字

	漢字	部首	画数	読み	用例	意味
1	乙	乙（おつ）	1	オツ	甲乙《コウオツ》 乙種《オツシュ》	①物事の順位の二番目。
2	了	亅（はねぼう）	2	リョウ	終了《シュウリョウ》 了解《リョウカイ》	①おわる。おえる。②わかる。はっきりとさとる。
3	克	儿（ひとあし）	7	コク	克服《コクフク》 克明《コクメイ》	①うちかつ。②よく。じゅうぶんに。
4	免	儿（ひとあし）	8	メン まぬか(れる)	免除《メンジョ》 免許《メンキョ》	①まぬかれる。②ゆるす。③やめる。のぞく。
5	凝	冫（にすい）	16	ギョウ こ(る・らす)	凝縮《ギョウシュク》 凝視《ギョウシ》	①こりかたまる。②一つのことに集中する。
6	凍	冫（にすい）	10	トウ こお(る) こご(える)	凍結《トウケツ》 冷凍《レイトウ》	①こおる。こごえる。
7	勘	力（ちから）	11	カン	勘案《カンアン》 勘弁《カンベン》	①かんがえる。調べる。②罪をただす。③第六感。
8	募	力（ちから）	12	ボ つの(る)	応募《オウボ》 募集《ボシュウ》	①つのる。広く求める。
9	励	力（ちから）	7	レイ はげ(む・ます)	激励《ゲキレイ》 励行《レイコウ》	①はげむ。はげます。つとめる。

書き取りA（1回目・2回目）

①コウオツつけがたい作品。（優劣の判断がしにくいこと。）

②会議がシュウリョウする。（すっかりおわること。）

③苦手科目をコクフクする。（困難にうちかつこと。）

④学費をメンジョされる。（義務などをめんずること。）

⑤思いをギョウシュクする。（一つにかたまってちぢまること。）

⑥トウケツした道路を歩く。（こおりつくこと。）

⑦全意見をカンアンして決める。（考えあわせること。）

⑧キャンペーンにオウボする。（申し込むこと。）

⑨チームの選手をゲキレイする。（はげまし奮起させること。）

書き取りB（1回目・2回目）

❶危険物取扱者オツシュを受ける。（甲種に次ぐ二つめのしゅるい。）

❷先生のリョウカイを得る。（理解して納得すること。）

❸体験をコクメイに記す。（細部まであきらかにすること。）

❹運転メンキョを取得する。（行政官庁がゆるすこと。）

❺ある人物をギョウシする。（じっと見つめること。）

❻レイトウ食品を買う。（こおらせること。）

❼なにとぞカンベンしてください。（がまんして許すこと。）

❽利用者意見をボシュウする。（広く呼びかけて集めること。）

❾朝の運動をレイコウする。（努力しておこなうこと。）

訓読み

5 細部まで凝る。〔　る〕

6 道が凍る。〔　る〕

6 寒さに凍える。〔　える〕

8 参加者を募る。〔　る〕

9 友達を励ます。〔　ます〕

12 店に品を卸す。〔　す〕

16 金品を奪う。〔　う〕

18 寿退社。〔　〕

漢字力UP

高校新出音訓……

4 追試を免れる。（逃れる。）〔　れる〕

11 卑しい食べ方。（つつしみがない。）〔　しい〕

15 契りを交わす。（ちぎること。）〔　り〕

17 供え物を奉る。（献上する。）〔　る〕

解答

①甲乙 ❶乙種 ②終了 ❷了解 ③克服 ❸克明 ④免除 ❹免許 ⑤凝縮 ❺凝視 ⑥凍結 ❻冷凍 ⑦勘案 ❼勘弁 ⑧応募 ❽募集 ⑨激励 ❾励行 ⑩卓越 ❿食卓 ⑪卑劣 ⓫卑下 ⑫卸値 ⓬卸商 ⑬双方 ⓭双子 ⑭又貸し ⓮又聞き ⑮契約 ⓯契機 ⑯略奪 ⓰奪回 ⑰奉納 ⓱奉仕 ⑱喜寿 ⓲寿命 ⑲封建 ⓳封鎖

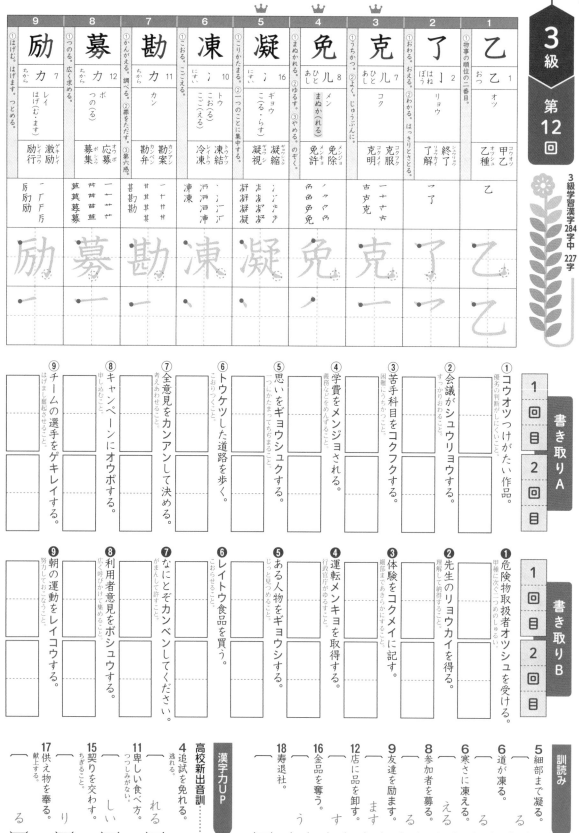

番号	漢字	意味	部首	画数	読み	用例	筆順
10	卓	①たかい。ひいでる。②つくえ。テーブル。	十《じゅう》	8	タク	卓越《タクエツ》 食卓《ショクタク》	⺊ ⺊ 𠁣 占 占 卓 卓 卓
11	卑	①ひくい。いやしい。②いやしめる。	十《じゅう》	9	ヒ　いや(しい・しむ・しめる)	卑劣《ヒレツ》 卑下《ヒゲ》	′ ľ 冂 巾 由 由 由 卑 卑
12	卸	①おろす。	卩《わりふ》	9	おろし　おろ(す)	卸《おろし》値《ね》 卸《おろし》商《ショウ》	ノ ⺈ 二 午 乍 乍 缶 缶 卸
13	双	①ふたつ。ならぶ。	又《また》	4	ソウ　ふた	双方《ソウホウ》 双子《ふたご》	フ ヌ 刃 双
14	又	①また。さらに。そのうえ。	又《また》	2	また	又《また》貸《が》し 又《また》聞《ぎ》き	フ 又
15	契	①約束する。②きざむ。文字をほる。③きっかけ。	大《だい》	9	ケイ　ちぎ(る)	契約《ケイヤク》 契機《ケイキ》	一 十 キ 丰 刧 刧 刧 契 契
16	奪	①うばう。	大《だい》	14	ダツ　うば(う)	略奪《リャクダツ》 奪回《ダッカイ》	一 大 大 衣 衣 夲 夲 夲 奞 奞 奞 奞 奪 奪
17	奉	①たてまつる。②うけたまわる。③つかえる。	大《だい》	8	ホウ　ブ　たてまつ(る)	奉納《ホウノウ》 奉仕《ホウシ》	一 二 三 夫 夫 夫 叁 奉
18	寿	①ことぶき。めでたい祝い。②ながいき。とし。	寸《すん》	7	ジュ　ことぶき	喜寿《キジュ》 寿命《ジュミョウ》	一 二 三 夫 夫 寿 寿
19	封	①ほうずる。②ふうじる。ふさぐ。とじこめる。	寸《すん》	9	フウ　ホウ	封建《ホウケン》 封鎖《フウサ》	一 十 土 圭 圭 圭 圭 封 封

⑩タクエツした力を持つ。（他よりすぐれていること。）

⑪ヒレツな行いをたしなめる。（品性や行動がいやしくおとっていること。）

⑫商品をオロシネで売る。（問屋から小売店に売り渡すねだん。）

⑬ソウホウの意見を聞く。（あちらとこちら。）

⑭本のマタガしを禁じる。（借りたものをさらにかすこと。）

⑮新規でケイヤクを結ぶ。（取り決め。）

⑯金品をリャクダツする。（うばい取ること。）

⑰神社に酒をホウノウする。（神仏にささげおさめること。）

⑱祖父のキジュをお祝いする。（七十七歳。）

⑲ホウケン的な考え方。（専制的で上下関係を重んじるさま。）

❿家族でショクタクを囲む。（しょくじ用のテーブル。）

⓫自分をヒゲした態度をとる。（おとった者として扱うこと。）

⓬オロシショウを営む。（おろし売りをするしょうにん。）

⓭フタゴの見分けがつかない。（一人の母から同時に産まれた二人のこども。）

⓮彼のうわさをマタギきする。（間接的に聞くこと。）

⓯進学をケイキに下宿を始める。（きっかけ。）

⓰一位の座をダッカイする。（うばい返すこと。）

⓱社会ホウシ活動をする。（国家や他人につくすこと。）

⓲平均ジュミョウを調べる。（いのちの長さ。）

⓳高速道路をフウサする。（出入りできないよう閉ざすこと。）

対義語……

2 終了↕カイシ（　）

6 冷凍↕カイトウ（　）

11 卑下↕ソンダイ（　）

16 奪回↕ダッシュ（　）

19 封建的↕ミンシュテキ（　）

類義語……

1 甲乙≒ユウレツ（　）

3 克明≒タンネン（　）

5 凝縮≒ギョウケツ（　）

5 凝視≒ジュクシ（　）

6 凍結≒ヒョウケツ（　）

9 激励≒コブ（　）

10 卓越≒タクバツ（　）

同音異字……

5 一点を凝視する／天を□□する（　）

訓読み

5 こる

6 こおる

6 こごえる

8 つのる

9 はげます

12 おろす

16 うばう

18 ことぶき

漢字力UP

高校新出音訓……

4 まぬかれる

11 いやしい

15 ちぎり

17 たてまつる

対義語……

2 開始

6 解凍

11 尊大

16 奪取

19 民主的

類義語……

1 優劣

3 丹念

5 凝結

5 熟視

6 氷結

9 鼓舞

10 卓抜

同音異字……

5 仰視

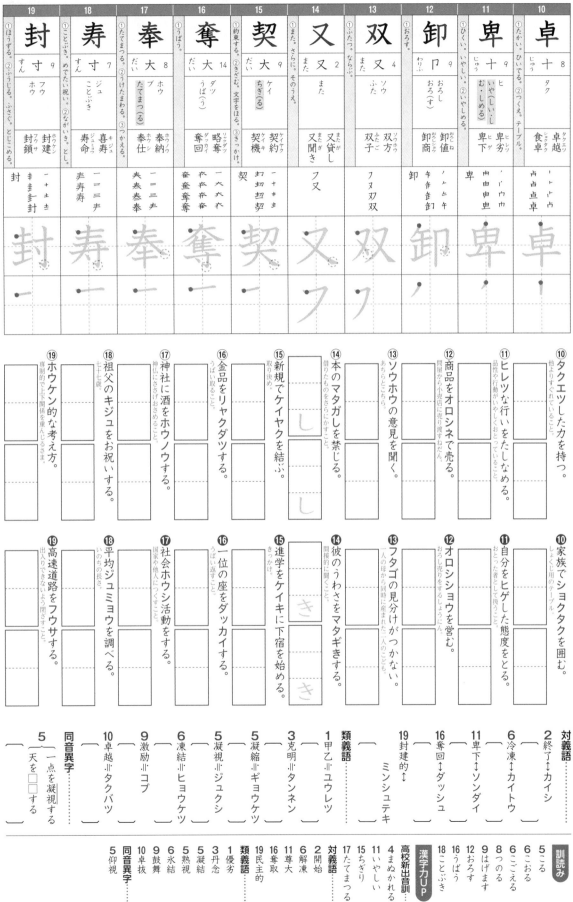

3級 第13回

番号	漢字	意味	部首	画数	読み	用例
1	哀	①あわれ。あわれむ。②かなしい。かなしむ。	くち 口	9	アイ あわ(れ・れむ)	哀願《アイガン》 悲哀《ヒアイ》
2	吉	①よい。めでたい。	くち 口	6	キチ キツ	不吉《フキツ》 吉報《キッポウ》
3	啓	①ひらく。おしえみちびく。②申し上げる。	くち 口	11	ケイ	啓発《ケイハツ》 拝啓《ハイケイ》
4	哲	①あきらか。②さとい。かしこい。	くち 口	10	テツ	哲学《テツガク》 先哲《センテツ》
5	吏	①つかさ。役人。	くち 口	6	リ	官吏《カンリ》 吏員《リイン》
6	墾	①ひらく。荒地をひらく。	つち 土	16	コン	開墾《カイコン》 墾田《コンデン》
7	墜	①おちる。おとす。②なくす。	つち 土	15	ツイ	墜落《ツイラク》 失墜《シッツイ》
8	塗	①ぬる。	つち 土	13	ト ぬ(る)	塗装《トソウ》 塗布《トフ》
9	墨	①すみ。すみで書いたもの。	つち 土	14	ボク すみ	水墨画《スイボクガ》 墨守《ボクシュ》

書き取りA　1回目　2回目

①援助をアイガンする。
同情をさそうように頼むこと。

②フキツな予感がする。
縁起のよくないさま。

③自己ケイハツに努める。
理解をよりふかめること。

④テツガク専攻を志望する。
世界や人生の根本原理を究明するがくもん。

⑤カンリとは役人のことだ。
「国家公務員」の旧称。

⑥荒れ地をカイコンする。
切りひらくこと。

⑦飛行機のツイラク事故。
高い所からおちること。

⑧外壁のトソウを完了する。
とりょうをぬること。

⑨美しいスイボクガを鑑賞する。
すみの濃淡で描く絵。

書き取りB　1回目　2回目

❶人生のヒアイを味わう。
かなしくあわれなこと。

❷弟からキッポウが届く。
よいしらせ。

❸手紙は「ハイケイ」から書く。
手紙の初めに書くあいさつの語。

❹センテツの教えに従う。
昔のすぐれた人物。

❺リインの一人として働く。
公共団体の職員。

❻コンデン永年私財法の制定。
たんぼをひらくこと。

❼情報流出で信用がシッツイする。
うしなうこと。

❽傷口に薬をトフする。
ぬりつけること。

❾古い習慣をボクシュする。
やり方をかたくなに変えないこと。

訓読み

1 哀れな結末。（　　れ）

8 ペンキを塗る。（　　る）

9 墨をする。（　　）

12 山が崩れる。（　　れる）

14 幻を見る。（　　）

16 橋を架ける。（　　ける）

漢字力UP

高校新出音訓……

18 桑園を訪れる。（　　）
くわを栽培する畑。

対義語……

1 悲哀↔カンキ（　　）

2 吉報↔キョウホウ（　　）

3 拝啓↔ケイグ（　　）

16 架空↔ジツザイ（　　）

17 棄却↔ジュリ（　　）

解答

①哀願 ❶悲哀 ②不吉 ❷吉報 ③啓発 ❸拝啓 ④哲学 ❹先哲 ⑤官吏 ❺吏員 ⑥開墾 ❻墾田 ⑦墜落 ❼失墜 ⑧塗装 ❽塗布 ⑨水墨画 ❾墨守 ⑩老婆 ❿産婆 ⑪山岳 ⓫北岳 ⑫崩壊 ⓬崩落 ⑬帝国 ⓭皇帝 ⑭幻想 ⓮幻惑 ⑮幽閉 ⓯幽玄 ⑯架空 ⓰書架 ⑰放棄 ⓱棄却 ⑱桑畑 ⓲桑原 ⑲某所 ⓳某氏

番号	漢字	意味	部首	画数	音・訓	熟語
10	婆	①年おいた女性。	女（おんな）	11	バ	老婆《ロウバ》 産婆《サンバ》
11	岳	①高くて大きなやま。	山（やま）	8	ガク たけ	山岳《サンガク》 北岳《きただけ》
12	崩	①くずれる。くずす。②かくれる。	山（やま）	11	ホウ くず（れる・す）	崩壊《ホウカイ》 崩落《ホウラク》
13	帝	①みかど。天子。	巾（はば）	9	テイ	帝国《テイコク》 皇帝《コウテイ》
14	幻	①まぼろし。②まどわす。たぶらかす。	幺（いとがしら）	4	ゲン まぼろし	幻想《ゲンソウ》 幻惑《ゲンワク》
15	幽	①かすか。②とじこめる。③くらい。④奥ぶかい。	幺（いとがしら）	9	ユウ	幽閉《ユウヘイ》 幽玄《ユウゲン》
16	架	①かける。かけわたす。②たな。物をのせる台。	木（き）	9	カ か（ける・かる）	架空《カクウ》 書架《ショカ》
17	棄	①すてる。ほうりだす。	木（き）	13	キ	放棄《ホウキ》 棄却《キキャク》
18	桑	①くわ。	木（き）	10	ソウ くわ	桑畑《くわばたけ》 桑原《くわばら》
19	某	①はっきりしないものや人を表す語。	木（き）	9	ボウ	某所《ボウショ》 某氏《ボウシ》

⑩劇でロウバの役を演じる。（年をとった女性。）

⑪サンガク地帯を踏破する。（高く険しいやま。）

⑫従来の制度がホウカイする。（こわれてしまうこと。）

⑬ローマテイコクの歴史を学ぶ。（君主制のこっか。）

⑭一人暮らしにゲンソウを抱く。（現実にないことを思い描くこと。）

⑮暗いところにユウヘイされる。（とじこめて外に出さないこと。）

⑯カクウの生き物を描く。（想像によること。）

⑰相続の権利をホウキする。（すてること。）

⑱クワバタケが広がる風景。（くわを植えたはたけ。）

⑲都内ボウショに集まる。（あるところ。）

❿サンバとして病院に勤務する。（「助さん師」（子供がうまれるのを助ける人）の旧称。）

⓫日本で二番目に高いキタダケ。（やまなし県南アルプス市にあるやま。）

⓬トンネルのホウラク事故。（くずれおちること。）

⓭ナポレオンはコウテイの一人だ。（ていこくの君主。）

⓮奇抜な外見でゲンワクされる。（まどわされること。）

⓯ユウゲンな趣の庭を造る。（おもむきが奥深いこと。）

⓰図書館のショカ整理をする。（本を置くたな。）

⓱訴えがキキャクされる。（裁判所が請求を排斥すること。）

⓲「クワバラくわばら」と唱える。（いやなことを防ぐときに唱える呪文。）

⓳ボウシとの会話を思い出す。（ある人。）

類義語……

2 吉報≒ロウホウ 【　】

4 先哲≒センケン 【　】

5 官吏≒ヤクニン 【　】

6 開墾≒カイタク 【　】

13 皇帝≒テイオウ 【　】

14 幻想≒クウソウ 【　】

15 幽閉≒カンキン 【　】

16 架空≒キョコウ 【　】

17 棄却≒キャッカ 【　】

同訓異字……

16 橋を架ける／人数が□ける【　】ける／苦労を□ける【　】ける／馬が□ける【　】ける

四字熟語……

1 喜怒哀楽《きどあいらく》 さまざまな感情。

漢字力UP

訓読み 1 あわれ 8 ぬる 9 すみ 12 くずれる 14 まぼろし 16 かける

高校新出音訓…… 18 そうえん

対義語…… 1 歓喜 2 凶報 3 敬具 16 実在 17 受理

類義語…… 2 朗報 4 先賢 5 役人 6 開拓 13 帝王 14 空想 15 監禁 16 虚構 17 却下

同訓異字…… 16 欠ける 掛ける 駆ける

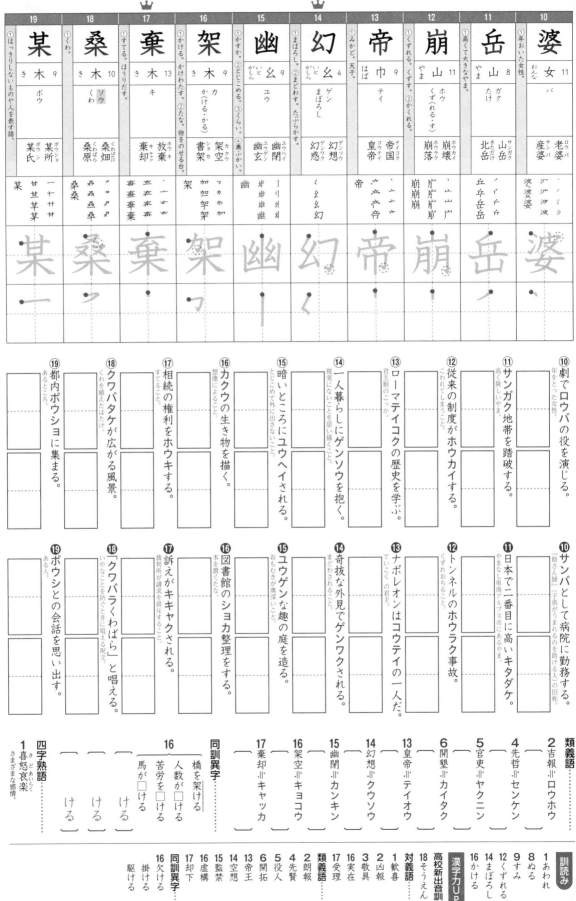

3級 第14回

3級学習漢字284字中265字

	漢字	部首	画数	音訓	用例	意味
1	慰	心（こころ）	15	イ／なぐさ（める・む）	慰問《イモン》　慰安《イアン》	①なぐさめる。いたわる。なだめる。
2	忌	心（こころ）	7	キ／い（む・まわしい）	忌避《キヒ》　忌中《キチュウ》	①いむ。いまわしい。②喪に服すること。命日。
3	愚	心（こころ）	13	グ／おろ（か）	愚劣《グレツ》　愚見《グケン》	①おろか。②自分のことをへりくだって言う語。
4	憩	心（こころ）	16	ケイ／いこ（い）・いこ（う）	休憩《キュウケイ》　小憩《ショウケイ》	①やすむ。いこい。
5	慈	心（こころ）	13	ジ／いつく（しむ）	慈悲《ジヒ》　慈善《ジゼン》	①いつくしむ。かわいがる。
6	怠	心（こころ）	9	タイ／おこた（る）・なま（ける）	怠慢《タイマン》　勤怠《キンタイ》	①おこたる。なまける。
7	憂	心（こころ）	15	ユウ／うれ（える・い）・う（い）	憂慮《ユウリョ》　憂色《ユウショク》	①うれえる。思い悩む。心配する。
8	掌	手（て）	12	ショウ	掌握《ショウアク》　車掌《シャショウ》	①てのひら。②つかさどる。
9	斗	斗（とます）	4	ト	北斗《ホクト》　斗酒《トシュ》	①ひしゃく。②容量の単位。

書き取りA　1回目　2回目

①被災地をイモンする。
見舞いなぐさめること。

②苦手な作業をキヒする。
きらってさけること。

③グレツな行為を注意する。
おろかでおとっていること。

④暖かい部屋でキュウケイする。
やすむこと。

⑤彼はジヒ深い人間だ。
いつくしみあわれむ心。

⑥何事にもタイマンな人。
なまけておろそかにするさま。

⑦日本の現状をユウリョする。
心配すること。

⑧実権をショウアクする。
わがものとすること。

⑨ホクト七星を見上げる。
大ぐま座にある七つの星。

書き取りB　1回目　2回目

❶イアン旅行で疲れをいやす。
心をなぐさめ、労をねぎらうこと。

❷キチュウにつき休業する。
近親者の喪に服している期間。

❸グケンを申し述べます。
自分のいけんをへりくだっていう語。

❹各自でショウケイを取る。
少しやすむこと。

❺休日にジゼン活動に参加する。
あわれみ、たすけること。

❻社員のキンタイ管理をする。
しゅっきん と けっきん。

❼ユウショクを浮かべる。
心を痛めている顔いろ。

❽新幹線のシャショウを目ざす。
公共交通機関の乗務員。

❾トシュなお辞せず。
大量のさけを飲むことを表す言葉。

訓読み

1 友達を慰める。〔　　める〕
3 愚かな行動。〔　　か〕
4 憩いの広場。〔　　い〕
6 点検を怠る。〔　　る〕
6 練習を怠ける。〔　　ける〕
7 将来を憂う。〔　　う〕
12 炎が燃え上がる。〔　　〕
14 敵を欺く。〔　　く〕
16 日が昇る。〔　　る〕

漢字力UP

高校新出音訓

2 忌まわしい記憶。
いやな感じ。
〔　　まわしい〕

4 木陰で憩う。
くつろいで休む。
〔　　う〕

5 慈しみの心。
愛情をもって大事にする。
〔　　しみ〕

解答

①慰問　❶慰安　②忌避　❷忌中　③愚劣　❸愚見　④休憩　❹小憩　⑤慈悲　❺慈善　⑥怠慢　❻勤怠　⑦憂慮　❼憂色　⑧掌握　❽車掌　⑨北斗　❾斗酒　⑩一斤　❿斤量　⑪斥力　⓫斥候　⑫炎上　⓬鼻炎　⑬西欧　⓭渡欧　⑭詐欺　⑮暫定　⓯暫時　⑯上昇　⓰昇進　⑰結晶　⓱液晶　⑱装甲　⓲甲種　⑲畜産　⓳家畜

3級

番号	漢字	部首	画数	読み	用例	意味
10	斤	きん 斤	4	キン	一斤《イッキン》 斤量《キンリョウ》	①おの。まさかり。②重さの単位。
11	斥	きん 斤	5	セキ	斥力《セキリョク》 斥候《セッコウ》	①しりぞける。おしのける。②うかがう。
12	炎	ひ 火	8	エン ほのお	炎上《エンジョウ》 鼻炎《ビエン》	①ほのお。もえる。③ひどく暑い。③病気。
13	欧	あくび 欠	8	オウ	西欧《セイオウ》 渡欧《トオウ》	①ヨーロッパの略。
14	欺	あくび 欠	12	ギ あざむ(く)	詐欺《サギ》	①だます。うそ。
15	暫	ひ 日	15	ザン	暫定《ザンテイ》 暫時《ザンジ》	①しばらく。しばし。
16	昇	ひ 日	8	ショウ のぼ(る)	上昇《ジョウショウ》 昇進《ショウシン》	①のぼる。あがる。②官位や序列があがる。
17	晶	ひ 日	12	ショウ	結晶《ケッショウ》 液晶《エキショウ》	①鉱物の持つ一定の形。
18	甲	た 田	5	コウ カン	装甲《ソウコウ》 甲種《コウシュ》	①こうら。よろい。②物事の順位の一番目。
19	畜	た 田	10	チク	畜産《チクサン》 家畜《カチク》	①かう。

⑩食パンをイッキン買う。
食パンの単位。

⑪磁石はセキリョクがはたらく。
互いを遠ざけようとするちからのこと。

⑫工場がエンジョウする。
燃えあがること。

⑬セイオウ諸国を旅する。
にしヨーロッパ。

⑭結婚サギの被害にあう。
他人をだまし損をさせること。

⑮ザンテイ的な処置をする。
仮にさだめておくさま。

⑯外気温がジョウショウする。
あがること。

⑰雪のケッショウを観察する。
原子が規則正しく配列したもの。

⑱戦車のソウコウを発注する。
車体に張る鋼、鉄板。

⑲チクサンを営む農家。
動物を人間生活に利用するために飼うこと。

もう一度書いてみよう！

❿正確なキンリョウをはかる。
はかりではかった重さ。

⓫敵情視察のセッコウを放つ。
敵の内容や周辺の状勢をさぐること。

⓬ビエンの薬を買う。
はな の えんしょう。

⓭留学のためトオウする。
ヨーロッパにわたること。

⓯ザンジお待ちください。
しばらくの間。

⓰課長職にショウシンする。
地位がのぼりすすむこと。

⓱エキショウ画面が割れる。
えきたいとけっしょうの中間状態にある物質。

⓲危険物取扱者コウシュの資格。
一つめのしゅるい。

⓳犬は人によってカチク化した。
動物を人間生活に利用するために飼うこと。

7 憂き目にあう。
つらい体験。
（ き ）

対義語……

3 愚劣↕ケンメイ（　　）
6 怠慢↕キンベン（　　）
7 憂色↕キショク（　　）
11 斥力↕インリョク（　　）
15 暫定↕コウキュウ（　　）
16 上昇↕カコウ（　　）

類義語……

1 慰安≒イロウ（　　）
2 忌避≒カイヒ（　　）
3 愚見≒ヒケン（　　）
4 休憩≒キュウソク（　　）
7 憂慮≒ケネン（　　）
16 昇進≒ショウカク（　　）
16 昇進≒ショウニン（　　）

訓読み
1 なぐさめる
3 おろか
4 いこい
6 おこたる
6 なまける
7 うれう
12 ほのお
14 あざむく
16 のぼる

漢字力UP

高校新出音訓……
2 いまわしい
4 いこう
5 いつくしみ
7 うきめ

対義語……
3 賢明
6 勤勉
7 喜色
11 引力
15 恒久
16 下降

類義語……
1 慰労
2 回避
3 卑見
4 休息
7 懸念
16 昇格
16 昇任

3級 第15回

3級学習漢字284字中 284字

番号	漢字	部首・画数	読み	用例	意味
1 ♛	既	旡（なし）10	キ / すで(に)	既成《キセイ》 既定《キテイ》	①すでに。もはや。とっくに。
2	緊	糸（いと）15	キン	緊張《キンチョウ》 緊迫《キンパク》	①ひきしまる。ひきしめる。②さしせまる。
3	翻	羽（はね）18	ホン / ひるがえ(る・す)	翻意《ホンイ》 翻訳《ホンヤク》	①ひるがえる。②あらためて作る。③言いかえる。
4	脅	肉（にく）10	キョウ / おど(す・かす) / おびや(かす)	脅威《キョウイ》 脅迫《キョウハク》	①おびやかす。おどす。②そびやかす。
5	蛮	虫（むし）12	バン	野蛮《ヤバン》 蛮行《バンコウ》	①未開発の。あらあらしい。
6 ♛	衰	衣（ころも）10	スイ / おとろ(える)	衰退《スイタイ》 老衰《ロウスイ》	①おとろえる。おとろえ。
7	袋	衣（ころも）11	タイ / ふくろ	手袋《てぶくろ》 紙袋《かみぶくろ》	①ふくろ。
8	裂	衣（ころも）12	レツ / さ(く・ける)	破裂《ハレツ》 分裂《ブンレツ》	①さく。さける。やぶれる。ばらばらになる。
9	豚	豕（ぶた）11	トン / ぶた	養豚《ヨウトン》 豚肉《ぶたニク》	①ブタ。

書き取りA（1回目・2回目）

①キセイ事実を作り上げる。
すでにできあがっていること。

②人前での発表にキンチョウした。
はりつめていること。

③友達にホンイをうながす。
考えをひるがえすこと。

④核兵器のキョウイが高まる。
強い力でおそれさせること。

⑤ヤバンな行為が目に余る。
無教養で荒っぽいさま。

⑥国内の産業がスイタイする。
おとろえて勢いがなくなること。

⑦テブクロを片方落とす。
てにはめるふくろ状のもの。

⑧水道管がハレツする。
やぶれさけること。

⑨ヨウトン場を見学する。
ブタを飼育すること。

書き取りB（1回目・2回目）

❶キテイの方針から外れた提案。
すでに決まっていること。

❷世界の情勢がキンパクする。
追い詰められた状態になること。

❸英語を日本語にホンヤクする。
他国の言語に直すこと。

❹キョウハク電話がかかる。
相手をおどしつけること。

❺バンコウが過ぎてしかられる。
やばんなおこない。

❻祖父はロウスイで亡くなった。
年をとってすいじゃくすること。

❼カミブクロに品物を詰める。
かみ の ふくろ。

❽クラスがブンレツする。
一つのものがいくつかにわかれること。

❾ブタニクを調理する。
ブタ の にく。

訓読み

1 既に到着した。（　に）
4 相手を脅す。（　す）
6 体力が衰える。（　える）
8 服が裂ける。（　ける）
10 意志を貫く。（　く）
11 賢い動物。（　い）
13 辛い味付け。（　い）
15 新人を雇う。（　う）
17 魂の叫び。（　）
19 鶏を飼う。（　）

漢字力UP

高校新出音訓……

3 手のひらを翻す。（　す）
さっと裏返す。

4 平和を脅かす。（　かす）
危うくさせる。

解答

①既成 ❶既定 ②緊張 ❷緊迫 ③翻意 ❸翻訳 ④脅威 ❹脅迫 ⑤野蛮 ❺蛮行 ⑥衰退 ❻老衰 ⑦手袋 ❼紙袋 ⑧破裂 ❽分裂 ⑨養豚 ❾豚肉 ⑩貫通 ❿一貫 ⑪賢明 ⓫賢察 ⑫容赦 ⓬恩赦 ⑬辛酸 ⓭香辛 ⑭雪辱 ⓮屈辱 ⑮雇用 ⓯解雇 ⑯隻眼 ⓰一隻 ⑰入魂 ⓱魂胆 ⑱悪魔 ⓲魔法 ⑲鶏卵 ⓳養鶏

番号	漢字	意味	部首	画数	読み	用例
10	貫	①つらぬく。やりとおす。	貝（かい）	11	カン／つらぬ（く）	貫通《カンツウ》 一貫《イッカン》
11	賢	①かしこい。まさる。②相手の事柄に添える敬称。	貝（かい）	16	ケン／かしこ（い）	賢明《ケンメイ》 賢察《ケンサツ》
12	赦	①罪や過ちをゆるす。	赤（あか）	11	シャ	容赦《ヨウシャ》 恩赦《オンシャ》
13	辛	①つらい。②からい。③かろうじて。	辛（からい）	7	シン／から（い）	辛酸《シンサン》 香辛《コウシン》
14	辱	①はずかしめる。	辰（しんのたつ）	10	ジョク／はずかし（める）	雪辱《セツジョク》 屈辱《クツジョク》
15	雇	①やとう。人を使う。	隹（ふるとり）	12	コ／やと（う）	雇用《コヨウ》 解雇《カイコ》
16	隻	①かたほう。ひとつ。②船を数える語。	隹（ふるとり）	10	セキ	隻眼《セキガン》 一隻《イッセキ》
17	魂	①たましい。こころ。精神。	鬼（おに）	14	コン／たましい	入魂《ニュウコン》 魂胆《コンタン》
18	魔	①人の心を惑わす怪物。②ふしぎな術。	鬼（おに）	21	マ	悪魔《アクマ》 魔法《マホウ》
19	鶏	①ニワトリ。	鳥（とり）	19	ケイ／にわとり	鶏卵《ケイラン》 養鶏《ヨウケイ》

⑩トンネルがカンツウする。（つらぬいてとおること。）

⑪中止はケンメイな判断だ。（かしこいさま。）

⑫情けヨウシャない攻撃。（手加減すること。）

⑬シンサンをなめる。（苦しい経験をすること。）

⑭前回のセツジョクを果たす。（恥を除き払うこと。）

⑮コヨウ条件を確認する。（人をやとうこと。）

⑯一セキガンをそなえた人。（ものを見抜く力のあること。）

⑰彼は一球ニュウコンで投げる。（あることにたましいを傾けること。）

⑱アクマに取りつかれる。（人に災いをもたらすもの。）

⑲ケイランを料理に使う。（ニワトリのたまご。）

❿彼の主張はイッカンしている。（始めから終わりまで同じ。）

⓫胸中をごケンサツください。（おさっし。）

⓬オンシャによって釈放される。（刑罰の変更や消滅があること。）

⓭コウシン料の効いたカレー。（からみやかおりをつける調味料。）

⓮じっとクツジョクに耐える。（はずかしめられて面目を失うこと。）

⓯従業員をカイコする。（くびにすること。）

⓰船がイッセキ出航する。（船などを数える単位。）

⓱何かコンタンがありそうだ。（よくない意図。）

⓲マホウ使いが出てくる話。（人間わざとは思えないふしぎな術。）

⓳近所にヨウケイ場がある。（たまごや肉のためニワトリを飼育すること。）

7 コアラは有袋類。（育児のための袋を持つ動物。）〔　　〕

14 辱めを受ける。（恥をかかせること。）〔　　め〕

対義語……

1 既定↕ミテイ〔　　〕

6 衰退↕ハッテン〔　　〕

8 分裂↕トウイツ〔　　〕

11 賢明↕アング〔　　〕

類義語……

4 脅威＝キョウフ〔　　〕

11 賢明＝リコウ〔　　〕

11 賢明＝リハツ〔　　〕

13 辛酸＝コンク〔　　〕

15 解雇＝メンショク〔　　〕

同音異字……

1 既成概念を持つ〔　　〕
□□品を買う〔　　〕

訓読み

1 すでに　4 おどす　6 おとろえる　8 さける　10 つらぬく　11 かしこい　13 からい　15 やとう　17 たましい　19 にわとり

漢字力UP

高校新出音訓……　3 ひるがえす　4 おびやかす　7 ゆうたいるい　14 はずかしめ

対義語……　1 未定　6 発展　8 統一　11 暗愚

類義語……　4 恐怖　11 利口　11 利発　13 困苦　15 免職

同音異字……　1 既製

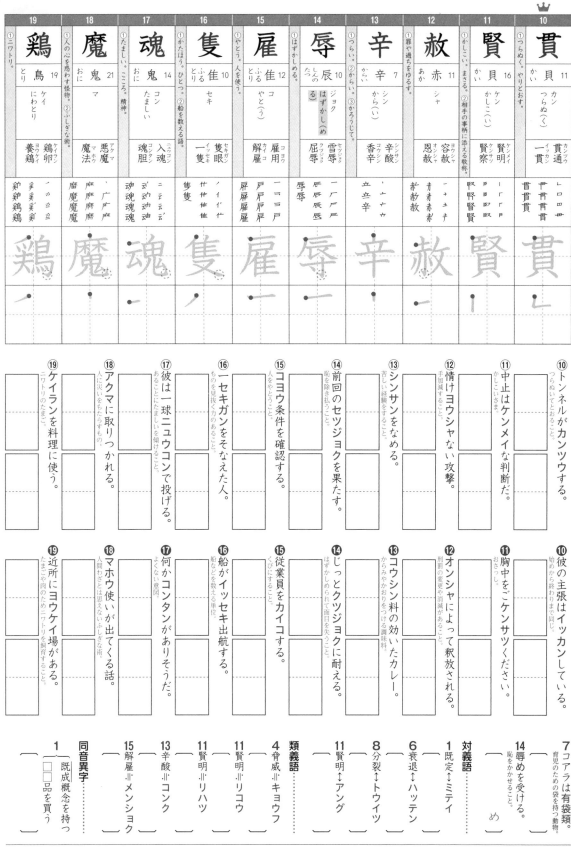

3級 模擬テスト

一 次の――線の漢字の読みをひらがなで記せ。 (30) 1×30

1 港に帆船が停泊する。（　　）
2 敵の侵入を全力で阻止する。（　　）
3 湿度が高く蒸し暑い。（　　）
4 休日は趣味に没頭する。（　　）
5 事故の知らせに動揺する。（　　）
6 今後も強硬路線を貫く。（　　）
7 財界の重鎮と言われる人。（　　）
8 意匠を凝らした照明器具。（　　）
9 新規で契約を結ぶ。（　　）
10 架空の世界のお話。（　　）
11 日々勉学に精進する。（　　）
12 目の錯覚を利用した絵。（　　）
13 若いのに殊勝な決意だ。（　　）
14 販売の促進を図る。（　　）
15 社会福祉が充実した国。（　　）

二 次の――線のカタカナにあてはまる漢字をそれぞれのア～オから一つ選び、記号で答えよ。 (30) 2×15

1 念願かなって感**ガイ**深い。（　　）
2 すべての項目に**ガイ**当する。（　　）
3 事件の**ガイ**略を述べる。（　　）
（ア 該　イ 概　ウ 街　エ 害　オ 慨）

4 実**ケイ**の判決が下った。（　　）
5 新聞に広告を**ケイ**載する。（　　）
6 念のため雨具を**ケイ**帯する。（　　）
（ア 掲　イ 系　ウ 経　エ 携　オ 刑）

7 雪の結**ショウ**を見る。（　　）
8 話の**ショウ**点がぼやける。（　　）
9 新幹線の車**ショウ**になる。（　　）
（ア 焦　イ 掌　ウ 承　エ 鐘　オ 晶）

10 洋食屋の元**ソ**と言われる店。（　　）
11 紙を**ソ**末にするな。（　　）
12 英会話を基**ソ**から学ぶ。（　　）
（ア 礎　イ 訴　ウ 祖　エ 組　オ 粗）

13 記念写真を**ト**る。（　　）
14 ネコがネズミを**ト**る。（　　）
15 新入社員を**ト**る。（　　）
（ア 採　イ 執　ウ 取　エ 捕　オ 撮）

次の熟語は上のア～オのどれにあたるか、一つ選び、記号で答えよ。

1 放棄（　　）
2 遭難（　　）
3 登壇（　　）
4 盛衰（　　）
5 芳香（　　）
6 添削（　　）
7 暫時（　　）
8 無恥（　　）
9 開墾（　　）
10 長寿（　　）

五 次の漢字の部首をア～エから一つ選び、記号で答えよ。 (10) 1×10

1 辱（ア 厂　イ 寸　ウ 一　エ 辰）（　　）
2 藩（ア 艹　イ 氵　ウ 田　エ 番）（　　）
3 慕（ア 艹　イ 日　ウ 大　エ ⺗）（　　）
4 窒（ア 宀　イ 至　ウ ⺳　エ 土）（　　）
5 郭（ア 亠　イ 阝　ウ 口　エ 子）（　　）
6 魔（ア 广　イ 鬼　ウ 麻　エ ム）（　　）
7 賊（ア 貝　イ 十　ウ 戈　エ 戎）（　　）
8 哀（ア 亠　イ 口　ウ 衣　エ 一）（　　）
9 辛（ア 立　イ 亠　ウ 辛　エ 十）（　　）
10 欲（ア 谷　イ 欠　ウ 口　エ 人）（　　）

一	／30
二	／30
三	／10
四	／20
五	／10
六	／20
七	／10
八	／20
九	／10
十	／40
合計	／200

16 純粋な気持ちを持ち続ける。（　　）
17 辞表を提出した大臣を慰留する。（　　）
18 会場内に緊迫した空気が流れる。（　　）
19 情け容赦ない仕打ちに怒る。（　　）
20 転倒して擦過傷を負う。（　　）
21 注意した相手に逆恨みされた。（　　）
22 大事な話を聞き漏らす。（　　）
23 彼女はすぐに冠を曲げる。（　　）
24 幻の名画を求める。（　　）
25 穂先の長い筆を使う。（　　）
26 昼をも欺く明るさだ。（　　）
27 身長が著しく伸びた。（　　）
28 慌ただしい毎日を送っている。（　　）
29 機を織る音が聞こえてくる。（　　）
30 後進に道を譲る。（　　）

三 1～5の三つの□に共通する漢字を入れて熟語を作れ。漢字はア～コから一つ選び、記号で答えよ。 (10) 2×5

1 冷□・□結・□傷（　　）
2 技□・□妙・精□（　　）
3 消□・□亡・点□（　　）
4 上□・□進・□降（　　）
5 □弱・空□・□構（　　）

ア 珍　イ 巧　ウ 隻　エ 昇　オ 淡
カ 却　キ 凍　ク 伸　ケ 虚　コ 滅

四 熟語の構成のしかたには次のようなものがある。 (20) 2×10

ア 同じような意味の漢字を重ねたもの（岩石）
イ 反対または対応の意味を表す字を重ねたもの（高低）
ウ 上の字が下の字を修飾しているもの（洋画）
エ 下の字が上の字の目的語・補語になっているもの（着席）
オ 上の字が下の字の意味を打ち消しているもの（非常）

六 後の□内のひらがなを漢字に直して（　）に入れ、対義語・類義語を作れ。□内のひらがなは一度だけ使うこと。 (20) 2×10

対義語
1 倹約 ―（　）費
2 穏健 ― 過（　）
3 賢明 ― 暗（　）
4 解放 ―（　）束
5 栄華 ―（　）落

類義語
6 克明 ― 丹（　）
7 釈明 ―（　）明
8 高低 ― 起（　）
9 談判 ― 折（　）
10 失望 ― 落（　）

れい・しょう・ぐ・ふく・ろう
げき・たん・ねん・べん・こう

七 次の――線のカタカナを漢字一字と送りがな（ひらがな）に直せ。 (10) 2×5

〈例〉問題に**コタエル**。　答える

1 今月分の家賃が**トドコオル**。（　　）

2 音楽を聴いて気を**マギラワス**。（　　）

3 **カロヤカナ**足取りで駅に向かう。（　　）

4 希望が大きく**フクラム**。（　　）

5 寒さが**ヤワラグ**。（　　）

八 文中の四字熟語の――線のカタカナを漢字に直せ。 (20) 2×10

1 **ココン無双**の実力を持つ。（　　）

2 **カロ冬扇**で役に立たない。（　　）

3 注意しても**馬耳トウフウ**だ。（　　）

4 **複雑カイキ**な事件が起きる。（　　）

5 **カンキュウ自在**の投球に苦戦した。（　　）

6 問題を**一刀リョウダン**に処理する。（　　）

十 次の――線のカタカナを漢字に直せ。 (40) 2×20

1 **ゴクヒ**のうちに話を進める。（　　）

2 地震で家屋が**ホウカイ**した。（　　）

3 自己資金が**ジュンタク**にある。（　　）

4 **ソッセン**して庭掃除をする。（　　）

5 首相は**オウベイ**歴訪の旅に出た。（　　）

6 大都市**キンコウ**に家を建てる。（　　）

7 **タクエツ**した能力の持ち主だ。（　　）

8 **コフン**から土器が出土した。（　　）

9 図書館で資料を**エツラン**する。（　　）

10 すばやく適切な**ソチ**をとる。（　　）

11 花は**エ**み、鳥は歌う。（　　）

7 彼は最後まで**孤軍フントウ**した。（　）

8 **テンイ無縫**な人柄がにじみ出る。（　）

9 **オンコウ篤実**な性格だ。（　）

10 ベテランの**面目ヤクジョ**たる演技。（　）

九 次の各文にまちがって使われている同じ読みの漢字が一字ある。上に誤字を、下に正しい漢字を記せ。　(10) 2×5

1 酪農農家で宿泊体験学習を行う学生は、毎朝牛舎で索乳作業をする。（　→　）

2 多くの犠牲が払われて今回の計画が軌導に乗ったことを忘れてはいけない。（　→　）

3 定期的に専門業者に依頼して、音楽室のピアノを彫律してもらっている。（　→　）

4 各部署の担当者が全力を傾駐して問題解決に尽力した結果、よい製品が完成した。（　→　）

5 過去十年間の業務実績を参考にして、今後の経営方針を決定した。（　→　）

12 妹はロンドンに**トツ**いだ。（　）

13 手と手を固く**ニギ**り合う。（　）

14 キャンプには**ネブクロ**を持参する。（　）

15 **ホノオ**は夜空を赤く染めた。（　）

16 ぬれた髪の毛を**カワ**かす。（　）

17 音楽の才能が**トボ**しい。（　）

18 とんだ**シロモノ**をつかまされた。（　）

19 魚のフライを**ア**げる。（　）

20 キャンプ場で**キモダメ**しをする。（　）

―おわり―

準2級 第1回

準2級学習漢字328字中 19字

番号	漢字	部首	画数	読み	用例	意味
1	偽	イ にんべん	11	ギ / いつわ(る) / にせ	偽善《ギゼン》 虚偽《キョギ》	①いつわる。だます。②にせ。にせもの。
2	傑	イ にんべん	13	ケツ	傑出《ケッシュツ》 傑作《ケッサク》	①すぐれる。まさる。
3	侯	イ にんべん	9	コウ	王侯《オウコウ》 諸侯《ショコウ》	①きみ。貴族の階級を示す語。
4	儒	イ にんべん	16	ジュ	儒学《ジュガク》 儒教《ジュキョウ》	①孔子の学問、教え。
5	俊	イ にんべん	9	シュン	俊敏《シュンビン》 俊才《シュンサイ》	①すぐれる。かしこい。
6	償	イ にんべん	17	ショウ / つぐな(う)	代償《ダイショウ》 弁償《ベンショウ》	①つぐなう。つぐない。
7	仙	イ にんべん	5	セン	仙人《センニン》 詩仙《シセン》	①せんにん。②優れたものや人。
8	但	イ にんべん	7	ただ(し)	但《ただ》し	①ただし。ただ。
9	偵	イ にんべん	11	テイ	偵察《テイサツ》 探偵《タンテイ》	①うかがう。さぐる。

書き取りA　1回目　2回目

①ギゼン的な行為でだます。　正しいように見せかけること。

②ケッシュツした力を見せる。　ぬきんでてすぐれていること。

③オウコウ貴族の暮らしぶり。　君主、領主。

④ジュガクの祖は孔子だ。　中国古来の政治・道徳の教えの一つ。

⑤シュンビンな身のこなし。　行動がすばやいさま。

⑥勝利のダイショウは大きい。　目的達成のために失ったもの。

⑦センニンのような考えだ。　無欲で世俗を超越したひと。

⑧タダし書きをしっかり読む。　説明などを書き加えた文。

⑨敵の様子をテイサツする。　ひそかに相手の様子をさぐること。

書き取りB　1回目　2回目

❶役所にキョギの報告をする。　うそやいつわり。

❷世紀のケッサクを生み出す。　非常にすぐれたできばえの品。

❸国内のショコウを呼び集める。　中世から近世の大名たち。

❹ジュキョウ思想の特徴。　じゅがくのおしえ。

❺シュンサイと評価される。　特にすぐれたさいのうを持つ人。

❻なくした本をベンショウする。　損害を金品でつぐなうこと。

❼一般にシセンとは李白《りはく》をさす。　しをよむことにすぐれた人。

もう一度書いてみよう!

❾名タンテイが活躍する作品。　ひそかに相手のことをさぐり調べる人。

訓読み

1 経歴を偽る。（　る）

6 罪を償う。（　う）

12 二つの市を併せる。（　せる）

13 重心が偏る。（　る）

漢字力UP

高校新出音訓……

1 偽の情報。　うそ。（　）

11 敵を侮る。　相手の力を下にみてばかにする。（　る）

19 弓の弦を張る。　弓に張る糸。（　）

対義語……

1 虚偽↔シンジツ（　）

5 俊才↔ボンサイ（　）

11 軽侮↔ソンケイ（　）

解答

①偽善 ❶虚偽 ②傑出 ❷傑作 ③王侯 ❸諸侯 ④儒学 ❹儒教 ⑤俊敏 ❺俊才 ⑥代償 ❻弁償 ⑦仙人 ❼詩仙 ⑧但し ⑨偵察 ❾探偵 ⑩伯仲 ❿画伯 ⑪侮辱 ⓫軽侮 ⑫合併 ⓬併発 ⑬偏見 ⓭偏屈 ⑭年俸 ⓮減俸 ⑮公僕 ⓯下僕 ⑯同僚 ⓰官僚 ⑰倫理 ⓱人倫 ⑱岬巡り ⑲上弦 ⓳管弦

準2級

番号	漢字	意味	部首	画数	読み	語例
10	伯	①兄弟姉妹の最年長。②一芸に秀でたもの。	亻 にんべん	7	ハク	伯仲《ハクチュウ》 画伯《ガハク》
11	侮	①あなどる。さげすむ。	亻 にんべん	8	ブ あなど(る)	侮辱《ブジョク》 軽侮《ケイブ》
12	併	①あわせる。ならぶ。	亻 にんべん	8	ヘイ あわ(せる)	合併《ガッペイ》 併発《ヘイハツ》
13	偏	①かたよる。かたより。②かたくな。③へん。	亻 にんべん	11	ヘン かたよ(る)	偏見《ヘンケン》 偏屈《ヘンクツ》
14	俸	①給料。手あて。	亻 にんべん	10	ホウ	年俸《ネンポウ》 減俸《ゲンポウ》
15	僕	①しもべ。②おもに男子の一人称。	亻 にんべん	14	ボク	公僕《コウボク》 下僕《ゲボク》
16	僚	①なかま。②つかさ。役人。	亻 にんべん	14	リョウ	同僚《ドウリョウ》 官僚《カンリョウ》
17	倫	①秩序。人のみち。	亻 にんべん	10	リン	倫理《リンリ》 人倫《ジンリン》
18	岬	①みさき。	山 やまへん	8	みさき	岬巡《みさきめぐ》り
19	弦	①弓に張る糸。楽器に張る糸。	弓 ゆみへん	8	ゲン つる	上弦《ジョウゲン》 管弦《カンゲン》

⑩実力がハクチュウする。
優劣がつけられないこと。

⑪友達をブジョクされて怒る。
あなどり恥をかかせること。

⑫二社がガッペイする。
一つにあわさること。

⑬独断とヘンケンで決める。
まったくの好みに基づくさま。

⑭ネンポウ一億円で契約する。
一ねん分の給料。

⑮コウボクとして働く。
役人。こうむいん。

⑯ドウリョウと食事に行く。
職場がおなじ人。

⑰リンリ観が問われる。
人として守り、ふみ行うべきみち。

⑱ミサキメグりのバス。
あちこちのみさきを訪れること。

⑲ジョウゲンの月を見上げる。
新月から満月に至る中間ごろの月。

もう一度書いてみよう!

❿某ガハクの作品展に行く。
絵を描くことにたけた人。

⓫相手をケイブした発言。
人を見下してばかにすること。

⓬交通事故がヘイハツする。
二つ以上のことが同時に起こること。

⓭ヘンクツ者と言われる。
素直でないさま。

⓮ゲンポウ処分を受ける。
給料をへらすこと。

⓯主人のゲボクとして動く。
めしつかい。

⓰カンリョウ出身の国会議員。
上級の役人。

⓱ジンリンにもとる行為。
道徳的にとるべき言動。

⓲カンゲン楽のしらべを聴く。
かん楽器とげん楽器。

類義語……
5 俊才≒シュンエイ（　）
10 伯仲≒ゴカク（　）
12 合併≒ヘイゴウ（　）
16 官僚≒カンリ（　）
17 倫理≒ドウトク（　）

同音異字……
3 王侯貴族／寒冷気□（気）
6 補償金を払う／出来を□賛する（賛）
10 勢力が伯仲する／思わず□手する／旅先で宿□する／□真の演技（手）（宿）（真）
19 上弦の月／□□に達する（　）

訓読み 1 いつわる　6 つぐなう　12 あわせる　13 かたよる

漢字力UP

高校新出音訓…… 1 にせ　11 あなどる　19 つる

対義語…… 1 真実　5 凡才　11 尊敬

類義語…… 5 俊英　10 互角　12 併合　16 官吏　17 道徳

同音異字…… 3 気候　6 賞賛　10 拍手　宿泊　迫真　19 上限

準2級 第2回

準2級学習漢字328字中 38字

	1	2	3	4	5	6	7	8	9
漢字	拐	括	擬	拒	挟	拷	抄	据	拙
意味	①だまし取る。だまして連れ去る。	①まとめる。しばる。	①なぞらえる。似る。	①こばむ。くいとめる。ことわる。	①さしはさむ。はさまる。	①うつ。たたく。せめる。	①抜き書きする。書き写す。	①すえる。位置につける。	①つたない。②自分をけんそんしていう語。
部首	扌 てへん	扌 てへん	扌 てへん	扌 てへん	扌 てへん	扌 てへん	扌 てへん	扌 てへん	扌 てへん
画数	8	9	17	8	9	9	7	11	8
読み	カイ	カツ	ギ	キョ こば(む)	キョウ はさ(む・まる)	ゴウ	ショウ	す(える・わる)	セツ つたな(い)
用例	誘拐《ユウカイ》 拐帯《カイタイ》	包括《ホウカツ》 一括《イッカツ》	模擬《モギ》 擬人《ギジン》	拒絶《キョゼツ》 拒否《キョヒ》	挟撃《キョウゲキ》 板挟《いたばさ》み	拷問《ゴウモン》	抄録《ショウロク》 抄訳《ショウヤク》	据《す》える 据《す》え置《お》き	稚拙《チセツ》 拙者《セッシャ》
筆順	一 十 扌 扌 扣 扣 拐 拐	一 十 扌 扌 扩 扦 括 括 括	扌 扌 扌 扌 扌 挨 挨 擬 擬 擬 擬 擬	一 十 扌 扌 扩 扌 拒 拒	一 十 扌 扌 扌 扌 扌 挟 挟	一 十 扌 扌 扌 扌 扌 拷 拷	一 十 扌 扌 抄 抄 抄	一 十 扌 扌 扌 扌 扌 扌 据 据 据	一 十 扌 扌 扌 扌 拙 拙

書き取りA（1回目・2回目）

①ユウカイ事件が起こる。
だましてさそいだすこと。

②全意見をホウカツする。
ひとまとめにすること。

③学校でモギ試験を受ける。
本物をまねること。

④要求をキョゼツする。
こばむこと。

⑤敵を左右からキョウゲキする。
はさみうち。

⑥厳しいゴウモンを受ける。
肉体的苦痛を与え白状させること。

⑦要点をショウロクする。
必要な部分を抜き出して書くこと。

⑧肝をスえて試合に取り組む。
覚悟をきめること。

⑨チセツな文章を書く。
つたないさま。

書き取りB（1回目・2回目）

❶資本金をカイタイする。
預かった金品を持ち逃げすること。

❷全員分をイッカツして支払う。
ひとつにまとめること。

❸ギジン法を用いて表現する。
ひと以外のものをひとに見立てること。

❹会への参加をキョヒする。
承知しないでことわること。

❺二人の間でイタバサみになる。
どちらつかずで悩むこと。

もう一度書いてみよう！

❼古典をショウヤク版で読む。
一部分をほんやくしたもの。

❽お値段スえ置きの商品。
そのままの状態にしておくこと。

❾セッシャは雪国生まれじゃ。
主に武士が用いた自称。

訓読み

4 提案を拒む。（　む）

9 拙い司会。（　い）

10 暗闇で捜す。（　す）

12 困難に挑む。（　む）

漢字力UP

高校新出音訓……

5 敵を挟撃する。（　）
はさみうち。

対義語……

2 一括↔ブンカツ（　）

4 拒絶↔ジュダク（　）

4 拒否↔ショウダク（　）

7 抄訳↔ゼンヤク（　）

9 稚拙↔コウミョウ（　）

11 挿入↔サクジョ（　）

13 撤去↔セッチ（　）

解答

①誘拐 ❶拐帯 ②包括 ❷一括 ③模擬 ❸擬人 ④拒絶 ❹拒否 ⑤挟撃 ❺板挟み ⑥拷問 ⑦抄録 ❼抄訳 ⑧据え ❽据え ⑨稚拙 ❾拙者 ⑩捜索 ❿捜査 ⑪挿入 ⓫挿絵 ⑫挑戦 ⓬挑発 ⑬撤回 ⓭撤去 ⑭搭乗 ⓮搭載 ⑮把握 ⓯把持 ⑯披見 ⓰披露 ⑰扶養 ⓱扶助 ⑱撲滅 ⓲打撲 ⑲抹消 ⓳一抹

番号	漢字	意味	部首	画数	読み	用例
10	捜	①さがす。しらべる。	扌 てへん	10	ソウ さが(す)	捜索《ソウサク》 捜査《ソウサ》
11	挿	①さす。さしはさむ。	扌 てへん	10	ソウ さ(す)	挿入《ソウニュウ》 挿絵《さしエ》
12	挑	①いどむ。しかける。	扌 てへん	9	チョウ いど(む)	挑戦《チョウセン》 挑発《チョウハツ》
13	撤	①取りさる。すてる。引き上げる。	扌 てへん	15	テツ	撤回《テッカイ》 撤去《テッキョ》
14	搭	①のる。のせる。	扌 てへん	12	トウ	搭乗《トウジョウ》 搭載《トウサイ》
15	把	①つかむ。とる。	扌 てへん	7	ハ	把握《ハアク》 把持《ハジ》
16	披	①ひらく。ひろげる。②うちあける。	扌 てへん	8	ヒ	披見《ヒケン》 披露《ヒロウ》
17	扶	①たすける。せわをする。	扌 てへん	7	フ	扶養《フヨウ》 扶助《フジョ》
18	撲	①なぐる。うつ。	扌 てへん	15	ボク	撲滅《ボクメツ》 打撲《ダボク》
19	抹	①けす。②ぬる。③こな。	扌 てへん	8	マツ	抹消《マッショウ》 一抹《イチマツ》

⑩ 行方不明者をソウサクする。（さがしもとめること。）
⑪ 文章に注をソウニュウする。（さしいれること。）
⑫ 最高記録にチョウセンする。（いどむこと。）
⑬ 前回の発言をテッカイする。（文書や発言を取り下げること。）
⑭ 飛行機のトウジョウ券を買う。（のり込むこと。）
⑮ 被害の状況をハアクする。（完全に理解すること。）
⑯ 書状をヒケンする。（文書や手紙を開いてみること。）
⑰ 子供をフヨウする義務がある。（生活の面倒を見ること。）
⑱ がんのボクメツを目ざす。（完全にほろぼすこと。）
⑲ 選手登録をマッショウする。（けしさること。）

⑩ 殺人事件をソウサする。（犯人をさがすこと。）
⑪ 本のサシエを担当する。（本文の中にあるえ。）
⑫ 相手のチョウハツに乗る。（事を引き起こすようにしかけること。）
⑬ 放置自転車をテッキョする。（取りさること。）
⑭ 安全機能をトウサイした車。（車や船に装備すること。）
⑮ 電車のにぎり棒をハジする。（手でしっかりつかむこと。）
⑯ 新曲の動画をヒロウする。（発表すること。）
⑰ 相互フジョの精神を持つ。（たすけ支えること。）
⑱ ダボクの手当てをする。（うち身。）
⑲ イチマツの不安が残る。（ほんのわずか。）

類義語……

7 抄録＝バッスイ（　）
16 披露＝コウカイ（　）
18 撲滅＝コンゼツ（　）
19 抹消＝サクジョ（　）

同音異字……

14 バスに搭乗する／ピサの斜□（斜）
16 成果を披露する／□害を受ける（害）／□我の戦力差（我）／□労がたまる（労）

同訓異字……

11 USBを挿す／まち針を□す（　す）／夕日が□す（　す）／針が北を□す（　す）

訓読み
4 こばむ
9 つたない
10 さがす
12 いどむ

漢字力UP

高校新出音訓……
5 きょうげき

対義語……
2 分割
4 受諾
4 承諾
7 全訳
9 巧妙
11 削除
13 設置

類義語……
7 抜粋
16 公開
18 根絶
19 削除

同音異字……
14 斜塔
16 被害 彼我 疲労

同訓異字……
11 刺す 差す 指す

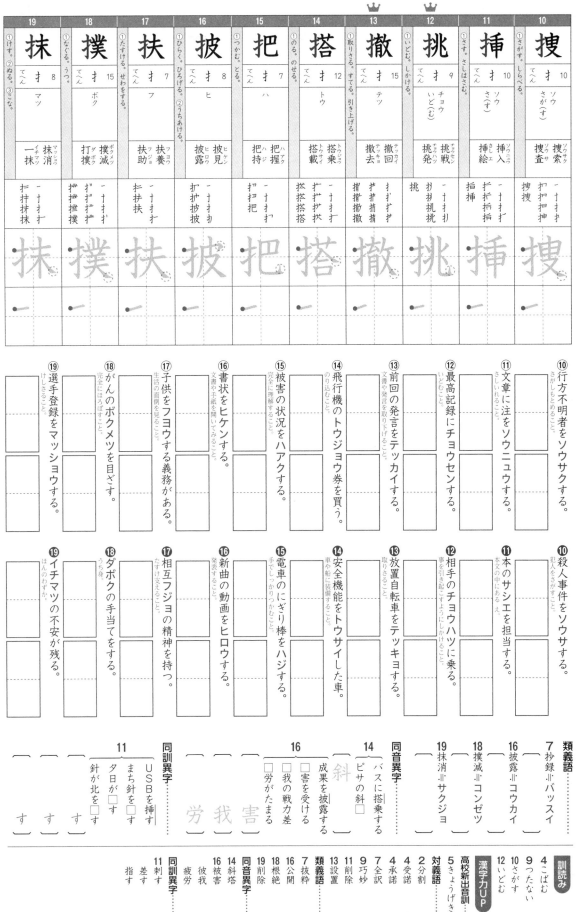

準2級 第3回

準2級学習漢字328字中 57字

番号	漢字	意味	部首	部首名	画数	読み	用例
1	浦	①うら。はま。みずべ。	氵	さんずい	10	うら	浦風《うらかぜ》　浦浦《うらうら》
2	渦	①うずまき。うずまく。	氵	さんずい	12	カ　うず	渦中《カチュウ》　渦潮《うずしお》
3	涯	①行きつくはて。	氵	さんずい	11	ガイ	天涯《テンガイ》　生涯《ショウガイ》
4	渇	①水がかれる。のどがかわく。②はげしく望む。	氵	さんずい	11	カツ　かわ(く)	枯渇《コカツ》　渇望《カツボウ》
5	渓	①たにがわ。たにま。	氵	さんずい	11	ケイ	渓流《ケイリュウ》　渓谷《ケイコク》
6	江	①大きな川。いりえ。	氵	さんずい	6	コウ　え	江湖《コウコ》　長江《チョウコウ》
7	洪	①おおみず。②おおきい。すぐれた。	氵	さんずい	9	コウ	洪水《コウズイ》　洪恩《コウオン》
8	溝	①みぞ。水路。ほり。	氵	さんずい	13	コウ　みぞ	側溝《ソッコウ》　海溝《カイコウ》
9	漆	①うるし。うるしのようにくろい。	氵	さんずい	14	シツ　うるし	漆器《シッキ》　漆黒《シッコク》

書き取りA

1回目　2回目

①心地よいウラカゼが吹く。
海辺を吹くかぜ。

②疑惑のカチュウにいる人物。
もめている状態のなか。

③テンガイ孤独な身の上。
身寄りが一人もいないこと。

④資源コカツの対策に乗り出す。
ものがつきてなくなること。

⑤ケイリュウで川遊びをする。
谷をながれる川。

⑥広くコウコの評判を得た。
世の中。

⑦コウズイ警報が解除された。
大雨で川のみずがあふれ出ること。

⑧ソッコウをきれいに掃除する。
道路わきのみぞ。

⑨シッキのおわんを使う。
うるし塗りのうつわ。

書き取りB

1回目　2回目

❶つつウラウラの名産品を食す。
国中。

❷船からウズシオを見る。
うずを巻きながら流れる海水。

❸ショウガイ忘れない出来事。
いきている間。

❹優秀な人材をカツボウする。
切実にのぞむこと。

❺切り立ったケイコクを歩く。
深く険しい側壁をもつ たに。

❻中国のチョウコウを渡る。
中国中央部を流れる川。

❼父のコウオンに報いる。
大きな恵み。

❽日本カイコウを調査する。
うみの底の細長くくぼんでいる所。

❾シッコクの髪をなびかせる。
くろくてつやのあること。

訓読み

4 のどが渇く。〔　　く〕

6 入り江に向かう。〔　　り〕

8 粘土で溝を作る。〔　　〕

9 漆を塗った皿。〔　　〕

10 お汁粉を食べる。〔　　〕

11 渋い顔をする。〔　　い〕

19 泥のように眠る。〔　　〕

漢字力UP

高校新出音訓……

2 戦渦に巻き込まれる。〔　　〕
戦争の混乱。

4 渇水が起こる。〔　　〕
水不足。

15 興味津津。〔　　〕
興味が尽きないさま。

19 父が泥酔する。〔　　〕
ひどく酒に酔うこと。

解答

①浦風　❶浦浦(浦々)　②渦中　❷渦潮　③天涯　❸生涯　④枯渇　❹渇望　⑤渓流　❺渓谷　⑥江湖　❻長江　⑦洪水　❼洪恩　⑧側溝　❽海溝　⑨漆器　❾漆黒　⑩果汁　❿苦汁　⑪渋滞　⓫苦渋　⑫淑女　⓬私淑　⑬渉猟　⓭干渉　⑭清浄　⓮洗浄　⑮津波　⓯津津(津々)　⑯漸次　⓰漸進　⑰洗濯　⑱塩漬け　⑲雲泥　⓳拘泥

10 **汁**
①しる。液体。つゆ。
さんずい 氵 5
ジュウ / しる
果汁《カジュウ》 苦汁《クジュウ》

11 **渋**
①しぶる。とどこおる。②にがにがしいさま。
さんずい 氵 11
ジュウ / しぶ / しぶ(い・る)
渋滞《ジュウタイ》 苦渋《クジュウ》

12 **淑**
①しとやか。②したう。
さんずい 氵 11
シュク
淑女《シュクジョ》 私淑《シシュク》

13 **渉**
①ひろく見聞する。②かかわる。あずかる。
さんずい 氵 11
ショウ
渉猟《ショウリョウ》 干渉《カンショウ》

14 **浄**
①きよい。きよらか。②きよめる。
さんずい 氵 9
ジョウ
清浄《セイジョウ》 洗浄《センジョウ》

15 **津**
①みなと。わたし場。②わきでるさま。
さんずい 氵 9
シン / つ
津波《つなみ》 津津《シンシン》

16 **漸**
①ようやく。しだいに。
さんずい 氵 14
ゼン
漸次《ゼンジ》 漸進《ゼンシン》

17 **濯**
①あらう。すすぐ。
さんずい 氵 17
タク
洗濯《センタク》

18 **漬**
①つける。つかる。
さんずい 氵 14
つ(ける・かる)
塩漬《しおづ》け

19 **泥**
①どろ。どろのような。②こだわる。
さんずい 氵 8
デイ / どろ
雲泥《ウンデイ》 拘泥《コウデイ》

⑩みかんのカジュウを搾る。
くだものを搾って得られるしる。

⑪高速道路がジュウタイする。
なかなか先へ進めないこと。

⑫多くのシュクジョが集まる。
上品でしとやかなおんなの人。

⑬資料をショウリョウする。
広く書物などを読みあさること。

⑭室内をセイジョウに保つ。
きよらかでけがれのないさま。

⑮ツナミ注意報が発令される。
地震などで生じる大きななみ。

⑯病状がゼンジ快方に向かう。
しだいに。

⑰晴れた日にセンタクする。
あらってきれいにすること。

⑱野菜をシオヅけにする。
しおでつけること。

⑲昔とはウンデイの差がある。
たいへんな違い。

❿最下位のクジュウをなめる。
にがい経験。

⓫クジュウに満ちた表情。
くるしみ悩むこと。

⓬シシュクしている先生と会う。
ひそかに尊敬し模範として学ぶこと。

⓭子の考え方にカンショウする。
他人のことに立ち入って口をはさむこと。

⓮患部をセンジョウする。
あらいすすぐこと。

⓯興味シンシンで見学する。
興味が次々にわいて尽きないさま。

⓰ゼンシン的な社会改革。
じょじょにすすむこと。

もう一度書いてみよう!

もう一度書いてみよう!

⓳勝敗にばかりコウデイする。
こだわること。

対義語……
12 淑女↔シンシ（　　）
13 干渉↔ホウニン（　　）
14 清浄↔オダク（　　）
14 洗浄↔オセン（　　）
16 漸進↔キュウシン（　　）

類義語……
3 生涯=シュウセイ（　　）
13 干渉=カイニュウ（　　）

同音異字……
17 洗濯をする／進路を□□する（　　）

同訓異字……
18 梅を漬ける／十時に□ける／気を□ける／志望職に□ける
（　　ける）（　　ける）（　　ける）

訓読み 4 かわく 6 いりえ 8 みぞ 9 うるし 10 しるこ 11 しぶい 19 どろ

漢字力UP

高校新出音訓…… 2 せんか 4 かっすい 15 しんしん 19 でいすい

対義語…… 12 紳士 13 放任 14 汚濁 14 汚染 16 急進

類義語…… 3 終生（終世） 13 介入

同音異字…… 17 選択

同訓異字…… 18 着ける 付ける 就ける

準2級 第4回

準2級学習漢字328字中 75字

	1	2	3	4	5	6	7	8	9
漢字	洞	漠	沸	泡	涼	嚇	喝	吟	唆
意味	①つらぬく。見とおす。②ほらあな。うろ。	①すなはら。②ひろい。とりとめのない。	①わく。わかす。	①あわ。あぶく。	①すずしい。すずむ。②さびしい。	①いかる。大声でしかる。②おどす。おどかす。	①おどす。大きな声を出す。	①ふしをつけてうたう。詩歌。②よくたしかめる。	①そそのかす。ほのめかす。けしかける。
部首・画数	氵 さんずい 9	氵 さんずい 13	氵 さんずい 8	氵 さんずい 8	氵 さんずい 11	口 くちへん 17	口 くちへん 11	口 くちへん 7	口 くちへん 10
読み	ドウ ほら	バク	フツ わ(く・かす)	ホウ あわ	リョウ すず(しい・む)	カク	カツ	ギン	サ そそのか(す)
用例	洞察《ドウサツ》 空洞《クウドウ》	砂漠《サバク》 漠然《バクゼン》	沸点《フッテン》 煮沸《シャフツ》	発泡《ハッポウ》 気泡《キホウ》	納涼《ノウリョウ》 荒涼《コウリョウ》	嚇怒《カクド》 威嚇《イカク》	喝破《カッパ》 恐喝《キョウカツ》	吟詠《ギンエイ》 吟味《ギンミ》	示唆《シサ》 教唆《キョウサ》

書き取りA

1回目 2回目

①ドウサツカの鋭い人。
物事を見抜くこと。

②サバクの緑化事業に携わる。
すなばかりのやせた土地。

③水のフッテンを調べる。
液体がにえたつ温度。

④ハッポウスチロールの容器。
あわ状の空間がある合成樹脂のひとつ。

⑤ノウリョウ花火大会に行く。
工夫してすずしさを味わうこと。

⑥父が妹にカクドした。
かっとなっておこること。

⑦旧来の誤りをカッパする。
道理を明らかにすること。

⑧漢詩のギンエイが得意だ。
ふしをつけてうたうこと。

⑨シサに富んだ意見。
暗に気づかせること。

書き取りB

1回目 2回目

❶壁のクウドウが気になる。
中がからで何もない穴。

❷バクゼンとした不安がよぎる。
はっきりしないさま。

❸ふきんをシャフツ消毒する。
水を火にかけてにたたせること。

❹炭酸飲料のキホウは二酸化炭素。
きたいのあわ。

❺コウリョウとした原野。
あれはててものさびしいさま。

❻動物にイカクされる。
おどかすこと。

❼キョウカツの電話を通報する。
弱みにつけこんでおどし、金品をうばうこと。

❽資料の内容をギンミする。
よく調べること。

❾殺人キョウサで捕まった犯人。
他人をそそのかして犯意を生じさせること。

訓読み

1 洞穴を探検する。〔　　〕

3 お湯を沸かす。〔　かす〕

4 努力が水の泡。〔　　〕

5 室内で涼む。〔　む〕

12 聞くに堪えない。〔　えない〕

漢字力UP

高校新出音訓

9 甘い言葉で唆す。〔　す〕
おだてて悪いほうへ誘う。

10 唯唯諾諾。〔　　〕
相手のいいなりになるさま。

12 堪忍してくれ。〔　　〕
怒りをこらえて、他人の過ちを許すこと。

16 経験を培う。〔　う〕
育成する。

対義語

2 漠然↕センメイ〔　　〕

3 沸点↕ヒョウテン〔　　〕

解答

①洞察 ❶空洞 ②砂漠 ❷漠然 ③沸点 ❸煮沸 ④発泡 ❹気泡 ⑤納涼 ❺荒涼 ⑥嚇怒 ❻威嚇 ⑦喝破 ❼恐喝 ⑧吟詠 ❽吟味 ⑨示唆 ❾教唆 ⑩唯一 ❿唯物 ⑪垣根 ⓫竹垣 ⑫堪能 ⓬堪忍 ⑬土壌 ⓭豊壌 ⑭貝塚 ⓮一里塚 ⑮坪数 ⓯建坪 ⑯培養 ⓰栽培 ⑰土塀 ⓱板塀 ⑱外堀 ⓲内堀

番号	漢字	意味	部首名	部首	画数	音訓	用例
10	唯	①ただ。それだけ。②「はい」という応答の語。	くちへん	口	11	ユイ　イ	唯一《ユイイツ》　唯物《ユイブツ》
11	垣	①かきね。かこい。	つちへん	土	9	かき	垣根《かきね》　竹垣《たけがき》
12	堪	①たえる。すぐれる。②こらえる。	つちへん	土	12	カン　た(える)	堪能《カンノウ(タンノウ)》　堪忍《カンニン》
13	壌	①つち。農地。土地。	つちへん	土	16	ジョウ	土壌《ドジョウ》　豊壌《ホウジョウ》
14	塚	①つか。大きな墓。	つちへん	土	12	つか	貝塚《かいづか》　一里《イチリ》塚《づか》
15	坪	①つぼ。面積の単位。約三・三平方メートル。	つちへん	土	8	つぼ	坪数《つぼスウ》　建坪《たてつぼ》
16	培	①つちかう。草木を育てる。	つちへん	土	11	バイ　つちか(う)	培養《バイヨウ》　栽培《サイバイ》
17	塀	①へい。かこい。	つちへん	土	12	ヘイ	土塀《ドベイ》　板塀《いたベイ》
18	堀	①ほり。	つちへん	土	11	ほり	外堀《そとぼり》　内堀《うちぼり》

漢字の豆知識

動詞と名詞で異なる漢字

名詞では「堀」だけど、「土をほる」のように動詞として使う場合は、つちへんをてへんに換えて「掘」という字を使うよ。「手を使ってほる」という動作が、てへんによって表されているんだね。

⑩ユイイツの方法を見つける。　ただひとつ。

⑪隣人とカキネ越しに話す。　家、敷地の仕切り。

⑫母は英語にカンノウだ。　その道に深く通じているさま。

⑬ドジョウが肥えている。　つち。

⑭カイヅカを発見する。　古代人が物を捨てた場所。

⑮新居のツボスウを計算する。　土地の面積。

⑯細胞をバイヨウする。　人工的に増やすこと。

⑰ドベイで囲まれた家。　つちのへい。

⑱城のソトボリを埋める。　城の周囲のほり。

❿ユイブツ論を唱える学者。　ものの本質は物質であるという説。

⓫庭にタケガキを設置する。　たけでできたかきね。

⓬カンニン袋のおが切れる。　我慢できなくなること。

⓭ホウジョウの地に里ができた。　土地が肥えていること。

⓮イチリヅカのわきで休む。　いちり　の目印として作った　つか。

⓯タテツボの広い家を建てる。　たてものの一階部分が占める面積。

⓰温室で花をサイバイする。　草木を育てること。

⓱日曜大工でイタベイを作る。　いたで作ったへい。

⓲城のウチボリを舟で渡す。　城のないぶにあるほり。

10 唯物↕ユイシン（　）

16 栽培↕ジセイ（　）

16 栽培↕ヤセイ（　）

類義語……

6 威嚇＝イアツ（　）

7 恐喝＝キョウハク（　）

8 吟詠＝ロウエイ（　）

9 示唆＝アンジ（　）

12 堪忍＝カンベン（　）

12 堪忍＝ニンタイ（　）

同音異字……

4 発泡スチロール／銃を□□する（　）

同訓異字……

12 聞くに堪えない／命が□える／痛みに□える（　える）（　える）

漢字力UP

訓読み　1 ほらあな　3 わかす　4 あわ　5 すずむ　12 たえない

高校新出音訓……　9 そそのかす　10 いい　12 かんにん　16 つちかう

対義語……　2 鮮明　3 氷点　10 唯心　16 自生　16 野生

類義語……　6 威圧　7 脅迫　8 朗詠　9 暗示　12 勘弁　12 忍耐

同音異字……　4 発砲

同訓異字……　12 絶える　耐える

準2級 第5回

準2級学習漢字328字中 93字

番号	漢字	意味	部首	画数	読み	用例
1	姻	①とつぐ。結婚によってできた親類。	女 おんなへん	9	イン	婚姻《コンイン》 姻族《インゾク》
2	嫌	①きらう。いやがる。②うたがう。	女 おんなへん	13	ケン ゲン きら(う) いや	嫌悪《ケンオ》 嫌疑《ケンギ》
3	娠	①はらむ。みごもる。	女 おんなへん	10	シン	妊娠《ニンシン》
4	嫡	①あとつぎ。	女 おんなへん	14	チャク	嫡流《チャクリュウ》 嫡子《チャクシ》
5	妊	①はらむ。みごもる。	女 おんなへん	7	ニン	妊婦《ニンプ》 不妊《フニン》
6	媒	①なかだち。関係をとりもつ。	女 おんなへん	12	バイ	媒介《バイカイ》 媒体《バイタイ》
7	妃	①きさき。ひ。	女 おんなへん	6	ヒ	王妃《オウヒ》 妃殿下《ヒデンカ》
8	懐	①心におもう。②ふところ。③なつける。	忄 りっしんべん	16	カイ ふところ なつ(かしい・かしむ・く・ける)	懐古《カイコ》 懐柔《カイジュウ》
9	憾	①うらむ。ざんねんに思う。	忄 りっしんべん	16	カン	遺憾《イカン》

書き取りA　1回目　2回目

①コンイン届を提出する。
夫婦となること。

②犯罪をケンオする。
強い不快感を持つこと。

③姉はニンシン六か月だ。
女性がみごもること。

④清和源氏のチャクリュウ。
本家の血筋。

⑤ニンプに席を譲る。
子をみごもっている女性。

⑥病気をバイカイする虫。
あるものから他に移すこと。

⑦某国のオウヒが来日する。
おうの きさき。

⑧同窓会でカイコの情がわく。
昔をなつかしむこと。

⑨今回のことをイカンに思う。
ざんねんな気持ち。

書き取りB　1回目　2回目

❶インゾクと宴会を催す。
結婚によって親戚関係になった人たち。

❷脱税のケンギをかけられる。
犯罪の事実があるのではというぅたがい。

もう一度書いてみよう！

❹チャクシとして育てられる。
あとつぎとなる長男。

❺フニン治療をおこなう。
にんしんできないこと。

❻宣伝バイタイの契約をする。
伝達のなかだちとなるもの。

❼ヒデンカを警護する。
王族のきさきを敬っていう語。

❽反対派をカイジュウする。
自分の思い通りに手なずけること。

もう一度書いてみよう！

訓読み

2 不正を嫌う。〔　う〕

2 嫌な気持ち。〔　〕

14 スランプに陥る。〔　る〕

漢字力UP

高校新出音訓

8 懐から取り出す。
着物と胸のあいだ。〔　〕

8 懐かしい気持ち。
過去の思い出に心がひかれるさま。〔　かしい〕

8 犬が懐く。
なれて付き従う。〔　く〕

11 死を悼む。
人の死を嘆き悲しむ。〔　む〕

12 対応に憤る。
道理に反することに怒る。〔　る〕

14 わなに陥れる。
他人をだまして苦境に立たせる。〔　れる〕

対義語

2 嫌悪↔アイコウ〔　〕

解答

①婚姻 ❶姻族 ②嫌悪 ❷嫌疑 ③妊娠 ④嫡流 ❹嫡子 ⑤妊婦 ❺不妊 ⑥媒介 ❻媒体 ⑦王妃 ❼妃殿下 ⑧懐古 ❽懐柔 ⑨遺憾 ⑩怠惰 ❿惰性 ⑪哀悼 ⓫追悼 ⑫憤慨 ⓬義憤 ⑬愉快 ⓭愉悦 ⑭陥没 ⓮欠陥 ⑮一隅 ⓯片隅 ⑯附属 ⓰寄附 ⑰因循 ⓱循環 ⑱貫徹 ⓲徹底

準2級

番号	漢字	意味	部首・画数	読み	熟語
10	惰	①なまける。おこたる。②従来の習慣が続く。	忄 りっしんべん 12	ダ	怠惰《タイダ》 惰性《ダセイ》
11	悼	①いたむ。人の死を悲しむ。	忄 りっしんべん 11	トウ いた(む)	哀悼《アイトウ》 追悼《ツイトウ》
12	憤	①いきどおる。	忄 りっしんべん 15	フン いきどお(る)	憤慨《フンガイ》 義憤《ギフン》
13	愉	①たのしい。たのしむ。よろこぶ。	忄 りっしんべん 12	ユ	愉快《ユカイ》 愉悦《ユエツ》
14	陥	①おちいる。②おとしいれる。③不十分。	阝 こざとへん 10	カン おちい(る) おとしい(れる)	陥没《カンボツ》 欠陥《ケッカン》
15	隅	①すみ。かたすみ。	阝 こざとへん 12	グウ すみ	一隅《イチグウ》 片隅《かたすみ》
16	附	①つく。②したがう。③よせる。	阝 こざとへん 8	フ	附属《フゾク》 寄附《キフ》
17	循	①したがう。②めぐる。	彳 ぎょうにんべん 12	ジュン	因循《インジュン》 循環《ジュンカン》
18	徹	①とおる。とおす。	彳 ぎょうにんべん 15	テツ	貫徹《カンテツ》 徹底《テッテイ》

⑩タイダな生活を送る。
だらけるさま。

⑪アイトウの意を表する。
人の死を悲しみいたむこと。

⑫不正発覚にフンガイする。
いきどおること。

⑬ユカイな出来事が起こる。
楽しくておもしろいこと。

⑭道路が急にカンボツする。
しずみくぼむこと。

⑮庭のイチグウに咲く花。
かたすみ。

⑯大学のフゾク小学校。
ついていること。

⑰インジュンな態度をとる。
古い習慣にしたがって改めないさま。

⑱好きな言葉は、初志カンテツ。
はじめの志をつらぬきとおすこと。

❿ダセイに流された生活。
今までの習慣や勢い。

⓫俳優のツイトウ番組を見る。
死者をしのんで悲しみにひたること。

⓬ギフンにかられて発言する。
ぎに反する行いに怒ること。

⓭勝利のユエツを味わう。
心からよろこびたのしむこと。

⓮企画にケッカンが見つかる。
不備な点。

⓯都会のカタスミで生きる。
目立たない端。

⓰被災地へのキフをする。
金品を贈ること。

⓱血液が体内をジュンカンする。
ひとまわりすること。

⓲テッテイした管理を行う。
すみずみまで行き届くこと。

10 怠惰↕キンベン〔　〕
11 哀悼↕シュクガ〔　〕
14 陥没↕リュウキ〔　〕

類義語……
2 嫌疑＝ヨウギ〔　〕
3 妊娠＝ジュタイ〔　〕
4 嫡流＝チョッケイ〔　〕
7 王妃＝コウゴウ〔　〕
8 懐古＝ツイカイ〔　〕
9 遺憾＝ザンネン〔　〕
10 惰性＝カンセイ〔　〕
12 憤慨＝ガイタン〔　〕
14 欠陥＝フソク〔　〕

同音異字……
8 {懐古趣味に浸る / 青春を□□する}〔　〕〔　〕

コラム Column

知っておきたい「イカンって何?」

ニュースなどで「遺憾の意を表明」と言っているよね。「遺憾」とは、「思いどおりにいかず、心残りで残念なこと」を表す言葉。「遺」の字が「のこる」という意味を持つんだね。

訓読み 2 きらう 2 いや 14 おちいる

漢字力UP

高校新出音訓…… 8 ふところ 8 なつかしい 8 なつく 11 いたむ 12 いきどおる 14 おとしいれる

対義語…… 2 愛好 10 勤勉 11 祝賀 14 隆起

類義語…… 2 容疑 3 受胎 4 直系 7 皇后 8 追懐 9 残念 10 慣性 12 概嘆 14 不足

同音異字…… 8 回顧

準2級 第6回

準2級学習漢字328字中 112字

	漢字	意味	部首名	部首	画数	読み	用例
1	猿	①さる。	けものへん	犭	13	エン さる	犬猿《ケンエン》 類人猿《ルイジンエン》
2	猫	①ねこ。	けものへん	犭	11	ビョウ ねこ	猫背《ねこぜ》 猫舌《ねこじた》
3	猶	①ためらう。ぐずぐずする。②なお。まだ。	けものへん	犭	12	ユウ	猶予《ユウヨ》
4	旋	①めぐる。まわる。②うねる。③仲をとりもつ。	ほうへん	方	11	セン	旋回《センカイ》 旋律《センリツ》
5	暁	①よあけ。あかつき。②あきらかになる。	ひへん	日	12	ギョウ あかつき	暁星《ギョウセイ》 通暁《ツウギョウ》
6	朕	①天皇の自称。	つきへん	月	10	チン	朕《チン》
7	核	①中心。物体や原子などの中心。	きへん	木	10	カク	核心《カクシン》 核兵器《カクヘイキ》
8	棺	①ひつぎ。かんおけ。	きへん	木	12	カン	出棺《シュッカン》 石棺《セッカン》
9	桟	①かけはし。険しいところにかけ渡したはし。	きへん	木	10	サン	桟橋《サンばし》 桟道《サンドウ》

猿 猫 猶 旋 暁 朕 核 棺 桟

書き取りA 1回目 2回目

①あの二人はケンエンの仲だ。 仲が悪いこと。

②ネコゼを直すよう指導される。 せなかが前方に曲がっていること。

③借金の支払いをユウヨする。 日時をのばすこと。

④飛行機が上空をセンカイする。 円を描くようにまわること。

⑤早朝の空にギョウセイが光る。 夜明けの空に消え残ったほし。

⑥チンは天皇の自称だ。 自称代名詞の一つ。

⑦事件のカクシンに迫る。 物事のかなめとなる部分。

⑧シュッカンを見送る。 死者のひつぎを送りだすこと。

⑨サンバシから船に乗る。 岸から突き出して造った建造物。

書き取りB 1回目 2回目

❶チンパンジーはルイジンエン。 ヒトに似た形態を持つ霊長るいの通称。

❷ネコジタなので熱湯は苦手だ。 熱い食物が苦手なこと。

もう一度書いてみよう！

❹美しいセンリツを奏でる。 メロディー。

❺日本史にツウギョウした人。 非常に詳しい知識を持っていること。

もう一度書いてみよう！

❼カクヘイキの根絶を祈る。 原子力エネルギーを応用した爆弾へいき。

❽古代のセッカンを発掘する。 いしでできたひつぎ。

❾おそるおそるサンドウを歩く。 がけなどに沿って作られたみち。

訓読み

1 猿芝居でごまかす。（　）

5 暁の空。（　）

漢字力UP

高校新出音訓……

2 私は愛猫家だ。 ネコ好き。（　）

5 暁天の星。 夜明けの空。（　）

16 太い棟木を使う。 棟に使う木材。〈むねぎ〉とも。（　）

対義語……

10 中枢↕マッタン（　）

12 分析↕ソウゴウ（　）

類義語……

3 猶予≒エンキ（　）

5 通暁≒ジュクチ（　）

10 中枢≒カクシン（　）

解答

①犬猿 ❶類人猿 ②猫背 ❷猫舌 ③猶予 ④旋回 ❹旋律 ⑤暁星 ❺通暁 ⑥朕 ⑦核心 ❼核兵器 ⑧出棺 ❽石棺 ⑨桟橋 ❾桟道 ⑩中枢 ❿枢軸 ⑪杉板 ⓫杉並木 ⑫解析 ⓬分析 ⑬耳栓 ⓭元栓 ⑭浴槽 ⓮水槽 ⑮本棚 ⓯神棚 ⑯病棟 ⓰棟上げ ⑰素朴 ⓱純朴 ⑱川柳 ⓲柳腰 ⑲窓枠 ⓳大枠

番号	漢字	意味	部首	画数	読み	用例
10	枢	①かなめ。物事の大事なところ。	木（きへん）	8	スウ	中枢《チュウスウ》 枢軸《スウジク》
11	杉	①すぎ。	木（きへん）	7	すぎ	杉板《すぎいた》 杉並木《すぎなみき》
12	析	①さく。わけて明らかにする。	木（きへん）	8	セキ	解析《カイセキ》 分析《ブンセキ》
13	栓	①せん。穴や器の口などをふさぐもの。	木（きへん）	10	セン	耳栓《みみセン》 元栓《もとセン》
14	槽	①おけ。おけの形をしたもの。	木（きへん）	15	ソウ	浴槽《ヨクソウ》 水槽《スイソウ》
15	棚	①たな。たなに似たもの。	木（きへん）	12	たな	本棚《ホンだな》 神棚《かみだな》
16	棟	①むね。建物。	木（きへん）	12	トウ／むね／むな	病棟《ビョウトウ》 棟上《むねあ》げ
17	朴	①うわべを飾らない。すなお。	木（きへん）	6	ボク	素朴《ソボク》 純朴《ジュンボク》
18	柳	①やなぎ。やなぎのような。	木（きへん）	9	リュウ／やなぎ	川柳《センリュウ》 柳腰《やなぎごし》
19	枠	①わく。	木（きへん）	8	わく	窓枠《まどわく》 大枠《おおわく》

⑩政治のチュウスウを担う。
物事の重要な部分。

⑪床にスギイタを張る。
すぎの木のいた。

⑫調査データをカイセキする。
細かく調べて本質を明らかにすること。

⑬ミミセンをして寝る。
みみをふさいで音をさえぎる道具。

⑭ヨクソウにお湯を張る。
湯ぶね。

⑮ホンダナを組み立てる。
書物を置くたな。

⑯夜のビョウトウを巡回する。
びょうしつのある建物。

⑰ソボクな人柄が魅力的だ。
飾り気がないさま。

⑱趣味はセンリュウだ。
五七五で世相などを風刺する詩。

⑲木のマドワクを飾り付ける。
まどの周りのわく。

❿スウジクとなって働く。
活動の中心。

⓫近所のスギナミキを散歩する。
すぎ の なみきみち。

⓬事故の原因をブンセキする。
細かな要素にわけていくこと。

⓭ガスのモトセンを閉める。
末端にある開閉装置。

⓮スイソウの掃除をする。
水を張った大きな容器。

⓯家のカミダナに願をかける。
家の中でかみをまつるたな。

⓰家のムネアげを祝う。
家の主な骨組みを組み立てること。

⓱ジュンボクな人が多い土地。
素直でいつわりや飾り気のないこと。

⓲ヤナギゴシの素敵な女性。
昔のことばで美人をあらわす語。

⓳議題のオオワクは決まった。
物事のおおまかなわく組み。

10 枢軸≒スウキ〔　〕
10 枢軸≒スウヨウ〔　〕
15 本棚≒ショカ〔　〕
17 素朴≒シツボク〔　〕

同音異字……

2
- 愛猫家の集まり
- 情景を□写する〔　〕

3
- 刑罰の執行猶予
- 三年□□の歳月〔　〕

7
- 核心に迫る
- 勝利を□□する〔　〕
- □□的な考え〔　〕

同訓異字……

16
- 住宅の棟上げ
- □を借りる〔　〕
- 出席の□を言う〔　〕

形の似ている漢字……

9 桟―浅

12 析―祈―折

訓読み 1 さるしばい 5 あかつき

漢字力UP

高校新出音訓…… 2 あいびょう 5 ぎょうてん 16 むなぎ

対義語…… 10 末端 12 総合

類義語…… 3 延期 5 熟知 10 核心 10 枢機 10 枢要 15 書架 17 質朴

同音異字…… 2 描写 3 有余 7 確信 革新

同訓異字…… 16 胸 旨

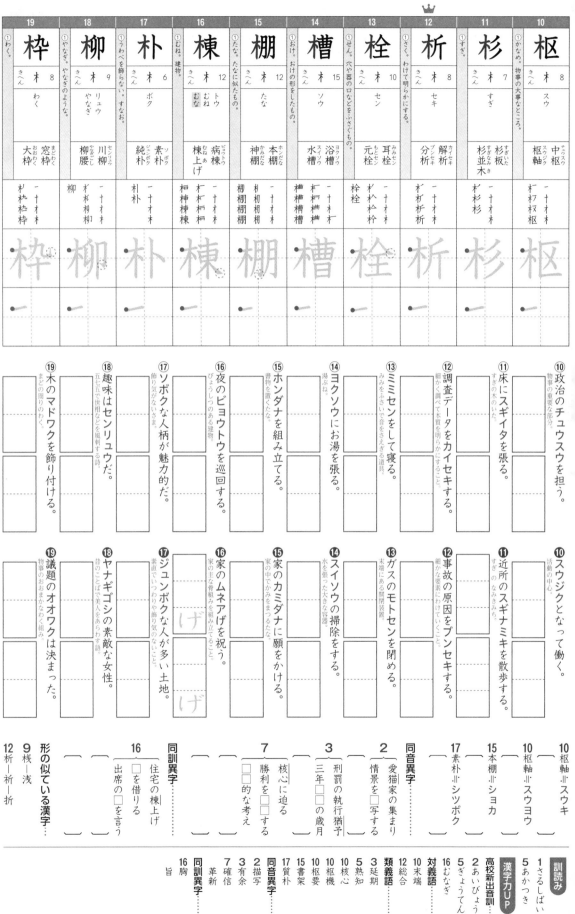

準2級学習漢字328字中130字

番号	漢字	部首	画数	読み	用例	意味
1	肢	月 にくづき	8	シ	四肢《シシ》 選択肢《センタクシ》	①てあし。ほんたいから分かれ出た部分。
2	肌	月 にくづき	6	はだ	肌身《はだみ》 素肌《スはだ》	①はだ。からだ。物の表面。
3	殉	歹 かばねへん	10	ジュン	殉死《ジュンシ》 殉職《ジュンショク》	①人の後を追って死ぬ。目的のために死ぬ。
4	煩	火 ひへん	13	ハン ボン わずら(う・わす)	煩労《ハンロウ》 煩雑《ハンザツ》	①わずらわしい。②わずらう。なやむ。
5	珠	王 おうへん	10	シュ	珠玉《シュギョク》 真珠《シンジュ》	①たま。たまのようなもの。
6	禍	礻 しめすへん	13	カ	禍根《カコン》 災禍《サイカ》	①わざわい。
7	祥	礻 しめすへん	10	ショウ	不祥事《フショウジ》 発祥《ハッショウ》	①さいわい。きざし。前ぶれ。
8	禅	礻 しめすへん	13	ゼン	禅譲《ゼンジョウ》 座禅《ザゼン》	①ゆずる。雑念を払い真理をさとること。
9	砕	石 いしへん	9	サイ くだ(く・ける)	粉砕《フンサイ》 砕身《サイシン》	①くだく。くだける。

書き取りA

1回目 2回目

①シシを伸ばして休む。両手足。

②お守りをハダミ離さず持つ。いつも体から離さないこと。

③後を追ってジュンシする。主君の死後、臣下が後を追い自ら命を絶つこと。

④ハンロウをいとわず作業する。わずらわしく疲れること。

⑤これはシュギョクの作品だ。立派なものをほめていう語。

⑥将来にカコンを残す。わざわいが起こるもと。

⑦政治家のフショウジが続く。関係者にとってふつごうなこと。

⑧政権をゼンジョウする。自ら地位を後継者にゆずること。

⑨一撃で敵をフンサイする。てってい的にうちのめすこと。

書き取りB

1回目 2回目

❶センタクシから一つをえらぶ。えらんで答える問いに用意された複数の回答。

❷日に焼けたスハダ。衣服などのないそのままのはだ。

❸ジュンショクした警察官。仕事上の責任を果たすために亡くなること。

❹ハンザツな手続きをこなす。こみいっていてわずらわしいこと。

❺シンジュの首飾りを着ける。パール。

❻思いもよらないサイカに遭う。事故や天変地異で受けるわざわい。

❼そばハッショウの地を訪れる。起こり現れること。

❽修行としてザゼンを組む。仏教の修行法の一つ。

❾粉骨サイシンして働く。全力で事にあたること。

訓読み

4 手を煩わす。（　わす）

9 石を砕く。（　く）

14 風景を眺める。（　める）

16 お金を稼ぐ。（　ぐ）

漢字力UP

高校新出音訓

4 煩悩とたたかう。仏教用語でいう欲望。（　）

15 矯めつすがめつ。いろいろな方向からよく見るさま。（　め）

16 人気稼業。仕事。（　）

対義語

1 四肢↕ドウタイ（　）

4 煩雑↕カンリャク（　）

18 秩序↕コンラン（　）

準2級

解答

①四肢 ❶選択肢 ②肌身 ❷素肌 ③殉死 ❸殉職 ④煩労 ❹煩雑 ⑤珠玉 ❺真珠 ⑥禍根 ❻災禍 ⑦不祥事 ❼発祥 ⑧禅譲 ❽座禅（坐禅） ⑨粉砕 ❾砕身 ⑩硝煙 ❿硝酸 ⑪岩礁 ⓫暗礁 ⑫硫酸 ⓬硫化鉄 ⑬睡魔 ⓭睡眠 ⑭眺望 ⓮遠眺 ⑮矯正 ⓯奇矯 ⑯稼業 ⓰稼働（稼動） ⑰租税 ⓱租借 ⑱秩序

番号	漢字	意味	部首・画数	読み	用例
10	硝	①鉱石の名。	いしへん 石 12	ショウ	硝煙《ショウエン》 硝酸《ショウサン》
11	礁	①水中にかくれている岩。	いしへん 石 17	ショウ	岩礁《ガンショウ》 暗礁《アンショウ》
12	硫	①いおう。	いしへん 石 12	リュウ	硫酸《リュウサン》 硫化鉄《リュウカテツ》
13	睡	①ねむる。ねむり。	めへん 目 13	スイ	睡魔《スイマ》 睡眠《スイミン》
14	眺	①ながめる。ながめ。	めへん 目 11	チョウ ながめる	眺望《チョウボウ》 遠眺《エンチョウ》
15	矯	①ただす。まっすぐにする。②いさましい。	やへん 矢 17	キョウ た(める)	矯正《キョウセイ》 奇矯《キキョウ》
16	稼	①かせぐ。かせぎ。	のぎへん 禾 15	カ かせ(ぐ)	稼業《カギョウ》 稼働《カドウ》
17	租	①ぜいきん。②金銭をはらって借りる。	のぎへん 禾 10	ソ	租税《ソゼイ》 租借《ソシャク》
18	秩	①物事の次第。	のぎへん 禾 10	チツ	秩序《チツジョ》

⑩ショウエン反応を確認する。（火薬のけむり。）

⑪船がガンショウにぶつかる。（海水中に隠れた大きないわ。）

⑫リュウサンは危険な液体だ。（無色で粘りけのある重い液体。）

⑬食後にスイマに襲われる。（ねむけ。）

⑭美しいチョウボウにみとれる。（見晴らし。）

⑮歯並びをキョウセイする。（欠点をただしく直すこと。）

⑯カギョウに精を出す。（生計をたてるための仕事。）

⑰国にソゼイを納める。（ぜいきん。）

⑱社会のチツジョが乱れる。（社会生活におけるきまり。）

❿ショウサンを使った実験。（無色でけむりが出る液体。）

⓫アンショウに乗り上げる。（障害にぶつかり物事が進まなくなること。）

⓬リュウカテツの実験をする。（てつ と いおう の かごうぶつ。）

⓭スイミン不足を解消する。（ねむること。）

⓮山あいでエンチョウする。（とおくをのぞむこと。）

⓯キキョウな行動が多い。（言動が普通とひどくちがっていること。）

⓰日本のカドウ人口を調べる。（かせぎはたらくこと。）

⓱ソシャク地を訪問する。（ある国が他国の土地を一定の期間かりること。）

もう一度書いてみよう！

類義語

- 4 煩雑＝メンドウ（　）
- 6 禍根＝カイン（　）
- 6 災禍＝サイナン（　）
- 6 災禍＝サイガイ（　）
- 7 発祥＝キゲン（　）
- 14 眺望＝テンボウ（　）
- 14 眺望＝エンボウ（　）
- 15 奇矯＝キバツ（　）
- 15 奇矯＝キイ（　）
- 15 奇矯＝トッピ（　）
- 16 稼働＝シュウロウ（　）

同音異字

- 15 ｛歯列の矯正／労働の□□｝（　）
- 16 ｛役者稼業／□□を継ぐ｝（　）

訓読み

4 わずらわす　9 くだく　14 ながめる　16 かせぐ

漢字力UP

高校新出音訓

4 ぼんのう　15 ため　16 かぎょう

対義語

1 胴体　4 簡略　18 混乱

類義語

4 面倒　6 禍因　6 災難　6 災害　7 起源　14 展望　14 遠望　15 奇抜　15 奇異　15 突飛　16 就労

同音異字

15 強制　16 家業

コラム Column

知っておきたい「煩悩って何?」

除夜の鐘で滅することで知られる「煩悩」は、一〇八つもある。たとえば、「貪欲《どんよく》（欲の心）」「瞋恚《しんに》（怒りの心）」「愚痴《ぐち》（無知の心）」「疑（疑いの心）」などがあるとされているよ。

準2級学習漢字328字中148字

	1	2	3	4	5	6	7	8	9
漢字	褐	襟	裕	疎	粧	糾	緒	紳	繊
意味	①こげ茶色。あらい布の粗末な衣服。	①えり。②むねのうち。おもい。	①ゆたか。ゆとりがある。	①うとむ。うとい。②とおる。③まばら。	①よそおう。よそおい。	①もつれる。集める。②ただす。しらべる。	①いとぐち。はじめ。②心のすじ。③ひも。	①身分の高い人。教養のある人。	①ほそい糸。糸すじ。②かぼそい。ちいさい。
部首	衤 ころもへん	衤 ころもへん	衤 ころもへん	𧾷 ひきへん	米 こめへん	糸 いとへん	糸 いとへん	糸 いとへん	糸 いとへん
画数	13	18	12	12	12	9	14	11	17
音訓	カツ	キン / えり	ユウ	ソ / うと(い・む)	ショウ	キュウ	ショ / チョ / お	シン	セン
用例	褐色《カッショク》	開襟《カイキン》 襟足《えりあし》	余裕《ヨユウ》 裕福《ユウフク》	疎遠《ソエン》 疎通《ソツウ》	化粧《ケショウ》	紛糾《フンキュウ》 糾弾《キュウダン》	由緒《ユイショ》 情緒《ジョウショ(チョ)》	紳士《シンシ》 貴紳《キシン》	繊維《センイ》 繊細《センサイ》

書き取りA（1回目・2回目）

① カッショクの夕焼け空。 黒みがかった茶。

② カイキンシャツを着る。 えりをひらくこと。

③ まだ時間にヨユウがある。 ゆったりとしていること。

④ 友人とソエンになる。 とおざかって親しくないこと。

⑤ ケショウをして出かける。 顔が美しく見えるよう飾ること。

⑥ 議論がフンキュウする。 物事が乱れもつれること。

⑦ ユイショ正しい神社。 物事のそもそもの起こり。

⑧ シンシ服売り場で働く。 成人男子。

⑨ 食物センイを意識してとる。 ほそい糸状の物質。

書き取りB（1回目・2回目）

もう一度書いてみよう！

❷ 美容院でエリアシを散髪する。 耳から首筋にかけて髪が生えているところ。

❸ ユウフクな家庭に生まれる。 財産が多くて生活がゆたかなこと。

❹ 意思のソツウをはかる。 お互いの考えを理解すること。

もう一度書いてみよう！

❻ 汚職をキュウダンする。 問いただしてとがめること。

❼ ジョウショ豊かな町並み。 しみじみとした雰囲気。

❽ 品のあるキシンとすれ違う。 身分が高く、品格のある男子。

❾ 茶道のセンサイな動作を学ぶ。 こまやかであるさま。

訓読み

7 へその緒を切る。（　）

16 毒蛇を見つける。（　）

18 軟らかい骨。（　らかい）

漢字力UP

高校新出音訓

2 胸襟を開く。 心の中を打ち明けること。（　）

4 時事に疎い。 知識が不十分であるさま。（　い）

4 相手を疎む。 嫌って遠ざける。（　む）

10 糸を紡ぐ。 綿などをよって糸にする。（　ぐ）

11 心身耗弱。 正常な行動が困難な状態。（　）

対義語

3 裕福↕ビンボウ（　）

4 疎遠↕シンミツ（　）

8 紳士↕シュクジョ（　）

解答

①褐色 ②開襟 ❷襟足 ③余裕 ❸裕福 ④疎遠 ❹疎通 ⑤化粧 ⑥紛糾 ❻糾弾 ⑦由緒 ❼情緒 ⑧紳士 ❽貴紳 ⑨繊維 ❾繊細 ⑩混紡 ❿紡績 ⑪消耗 ⓫耗弱 ⑫艦隊 ⓬戦艦 ⑬競艇 ⓭艦艇 ⑭舶来 ⓮船舶 ⑮蚊柱 ⑯蛇口 ⓰蛇足 ⑰所轄 ⓱統轄 ⑱柔軟 ⓲軟式

番号	漢字	部首	画数	読み	意味	用例
10	紡	糸 いとへん	10	ボウ / つむ(ぐ)	①つむぐ。つむいだ糸。	混紡《コンボウ》 紡績《ボウセキ》
11	耗	耒 すきへん	10	モウ / コウ	①へる。へらす。②おとろえる。	消耗《ショウモウ》 耗弱《コウジャク》
12	艦	舟 ふねへん	21	カン	①戦闘に用いるふね。	艦隊《カンタイ》 戦艦《センカン》
13	艇	舟 ふねへん	13	テイ	①こぶね。	競艇《キョウテイ》 艦艇《カンテイ》
14	舶	舟 ふねへん	11	ハク	①ふね。海を渡る大きなふね。	舶来《ハクライ》 船舶《センパク》
15	蚊	虫 むしへん	10	か	①か。	蚊柱《かばしら》
16	蛇	虫 むしへん	11	ジャ / ダ / へび	①へび。形が蛇に似ているもの。	蛇口《ジャぐち》 蛇足《ダソク》
17	轄	車 くるまへん	17	カツ	①とりしまる。とりまとめる。	所轄《ショカツ》 統轄《トウカツ》
18	軟	車 くるまへん	11	ナン / やわ(らか・らかい)	①やわらかい。しなやか。よわい。	柔軟《ジュウナン》 軟式《ナンシキ》

⑩綿と毛のコンボウの布。（せんいをまぜてつむぐこと。）

⑪暑さで体力をショウモウする。（使ってなくすこと。）

⑫連合カンタイを発進させる。（二個船団以上で編成した軍の組織。）

⑬彼はキョウテイの選手だ。（モーターボートレース。）

⑭多くのハクライ品を集める。（外国から入ること。）

⑮カバシラが立っている。（カがはしらのように群がって飛ぶこと。）

⑯水道のジャグチをひねる。（水道管の先につけたくち。）

⑰ショカツの警察署に届ける。（ある範囲を権限をもって支配すること。）

⑱ジュウナンに対処する。（さまざまなものに対処できるさま。）

もう一度書いてみよう!

❿ボウセキ技術が発達する。（糸をつむぐこと。）

⓫心身コウジャク状態。（正常な行動が困難な状態。）

⓬センカンが港に停泊する。（海上兵力の中心となる軍かん。）

⓭敵のカンテイを見つける。（軍かんの総称。）

⓮巨大センパクが航行する。（大型のふね。）

⓯その説明はダソクだと思う。（余計なもの。）

⓰本社で業務をトウカツする。（とういつして治めること。）

⓱ナンシキテニス部に所属する。（やわらかいボールを用いる方式。）

9 繊細↕ダイタン（　　）

11 消耗↕チクセキ（　　）

14 舶来↕コクサン（　　）

18 柔軟↕キョウコウ（　　）

18 軟式↕コウシキ（　　）

類義語……

3 裕福≒フユウ（　　）

6 紛糾≒コンラン（　　）

6 糾弾≒キュウメイ（　　）

7 由緒≒エンギ（　　）

17 所轄≒カンカツ（　　）

17 所轄≒ショカン（　　）

同音異字……

2 開襟シャツ

□□賞をもらう（　　）

漁を□□する（　　）

訓読み 7 お　16 どくへび　18 やわらかい

漢字力UP

高校新出音訓…… 2 きょうきん　4 うとい　4 うとむ　10 つむぐ　11 こうじゃく

対義語…… 3 貧乏　4 親密　8 淑女　9 大胆　11 蓄積　14 国産　18 強硬　18 硬式

類義語…… 3 富裕　6 混乱　6 糾明　7 縁起　17 管轄　17 所管

同音異字…… 2 皆勤　解禁

漢字の豆知識

「蚊」の字のなりたち

むしへんに「文」と書く、夏の天敵「カ」。実は、書いて字のごとく、「ブンブン」（文）と飛ぶ虫、という意でできた字だとされているよ。「ブンブン」音がしたら蚊にご注意を!

準2級 第9回

準2級学習漢字328字中165字

	漢字	部首	画数	読み	用例	意味
1	践	𧾷 あしへん	13	セン	実践《ジッセン》	①実際におこなう。②位につく。
2	謁	言 ごんべん	15	エツ	謁見《エッケン》 拝謁《ハイエツ》	①身分の高い人に会う。
3	謹	言 ごんべん	17	キン つつし(む)	謹慎《キンシン》 謹啓《キンケイ》	①つつしむ。かしこまる。
4	謙	言 ごんべん	17	ケン	謙虚《ケンキョ》 謙譲《ケンジョウ》	①へりくだる。ゆずる。態度をひかえめにする。
5	詐	言 ごんべん	12	サ	詐称《サショウ》 詐欺《サギ》	①いつわる。あざむく。
6	訟	言 ごんべん	11	ショウ	訴訟《ソショウ》	①うったえる。あらそう。
7	詔	言 ごんべん	12	ショウ みことのり	詔書《ショウショ》 大詔《タイショウ》	①みことのり。天皇のことば。
8	診	言 ごんべん	12	シン み(る)	診察《シンサツ》 打診《ダシン》	①みる。しらべる。
9	譜	言 ごんべん	19	フ	系譜《ケイフ》 楽譜《ガクフ》	①系統立てて記す。②音楽を符号で記したもの。

書き取りA

1回目 2回目

①理論をジッセンに移す。
考えをじっさいに行うこと。

②国王にエッケンする。
身分の高い人に会うこと。

③キンシン処分を受ける。
家にこもり反省すること。

④人の話をケンキョに聞く。
自分を誇らずへりくだること。

⑤経歴をサショウする。
いつわって言うこと。

⑥ソショウを起こす。
裁判をなす手続き。

⑦衆議院解散のショウショ。
天皇の文しょ。

⑧患者をシンサツする。
医者が患者の病状をみること。

⑨歴史人物のケイフを調べる。
血縁などのつながりを示すもの。

書き取りB

1回目 2回目

もう一度書いてみよう!

❷陛下にハイエツが許される。
君主に面会すること。

❸手紙を「キンケイ」で始める。
つつしんで申し上げること。

❹会話にケンジョウ語を用いる。
話し手がへりくだり、相手への敬意を表す敬語。

❺サギの被害を食い止める。
他人をだまし損をさせること。

もう一度書いてみよう!

❼天皇にタイショウをいただく。
天皇が広く国民に告げる言葉。

❽先方に日程をダシンする。
前もって相手の意向をしらべ、判断すること。

❾合唱曲のガクフを用意する。
曲を書き表したもの。

訓読み

3 謹んで申し上げる。 ［　　んで］

8 患者を診る。 ［　　る］

10 言い諭す。 ［　　す］

15 醜い争い。 ［　　い］

漢字力UP

高校新出音訓

7 改新の詔。 ［　　］
天皇のことば。

13 酒を酌む。 ［　　む］
器について飲む。

16 物議を醸す。 ［　　す］
気分や雰囲気を作り出す。

対義語

1 実践↔リロン ［　　］

4 謙虚↔コウマン ［　　］

4 謙虚↔オウヘイ ［　　］

15 醜悪↔ビレイ ［　　］

解答

①実践 ②謁見 ❷拝謁 ③謹慎 ❸謹啓 ④謙虚 ❹謙譲 ⑤詐称 ❺詐欺 ⑥訴訟 ⑦詔書 ❼大詔 ⑧診察 ❽打診 ⑨系譜 ❾楽譜 ⑩説諭 ❿教諭 ⑪残酷 ⓫酷似 ⑫酢酸 ⓬酢豚 ⑬晩酌 ⓭酌量 ⑭報酬 ⓮応酬 ⑮醜態 ⓯醜悪 ⑯醸造 ⓰醸成 ⑰酪農 ⓱乳酪

	10	11 ♛	12	13	14	15	16	17
漢字	諭	酷	酢	酌	酬	醜	醸	酪
意味	①さとす。言いきかせる。	①むごい。ひどい。②たいそう。ひどく。	①す。すっぱい。	①くむ。酒をつぐ。②事情をくみとる。	①むくいる。こたえる。	①みにくい。けがらわしい。	①酒などをつくる。②ある状態をつくり出す。	①乳汁。
部首・画数	言 ごんべん 16	酉 とりへん 14	酉 とりへん 12	酉 とりへん 10	酉 とりへん 13	酉 とりへん 17	酉 とりへん 20	酉 とりへん 13
読み	ユ さと(す)	コク	サク す	シャク く(む)	シュウ	シュウ みにく(い)	ジョウ かも(す)	ラク
用例	説諭《セツユ》 教諭《キョウユ》	残酷《ザンコク》 酷似《コクジ》	酢酸《サクサン》 酢豚《すぶた》	晩酌《バンシャク》 酌量《シャクリョウ》	報酬《ホウシュウ》 応酬《オウシュウ》	醜態《シュウタイ》 醜悪《シュウアク》	醸造《ジョウゾウ》 醸成《ジョウセイ》	酪農《ラクノウ》 乳酪《ニュウラク》

⑩ セツユして家に帰す。 言いきかせること。
⑪ ザンコクな事件が起こる。 ひどすぎるさま。
⑫ サクサンの化学式を覚える。 食用のすの主成分。
⑬ 父は毎日バンシャクしている。 夕飯のときに酒を飲むこと。
⑭ 手伝いのホウシュウをもらう。 謝礼の金品。
⑮ 旅先でシュウタイをさらす。 見苦しいさま。
⑯ 日本酒をジョウゾウする。 かもしてつくること。
⑰ 実家はラクノウを営んでいる。 にゅう製品を作るのうぎょう。

❿ 高校キョウユとして働く。 先生の職名。
⓫ 両者の主張はコクジしている。 そっくりなこと。
⓬ 家庭科の授業でスブタを作る。 中華料理のひとつ。
⓭ 情状をシャクリョウする。 事情を考慮して刑を軽くすること。
⓮ 活発な意見のオウシュウ。 たがいにやりとりすること。
⓯ シュウアクな争いが続く。 けがらわしく憎むべきさま。
⓰ 社会不安をジョウセイする。 気運を徐々につくりだすこと。
⓱ ニュウラク製品を好んで食べる。 牛にゅうなどを煮固めたもの。

コラム Column

知っておきたい「情状酌量って何?」

ニュースや新聞でよく目にする「情状酌量《じょうじょうしゃくりょう》」。どういう意味か知っているかな?

情状酌量とは、「裁判官が判決に当たって、犯罪に至った事情のあわれむべき点を酌んで、刑罰を軽くすること」をいうよ。酌んでいるのはお酒ではなく、事情なんだね。

知っておきたい「詐欺の種類とその内容」

消費者として、詐欺などのトラブルに巻き込まれないように日々気をつけたい。

・かたり商法(身分を詐称してだます)

・ネガティブ・オプション(突然覚えのない商品が自宅に届き、振り込みを促される)

…などには要注意!

類義語……

2 拝謁=ハイガン（　）
3 謹慎=キンソク（　）
3 謹啓=ハイケイ（　）
10 説諭=セッキョウ（　）
10 説諭=クンカイ（　）
11 残酷=ザンギャク（　）
11 酷似=ルイジ（　）
13 酌量=コウリョ（　）
14 報酬=タイカ（　）

同音異字……

2 { 天皇に謁見する / □□行為を許す }（　）
7 { 天皇の詔書 / 卒業□□ }（　）

同訓異字……

3 { 謹んで述べる / 言葉を□む }（　む）

訓読み 3 つつしんで 8 みる 10 さとす 15 みにくい

漢字力UP

高校新出音訓…… 7 みことのり 13 くむ 16 かもす

対義語…… 1 理論 4 高慢 4 横柄 15 美麗

類義語…… 2 拝顔 3 禁足 3 拝啓 10 説教 10 訓戒 11 残虐 11 類似 13 考慮 14 対価

同音異字…… 2 越権 7 証書

同訓異字…… 3 慎む

準2級 第10回

準2級学習漢字328字中 183字

	漢字	部首名	部首	画数	読み	用例	意味
1	購	かいへん	貝	17	コウ	購買《コウバイ》 購読《コウドク》	①金銭を払って手にいれる。
2	賜	かいへん	貝	15	シ たまわ(る)	恩賜《オンシ》 下賜《カシ》	①たまわる。目上の人からものをいただく。
3	賠	かいへん	貝	15	バイ	賠償《バイショウ》 自賠責《ジバイセキ》	①つぐなう。つぐない。
4	賄	かいへん	貝	13	ワイ まかな(う)	贈賄《ゾウワイ》 収賄《シュウワイ》	①まいない。不正なおくりもの。②まかなう。
5	銃	かねへん	金	14	ジュウ	銃創《ジュウソウ》 銃弾《ジュウダン》	①じゅう。鉄砲。
6	釣	かねへん	金	11	チョウ つ(る)	釣果《チョウカ》 釣鐘《つりがね》	①つり。つる。②おつり。
7	鉢	かねへん	金	13	ハチ ハツ	鉢植《ハチう》え 鉢巻《ハチま》き	①はち。はちに入ったものを数える語。
8 ♛	銘	かねへん	金	14	メイ	感銘《カンメイ》 銘菓《メイカ》	①しるす。②心にきざむ。③名前の知られた。
9	鈴	かねへん	金	13	レイ リン すず	予鈴《ヨレイ》 風鈴《フウリン》	①すず。すずのようなもの。

書き取りA　1回目　2回目

①学校のコウバイに行く。（ものをかえる売店。）

②上野のオンシ公園に行く。（天皇や君主からたまわること。）

③損害をバイショウする。（他人に与えた損害を補いつぐなうこと。）

④ゾウワイの容疑で捕まる。（わいろをおくること。）

⑤肩に古いジュウソウが残る。（じゅう弾による傷。）

⑥友人にチョウカを自慢する。（つりあげた魚の量。）

⑦ハチウえを並べる。（草花をはちにうえたもの。）

⑧先生の言葉にカンメイを受けた。（心に深く刻み込まれること。）

⑨授業の前にヨレイが鳴る。（先だって注意をよびおこすために鳴らすベル。）

書き取りB　1回目　2回目

❶雑誌を定期コウドクする。（かって よむこと。）

❷陛下から勲章がカシされる。（天皇や君主から物をたまわること。）

❸ジバイセキ保険に加入する。（車を持つ人が必ず加入する保険の略称。）

❹シュウワイの疑いがかかる。（わいろを受け取ること。）

❺胸にジュウダンを受ける。（じゅう の たま。）

❻お寺のツリガネをつく。（寺院につるしてある大きなかね。）

❼体育祭でハチマキをしめる。（頭の周りをしめる布。）

❽地元メイカをおみやげに買う。（名を知られているおかし。）

❾フウリンの音色を聞く。（夏に軒下などにさげる飾り。）

訓読み

2 お言葉を賜る。（　　る）

4 税金で賄う。（　　う）

9 鈴を鳴らす。（　　）

10 勝利に飢える。（　　える）

18 貝殻を拾う。（　　）

漢字力UP

高校新出音訓

2 賜杯大会に出る。（皇族が試合の勝者に与える優勝杯。）（　　）

6 釣果を競う。（釣りをして得た魚の数。）（　　）

7 衣鉢を継ぐ。（その道の奥義。）（　　）

11 製靴工場。（靴を作ること。）（　　）

対義語

1 購買↕ハンバイ（　　）

2 下賜↕ケンジョウ（　　）

解答

①購買 ❶購読 ②恩賜 ❷下賜 ③賠償 ❸自賠責 ④贈賄 ❹収賄 ⑤銃創 ❺銃弾 ⑥釣果 ❻釣鐘 ⑦鉢植え ❼鉢巻き ⑧感銘 ❽銘菓 ⑨予鈴 ❾風鈴 ⑩飢餓 ❿飢渇 ⑪靴下 ⓫雨靴 ⑫駄賃 ⓬無駄 ⑬剛直 ⓭剛健 ⑭過剰 ⓮余剰 ⑮解剖 ⓯剖検 ⑯表彰 ⓰顕彰 ⑰邸宅 ⓱官邸 ⑱地殻 ⓲甲殻

番号	漢字	意味	部首	画数	読み	用例
10	飢	①うえる。うえ。穀物が実らない。	食 しょくへん	10	キ / う(える)	飢餓《キガ》 飢渇《キカツ》
11	靴	①くつ。かわぐつ。	革 かわへん	13	カ / くつ	靴下《くつした》 雨靴《あまぐつ》
12	駄	①にもつ。②つまらない。③はきもの。	馬 うまへん	14	ダ	駄賃《ダチン》 無駄《ムダ》
13	剛	①つよい。かたい。	刂 りっとう	10	ゴウ	剛直《ゴウチョク》 剛健《ゴウケン》
14	剰	①あまる。あまり。	刂 りっとう	11	ジョウ	過剰《カジョウ》 余剰《ヨジョウ》
15	剖	①わける。さく。	刂 りっとう	10	ボウ	解剖《カイボウ》 剖検《ボウケン》
16	彰	①あきらか。あらわす。	彡 さんづくり	14	ショウ	表彰《ヒョウショウ》 顕彰《ケンショウ》
17	邸	①やしき。宿舎。	阝 おおざと	8	テイ	邸宅《テイタク》 官邸《カンテイ》
18	殻	①から。ものをおおう表面。	殳 るまた	11	カク / から	地殻《チカク》 甲殻《コウカク》

⑩キガに苦しむ人を支援する。
食べ物が不足してうえること。

⑪家の中でクツシタを脱ぐ。
素足につける衣類。

⑫おつかいのダチンをもらう。
手伝いをした子供へのほうび。

⑬彼女はゴウチョクな人だ。
気性が強く信念を曲げないさま。

⑭ついカジョウに期待する。
多すぎるさま。

⑮カエルのカイボウをする。
体を切り開いて調べること。

⑯成績優秀者のヒョウショウ。
ほめたたえ人々に知らせること。

⑰立派なテイタクが立ち並ぶ。
大きな屋敷。

⑱チカク変動が起こる。
ちきゅうの表層部の岩石層。

❿はげしいキカツにあえぐ。
空腹とのどのかわき。

⓫アマグツをはいて出かける。
レインシューズ。

⓬作業のムダを減らす。
おこなった効果のないもの。

⓭ゴウケンな人柄を目ざす。
心身がつよくしっかりしていること。

⓮人員にヨジョウが出る。
必要な分を除いたあまり。

⓯ボウケンして死因を特定する。
かいぼうして調べること。

⓰多大な功績をケンショウする。
たたえて世間に知らせること。

⓱首相カンテイでの記者会見。
上級役人に国が貸し与える家。

⓲コウカク類アレルギーになる。
カニなどの体表をおおう堅い外皮。

9 予鈴↔ホンレイ〔　〕
13 剛健↔ニュウジャク〔　〕
14 過剰↔フソク〔　〕
17 官邸↔シテイ〔　〕

類義語……
1 購買≒コウニュウ〔　〕
3 賠償≒ベンショウ〔　〕
3 賠償≒ホショウ〔　〕

同音異字……
16 功労の表彰 / 思いを□□する / 五輪の□□ 〔　〕〔　〕
17 立派な邸宅 / コップの□面 / 最□賃金の改定 / 必死に□抗する 〔面〕〔最〕〔抗〕

訓読み 2 たまわる　4 まかなう　9 すず　10 うえる　18 かいがら

漢字力UP

高校新出音訓…… 2 しはい　6 ちょうか　7 いはつ　11 せいか

対義語…… 1 販売　2 献上　9 本鈴　13 柔弱　14 不足　17 私邸

類義語…… 1 購入　3 弁償　3 補償

同音異字…… 16 表象　標章　17 底面　最低　抵抗

コラム Column

知っておきたい「自賠責保険って何？」

正式名称を、「自動車損害賠償責任保険」というよ。対人事故の損害を賠償するために、自動車の所有者は加入が義務づけられている。未加入だと懲役や罰金、免許停止などの罰則があるよ。

準2級 第11回

準2級学習漢字328字中200字

1	頑	①かたくな。②強い。じょうぶな。	頁《おおがい》 13	ガン	頑固《ガンコ》 頑強《ガンキョウ》
2	顕	①あきらか。はっきりしている。②あらわれる。	頁《おおがい》 18	ケン	顕著《ケンチョ》 露顕《ロケン》
3	頒	①わける。広くいきわたらせる。	頁《おおがい》 13	ハン	頒布《ハンプ》 頒価《ハンカ》
4	頻	①しきりに。②ひそめる。③さしせまる。	頁《おおがい》 17	ヒン	頻繁《ヒンパン》 頻出《ヒンシュツ》
5	享	①うける。うけいれる。もてなす。	亠《なべぶた》 8	キョウ	享楽《キョウラク》 享受《キョウジュ》
6	亭	①あずまや。宿屋。料理屋。茶屋。	亠《なべぶた》 9	テイ	亭主《テイシュ》 料亭《リョウテイ》
7	傘	①かさ。かさのようにおおうもの。	人《ひとやね》 12	サン かさ	傘下《サンカ》 日傘《ひがさ》
8	寡	①すくない。②連れ合いをなくした人。	宀《うかんむり》 14	カ	寡黙《カモク》 寡婦《カフ》
9	寛	①心がひろい。ゆとりがある。	宀《うかんむり》 13	カン	寛大《カンダイ》 寛容《カンヨウ》

書き取りA　1回目　2回目

①ガンコな性格の持ち主。（かたくなに考えや態度を曲げないさま。）

②ケンチョに違いがみえる。（際立って目につくこと。）

③展示会で試作品をハンプする。（広く配ること。）

④ヒンパンにお店に通う。（ひっきりなしであること。）

⑤キョウラク的に生きる。（思いのままにたのしむこと。）

⑥旅館のテイシュに案内される。（あるじ。）

⑦大企業のサンカに入る。（支配を受ける立場にあること。）

⑧彼はカモクで真面目な青年だ。（言葉数が少ないこと。）

⑨カンダイな措置を求める。（心が広く思いやりのあるさま。）

書き取りB　1回目　2回目

❶ガンキョウに意見を変えない。（信念がつよく、屈しないさま。）

❷悪事がロケンする。（隠していたことがあらわれること。）

❸本のハンカを決める。（物品などを広く分け配る際の値段。）

❹試験ヒンシュツ単語を覚える。（しきりに現れること。）

❺恩恵をキョウジュする。（うけいれて味わいたのしむこと。）

❻高級リョウテイで食事する。（和食や酒を出す店。）

❼夏はヒガサを持ち歩いている。（太陽光をさえぎるためのかさ。）

❽母はカフ控除を受けている。（夫を失って再婚しないでいる女性。）

❾カンヨウの精神を持った人。（他人をよく受け入れること。）

漢字力UP

訓読み

12 宵の明星。（　　）

高校新出音訓……

7 傘寿を祝う。（八十歳。）（　　）

12 徹宵語り通す。（夜どおし。）（　　）

対義語……

5 享楽↔キンヨク（　　）

6 亭主↔ニョウボウ（　　）

8 寡黙↔タベン（　　）

8 寡婦↔カフ（　　）

9 寛大↔キョウリョウ（　　）

9 寛容↔ゲンカク（　　）

類義語……

1 頑固≒ゴウジョウ（　　）

2 顕著≒レキゼン（　　）

解答

①頑固 ❶頑強 ②顕著 ❷露顕 ③頒布 ❸頒価 ④頻繁 ❹頻出 ⑤享楽 ❺享受 ⑥亭主 ❻料亭 ⑦傘下 ❼日傘 ⑧寡黙 ❽寡婦 ⑨寛大 ❾寛容 ⑩便宜 ❿適宜 ⑪主宰 ⓫宰相 ⑫徹宵 ⓬春宵 ⑬安寧 ⓭丁寧 ⑭寮生 ⓮独身寮 ⑮爵位 ⓯男爵 ⑯罷免 ⓰罷業 ⑰網羅 ⓱羅列

準2級

	10	11	12	13	14	15	16	17
漢字	宜	宰	宵	寧	寮	爵	罷	羅
部首・画数	宀 うかんむり 8	宀 うかんむり 10	宀 うかんむり 10	宀 うかんむり 14	宀 うかんむり 15	爫 つめかんむり 17	罒 あみがしら 15	罒 あみがしら 19
読み	ギ	サイ	ショウ よい	ネイ	リョウ	シャク	ヒ	ラ
用例	便宜《ベンギ》 適宜《テキギ》	主宰《シュサイ》 宰相《サイショウ》	徹宵《テッショウ》 春宵《シュンショウ》	安寧《アンネイ》 丁寧《テイネイ》	寮生《リョウセイ》 独身寮《ドクシンリョウ》	爵位《シャクイ》 男爵《ダンシャク》	罷免《ヒメン》 罷業《ヒギョウ》	網羅《モウラ》 羅列《ラレツ》
意味	①よろしい。都合がよい。ほどよい。	①つかさどる。おさめる。	①よい。よる。	①やすい。やすらか。②ねんごろ。	①寄宿舎。共同宿舎。	①貴族の階級を表す語。	①やめる。やめさせる。	①あみ。②つらねる。

⑩利用者のベンギをはかる。 特別のはからい。

⑪同人誌をシュサイする。 人の上に立つこと。

⑫テッショウして語り合う。 夜どおし。

⑬社会のアンネイを保つ。 無事でやすらかなこと。

⑭リョウセイだけで集合する。 共同宿舎に住む人。

⑮王よりシャクイを授かる。 貴族の階級。

⑯総務大臣がヒメンされる。 やめさせること。

⑰全国をモウラした路線図。 残らず取り入れること。

❿テキギ言葉を補って説明する。 各自がよいと思うようにすること。

⓫国のサイショウを務める。 総理大臣。

⓬シュンショウ一刻値千金。 はるの夜は趣深く千金に値するというたとえ。

⓭文字をテイネイに書く。 注意深く念入りであるさま。

⓮会社のドクシンリョウに入る。 結婚していない人が住む共同宿舎。

⓯ダンシャク夫人にお会いする。 もと華族の称号の一つ。

⓰労働者たちがヒギョウする。 仕事をやめること。

⓱注意事項をラレツする。 連ね並べること。

漢字の豆知識

傘は長生きの象徴？

「傘」を使った言葉に、八十歳を表す「傘寿《さんじゅ》」があるよ。似た言葉とあわせて覚えておこう。

傘寿…八十歳　傘の俗字「仐」が「八十」に見えることから

米寿…八十八歳　「米」の字を分解すると「八十八」になることから

卒寿…九十歳　「卒」の俗字「卆」が「九十」に見えることから

白寿…九十九歳　「白」は「百」から「一」を引いた字だから

喜寿…七十七歳　「喜」の草書体「㐂」が「七十七」に見えることから

ほかには、
還暦…六十歳
古希…七十歳
などがあるよ。

7 傘下≒ハイカ（　）
10 便宜≒ベンエキ（　）
12 春宵≒シュンヤ（　）
13 安寧≒アンタイ（　）
13 丁寧≒タンネン（　）
13 丁寧≒テイチョウ（　）
13 丁寧≒ニュウネン（　）
16 罷免≒カイコ（　）
16 罷業≒ヒコウ（　）

同音異字……

9
- 寛容な精神
- □□植物を置く（　）
- □□表現を学ぶ（　）
- 我慢が□□だ（　）

11
- 劇団を主宰する
- 大会を□□する（　）

訓読み 12 よい

漢字力UP

高校新出音訓…… 7 さんじゅ　12 てっしょう

対義語…… 5 禁欲　6 女房　8 多弁　8 寡夫　9 狭量　9 厳格

類義語…… 1 強情　2 歴然　7 配下　10 便益　12 春夜　13 安泰　13 丹念　13 丁重　13 入念　16 解雇　16 罷工

同音異字…… 9 観葉　慣用　肝要　11 主催

準2級 第12回

準2級学習漢字328字中219字

番号	漢字	意味	部首	画数	読み	用例
1	菌	①かび。ばいきん。	艹 くさかんむり	11	キン	細菌《サイキン》 殺菌《サッキン》
2	薫	①よいにおいがする。②人を感化する。③いぶす。	艹 くさかんむり	16	クン かお(る)	薫風《クンプウ》 薫陶《クントウ》
3	茎	①植物のくき。くきのような形をしたもの。	艹 くさかんむり	8	ケイ くき	根茎《コンケイ》 歯茎《はぐき》
4	薦	①すすめる。人を選び出す。	艹 くさかんむり	16	セン すす(める)	推薦《スイセン》 自薦《ジセン》
5	荘	①おごそか。②いなかにある家。仮ずまい。	艹 くさかんむり	9	ソウ	荘重《ソウチョウ》 別荘《ベッソウ》
6	藻	①も。みずくさ。	艹 くさかんむり	19	ソウ も	海藻《カイソウ》 藻草《もぐさ》
7	窮	①行きづまる。苦しむ。②きわめる。きわまる。	穴 あなかんむり	15	キュウ きわ(める・まる)	窮屈《キュウクツ》 困窮《コンキュウ》
8	窃	①こっそりぬすむ。ひそかに。	穴 あなかんむり	9	セツ	窃盗《セットウ》 窃取《セッシュ》
9	窯	①かま。かわらや陶器をやくかまど。	穴 あなかんむり	15	ヨウ かま	窯業《ヨウギョウ》 窯元《かまもと》

書き取りA　1回目　2回目

①夏はサイキンが増えやすい。
バクテリア。

②ここちよいクンプウが吹く。
さわやかに吹く初夏のかぜ。

③ハスの細長いコンケイ。
ねのように見えるくき。

④委員長にスイセンする。
他人にすすめること。

⑤ソウチョウな音楽が流れる。
おごそかなさま。

⑥カイソウサラダを作る。
ワカメやコンブやヒジキなど。

⑦キュウクツな思いをする。
気づまりに感じるさま。

⑧セットウの疑いで捕まる。
すきをうかがい物をぬすむこと。

⑨ヨウギョウが盛んな町。
かまを使って陶磁器などを作り出すこと。

書き取りB　1回目　2回目

❶手洗いうがいでサッキンする。
バクテリアを死滅させること。

❷先生のクントウのたまもの。
徳により感化してすぐれた人物にすること。

❸ハグキのケアをする。
口内で　は　のねもとをつつむ粘膜層。

❹ジセンで賞に応募する。
じぶんをすすめること。

❺山奥のベッソウで保養する。
ふだん居住する家とはべつに設けた家。

❻海のモグサを掃除する。
も。

❼生活がコンキュウする。
貧乏で苦しむこと。

❽人からお金をセッシュする。
こっそりぬすむこと。

❾地域のカマモトを見学する。
陶磁器を製造する所。

訓読み

2 風薫る季節。（　る）

4 良書を薦める。（　める）

10 筒抜けになる。（　け）

漢字力UP

高校新出音訓……

2 薫風が吹く。（　）
初夏の風。

7 状況が窮まる。（　まる）
身動きの取れない状態。

9 窯業を営む。（　）
かまを使って陶磁器などを作り出すこと。

14 晩霜がおりる。（　）
初夏ごろにおりる霜。

17 恭しいお辞儀。（　しい）
丁重なさま。

対義語……

4 自薦↕タセン（　）

5 荘重↕ケイカイ（　）

17 恭順↕ハンコウ（　）

解答

①細菌 ❶殺菌 ②薫風 ❷薫陶 ③根茎 ❸歯茎 ④推薦 ❹自薦 ⑤荘重 ❺別荘 ⑥海藻 ❻藻草 ⑦窮屈 ❼困窮 ⑧窃盗 ❽窃取 ⑨窯業 ❾窯元 ⑩水筒 ❿封筒 ⑪虞 ⑫捕虜 ⓬軍虜 ⑬覇気 ⓭制覇 ⑭星霜 ⓮霜柱 ⑮雰囲気 ⑯弊害 ⓰疲弊 ⑰恭順 ⓱恭賀 ⑱安泰 ⓲泰西 ⑲厄介 ⓳厄年

番号	漢字	意味	部首	画数	読み	用例
10	筒	①つつ。つつ状のもの。	⺮ たけかんむり	12	トウ つつ	水筒《スイトウ》 封筒《フウトウ》
11	虞	①おそれる。おそれ。	虍 とらかんむり	13	おそれ	虞《おそれ》
12	虜	①とりこ。いけどる。	虍 とらかんむり	13	リョ	捕虜《ホリョ》 軍虜《グンリョ》
13	覇	①力で天下統一する。②優勝すること。	覀 おおいかんむり	19	ハ	覇気《ハキ》 制覇《セイハ》
14	霜	①しも。しものような。	雨 あめかんむり	17	ソウ しも	星霜《セイソウ》 霜柱《しもばしら》
15	雰	①けはい。	雨 あめかんむり	12	フン	雰囲気《フンイキ》
16	弊	①よくない。がいになる。②つかれる。よわる。	廾 にじゅうあし	15	ヘイ	弊害《ヘイガイ》 疲弊《ヒヘイ》
17	恭	①うやうやしい。かしこまる。	㣺 したごころ	10	キョウ うやうや(しい)	恭順《キョウジュン》 恭賀《キョウガ》
18	泰	①やすらか。②はなはだしい。③大きい。	氺 したみず	10	タイ	安泰《アンタイ》 泰西《タイセイ》
19	厄	①わざわい。くるしむ。②よくないめぐりあわせ。	厂 がんだれ	4	ヤク	厄介《ヤッカイ》 厄年《ヤクどし》

⑩弁当とスイトウを持参する。
飲み物を入れて持ち歩ける容器。

⑪戦争になるオソレがある。
心配。

⑫敵軍のホリョとなる。
戦いでとらえられた者。

⑬強いハキを感じる武将。
はしゃ になろうとするいきごみ。

⑭幾セイソウを重ねる。
長い年月。

⑮明るいフンイキの人。
ムード。

⑯タバコのヘイガイを学ぶ。
他のもののがいになる事柄。

⑰キョウジュンの意を表す。
つつしんで命令に従うこと。

⑱アンタイな世の中を願う。
危険がなく落ち着いていること。

⑲ヤッカイな問題が発生する。
めんどうなさま。

もう一度書いてみよう！

❿手紙のフウトウを選ぶ。
手紙や文書を入れる紙袋。

⓬グンリョの解放を要求する。
降伏またはほかくした敵兵。

⓭全国大会セイハを果たす。
優勝すること。

⓮冬の畑にシモバシラができる。
地中の水分がはしらのように凍ること。

もう一度書いてみよう！

⓰部活動で身体がヒヘイする。
つかれよわること。

⓱「キョウガ新年」と書く。
つつしんで祝うこと。

⓲タイセイのすばらしい絵画。
にしの果て。

⓳ヤクドシなので注意する。
難に遭いやすいとされるとし。

類義語……
4 推薦＝スイキョ（　）
7 困窮＝コンク（　）
7 困窮＝ヒンキュウ（　）
7 困窮＝ヒンコン（　）
13 覇気＝ヤシン（　）
13 覇気＝ヤボウ（　）
17 恭賀＝キンガ（　）
18 安泰＝アンネイ（　）
18 安泰＝アンコウ（　）

同訓異字……
4 他人に薦める
運動を□める（　める）
会議を□める（　める）

四字熟語……
18 泰然自若《たいぜんじじゃく》
どっしりと落ち着いており物事に動じないさま。

訓読み
2 かおる
4 すすめる
10 つつぬけ

漢字力UP

高校新出音訓……
2 くんぷう
7 きわまる
9 ようぎょう
14 ばんそう
17 うやうやしい

対義語……
4 他薦
5 軽快
17 反抗

類義語……
4 推挙
7 困苦
7 貧窮
7 貧困
13 野心
13 野望
17 謹賀
18 安寧
18 安康

同訓異字……
4 勧める
進める

準2級学習漢字328字中237字

番号	漢字	意味	部首	画数	読み	用例
1	庶	①一般の人。もろびと。②もろもろ。雑多な。	广《まだれ》	11	ショ	庶民《ショミン》　庶務《ショム》
2	廃	①すたれる。おとろえる。②すてる。やめる。	广《まだれ》	12	ハイ　すた(れる・る)	廃屋《ハイオク》　廃止《ハイシ》
3	庸	①かたよらない。ふつう。	广《まだれ》	11	ヨウ	中庸《チュウヨウ》　凡庸《ボンヨウ》
4	尼	①あま。出家した女性。	尸《かばね》	5	ニ　あま	尼寺《あまでら》　尼僧《ニソウ》
5	履	①はきもの。②ふむ。実際におこなう。	尸《かばね》	15	リ　は(く)	草履《ゾウリ》　履歴《リレキ》
6	扉	①とびら。開き戸。	戸《とだれ》	12	ヒ　とびら	門扉《モンピ》　鉄扉《テッピ》
7	戻	①もどる。もどす。	戸《とだれ》	7	レイ　もど(す・る)	返戻《ヘンレイ》　暴戻《ボウレイ》
8	逸	①にげる。かくれる。②はずれる。③すぐれた。	辶《しんにょう》	11	イツ	散逸《サンイツ》　逸材《イツザイ》
9	還	①かえる。かえす。	辶《しんにょう》	16	カン	返還《ヘンカン》　還元《カンゲン》

書き取りA　1回目　2回目

①ショミン的な味が好きだ。　一般の人々。

②人口減でハイオクの増えた村。　荒れ果てた建物。

③チュウヨウを得た考えだ。　かたよらないでほどよいこと。

④アマデラで出家する。　女性の僧が住むてら。

⑤わらゾウリを手作りする。　鼻緒がすげてあるはきもの。

⑥モンピを固く閉ざす。　もんのとびら。

⑦買った品物をヘンレイする。　かえしもどすこと。

⑧資料のサンイツに注意する。　書物や文書がちらばってなくなること。

⑨優勝旗をヘンカンする。　所有者にかえすこと。

書き取りB　1回目　2回目

❶会社のショム課で働く。　こまごまとした仕事。

❷古い制度をハイシする。　不用なものとしてやめること。

❸ボンヨウな意見しか出ない。　とくにすぐれたところがないこと。

❹ニソウとして修業を積む。　出家して仏門に入った女性。

❺リレキ書を提出する。　今までに経てきた学業や職業を記した書類。

❻テッピを壊して突入する。　てつ製のとびら。

❼ボウレイな弾圧を受ける。　荒々しく道理に反する行為をすること。

❽十年に一度のイツザイ。　人並み以上にすぐれた人。

❾利益を社会にカンゲンする。　もとの状態にもどすこと。

訓読み

2 文化が廃れる。〔　　れる〕

5 靴を履く。〔　　く〕

6 扉を開ける。〔　　〕

7 後戻りできない。〔　　り〕

10 視線を遮る。〔　　る〕

漢字力UP

高校新出音訓……

4 禅尼になる。　仏門に入った在家の女子。〔　　〕

6 門扉を閉ざす。　門のとびら。〔　　〕

7 商品を返戻する。　返し戻すこと。〔　　〕

12 惜しまれて逝く。　亡くなる。　※読みは二種類。〔　　く〕〔　　く〕

対義語……

2 廃止↕ソンチ〔　　〕

解答

①庶民　❶庶務　②廃屋　❷廃止　③中庸　❸凡庸　④尼寺　❹尼僧　⑤草履　❺履歴　⑥門扉　❻鉄扉　⑦返戻　❼暴戻　⑧散逸　❽逸材　⑨返還　❾還元　⑩遮断　❿遮光　⑪迅速　⓫奮迅　⑫逝去　⓬急逝　⑬左遷　⓭変遷　⑭放逐　⓮逐次　⑮逓送　⓯逓減　⑯更迭　⑰普遍　⓱遍歴　⑱朝廷　⓲法廷

	10	11	12	13	14	15	16	17	18
漢字	遮	迅	逝	遷	逐	逓	迭	遍	廷
意味	①さえぎる。ふさぐ。とどめる。	①はやい。②はげしい。	①ゆく。しぬ。	①うつる。うつす。②うつりかわる。	①追いはらう。②順を追う。順にしたがう。	①つぎつぎと。だんだんと。	①かわる。かわるがわる。	①あまねし。ゆきわたる。②回数を数える語。	①政治を行うところ。②裁判を行うところ。
部首・画数	辶《しんにょう》 14	辶《しんにょう》 6	辶《しんにょう》 10	辶《しんにょう》 15	辶《しんにょう》 10	辶《しんにょう》 10	辶《しんにょう》 8	辶《しんにょう》 12	廴《えんにょう》 7
読み	シャ さえぎ(る)	ジン	セイ ゆ(く) い(く)	セン	チク	テイ	テツ	ヘン	テイ
用例	遮断《シャダン》 遮光《シャコウ》	迅速《ジンソク》 奮迅《フンジン》	逝去《セイキョ》 急逝《キュウセイ》	左遷《サセン》 変遷《ヘンセン》	放逐《ホウチク》 逐次《チクジ》	逓送《テイソウ》 逓減《テイゲン》	更迭《コウテツ》	普遍《フヘン》 遍歴《ヘンレキ》	朝廷《チョウテイ》 法廷《ホウテイ》

⑩シャダン機が下りる。
踏切で人や車の通行をさえぎる設備。

⑪ジンソクな行動を心がける。
きわめてはやいさま。

⑫会長がセイキョされた。
人の死をうやまっていう語。

⑬失態によりサセンされる。
今までより低い役職や地位に落とされること。

⑭酔っぱらいをホウチクする。
その場所から追いはらうこと。

⑮物資をテイソウする。
順々におくること。

⑯役員をコウテツする。
ある地位の人を入れ替えること。

⑰フヘン的な考えを持つ。
すべてに共通し、例外のないこと。

⑱チョウテイで政治を行う。
天子が政治を行った場所。

もう一度書いてみよう！

❿シャコウカーテンを閉める。
ひかりをさえぎること。

⓫獅子《しし》フンジンの活躍をする。
激しい勢いで物事に対処すること。

⓬恩師のキュウセイに驚く。
突然亡くなること。

⓭時代とともにヘンセンする。
うつりかわること。

⓮全集をチクジ刊行する。
順を追ってつぎつぎに。

⓯人口のテイゲンが問題だ。
次第にへること。

⓱諸国をヘンレキする。
各地を巡り歩くこと。

⓲証人としてホウテイに出る。
裁判を行うところ。

11 迅速↔カンマン（　）
13 左遷↔エイテン（　）
17 普遍↔トクシュ（　）

類義語……
1 庶民＝ヘイミン（　）
1 庶務＝ザツム（　）
7 返戻＝ヘンキャク（　）
7 返戻＝ヘンカン（　）
7 暴戻＝ヒドウ（　）
11 迅速＝ビンソク（　）
12 逝去＝エイミン（　）
13 変遷＝スイイ（　）
14 放逐＝ツイホウ（　）
14 逐次＝ジュンジ（　）
15 逓減＝ゼンゲン（　）
17 普遍＝イッパン（　）

訓読み
2 すたれる　5 はく　6 とびら　7 あともどり　10 さえぎる

漢字力UP
高校新出音訓……
4 ぜんに　6 もんぴ　7 へんれい　12 ゆく　いく

対義語……
2 存置　11 緩慢　13 栄転　17 特殊

類義語……
1 平民　1 雑務　7 返却　7 返還　7 非道　11 敏速　12 永眠　13 推移　14 追放　14 順次　15 漸減　17 一般

コラム Column

知っておきたい「還暦って何？」

六十歳（数え年で六十一歳）を表す「還暦」。六十年で生まれの干支に再び「還《かえ》る」、つまり「赤ちゃん（のときと同じ干支）に還る」ことから、「赤いちゃんちゃんこ」を贈る風習があるとされているよ。

準2級 第14回

準2級学習漢字328字中255字

番号	漢字	意味	部首	画数	読み	用例
1	疫	①流行病。	疒《やまいだれ》	9	エキ・ヤク	免疫《メンエキ》 検疫《ケンエキ》
2	症	①病気の性質。	疒《やまいだれ》	10	ショウ	症状《ショウジョウ》 軽症《ケイショウ》
3	痴	①おろか。おろかもの。②男女間の色欲に迷う。	疒《やまいだれ》	13	チ	愚痴《グチ》 痴情《チジョウ》
4	癒	①いえる。いやす。	疒《やまいだれ》	18	ユ・い（える・やす）	治癒《チユ》 癒着《ユチャク》
5	痢	①腹下し。	疒《やまいだれ》	12	リ	赤痢《セキリ》 下痢《ゲリ》
6	囚	①とらえる。とらわれた人。	囗《くにがまえ》	5	シュウ	囚人《シュウジン》 獄囚《ゴクシュウ》
7	衡	①はかり。つりあい。たいら。②よこ。	行《ぎょうがまえ》	16	コウ	均衡《キンコウ》 平衡《ヘイコウ》
8	閑	①しずか。のどか。②ひま。③なおざり。	門《もんがまえ》	12	カン	閑散《カンサン》 閑職《カンショク》
9	閥	①いえがら。なかま。	門《もんがまえ》	14	バツ	財閥《ザイバツ》 派閥《ハバツ》

書き取りA　1回目　2回目

①メンエキ力を高める食事。（病気に対して抵抗性を増した状態。）
②風邪のショウジョウがある。（病気やけがの様子。）
③仕事のグチを聞いてもらう。（言ってもしかたのないことを嘆くこと。）
④傷は数日でチユした。（病気やけががなおること。）
⑤セキリは伝染病だ。（腹痛と熱を訴える病気。）
⑥シュウジンを護送する。（刑務所に拘禁されているひと。）
⑦勢力のキンコウを保つ。（バランス。）
⑧街がカンサンとしている。（ひっそりとしずまり返っているさま。）
⑨日本の三大ザイバツ。（大資本家。）

書き取りB　1回目　2回目

❶空港でケンエキ手続きをする。（病原体を持っていないか、けんさして対応すること。）
❷ケイショウと聞き安心する。（病気のしょうじょうのかるいもの。）
❸チジョウのもつれによる事件。（理性を失い男女間の色欲に迷う心。）
❹政界と財界がユチャクする。（不正な関係で結びついていること。）
❺昨夜からゲリが止まらない。（はらくだし。）
❻ゴクシュウとの面会を行う。（ろうやにとらわれているひと。）
❼ヘイコウ感覚をテストする。（体の位置や姿勢などを知る感覚。）
❽カンショクに回された。（仕事が少なくひまな任務。）
❾党内にハバツがある。（出身や縁故などで結びついた集団。）

訓読み

4 傷が癒える。〔　　える〕

漢字力UP

高校新出音訓……

1 疫病神。（疾病を流行させるという神。）〔　　〕
13 食費に充てる。（充当する。）〔　　てる〕
17 自刃する。（刀剣で自分の命を絶つこと。）〔　　〕

対義語……

2 軽症↕ジュウショウ〔　　〕
8 閑散↕コンザツ〔　　〕
8 閑散↕ハンボウ〔　　〕
8 閑職↕ゲキショク〔　　〕
13 充実↕クウキョ〔　　〕

解答

①免疫 ❶検疫 ②症状 ❷軽症 ③愚痴 ❸痴情 ④治癒 ❹癒着 ⑤赤痢 ❺下痢 ⑥囚人 ❻獄囚 ⑦均衡 ❼平衡 ⑧閑散 ❽閑職 ⑨財閥 ❾派閥 ⑩且つ ⑪丙 ⓫丙種 ⑫亜流 ⓬亜熱帯 ⑬補充 ⓭充実 ⑭准教授 ⓮批准 ⑮凹版 ⓯凹面鏡 ⑯凸版 ⓰凹凸 ⑰刃物 ⓱出刃 ⑱一升 ⓲升席

番号	漢字	意味	部首	画数	読み	用例
10	且	①かつ。さらに。	いち 一	5	か(つ)	且《か》つ
11	丙	①物事の三番目。	いち 一	5	ヘイ	甲乙丙《コウオツヘイ》 丙種《ヘイシュ》
12	亜	①次ぐ。準じる。第二番目。	に 二	7	ア	亜流《アリュウ》 亜熱帯《アネッタイ》
13	充	①あてる。②みちる。	ひとあし 儿	6	ジュウ あ(てる)	補充《ホジュウ》 充実《ジュウジツ》
14	准	①なぞらえる。そのものに次ぐ。②許す。	にすい 冫	10	ジュン	准教授《ジュンキョウジュ》 批准《ヒジュン》
15	凹	①くぼむ。へこむ。へこみ。	うけばこ 凵	5	オウ	凹版《オウハン》 凹面鏡《オウメンキョウ》
16	凸	①でこ。中央がつき出ているさま。	うけばこ 凵	5	トツ	凸版《トッパン》 凹凸《オウトツ》
17	刃	①は。はもの。切る。	かたな 刀	3	ジン は	刃物《はもの》 出刃《でば》
18	升	①ます。容積の単位。約一・八リットル。	じゅう 十	4	ショウ ます	一升《イッショウ》 升席《ますセキ》

コラム Column

知っておきたい「甲乙丙…」

物事の順序を表す「甲乙丙…」は、十干からくる言葉で、実は「甲《こう》乙《おつ》丙《へい》丁《てい》戊《ぼ》己《き》庚《こう》辛《しん》壬《じん》癸《き》」と全部で十個あるんだ。主に契約書などの書面で使われるよ。

⑩必要力つ十分な条件。 そのうえ。

⑪甲乙ヘイで評価される。 物事の第三位。

⑫これはアリュウの作品だ。 まねるだけで独創性のないもの。

⑬足りない調味料をホジュウする。 不足をおぎなうこと。

⑭ジュンキョウジュの講義。 きょうじゅに次ぐ職階。

⑮オウハン印刷で本を作る。 くぼんだところにインクをつけて印刷すること。

⑯トッパンで印刷する。 盛り上がった所にインクをつけて印刷すること。

⑰ハモノで指先を切る。 切ったり削ったりするもの。

⑱イッショウの酒を飲む。 約一・八〇三九リットル。

もう一度書いてみよう！

⑪危険物取扱者ヘイシュを受ける。 甲、乙種に次ぐ三つめのしゅるい。

⑫アネッタイ地域の動物。 温たいとねったいの中間の気候たい。

⑬ジュウジツした毎日を送る。 十分備わって豊かなこと。

⑭条約にヒジュンする。 条約締結に対する同意手続き。

⑮オウメンキョウに顔を映す。 反射めんがくぼんだ形に湾曲したかがみ。

⑯オウトツレンズを用意する。 表面が平らでないこと。

⑰デバ包丁で魚をおろす。 包丁の一種。

⑱マスセキで相撲を見る。 興業の見物シート。

類義語……

2 症状＝ビョウジョウ〔　〕

6 囚人＝シュウト〔　〕

7 均衡＝ヘイコウ〔　〕

7 均衡＝キンセイ〔　〕

7 均衡＝ヘイキン〔　〕

13 補充＝ホキュウ〔　〕

同音異字……

7
- 平衡感覚〔　〕
- □□して歩く〔　〕
- □□な線を引く〔　〕
- 嫌味に□□する〔　〕

四字熟語……

7 合従連衡《がっしょうれんこう》 時に応じてついたり離れたりすること。

8 閑話休題《かんわきゅうだい》 本筋から外れた話をやめにすること。

訓読み 4 いえる

漢字力UP

高校新出音訓…… 1 やくびょう 13 あてる 17 じじん

対義語…… 2 重症 8 混雑 8 繁忙 8 激職 13 空虚

類義語…… 2 病状 6 囚徒 7 平衡 7 均整 7 平均 13 補給

同音異字…… 7 並行 平行 閉口

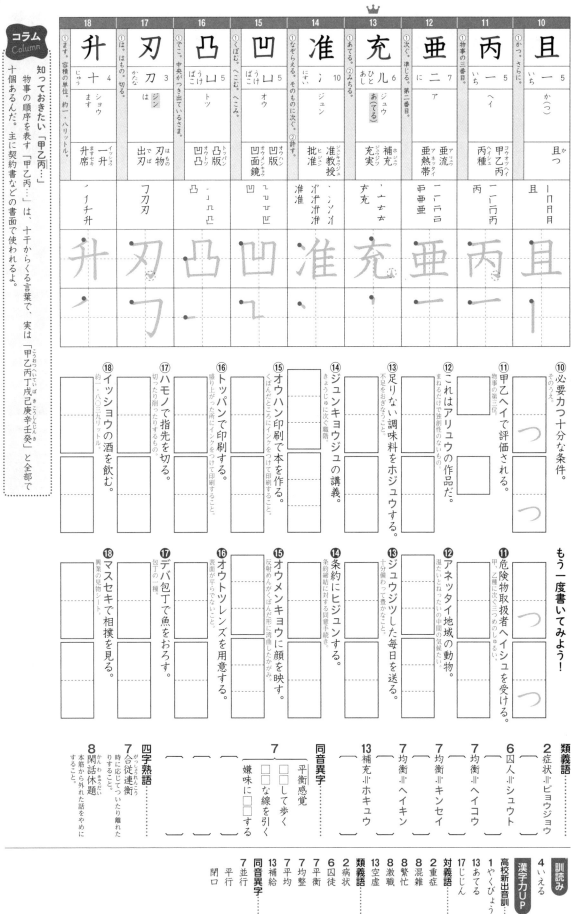

準2級 第15回

準2級学習漢字328字中274字

番号	漢字	意味	部首	画数	読み	用例
1	劾	①とりしらべる。あばく。	力《ちから》	8	ガイ	弾劾《ダンガイ》
2	勲	①国や殊勲のために尽くしたてがら。	力《ちから》	15	クン	勲章《クンショウ》 殊勲《シュクン》
3	勅	①天皇のおおせ。	力《ちから》	9	チョク	勅命《チョクメイ》 勅使《チョクシ》
4	叔	①父母の弟・妹。兄弟の上から三番め。	又《また》	8	シュク	伯仲叔季《ハクチュウシュクキ》 叔父《シュクフ》
5	叙	①述べる。②順位をつける。位をさずける。	又《また》	9	ジョ	叙情《ジョジョウ》 叙位《ジョイ》
6	呉	①昔の中国の国名。	口《くち》	7	ゴ	呉服《ゴフク》 呉音《ゴオン》
7	嗣	①つぐ。あとつぎ。	口《くち》	13	シ	嗣子《シシ》 継嗣《ケイシ》
8	唇	①くちびる。	口《くち》	10	シン くちびる	唇音《シンオン》 上唇《うわくちびる》
9	喪	①近親者が死者をとむらう儀礼。②うしなう。	口《くち》	12	ソウ も	喪服《もフク》 喪失《ソウシツ》

書き取りA　1回目　2回目

①政府をダンガイする。 責任を追及すること。

②クンショウを授与する。 国への功労を表彰して授けるメダル。

③チョクメイが下される。 君主のめいれい。

④伯仲シュクキ。 兄弟の順序。

⑤ジョジョウ的な詩だと感じた。 自分のかんじょうを述べ表すこと。

⑥父の実家はゴフク店だ。 反物。着物。

⑦跡取りのことをシシという。 家督をつぐこども。

⑧バ行はシンオンだ。 くちびるを使って出すおと。

⑨モフクを着て出席する。 も中の人が着るふく。

書き取りB　1回目　2回目

もう一度書いてみよう！

❷戦いでシュクンを立てる。 他よりきわだってすぐれたてがら。

❸隣国にチョクシを遣わす。 天皇のつかい。

❹久しぶりにシュクフに会う。 おじ。

❺ジョイの対象となる。 功労者に国から与えられるもの。

❻ゴオン読みの由来を調べる。 古代日本に朝鮮から渡来した漢字のおん読み。

❼ケイシに財産を残す。 相続人となるあとつぎ。

❽ウワクチビルが切れて痛い。 うえ側にあるくちびる。

❾事故で記憶ソウシツになる。 うしなうこと。

漢字力UP

高校新出音訓……

8 口唇のケア。 くちびる。 〔　　〕

19 妄言をはく。 出まかせのことば。 〔　　〕

対義語……

5 叙情↕ジョジ 〔　　〕

6 呉音↕カンオン 〔　　〕

6 呉音↕トウオン 〔　　〕

9 喪失↕カクトク 〔　　〕

15 壮健↕ビョウジャク 〔　　〕

類義語……

2 殊勲≒コウミョウ 〔　　〕

3 勅命≒チョクゴ 〔　　〕

10 進呈≒シンジョウ 〔　　〕

10 進呈≒テイジョウ 〔　　〕

15 壮健≒ケンショウ 〔　　〕

解答

①弾劾 ②勲章 ❷殊勲 ③勅命 ❸勅使 ④叔季 ❹叔父 ⑤叙情 ❺叙位 ⑥呉服 ❻呉音 ⑦嗣子 ❼継嗣 ⑧唇音 ❽上唇 ⑨喪服 ❾喪失 ⑩露呈 ❿進呈 ⑪学習塾 ⓫塾長 ⑫可塑 ⓬塑像 ⑬堕落 ⓭堕胎 ⑭土塁 ⓮満塁 ⑮壮健 ⓯壮大 ⑯奨励 ⓰奨学 ⑰奔走 ⓱奔放 ⑱妥当 ⓲妥協 ⑲妄想 ⓳妄執

準2級

番号	漢字	部首	画数	音読み	意味	熟語
10	呈	口《くち》	7	テイ	①しめす。あらわす。②さしあげる。さしだす。	露呈《ロテイ》 進呈《シンテイ》
11	塾	土《つち》	14	ジュク	①まなびや。	学習塾《ガクシュウジュク》 塾長《ジュクチョウ》
12	塑	土《つち》	13	ソ	①粘土をこねて形を作る。	可塑《カソ》 塑像《ソゾウ》
13	堕	土《つち》	12	ダ	①おちる。おとす。くずれる。	堕落《ダラク》 堕胎《ダタイ》
14	塁	土《つち》	12	ルイ	①とりで。②野球のベース。	土塁《ドルイ》 満塁《マンルイ》
15	壮	士《さむらい》	6	ソウ	①若い。②さかん。強い。③大きい。	壮健《ソウケン》 壮大《ソウダイ》
16	奨	大《だい》	13	ショウ	①すすめる。はげます。ほめる。	奨励《ショウレイ》 奨学《ショウガク》
17	奔	大《だい》	8	ホン	①はしる。にげる。②思うままにする。	奔走《ホンソウ》 奔放《ホンポウ》
18	妥	女《おんな》	7	ダ	①おだやか。②おれあう。	妥当《ダトウ》 妥協《ダキョウ》
19	妄	女《おんな》	6	モウ ボウ	①みだり。みだりに。わけもなく。	妄想《モウソウ》 妄執《モウシュウ》

⑩見通しの甘さがロテイする。
あらわれ出ること。

⑪毎日ガクシュウジュクに通う。
勉強を補助的に指導する所。

⑫カソ性のある合成樹脂。
変形しやすい性質。

⑬ダラクした生活を改善する。
品行が悪くなること。

⑭ドルイを築いて敵を迎え撃つ。
つちで築いたとりで。

⑮彼のソウケンさは相変わらずだ。
体が元気で丈夫なこと。

⑯貯蓄をショウレイする。
人々にすすめること。

⑰事業拡大にホンソウする。
うまく運ぶようかけまわること。

⑱ダトウな判断に基づく行動。
よくあてはまっていること。

⑲日々モウソウにふける。
ありえないことを思い描くこと。

❿記念品をシンテイする。
人にさしあげること。

⓫ジュクチョウは厳しい人だ。
私設教育機関の責任者。

⓬美術の時間にソゾウを作る。
粘土や石膏で作られたぞう。

⓭ダタイ処置について議論する。
赤ちゃんを人為的に流産させること。

⓮九回裏ツーアウトマンルイ。
すべてのるいに走者がいること。

⓯ソウダイな景観に言葉を失う。
盛んでおおきいこと。

⓰ショウガク金を支給する。
研究などをすすめること。

⓱彼女は自由ホンポウな人だ。
思うままに行動すること。

⓲この点だけはダキョウしない。
譲歩しあって事をまとめること。

⓳モウシュウに取りつかれる。
ある特定の考えにとらわれること。

15 壮大≒エンダイ（　　）
16 奨励≒カンショウ（　　）
17 奔走≒ジンリョク（　　）
18 妥当≒テキセツ（　　）
18 妥協≒ジョウホ（　　）

四字熟語……

6 呉越同舟《ごえつどうしゅう》
仲の悪い者どうしが共通の困難や利害に対して協力し合うことのたとえ。

15 気宇壮大《きうそうだい》
心がまえや発想などが大きく立派なこと。

15 大言壮語《たいげんそうご》
できもしない大きなことや威勢のいいことを言うこと。

17 自由奔放《じゆうほんぽう》
気がねなしに自分の思うままに振る舞うさま。

17 東奔西走《とうほんせいそう》
仕事や用事のため東へ西へと忙しく走り回ること。
≒南船北馬《なんせんほくば》

19 軽挙妄動《けいきょもうどう》
事の是非をわきまえず、軽々しく行動すること。

形の似ている漢字…

1 劾—刻
11 塾—熟
13 堕—墜

漢字力UP

高校新出音訓…
8 こうしん
19 ぼうげん
（もうげん）

対義語……
5 叙事
6 漢音
6 唐音
9 獲得
15 病弱

類義語……
2 功名
3 勅語
10 進上
10 呈上
15 健勝
15 遠大
16 勧奨
17 尽力
18 適切
18 譲歩

準2級 第16回

準2級学習漢字328字中292字

番号	漢字	意味	部首	画数	読み	用例
1	尉	①軍隊における階級の一つ。	寸《すん》	11	イ	大尉《タイイ》 尉官《イカン》
2	尚	①たかい。たっとぶ。重んじる。②なお。	⺌《しょう》	8	ショウ	高尚《コウショウ》 尚早《ショウソウ》
3	屯	①たむろ。まもり。たむろする。	屮《てつ》	4	トン	駐屯《チュウトン》 屯田《トンデン》
4	崇	①たっとい。②たっとぶ。あがめる。	山《やま》	11	スウ	崇高《スウコウ》 崇拝《スウハイ》
5	弔	①とむらう。人の死を悲しみいたむ。	弓《ゆみ》	4	チョウ とむら(う)	弔問《チョウモン》 弔意《チョウイ》
6	帥	①ひきいる。将軍。	巾《はば》	9	スイ	元帥《ゲンスイ》 統帥《トウスイ》
7	幣	①お金。銭。②神にそなえる布。ぬさ。	巾《はば》	15	ヘイ	貨幣《カヘイ》 紙幣《シヘイ》
8	患	①やむ。病気。	心《こころ》	11	カン わずら(う)	患者《カンジャ》 急患《キュウカン》
9	慶	①よろこぶ。いわう。いわい。たまもの。	心《こころ》	15	ケイ	慶祝《ケイシュク》 慶賀《ケイガ》

書き取りA

1回目　2回目

①海軍タイイに昇進する。
軍隊の階級の一つで、少佐の下。

②コウショウな趣味を持つ。
りっぱであるさま。

③軍隊がチュウトンする。
ある期間、ある土地に留まること。

④スウコウな志を持って生きる。
けだかくてとうといさま。

⑤チョウモン客が訪れる。
遺族を訪ねておくやみを言うこと。

⑥ゲンスイの称号を得る。
総大将。

⑦外国のカヘイを集める。
とくに、硬かのこと。

⑧カンジャのカルテを確認する。
病気にかかって治療を受ける人。

⑨ケイシュクの宴を催す。
よろこびいわうこと。

書き取りB

1回目　2回目

❶イカンとして任務にあたる。
軍隊の一部の階級の総称。

❷改革は時期ショウソウだ。
それを行うにはまだはやすぎること。

❸トンデン兵として動員される。
平時に兵に未開拓地を開拓させること。

❹神をスウハイする。
心からうやまいあがめること。

❺心からチョウイを表する。
死をいたみとむらう気持ち。

❻かつてトウスイ権が存在した。
軍隊の最高指揮権。

❼新しいシヘイが発行される。
かみでできたお金。

❽キュウカンが運び込まれる。
きゅう病人。

❾恩師の結婚をケイガする。
よろこびいわうこと。

訓読み

5 友を弔う。〔　　う〕

10 命を懸ける。〔　　ける〕

13 叱られて懲りる。〔　　りる〕

14 人目を忍ぶ。〔　　ぶ〕

漢字力UP

高校新出音訓……

8 肺を患う。〔　　う〕
病気になる。

10 彼女に懸想する。〔　　〕
恋をすること。

11 懇ろな仲だ。〔　　ろ〕
間柄が親密なさま。

12 未来を愁える。〔　　える〕
よくないことになるのではないかと心配する。

対義語……

2 高尚↕テイゾク〔　　〕

4 崇拝↕ケイブ〔　　〕

5 弔意↕シュクイ〔　　〕

解答

①大尉 ❶尉官 ②高尚 ❷尚早 ③駐屯 ❸屯田 ④崇高 ❹崇拝 ⑤弔問 ❺弔意 ⑥元帥 ❻統帥 ⑦貨幣 ❼紙幣 ⑧患者 ❽急患 ⑨慶祝 ❾慶賀 ⑩懸念 ❿懸絶 ⑪懇切 ⓫懇意 ⑫哀愁 ⓬旅愁 ⑬懲罰 ⓭懲戒 ⑭忍耐 ⓮残忍 ⑮悠久 ⓯悠然 ⑯摩擦 ⓰摩天楼 ⑰昆虫 ⓱昆布 ⑱法曹 ⓲軍曹

10	懸	①かける。かかる。②へだたる。かけはなれる。	こころ 心	20	ケン ケ か(ける・かる)	懸念《ケネン》 懸絶《ケンゼツ》
11	懇	①まごころ。②ねんごろ。したしい。	こころ 心	17	コン ねんご(ろ)	懇切《コンセツ》 懇意《コンイ》
12	愁	①なげき悲しむ。思いなやむ。	こころ 心	13	シュウ うれ(える・い)	哀愁《アイシュウ》 旅愁《リョシュウ》
13	懲	①こりる。こらす。こらしめる。	こころ 心	18	チョウ こ(りる・らす・らしめる)	懲罰《チョウバツ》 懲戒《チョウカイ》
14	忍	①しのぶ。こらえる。②むごい。	こころ 心	7	ニン しの(ぶ・ばせる)	忍耐《ニンタイ》 残忍《ザンニン》
15	悠	①はるか。とおい。②ゆったりしたさま。	こころ 心	11	ユウ	悠久《ユウキュウ》 悠然《ユウゼン》
16	摩	①する。みがく。さする。②せまる。とどく。	て 手	15	マ	摩擦《マサツ》 摩天楼《マテンロウ》
17	昆	①むし。	ひ 日	8	コン	昆虫《コンチュウ》 昆布《コンブ(コブ)》
18	曹	①つかさ。役人。	いわく 曰	11	ソウ	法曹《ホウソウ》 軍曹《グンソウ》

⑩将来にケネンを抱く。
あやぶみ心にかけること。

⑪コンセツ丁寧に指導する。
細かな点にも気を配るさま。

⑫アイシュウを帯びた声。
物悲しい感じ。

⑬不正行為に対するチョウバツ。
こらしめばっすること。

⑭ニンタイ強く話を聞く。
こらえること。

⑮ユウキュウの歴史を感じる。
果てしなく長く続くこと。

⑯マサツによって熱が生じる。
すり合わせること。

⑰夏はコンチュウ採集にはげむ。
トンボ、セミ、チョウなど。

⑱将来はホウソウ界に進みたい。
ほうりつにかかわる仕事。

❿他にケンゼツした実力。
かけ離れていること。

⓫コンイにしている近所の人。
したしくつきあっているさま。

⓬ひたすらリョシュウにひたる。
たびさきで感じるわびしい思い。

⓭チョウカイ処分を言いわたす。
不当な行為に制裁を加えること。

⓮ザンニンな事件が起きた。
無慈悲なことを平気でするさま。

⓯慌てずユウゼンと構える。
落ち着いているさま。

⓰客室からマテンロウを望む。
超高層ビル。

⓱コンブで取っただし汁。
海藻の一つ。

⓲陸軍グンソウを拝命する。
旧陸軍の階級の一つ。

7 紙幣↕コウカ（　　）
9 慶賀↕アイトウ（　　）

類義語……
2 高尚≒ジョウヒン（　　）
3 駐屯≒チュウリュウ（　　）
9 慶祝≒シュクガ（　　）
10 懸念≒シンパイ（　　）
10 懸絶≒カクゼツ（　　）
10 懸絶≒ケンカク（　　）
11 懇意≒シンミツ（　　）
12 旅愁≒カクシュウ（　　）
14 忍耐≒シンボウ（　　）
14 残忍≒ザンコク（　　）
14 残忍≒ザンギャク（　　）
15 悠久≒エイキュウ（　　）

コラム Column

知っておきたい「世界の貨幣」

世界の通貨の名前を覚えよう！

アメリカ…ドル／EU加盟国…ユーロ／イギリス…ポンド／インド…ルピー／韓国…ウォン

スイス…フラン／中国…元／フィリピン…ペソ／ブラジル…レアル／ロシア…ルーブル

訓読み 5 とむらう　10 かける　13 こりる　14 しのぶ

漢字力UP

高校新出音訓…… 8 わずらう　10 けそう　11 ねんごろ　12 うれえる

対義語…… 2 低俗　4 軽侮　5 祝意　7 硬貨　9 哀悼

類義語…… 2 上品　3 駐留　9 祝賀　10 心配　10 隔絶　10 懸隔　11 親密　12 客愁　14 辛抱　14 残酷　14 残虐　15 永久

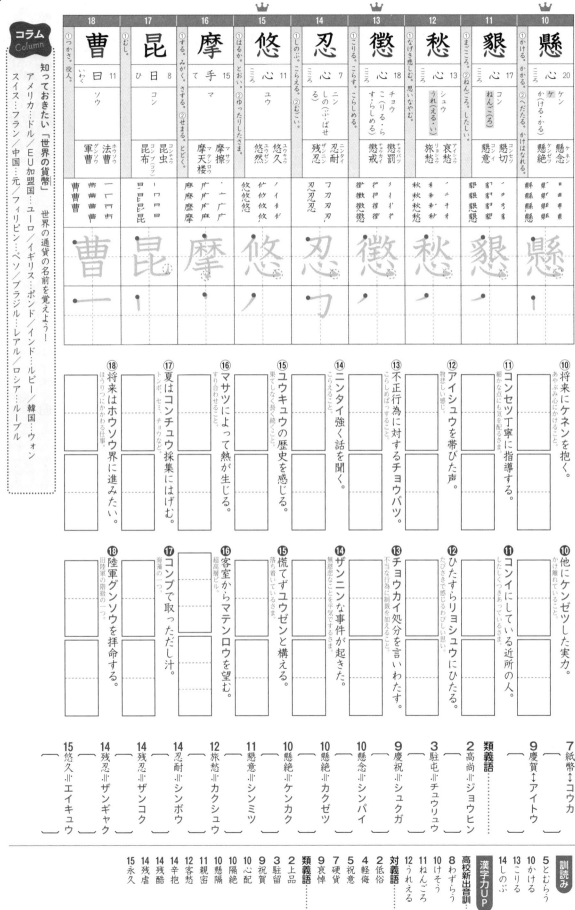

準2級学習漢字328字中310字

	漢字	部首	画数	読み	用例	意味
1	栽	木《き》	10	サイ	植栽《ショクサイ》 盆栽《ボンサイ》	①草木などをうえる。②うえこみ。庭。
2	款	欠《あくび》	12	カン	落款《ラッカン》 約款《ヤッカン》	①きざむ。しるす。②法令・証書などの箇条書き。
3	琴	王《おう》	12	キン / こと	木琴《モッキン》 琴線《キンセン》	①こと。ことに似た楽器。
4	献	犬《いぬ》	13	ケン / コン	献身《ケンシン》 献立《コンだて》	①さしあげる。②かしこい。③料理や酒。
5	璽	玉《たま》	19	ジ	玉璽《ギョクジ》 国璽《コクジ》	①はん。天子の印。
6	瓶	瓦《かわら》	11	ビン	花瓶《カビン》 土瓶《ドビン》	①かめ。びん。
7	甚	甘《かん》	9	ジン / はなは(だ・だしい)	甚大《ジンダイ》 幸甚《コウジン》	①はなはだ。はなはだしい。度を超えた。
8	督	目《め》	13	トク	監督《カントク》 督促《トクソク》	①とりしまる。②うながす。③家をつぐもの。
9	盲	目《め》	8	モウ	盲目《モウモク》 盲点《モウテン》	①見えない。視覚障害。②くらい。③みだりに。

書き取りA（1回目・2回目）

①庭のショクサイを整える。
しょくぶつを人為的にうえて育てること。

②書にラッカンを押す。
筆者が書画に入れる署名や印のこと。

③モッキンを演奏する。
打楽器の一つ。

④ケンシン的に介護する。
自分をぎせいにして尽くすさま。

⑤天皇がギョクジを押す。
天皇の印。

⑥新しいカビンにはなをさす。
はなをいけるびんやつぼ。

⑦ジンダイな被害が出る。
程度がきわめておおきいさま。

⑧部下をカントクする立場。
グループをまとめ指揮する人。

⑨モウモクの人と交流する。
めが見えないこと。

書き取りB（1回目・2回目）

❶母の趣味はボンサイだ。
鉢などに草木をうえてその趣を観賞するもの。

❷保険のヤッカンを確認する。
定型的に定められた条項。

❸心のキンセンに触れる音楽。
よいものに感銘を受けること。

❹夕飯のコンダテを考える。
料理の種類や組み合わせ。

❺重要文書に押されるコクジ。
くにの印章。

❻マツタケのドビン蒸し。
湯をわかしたり茶を入れたりするのに用いる器。

❼コウジンに存じます。
非常にしあわせなこと。

❽支払いのトクソク状が届く。
早くするようせきたてること。

❾法律のモウテンを突く。
気づかず見落としている部分。

訓読み

3 琴を弾く。（　　）

7 甚だしい損害。（　　だしい）

12 歯を磨く。（　　く）

18 トイレが臭い。（　　い）

18 何か臭う。（　　う）

漢字力UP

高校新出音訓

7 甚大な被害。（　　）
程度がきわめておおきいさま。

13 繭糸の太さ。（　　）
まゆからとった糸。

対義語

7 甚大↔ケイショウ（　　）

7 甚大↔ケイビ（　　）

18 悪臭↔ホウコウ（　　）

類義語

4 献身≒ギセイ（　　）

解答

①植栽 ❶盆栽 ②落款 ❷約款 ③木琴 ❸琴線 ④献身 ❹献立 ⑤玉璽 ❺国璽 ⑥花瓶 ❻土瓶 ⑦甚大 ❼幸甚 ⑧監督 ❽督促 ⑨盲目 ❾盲点 ⑩畝 ❿畝織 ⑪囲碁 ⓫碁石 ⑫研磨 ⓬磨耗 ⑬繭玉 ⓭山繭 ⑭思索 ⓮索然 ⑮係累 ⓯累計 ⑯老翁 ⑰自粛 ⓱粛正 ⑱悪臭 ⓲臭気

番号	漢字	意味	部首	画数	読み	用例
10	畝	①うね。	た 田	10	うね	畝《うね》 畝織《うねおり》
11	碁	①ご。	いし 石	13	ゴ	囲碁《イゴ》 碁石《ゴいし》
12	磨	①みがく。とぐ。すりへる。	いし 石	16	マ / みが(く)	研磨《ケンマ》 磨耗《マモウ》
13	繭	①まゆ。まゆからとった絹糸。	いと 糸	18	ケン / まゆ	繭玉《まゆだま》 山繭《やままゆ》
14	索	①さがす。もとめる。②さびしい。	いと 糸	10	サク	思索《シサク》 索然《サクゼン》
15	累	①かかわりあう。②かさなる。③だんだんと。	いと 糸	11	ルイ	係累《ケイルイ》 累計《ルイケイ》
16	翁	①おきな。歳をとった男性の敬称。	はね 羽	10	オウ	老翁《ロウオウ》
17	粛	①つつしむ。身をひきしめる。②いましめる。	ふでづくり 聿	11	シュク	自粛《ジシュク》 粛正《シュクセイ》
18	臭	①におい。くさい。	みずから 自	9	シュウ / くさ(い) / にお(う)	悪臭《アクシュウ》 臭気《シュウキ》

⑩畑のウネに種をまく。（細長く土を盛り上げたところ。）

⑪毎日イゴを打つ。（黒と白のいしを盤上で打つ遊び。）

⑫ケンマ剤を使って掃除する。（とぎみがくこと。）

⑬小正月にマユダマを飾る。（縁起物。）

⑭一日中シサクにふける。（深く考えること。）

⑮災いがケイルイに及ぶ。（面倒を見なければならない家族。）

⑯ロウオウの昔話を聞く。（年をとった男。）

⑰遠方への旅行をジシュクする。（みずから行動をつつしむこと。）

⑱アクシュウを放つ果物。（いやなにおい。）

もう一度書いてみよう!

❿ウネオリの凝った服を買う。（うねのように起伏のあるおりもの。）

⓫ゴイシの数を数える。（いごに使う黒と白のいし。）

⓬マモウしたタイヤを交換する。（すりへること。）

⓭街灯にヤママユが集まる。（ヤママユガ科のガ。）

⓮興味サクゼンたる思い。（関心がなくなりおもしろくないさま。）

⓯経費のルイケイを出す。（合わせた数。）

⓱綱紀のシュクセイに努める。（政治のあり方や役人の態度をただすこと。）

⓲ガスのシュウキが鼻をつく。（くさいにおい。）

漢字の豆知識

「匂う」と「臭う」、どう違う?

どちらも「におう」と読むけれど、辞書では、「匂」は好ましい場合、「臭」は好ましくない場合に用いるとされる。あなたは「焼き肉」は「匂う」? それとも「臭う」?

5 玉璽≒ギョジ（　）

7 甚大≒タダイ（　）

9 盲点≒シカク（　）

15 累計≒ソウケイ（　）

同音異字……

2 書の落款／□□的な考え（　）

4 献身的な介護／定期□□の予約（　）

14 思索にふける／新案を□□する／製品を□□する（　）（　）

同訓異字……

18 下水の臭い／花の□い（　い）

四字熟語……

12 百戦錬磨《ひゃくせんれんま》 多くの経験を積み重ねていること。

14 暗中模索《あんちゅうもさく》 手がかりのないものをいろいろ探ること。

訓読み 3 こと　7 はなはだしい　12 みがく　18 くさい　18 におう

漢字力UP

高校新出音訓…… 7 じんだい　13 けんし

対義語…… 7 軽少　7 軽微　18 芳香

類義語…… 4 犠牲　5 御璽　7 多大　9 死角　15 総計

同音異字…… 2 楽観　4 健診　14 施策　試作

同訓異字…… 18 匂い

準2級 第18回

準2級学習漢字328字中 328字

	1	2	3	4	5	6	7	8	9
漢字	肯	肖	蛍	融	衷	褒	缶	誓	謄
部首	肉《にく》	肉《にく》	虫《むし》	虫《むし》	衣《ころも》	衣《ころも》	缶《ほとぎ》	言《げん》	言《げん》
画数	8	7	11	16	9	15	6	14	17
読み	コウ	ショウ	ケイ ほたる	ユウ	チュウ	ホウ ほ(める)	カン	セイ ちか(う)	トウ
用例	肯定《コウテイ》 首肯《シュコウ》	不肖《フショウ》 肖像《ショウゾウ》	蛍光《ケイコウ》 蛍雪《ケイセツ》	融合《ユウゴウ》 融資《ユウシ》	折衷《セッチュウ》 衷心《チュウシン》	褒美《ホウビ》 褒賞《ホウショウ》	缶詰《カンづめ》 空《あ》き缶《カン》	宣誓《センセイ》 誓約《セイヤク》	謄本《トウホン》 謄写《トウシャ》
意味	①うなずく。承知する。	①にる。にている。②にせる。かたどる。	①ほたる。	①とける。やわらぐ。②とおる。つうじる。	①なか。かたよらない。②こころのうち。	①ほめる。	①水を入れる器。金属製の容器。	①ちかう。ちかい。神仏やひとにやくそくする。	①うつす。うつしとる。

書き取りA

1回目 2回目

①意見をコウテイ的にとらえる。
そのとおりだと認めること。

②フショウながら努力します。
未熟であること。

③ケイコウペンで目立たせる。
ひかりを当てるとひかって見えるもの。

④東西の文化がユウゴウする。
とけて一つになること。

⑤和洋セッチュウの内装。
それぞれの長所をとって一つにすること。

⑥ごホウビにお菓子をもらう。
ほめて与える金品。

⑦果物のカンヅメを買う。
食品をかんに入れて密封したもの。

⑧代表者による選手センセイ。
ちかいの言葉を述べること。

⑨戸籍トウホンを入手する。
もとの書物の全内容をうつしたもの。

書き取りB

1回目 2回目

❶シュコウしがたい意見だ。
納得すること。

❷娘のショウゾウを描く。
人の姿をうつしとったもの。

❸ケイセツの功を積む。
苦労して勉強すること。

❹多額のユウシを受ける。
ゆうずうして貸し出したお金。

❺チュウシンより申し上げます。
こころの底の本当の気持ち。

❻ホウショウが授与される。
すぐれた行いのほうびとして与える品物。

❼アきカンはリサイクル。
中身がからになったかん。
〔き〕〔き〕

❽セイヤク書にサインする。
固くやくそくすること。

❾原本をトウシャする。
書きうつすこと。

訓読み

3 蛍が飛ぶ川。〔　〕

6 子を褒める。〔める〕

8 再起を誓う。〔う〕

18 麻でできた布。〔　〕

漢字力UP

高校新出音訓……

6 褒美を与える。〔　〕
褒めて与える金品。

10 年貢を納める。〔　〕
耕作者が地主に納める生産物。

10 金を貢ぐ。〔ぐ〕
自分の金や品物を与える。

対義語……

1 肯定↕ヒテイ〔　〕

9 謄本↕ショウホン〔　〕

12 主賓↕バイヒン〔　〕

14 一斉↕コベツ〔　〕

15 韻文↕サンブン〔　〕

解答

①肯定 ❶首肯 ②不肖 ❷肖像 ③蛍光 ❸蛍雪 ④融合 ❹融資 ⑤折衷 ❺衷心 ⑥褒美 ❻褒賞 ⑦缶詰 ❼空き缶 ⑧宣誓 ❽誓約 ⑨謄本 ❾謄写 ⑩貢献 ❿年貢 ⑪貞潔 ⓫貞操 ⑫来賓 ⓬主賓 ⑬斎場 ⓭書斎 ⑭斉唱 ⓮一斉 ⑮余韻 ⓯韻文 ⑯騰貴 ⓰沸騰 ⑰恐竜 ⓱竜巻 ⑱大麻 ⓲麻酔

10	貢	かい 貝 10	コウ　ク　みつ(ぐ)	貢献《コウケン》　年貢《ネング》	①みつぐ。みつぎもの。
11	貞	かい 貝 9	テイ	貞潔《テイケツ》　貞操《テイソウ》	①ただしい。みさお。
12	賓	かい 貝 15	ヒン	来賓《ライヒン》　主賓《シュヒン》	①たいせつな客。客をもてなす。
13	斎	せい 斉 11	サイ	斎場《サイジョウ》　書斎《ショサイ》	①ものいみする。つつしむ。②へや。
14	斉	せい 斉 8	セイ	斉唱《セイショウ》　一斉《イッセイ》	①そろう。ひとしい。ひとしく。
15	韻	おと 音 19	イン	余韻《ヨイン》　韻文《インブン》	①美しいひびき。②詩歌で同じ響きの語を用いること。
16	騰	うま 馬 20	トウ	騰貴《トウキ》　沸騰《フットウ》	①あがる。はねあがる。のぼる。
17	竜	りゅう 竜 10	リュウ　たつ	恐竜《キョウリュウ》　竜巻《たつまき》	①たつ。想像上の生き物。
18	麻	あさ 麻 11	マ　あさ	大麻《タイマ》　麻酔《マスイ》	①あさ。クワ科の一年草。②しびれる。しびれ。

⑩優勝にコウケンする。
力を尽くし役に立つこと。

⑪彼女はテイケツな妻だ。
みさおが固く、行いが清いさま。

⑫ライヒンを席に案内する。
式や会に招待されてきた人。

⑬葬式のサイジョウに向かう。
葬儀を行うばしょ。

⑭校歌をセイショウする。
声を合わせて歌うこと。

⑮感動のヨインにひたる。
物事が終わったあとに残る風情。

⑯物価のトウキを嘆く。
物価や相場があがること。

⑰キョウリュウの化石を発掘する。
中生代に栄えたは虫類。

⑱タイマは違法薬物の一つだ。
まやくの一種。

❿そろそろネングの納めどきだ。
最後の見切りをつけるとき。

⓫テイソウ観念が欠如する。
じゅんけつを守ること。

⓬シュヒンから言葉をいただく。
客の中のおもだった人。

⓭父のショサイで本を読む。
本を読んだり文章を書いたりする部屋。

⓮全員がイッセイに立ち上がる。
多くの者が同時に行うさま。

⓯和歌や俳句をインブンという。
規律に従って書かれた表現。

⓰水を熱してフットウさせる。
わきあがり煮え立つこと。

⓱強いタツマキが発生する。
激しい空気のうずまき。

⓲マスイをかけて手術する。
薬を使って感覚をまひさせること。

16 騰貴↕ゲラク（　）

類義語……

1 肯定≒ゼニン（　）

1 首肯≒ナットク（　）

1 首肯≒コウテイ（　）

4 融合≒ユウワ（　）

5 衷心≒チュウジョウ（　）

6 褒美≒オンショウ（　）

10 貢献≒キヨ（　）

11 貞操≒テイセツ（　）

15 余韻≒ヨジョウ（　）

16 騰貴≒コウトウ（　）

同音異字……

2 不肖の弟子（　）／運動で□□する（　）／年齢□□の人（　）

訓読み 3 ほたる　6 ほめる　8 ちかう　18 あさ

漢字力UP

高校新出音訓…… 6 ほうび　10 ねんぐ　10 みつぐ

対義語…… 1 否定　9 抄本　12 陪賓　14 個別　15 散文　16 下落

類義語…… 1 是認　1 納得　1 肯定　4 融和　5 衷情　6 恩賞　10 寄与　11 貞節　15 余情　16 高騰

同音異字…… 2 負傷　不詳

コラム Column

知っておきたい「金融って何？」

金融とは、「資金のあまっている経済主体から、資金が不足している経済主体に資金を融通すること」をさすよ。「融」の「流通する」という意味から、お金の流通を表しているとわかるね。

準2級 模擬テスト

一 次の——線の漢字の読みをひらがなで記せ。　(30) 1×30

1 二つの会社が合併する。（　　）
2 これ以上は堪忍できない。（　　）
3 庭の一隅に咲く花。（　　）
4 頑強に抵抗する。（　　）
5 父の書斎に入る。（　　）
6 事態はますます紛糾した。（　　）
7 政治家が各地を遊説する。（　　）
8 荘重な音楽が流れる。（　　）
9 風袋ごと重さを量る。（　　）
10 絵の右下に落款を押す。（　　）
11 組織の枢要な地位にある。（　　）
12 目標は全国制覇だ。（　　）
13 君主に対して謀反を起こす。（　　）
14 冬場は患者が多い。（　　）

二 次の漢字の部首を記せ。　(10) 1×10

〈例〉菜〔艹〕　間〔門〕

1 虞（　　）
2 爵（　　）
3 蛍（　　）
4 街（　　）
5 傘（　　）
6 缶（　　）
7 奉（　　）
8 甚（　　）
9 且（　　）
10 瓶（　　）

三 熟語の構成のしかたには次のようなものがある。　(20) 2×10

ア 同じような意味の漢字を重ねたもの（岩石）
イ 反対または対応の意味を表す字を重ねたもの（高低）
ウ 上の字が下の字を修飾しているもの（洋画）
エ 下の字が上の字の目的語・補語になっているもの（着席）
オ 上の字が下の字の意味を打ち消しているもの（非常）

問2 次の11～15の意味にあてはまるものを問1のア～コの四字熟語から一つ選び、記号で答えよ。　(10) 2×5

11 手がかりがないまま、あれこれやってみること。（　　）
12 落ち着いていて物事に動じないさま。（　　）
13 もつれていた物事を見事に処理すること。（　　）
14 そのことをするには条件が十分に整ってなく、まだ早すぎること。（　　）
15 仲間もなく、助けてくれる者がいないこと。（　　）

一	／30
二	／10
三	／20
四	／30
五	／20
六	／20
七	／10
八	／10
九	／50
合計	／200

15 父は毎日晩酌をする。（　）
16 懲役三年の刑に服する。（　）
17 道が陥没して危険だ。（　）
18 毛を逆立てて威嚇する犬。（　）
19 安閑として暮らす。（　）
20 電話が頻繁にかかる。（　）
21 長年の訓練で培った技術。（　）
22 角を矯めて牛を殺す。（　）
23 叔父の家に居候をする。（　）
24 景気回復の兆しが見えてきた。（　）
25 政治の腐敗を憤る。（　）
26 相手チームを侮るな。（　）
27 歴史ある窯元を訪ねる。（　）
28 池に藻が茂る。（　）
29 自動的に機械が糸を紡ぐ。（　）
30 黒い革靴を履いている。（　）

次の熟語は右のア～オのどれにあたるか、一つ選び、記号で答えよ。

1 珠玉（　）
2 淑女（　）
3 往還（　）
4 罷業（　）
5 扶助（　）

6 贈答（　）
7 挑戦（　）
8 不滅（　）
9 禍福（　）
10 漆黒（　）

四 次の四字熟語について、問1と問2に答えよ。 (30)

問1 次の□内のひらがなを漢字にして、1～10に入れ、四字熟語を完成せよ。□内のひらがなは一度だけ使うこと。 (20) 2×10

ア 1然自若（　）
イ 順風満2（　）
ウ 3従腹背（　）
エ 4刀乱麻（　）
オ 大言5語（　）
カ 森6万象（　）
キ 暗中模7（　）
ク 8立無援（　）
ケ 時期9早（　）
コ 多岐亡10（　）

さく　しょう　ら　ぱん　こ　めん　よう　たい　そう　かい

五 次の1～5の対義語、6～10の類義語を後の□の中から選び、漢字で記せ。□の中の語は一度だけ使うこと。 (20) 2×10

対義語

1 国産（　）
2 撤去（　）
3 怠惰（　）
4 受諾（　）
5 厳格（　）

類義語

6 変遷（　）
7 寄与（　）
8 厄介（　）
9 達成（　）
10 丹念（　）

せっち・すいい・こうけん・めんどう
きょぜつ・きんべん・じょうじゅ
かんよう・はくらい・ていねい

六 次の――線のカタカナを漢字に直せ。 (20) 2×10

1 遠方からの参加者の便**ギ**を図る。（　）
2 結婚詐**ギ**の被害に遭う。（　）
3 彼の言葉が心の**キン**線に触れる。（　）
4 胸**キン**を開いて話し合う。（　）
5 大臣が更**テツ**される。（　）
6 先**テツ**の教えに従う。（　）
7 今さら後**カイ**しても遅い。（　）
8 **カイ**古の情にかられる。（　）
9 失礼**キワ**まりない人だ。（　）
10 進退ここに**キワ**まる。（　）

七 次の各文にまちがって使われている同じ読みの漢字が一字ある。上に誤字を、下に正しい漢字を記せ。 (10) 2×5

1 この大がかりな計画を敵に気づかれることなく垂行するのは至難の業だ。（　→　）
2 兄は志望大学の入試に合格したという通知を受け取り、有頂点になっている。（　→　）

九 次の――線のカタカナを漢字に直せ。 (50) 2×25

1 世俗を**チョウエツ**している。（　）
2 旅行の参加者を**ボシュウ**する。（　）
3 彼の話に**カンメイ**を受けた。（　）
4 長くて**ジョウマン**な文章。（　）
5 **ケンチョ**な成長が見られた。（　）
6 物語の**ホッタン**を紹介する。（　）
7 悪評には**メンエキ**ができている。（　）
8 労働者の**ヒアイ**を描いた小説。（　）
9 **コウバイ**意欲をそそる。（　）
10 話し方に**ヨクヨウ**をつける。（　）
11 水質を**ショウサイ**に調べる。（　）

24 きゅうりをぬかみそに**ツ**ける。（　）
25 料理に**シタツヅミ**を打つ。（　）

――おわり――

3 制服の是非をめぐる議論では、生徒の間でも賛成派と反対派の意見が奨突した。（　）→（　）

4 原材料の価格が高騰したため、全製品の販売価格を一率に上げることにした。（　）→（　）

5 大都市の交通網の急速な整備は、環境汚染という幣害をもたらした。（　）→（　）

八 次の——線のカタカナを漢字一字と送りがな（ひらがな）に直せ。 (10) 2×5

〈例〉問題に**コタエル**。 答える

1 最初に**ウヤウヤシク**一礼をする。（　）

2 墓参りして先祖の霊を**トムラウ**。（　）

3 彼の意見は少し**カタヨッ**ている。（　）

4 個性を**ミガク**ことが大切だ。（　）

5 山頂から眼下の風景を**ナガメル**。（　）

---

12 彼の意見は**シサ**に富む。（　）

13 タンカーが**ザショウ**した。（　）

14 **ザンギャク**な行為を許さない。（　）

15 日本全国を**アンギャ**する。（　）

16 港に心地よい**ウラカゼ**が吹く。（　）

17 さっと身を**ヒルガエ**して去る。（　）

18 仕事の**カタワ**ら学業に精を出す。（　）

19 早く帰宅するよう**ウナガ**す。（　）

20 海外進出を**クワダ**てる。（　）

21 **シモバシラ**を踏む。（　）

22 **ホラアナ**に隠れて遊ぶ。（　）

23 優勝をかけた試合に**ノゾ**む。（　）

2級学習漢字185字中 18字

番号	漢字	意味	部首	画数	読み	用例
1	俺	①おれ。われ。自分の俗称。	亻 にんべん	10	おれ	俺《おれ》
2	伎	①芸人。腕前。芸。	亻 にんべん	6	キ	歌舞伎《カブキ》
3	僅	①わずか。すこし。かろうじて。	亻 にんべん	13	キン / わず(か)	僅差《キンサ》 僅少《キンショウ》
4	傲	①おごる。たかぶる。あなどる。	亻 にんべん	13	ゴウ	傲慢《ゴウマン》 傲然《ゴウゼン》
5	侶	①とも。なかま。つれ。	亻 にんべん	9	リョ	伴侶《ハンリョ》 僧侶《ソウリョ》
6	咽	①のど。②のみ下す。	口 くちへん	9	イン	咽喉《インコウ》 咽頭《イントウ》
7	唄	①うた。民謡。	口 くちへん	10	うた	長唄《ながうた》 地唄《ジうた》
8	嗅	①においをかぐ。さぐる。	口 くちへん	13	キュウ / か(ぐ)	嗅覚《キュウカク》 嗅《か》ぐ
9	喉	①のど。のどぶえ。	口 くちへん	12	コウ / のど	喉頭《コウトウ》 喉元《のどもと》

書き取りA 1回目 2回目

①オレの話を聞いてくれ。 自称代名詞の一つ。

②カブキを鑑賞する。 江戸時代に発生した伝統芸能の一つ。

③キンサで勝敗が決まった。 ごくわずかのさ。

④ゴウマンな態度をとる。 いばって人を見下すさま。

⑤人生のハンリョを得る。 行動や考えを共にする人。

⑥耳鼻インコウ科に通う。 のど。

⑦父の特技はナガウタだ。 三味線音楽。

⑧犬はキュウカクが鋭い。 においを感じ取るはたらき。

⑨コウトウ炎にかかる。 のどの下部。

もう一度書いてみよう！

もう一度書いてみよう！

書き取りB 1回目 2回目

❸在庫キンショウと聞いて焦る。 数量などがわずかなさま。

❹彼はゴウゼンと構える人だ。 尊大で人を見下すさま。

❺寺のソウリョに道を尋ねる。 出家して仏門に入った人。

❻イントウ炎にかかる。 のどの上部。

❼なつかしいジウタの調べ。 京阪地方に伝わる三味線音楽。

❽花の香りをカグ。 鼻でにおいを感じ取ること。 （ぐ）（ぐ）

❾ノドモト過ぎれば熱さを忘れる。 苦しい経験も過ぎてしまえば忘れることのたとえ。

訓読み

3 僅かな点差。（　か）

10 いたずらを叱る。（　る）

11 境遇を呪う。（　う）

13 失敗を嘲る。（　る）

17 成功を妬む。（　む）

18 妖しい魅力。（　しい）

漢字力UP

対義語……

3 僅差↔タイサ（　）

4 傲慢↔ケンキョ（　）

7 長唄↔コウタ（　）

13 嘲笑↔ショウサン（　）

13 嘲笑↔サンタン（　）

15 直喩↔アンユ（　）

15 直喩↔インユ（　）

解答

①俺 ②歌舞伎 ③僅差 ❸僅少 ④傲慢 ❹傲然 ⑤伴侶 ❺僧侶 ⑥咽喉 ❻咽頭 ⑦長唄 ❼地唄 ⑧嗅覚 ❽嗅ぐ ⑨喉頭 ❾喉元 ⑩叱責 ❿叱正 ⑪呪文 ⓫呪縛 ⑫唾液 ⓬生唾 ⑬嘲笑 ⓭自嘲 ⑭哺乳類 ⓮自嘲 ⑮比喩 ⓯直喩 ⑯嫉妬 ⓰嫉視 ⑰妬心 ⓱妬婦 ⑱妖怪 ⓲妖艶

	10	11	12	13	14	15	16	17	18
漢字	叱	呪	唾	嘲	哺	喩	嫉	妬	妖
意味	①しかる。とがめる。	①のろう。のろい。まじない。	①つば。つばをはく。	①あざける。からかう。	①口にふくむ。②はぐくむ。やしなう。	①たとえる。たとえ。	①ねたむ。そねむ。やきもちをやく。	①ねたむ。	①あやしい。もののけ。②なまめかしい。
部首・画数	口 くちへん 5	口 くちへん 8	口 くちへん 11	口 くちへん 15	口 くちへん 10	口 くちへん 12	女 おんなへん 13	女 おんなへん 8	女 おんなへん 7
読み	シツ しか(る)	ジュ のろ(う)	ダ つば	チョウ あざけ(る)	ホ	ユ	シツ	ト ねた(む)	ヨウ あや(しい)
用例	叱責《シッセキ》 叱正《シッセイ》	呪文《ジュモン》 呪縛《ジュバク》	唾液《ダエキ》 生唾《なまつば》	嘲笑《チョウショウ》 自嘲《ジチョウ》	哺乳類《ホニュウルイ》	比喩《ヒユ》 直喩《チョクユ》	嫉妬《シット》 嫉視《シッシ》	妬心《トシン》 妬婦《トフ》	妖怪《ヨウカイ》 妖艶《ヨウエン》

⑩厳しくシッセキされる。
しかること。

⑪魔法のジュモンを唱える。
まじないやのろいのことば。

⑫ダエキを分泌する。
口内に分泌される消化えき。

⑬チョウショウを浴びる。
あざけりわらうこと。

⑭ウシはホニュウルイに属する。
セキツイ動物の一種。

⑮ヒユ表現を用いた文章。
たとえ。

⑯彼女の才能にシットする。
うらやみねたむ気持ち。

⑰彼へのトシンにとらわれた。
ねたむ気持ち。

⑱地元のヨウカイ伝説を調べる。
化け物。

もう一度書いてみよう！

❿ごシッセイお願いします。
しかってただすこと。

⓫長年のジュバクがとける。
心理的にそくばくすること。

⓬興奮してナマツバを飲み込む。
目の前にあるものが欲しくてたまらないようす。

⓭ジチョウ的に失敗談を語る。
じぶんをあざけりわらうこと。

⓮本文からチョクユ表現を探す。
ひゆの一種。

⓯同僚のシッシを浴びる。
ねたましく思って見ること。

⓰彼女はまれにトフになる。
やきもちやきの女性。

⓱ヨウエンな雰囲気の人。
なまめかしく、あでやかで美しいさま。

漢字の豆知識

「叱る」と「怒る」、どう違う？

「叱る」は「よくない点をとがめ、戒める」の意。「怒る」は「目下の者を強くとがめる／腹を立てる」の意。「子が親を叱る」ことはあっても、「子が親を怒る」ことはないんだね。

類義語

4 傲慢＝オウヘイ〔　　〕

4 傲慢＝ゴウガン〔　　〕

5 僧侶＝ソウモン〔　　〕

8 嗅覚＝シュウカク〔　　〕

13 自嘲＝レイショウ〔　　〕

15 直喩＝メイユ〔　　〕

同音異字

9
喉頭炎になる〔　　〕
物価が□□する〔　　〕
□□学校に通う〔　　〕
□□で伝える〔　　〕

許容字体

・僅―僅
・嗅―嗅
・嘲―嘲
・喩―喩

訓読み

3 わずか
10 しかる
11 のろう
13 あざける
17 ねたむ
18 あやしい

漢字力UP

対義語
3 大差
4 謙虚
7 小唄
13 称賛
13 賛嘆
15 暗喩
15 隠喩

類義語
4 横柄
4 傲岸
5 桑門
8 臭覚
13 冷笑
15 明喩

同音異字
9 高騰
高等
口頭

2級 第2回

2級学習漢字185字中 37字

	漢字	意味	部首	画数	読み	用例
1	挨	①おす。せまる。ちかづく。	扌 てへん	10	アイ	挨拶《アイサツ》
2	挫	①くじく。くじける。	扌 てへん	10	ザ	挫折《ザセツ》 頓挫《トンザ》
3	拶	①せまる。おしひらく。	扌 てへん	9	サツ	挨拶《アイサツ》
4	拭	①ぬぐう。ふく。	扌 てへん	9	ショク ふ(く) ぬぐ(う)	手拭《てぬぐ》い 払拭《フッショク》
5	捉	①とらえる。つかまえる。	扌 てへん	10	ソク とら(える)	捕捉《ホソク》 把捉《ハソク》
6	捗	①はかどる。仕事が順調にすすむ。	扌 てへん	10	チョク	進捗《シンチョク》
7	捻	①ねじる。ひねる。	扌 てへん	11	ネン	捻出《ネンシュツ》 捻挫《ネンザ》
8	拉	①ひく。ひっぱる。ひいて連れていく。	扌 てへん	8	ラ	拉致《ラチ》
9	淫	①ひたす。ひたる。②みだら。みだれる。	氵 さんずい	11	イン みだ(ら)	淫雨《インウ》 淫行《インコウ》

書き取りA　1回目　2回目

①朝のアイサツをする。　儀礼・応対の言葉や動作。

②ザセツを乗り越えて優勝する。　途中でだめになること。

③開会のアイサツをする。　社交的な対応の言葉や動作。

④おみやげにテヌグいを買う。　ふくための布。

⑤敵の位置をホソクする。　とらえること。

⑥工事がシンチョクする。　はかどること。

⑦旅費をネンシュツする。　やりくりして無理にだすこと。

⑧何者かにラチされる。　無理やり連れていくこと。

⑨長いインウにうんざりする。　降り続くあめ。

書き取りB　1回目　2回目

もう一度書いてみよう!

❷開発計画がトンザする。　事業や計画が行きづまりだめになること。

もう一度書いてみよう!

❹悪い評判をフッショクする。　すっかりぬぐいさること。

❺運営の問題点をハソクする。　しっかりととらえること。

もう一度書いてみよう!

❼体育の授業で足をネンザする。　関節周辺に起こる損傷。

もう一度書いてみよう!

❾インコウ条例違反で捕まる。　みだらなおこない。

訓読み

4 机を拭く。（　　く）

5 要点を捉える。（　　える）

10 空き箱を潰す。（　　す）

13 川で溺れる。（　　れる）

16 勇気が湧く。（　　く）

漢字力UP

高校新出音訓……

4 不安を払拭する。　すっかりぬぐいさること。（　　）

9 淫らな服装。　つつしみや品位に欠けるさま。（　　ら）

19 寸隙を縫う。　わずかなすきま。（　　）

対義語……

2 挫折↕カンテツ（　　）

15 汎用↕センヨウ（　　）

17 肥沃↕フモウ（　　）

解答

①挨拶 ②挫折 ❷頓挫 ③挨拶 ④手拭い ❹払拭 ⑤捕捉 ❺把捉 ⑥進捗 ⑦捻出 ❼捻挫 ⑧拉致 ⑨淫雨 ❾淫行 ⑩潰滅 ❿潰走 ⑪沙汰 ⓫無沙汰 ⑫音沙汰 ⓬表沙汰 ⑬溺愛 ⓭溺死 ⑭氾濫 ⑮汎用 ⓯汎論 ⑯湧出 ⓰湧水 ⑰肥沃 ⓱沃土 ⑱弥生 ⑲隙間 ⓳間隙

10	潰	①つぶれる。みだれる。	氵 さんずい 15	カイ つぶ(す・れる)	潰滅《カイメツ》 潰走《カイソウ》
11	沙	①すな。すな状の。	氵 さんずい 7	サ	沙汰《サタ》 無沙汰《ブサタ》
12	汰	①よりわける。えらびわける。	氵 さんずい 7	タ	音沙汰《おとサタ》 表沙汰《おもてザタ》
13	溺	①おぼれる。	氵 さんずい 13	デキ おぼ(れる)	溺愛《デキアイ》 溺死《デキシ》
14	氾	①あふれる。②ひろい。	氵 さんずい 5	ハン	氾濫《ハンラン》
15	汎	①ひろい。あまねく。	氵 さんずい 6	ハン	汎用《ハンヨウ》 汎論《ハンロン》
16	湧	①わく。さかんにおこる。	氵 さんずい 12	ユウ わ(く)	湧出《ユウシュツ》 湧水《ユウスイ》
17	沃	①こえる。	氵 さんずい 7	ヨク	肥沃《ヒヨク》 沃土《ヨクド》
18	弥	①いよいよ。ますます。	弓 ゆみへん 8	や	弥生《やよい》
19	隙	①すき。すきま。	阝 こざとへん 13	ゲキ すき	隙間《すきま》 間隙《カンゲキ》

⑩悪の組織がカイメツする。
こわれてほろびること。

⑪地獄のサタも金次第。
金さえあれば何でもできる。

⑫オトサタがないので心配だ。
たより。

⑬一人娘をデキアイする。
むやみにかわいがること。

⑭台風で河川がハンランする。
あふれ出ること。

⑮ハンヨウ性の高い雑貨。
広く使えること。

⑯温泉がユウシュツする。
わきでること。

⑰ヒヨクな三日月地帯。
土地がこえているさま。

⑱ヤヨイの空を見上げる。
陰暦三月。

⑲家具のスキマに隠す。
物と物とのあいだの場所。

❿争いで負けてカイソウする。
散り散りに逃げること。

⓫手持ちブサタになる。
することがなく間がもてないこと。

⓬内紛がオモテザタになる。
世間に知れわたること。

⓭夏は川でのデキシ事故が多い。
おぼれてしぬこと。

もう一度書いてみよう！

⓯教育分野のハンロンを学ぶ。
広く全体をろんじたもの。

⓰山のユウスイをくんで飲む。
わきみず。

⓱広大なヨクドに恵まれる。
地がこえてよく作物ができるとち。

もう一度書いてみよう！

⓳カンゲキを縫って進む。
わずかなすきやひまを見つけること。

類義語……

4 払拭＝イッソウ〔　〕
5 把捉＝ハアク〔　〕
7 捻出＝サンダン〔　〕
8 拉致＝ユウカイ〔　〕
10 潰走＝ハイソウ〔　〕
13 溺愛＝モウアイ〔　〕
13 溺死＝スイシ〔　〕
14 氾濫＝コウズイ〔　〕

同音異字……

5 敵を捕捉する／□□を設ける／説明を□□する〔　〕〔　〕

許容字体

・摑――掴
・淫――淫
・溺――溺

訓読み

4 ふく
5 とらえる
10 つぶす
13 おぼれる
16 わく

漢字力UP

高校新出音訓……

4 ふっしょく
9 みだら
19 すんげき

対義語……

2 貫徹
15 専用
17 不毛

類義語……

4 一掃
5 把握
7 算段
8 誘拐
10 敗走
13 盲愛
13 水死
14 洪水

同音異字……

5 補則
補足

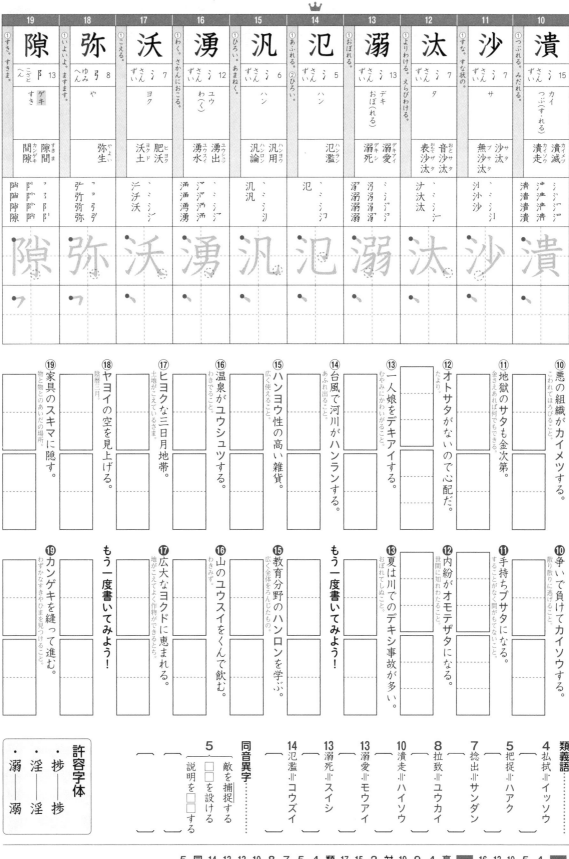

2級 第3回

2級学習漢字185字中 55字

	1	2	3	4	5	6	7	8	9
漢字	堆	塡	惧	憬	憧	慄	狙	曖	旺
意味	①うずたかい。つみあげる。	①ふさぐ。うずめる。	①おそれる。	①あこがれる。	①あこがれる。	①おそれる。おののく。	①ねらう。うかがう。	①うすぐらい。はっきりしない。	①さかんなさま。
部首	つちへん 土	つちへん 土	りっしんべん 忄	りっしんべん 忄	りっしんべん 忄	りっしんべん 忄	けものへん 犭	ひへん 日	ひへん 日
画数	11	13	11	15	15	13	8	17	8
読み	タイ	テン	グ	ケイ	ショウ あこが(れる)	リツ	ソ ねら(う)	アイ	オウ
用例	堆積《タイセキ》 堆肥《タイヒ》	補塡《ホテン》 装塡《ソウテン》	危惧《キグ》	憧憬《ショウケイ(ドウケイ)》	憧憬《ショウケイ(ドウケイ)》 憧《あこが》れる	慄然《リツゼン》 戦慄《センリツ》	狙撃《ソゲキ》 狙《ねら》う	曖昧《アイマイ》	旺盛《オウセイ》

書き取りA

1回目 2回目

①土砂がタイセキする。
うず高くつみ重なること。

②会社の損失をホテンする。
不足をうめること。

③絶滅キグ種について学ぶ。
あやぶみおそれること。

④父にショウケイの念を抱く。
あこがれること。

⑤海外生活をショウケイする。
あこがれること。

⑥リツゼンとさせる光景。
ふるえおののくさま。

⑦要人を銃でソゲキする。
ねらいうつこと。

⑧アイマイな態度をとる。
物事がはっきりしない様子。

⑨食欲がオウセイな人。
力が満ちあふれているさま。

書き取りB

1回目 2回目

❶畑までタイヒを運ぶ。
雑草などを重ねて作ったひりょう。

❷銃に弾丸をソウテンする。
中につめこむこと。

もう一度書いてみよう！

もう一度書いてみよう！

❺女性アイドルにアコガれる。
思いこがれること。

❻無惨な事件にセンリツが走る。
恐ろしくて身ぶるいすること。

（れる）（れる）

❼全国大会で優勝をネラう。
目標として目ざすこと。

（う）（う）

もう一度書いてみよう！

もう一度書いてみよう！

漢字力UP

対義語

8 曖昧↕メイリョウ（　　）
10 愚昧↕エイメイ（　　）
12 楷書↕ギョウショ（　　）
12 楷書↕ソウショ（　　）
13 渋柿↕アマガキ（　　）

類義語

2 補塡≒ホジュウ（　　）
3 危惧≒ケネン（　　）
8 曖昧≒バクゼン（　　）
12 楷書≒シンショ（　　）
15 梗概≒ガイヨウ（　　）
15 梗概≒ヨウラン（　　）

解答

①堆積 ❶堆肥 ②補塡 ❷装塡 ③危惧 ④憧憬 ⑤憧憬 ❺憧れる ⑥慄然 ❻戦慄 ⑦狙撃 ❼狙う ⑧曖昧 ⑨旺盛 ⑩三昧 ❿愚昧 ⑪椅子 ⑫楷書 ⑬渋柿 ⓭干し柿 ⑭桁違い ⓮橋桁 ⑮梗塞 ⓯梗概 ⑯鉄柵 ⓰柵状 ⑰椎間板 ⓱胸椎 ⑱夢枕 ⓲枕元

番号	漢字	意味	部首	画数	読み	用例	筆順
10	昧	①はっきりしない。道理にくらい。	日（ひへん）	9	マイ	三昧《ザンマイ》　愚昧《グマイ》	丨 冂 日 日 日一 日二 旪 昧 昧
11	椅	①いす。こしかけ。	木（きへん）	12	イ	椅子《イス》	一 十 才 木 杧 杚 杕 杢 桍 椅 椅 椅
12	楷	①書体の一つ。	木（きへん）	13	カイ	楷書《カイショ》	一 十 才 木 朼 朼 枇 枇 椪 楷 楷 楷 楷
13	柿	①かき。	木（きへん）	9	かき	渋柿《しぶがき》　干《ほ》し柿《がき》	一 十 才 木 朩 杧 杧 柿 柿
14	桁	①横木をかけわたしたもの。	木（きへん）	10	けた	桁違《けたちが》い　橋桁《はしげた》	一 十 才 木 木 杉 桁 桁 桁 桁
15	梗	①ふさぐ。ふさがる。②あらまし。	木（きへん）	11	コウ	梗塞《コウソク》　梗概《コウガイ》	一 十 才 木 杧 杧 柘 柘 梗 梗 梗
16	柵	①木や竹でつくった囲い。	木（きへん）	9	サク	鉄柵《テッサク》　柵状組織《サクジョウソシキ》	一 十 才 木 朼 机 枛 柵 柵
17	椎	①つち。②背骨。	木（きへん）	12	ツイ	椎間板《ツイカンバン》　胸椎《キョウツイ》	一 十 才 木 朩 杧 杧 杧 桁 椎 椎 椎
18	枕	①まくら。まくらをして横になる。	木（きへん）	8	まくら	夢枕《ゆめまくら》　枕元《まくらもと》	一 十 才 木 朩 杧 杧 枕

⑩休日は読書ザンマイだ。（あることに熱中すること。）

⑪イスに座って本を読む。（こしかけ。）

⑫カイショで丁寧に書く。（字画をくずさずかくかき方。）

⑬シブガキの実を収穫する。（秋の果物の一種。）

⑭ケタチガいの強さだ。（他とかけ離れているさま。）

⑮脳コウソクで倒れる。（脳の血管がふさがって起こる病気。）

⑯テッサクを乗り越える。（てつの囲い。）

⑰ツイカンバンヘルニア。（セキツイ骨の間にある円ばん。）

⑱亡き祖母がユメマクラに立つ。（神仏や故人がゆめに現れること。）

❿グマイな人間だと言われた。（おろかで道理にくらいこと。）

もう一度書いてみよう！

もう一度書いてみよう！

⓭軒下にホしガキをつるす。（しぶがきの加工品。）

⓮台風でハシゲタが壊れた。（はし板を支える部分。）

⓯新作小説のコウガイを読む。（あらすじ。）

⓰サクジョウ組織を観察する。（植物の葉を構成する組織の一つ。）

⓱キョウツイ付近が炎症で痛む。（背骨を構成する骨の一部。）

⓲マクラモトに写真を飾る。（寝具の頭側の近く。）

漢字の豆知識

夏目漱石の名前の由来

夏目漱石の「漱石」はペンネーム。「枕石漱流」を「漱石枕流」と言い間違えたが、理由をこじつけて言い逃れたという中国の故事から。ちなみに、夏目漱石の本名は「夏目金之助」だよ。

許容字体

・塡――填

・𠕇――倶

同音異字

1
- 土が堆積する
- □□を計算する
- 総会を□□する

6
- 惨状に戦慄する
- □□を奏でる

15
- 脳梗塞で倒れる
- □□道路を走る
- 容疑者を□□する
- 学校の□□を守る

15
- 梗概を読む
- 街の□□防止
- □□に住む
- 秘密を□□する

四字熟語

1 堆金積玉《たいきんせきぎょく》
巨万の富を集めること。

8 曖昧模糊《あいまいもこ》
本質がぼんやりしていてはっきりわからないこと。
≒五里霧中《ごりむちゅう》

漢字力UP

対義語
8 明瞭
10 英明
12 行書
12 草書
13 甘柿

類義語
2 補充
3 懸念
8 漠然
12 真書
15 概要
15 要覧

同音異字
1 体積
退席
6 旋律
15 高速
拘束
校則
15 公害
郊外
口外

2級 第4回

2級学習漢字185字中 74字

番号	漢字	部首名	部首	画数	読み	用例	意味
1	玩	おうへん	王	8	ガン	玩具《ガング》 愛玩《アイガン》	①もてあそぶ。②したしむ。
2	璃	おうへん	王	14	リ	瑠璃《ルリ》 浄瑠璃《ジョウルリ》	①宝玉。
3	瑠	おうへん	王	14	ル	浄瑠璃《ジョウルリ》 瑠璃《ルリ》	①宝玉。
4	臆	にくづき	月	17	オク	臆病《オクビョウ》 臆面《オクメン》	①おくする。おじける。
5	股	にくづき	月	8	コ また	股間《コカン》 四股《シコ》	①また。もも。
6	腫	にくづき	月	13	シュ は(れる・らす)	浮腫《フシュ》 腫瘍《シュヨウ》	①はれもの。はれる。
7	腺	にくづき	月	13	セン	涙腺《ルイセン》 汗腺《カンセン》	①体内の分泌作用を営む器官。
8	膳	にくづき	月	16	ゼン	配膳《ハイゼン》 食膳《ショクゼン》	①料理をのせる台。
9	膝	にくづき	月	15	ひざ	膝小僧《ひざこゾウ》 膝元《ひざもと》	①ひざ。ひざがしら。

書き取りA（1回目・2回目）

①北海道の郷土ガング。（おもちゃ。）

②ルリ色に輝く石を見る。（紫がかった美しい青色。）

③人形ジョウルリの歴史。（人形と三味線音楽と語りから成る人形劇。）

④物音にオクビョウな子供。（怖がるさま。）

⑤打球がコカンを抜ける。（またのあいだ。）

⑥足にフシュが生じる。（むくみ。）

⑦近ごろルイセンが緩い。（なみだを分泌する器官。）

⑧ハイゼン係として働く。（料理を客の前にくばること。）

⑨転んでヒザコゾウをすりむく。（ひざがしら。）

書き取りB（1回目・2回目）

❶アイガン動物を飼育する。（ペット。）

❷ジョウルリ芸能を極める。（語り物の一つ。）

❸ルリが埋め込まれた指輪。（ラピスラズリ。）

❹オクメンもなく話しかける。（恥や遠慮がないさま。）

❺力士が迫力あるシコを踏む。（足を高く上げ、力をこめて地を踏む動作。）

❻検査でシュヨウが見つかる。（細胞が異常に増える病的組織。）

❼ヒトのカンセンを研究する。（あせを分泌する器官。）

❽友人宅のショクゼンにつく。（しょくじの器やたべものをのせるところ。）

❾将軍のおヒザモトと呼ばれる。（権力者のすぐ近く。）

訓読み

5 大股で歩く。（　　）

6 目が腫れる。（　　れる）

漢字力UP

高校新出音訓

16 チームの領袖。（集団の代表となるような人。）（　　）

対義語

4 臆病↕ゴウタン（　　）

14 明瞭↕アイマイ（　　）

19 緻密↕サンマン（　　）

類義語

1 愛玩≒アイゴ（　　）

4 臆病≒ショウシン（　　）

8 食膳≒ショクタク（　　）

11 脇道≒エダミチ（　　）

11 脇道≒ヨコミチ（　　）

解答

①玩具 ❶愛玩 ②瑠璃 ❷浄瑠璃 ③浄瑠璃 ❸瑠璃 ④臆病 ❹臆面 ⑤股間 ❺四股 ⑥浮腫 ❻腫瘍 ⑦涙腺 ❼汗腺 ⑧配膳 ❽食膳 ⑨膝小僧 ❾膝元（膝下） ⑩肘掛け ❿肘鉄砲 ⑪脇道 ⓫両脇 ⑫瞳孔 ⓬瞳 ⑬親睦 ⓭和睦 ⑭明瞭 ⓮瞭然 ⑮稽古 ⓯滑稽 ⑯領袖 ⓰長袖 ⑰裾野 ⓱山裾 ⑱破綻 ⓲綻びる ⑲緻密 ⓳精緻

番号	漢字	意味	部首	画数	読み	用例
10	肘	①ひじ。	月（にくづき）	7	ひじ	肘《ひじ》掛《か》け　肘鉄砲《ひじデッポウ》
11	脇	①わき。かたわら。	月（にくづき）	10	わき	脇道《わきみち》　両脇《リョウわき》
12	瞳	①ひとみ。	目（めへん）	17	ドウ　ひとみ	瞳孔《ドウコウ》　瞳《ひとみ》
13	睦	①むつまじい。したしくする。	目（めへん）	13	ボク	親睦《シンボク》　和睦《ワボク》
14	瞭	①あきらか。はっきりしている。	目（めへん）	17	リョウ	明瞭《メイリョウ》　一目瞭然《イチモクリョウゼン》
15	稽	①くらべてかんがえる。	禾（のぎへん）	15	ケイ	稽古《ケイコ》　滑稽《コッケイ》
16	袖	①そで。そでに入れる。	衤（ころもへん）	10	シュウ　そで	領袖《リョウシュウ》　長袖《ながそで》
17	裾	①衣服のすそ。下のほう。	衤（ころもへん）	13	すそ	裾野《すその》　山裾《やますそ》
18	綻	①ほころびる。ほころび。	糸（いとへん）	14	タン　ほころ(びる)	破綻《ハタン》　綻《ほころ》びる
19	緻	①きめこまかい。くわしい。	糸（いとへん）	16	チ	緻密《チミツ》　精緻《セイチ》

⑩ヒジカけのついたいす。
ひじをもたせかける所。

⑪話がワキミチにそれる。
本筋から離れた方向。

⑫暗所でドウコウが大きくなる。
ひとみ。

⑬部員たちでシンボクを深める。
したしみ仲よくすること。

⑭メイリョウに発音する。
はっきりしていること。

⑮舞台のケイコに通う。
武芸や芸事を習うこと。

⑯音楽界のリョウシュウに会う。
代表となるような人物。

⑰日本文化のスソノを広げる。
活動の広い範囲。

⑱売上減少で経営ハタンする。
うまくいかなくなること。

⑲評価の高いチミツな仕事ぶり。
細部まで不足や欠点のないこと。

❿強いヒジデッポウをくらう。
ひじで突きのけること。

⓫荷物をリョウワキに降ろす。
左右りょうほうのわき。

⓬ヒトミを凝らして探す。
じっと見つめる。

⓭ワボク交渉に参加する。
争いをやめて仲直りすること。

⓮結果は一目リョウゼンだ。
一目みただけではっきりしていること。

⓯コッケイな言動をする人。
おもしろおかしくばかばかしいこと。

⓰ナガソデのシャツを着る。
腕をおおう部分がながい衣服。

⓱エベレストのヤマスソは広い。
やまのふもと。

⓲緊張が解けて顔がホコロびる。
おかしさや楽しさが表情に出る。

⓳セイチで美しいガラス細工。
極めてくわしく細かいこと。

13 和睦＝ワカイ（　　）
13 和睦＝コウワ（　　）
14 明瞭＝メイハク（　　）
14 瞭然＝レキゼン（　　）
18 破綻＝シッパイ（　　）
18 破綻＝ハキョク（　　）
19 緻密＝メンミツ（　　）
19 精緻＝セイコウ（　　）

同音異字……

7
- 汗腺の研究
- □□道路を進む
- 港の□□を見る
- 病気に□□する
- 試合を□□する

（　　）（　　）（　　）（　　）

許容字体
・稽――稽

訓読み
5 おおまた
6 はれる

漢字力UP

高校新出音訓……
16 りょうしゅう

対義語……
4 豪胆
14 曖昧
19 散漫

類義語……
1 愛護
4 小心
8 食卓
11 枝道
11 横道
13 和解
13 講和
14 明白
14 歴然
18 失敗
18 破局
19 綿密
19 精巧

同音異字……
7 幹線
艦船
感染
観戦

2級 第5回

2級学習漢字185字中 92字

番号	漢字	部首・画数	読み	意味	用例
1	舷	舟 ふねへん 11	ゲン	①ふなばた。ふなべり。	右舷《ウゲン》 舷側《ゲンソク》
2	虹	虫 むしへん 9	にじ	①にじ。	虹《にじ》 虹色《にじいろ》
3	蜂	虫 むしへん 13	ホウ はち	①はち。②むらがる。一斉に行動する。	女王蜂《ジョオウばち》 蜂起《ホウキ》
4	諧	言 ごんべん 16	カイ	①調和する。②おどけ。たわむれ。	諧調《カイチョウ》 俳諧《ハイカイ》
5	詣	言 ごんべん 13	ケイ もう(でる)	①学問が深い。②神仏にもうでる。	造詣《ゾウケイ》 初詣《はつもうで》
6	詮	言 ごんべん 13	セン	①はかる。しらべる。あきらかにする。	所詮《ショセン》 詮索《センサク》
7	誰	言 ごんべん 15	だれ	①だれ。	誰《だれ》 誰彼《だれかれ》
8	諦	言 ごんべん 16	テイ あきら(める)	①あきらか。②あきらめる。	諦観《テイカン》 諦念《テイネン》
9	謎	言 ごんべん 17	なぞ	①なぞ。かくしことば。	謎《なぞ》

書き取りA　1回目　2回目

①ウゲンから人が落ちる。 船べりのみぎ側。

②雨上がりにニジが出る。 空にかかる七色の帯。

③ジョオウバチの一生を見守る。 群れに一匹だけいる卵を産むメスのハチ。

④カイチョウの美しい絵画だ。 ちょうわが取れているようす。

⑤彼は芸術にゾウケイが深い。 学問・芸術などの深い知識やすぐれた技能。

⑥ショセンかなわぬ恋だ。 どうせ。

⑦ダレかが来たようだ。 はっきりわからない人。

⑧時代と人生をテイカンする。 本質を見きわめること。

⑨ナゾに包まれた事件。 実態がつきとめにくいこと。

書き取りB　1回目　2回目

❶ゲンソクから船に乗り込む。 船のそくめん。

❷水面がニジイロに輝く。 にじのようないろ。

❸反乱軍が各地でホウキする。 大勢が一斉に行動をおこすこと。

❹江戸時代のハイカイ鑑賞。 連歌から独立した文芸。

❺ハツモウデに行く。 その年はじめての参拝。

❻人からのセンサクを嫌う。 細かいことまで調べること。

❼ダレカレかまわず話しかける。 相手にかまわず。

❽発言からテイネンを感じた。 あきらめの気持ち。

もう一度書いてみよう!

訓読み

5 神社を詣でる。（　　でる）

8 説得を諦める。（　　める）

13 金を賭ける。（　　ける）

15 ボールを蹴る。（　　る）

漢字力UP

高校新出音訓……

5 参詣する。 神社や寺におまいりすること。（　　）

13 賭博をする。 ばくち。（　　）

対義語……

1 右舷↕サゲン（　　）

類義語……

3 蜂起＝ケッキ（　　）

3 蜂起＝グンキ（　　）

6 所詮＝ケッキョク（　　）

11 風貌＝フウサイ（　　）

解答

①右舷 ❶舷側 ②虹 ❷虹色 ③女王蜂 ❸蜂起 ④諧調 ❹俳諧 ⑤造詣 ❺初詣 ⑥所詮 ❻詮索 ⑦誰 ❼誰彼 ⑧諦観 ❽諦念 ⑨謎 ⑩訃報 ⑪風貌 ⓫全貌 ⑫貼付 ⓬貼る ⑬賭博 ⓭賭場 ⑭賄賂 ⑮一蹴 ⓯蹴球 ⑯失踪 ⓰踪跡 ⑰覚醒 ⑱焼酎

番号	漢字	意味	部首	画数	音	訓	用例
10	訃	①しらせ。死去の通知。	言 ごんべん	9	フ		訃報《フホウ》
11	貌	①かたち。ありさま。	豸 むじなへん	14	ボウ		風貌《フウボウ》 全貌《ゼンボウ》
12	貼	①はる。つける。	貝 かいへん	12	チョウ	は(る)	貼付《チョウフ》 貼《は》る
13	賭	①かける。かけをする。	貝 かいへん	16	ト	か(ける)	賭博《トバク》 賭場《トば》
14	賂	①わいろ。わいろを贈る。	貝 かいへん	13	ロ		賄賂《ワイロ》
15	蹴	①ける。けとばす。	足 あしへん	19	シュウ	け(る)	一蹴《イッシュウ》 蹴球《シュウキュウ》
16	踪	①あと。足あと。ゆくえ。	足 あしへん	15	ソウ		失踪《シッソウ》 踪跡《ソウセキ》
17	醒	①酔い・眠り・夢・迷いからさめる。	酉 とりへん	16	セイ		覚醒《カクセイ》
18	酎	①雑穀やイモなどから造った酒の一種。	酉 とりへん	10	チュウ		焼酎《ショウチュウ》

許容字体
・詮——詮
・謎——謎
・賭——賭

⑩知人のフホウが届く。（死亡の知らせ。）
⑪フウボウが独特な芸能人。（身なりや顔かたち。）
⑫履歴書に写真をチョウフする。（はりつけること。）
⑬トバク行為は違法だ。（金品をかけた勝負。）
⑭取引先からワイロを受け取る。（不正な目的で贈る金品。）
⑮不安をイッシュウする活躍。（はねつけること。）
⑯事件の後シッソウする。（ゆくえをくらますこと。）
⑰眠りからカクセイする。（目をさますこと。）
⑱父はショウチュウが好きだ。（日本固有の蒸留酒。）

もう一度書いてみよう！

⑪ゼンボウが明らかになる。（ぜんたいのありさま。）
⑫封筒に切手をハる。（物を平面につけること。）
⑬トバに大金を持ち込む。（ばくちをするところ。）
もう一度書いてみよう！
⑮シュウキュウクラブに入る。（サッカー。）
⑯彼はソウセキをくらませた。（ゆくえ。）
もう一度書いてみよう！
もう一度書いてみよう！

11 風貌≒ヨウボウ（　　）
11 全貌≒ゼンヨウ（　　）
16 失踪≒シッセキ（　　）

同音異字……
1 船の舷側／法の□□を守る（　　）／車が□□する（　　）

同訓異字……
13 金を賭ける／馬が□ける（　け る）／歯が□ける（　け る）／橋を□ける（　け る）／命を□ける（　け る）／腰を□ける（　け る）

四字熟語……
17 半醒半睡《はんせいはんすい》 意識がはっきりしていない状態。

訓読み 5 もうでる　8 あきらめる　13 かける　15 ける

漢字力UP
高校新出音訓…… 5 さんけい　13 とばく
対義語…… 1 左舷
類義語…… 3 決起　3 群起　6 結局　11 風采　11 容貌　11 全容　16 失跡
同音異字…… 1 原則　減速
同訓異字…… 13 駆ける　欠ける　架ける　懸ける　掛ける

2級 第6回

2級学習漢字185字中 111字

	1	2	3	4	5	6	7	8	9
漢字	鎌	錦	鍵	錮	鍋	餌	餅	駒	骸
意味	①かま。草を刈る農具。	①にしき。にしきのように美しい。	①かぎ。②ピアノなどのキー。	①ふさぐ。とじこめる。	①なべ。	①えさ。たべもの。	①もち。	①こうま。こま。	①なきがら。死人の骨。
部首	金 かねへん	金 かねへん	金 かねへん	金 かねへん	金 かねへん	飠 しょくへん	飠 しょくへん	馬 うまへん	骨 ほねへん
画数	18	16	17	16	17	15	15	15	16
読み	かま	キン にしき	ケン かぎ	コ	なべ	ジ えさ え	ヘイ もち	こま	ガイ
用例	鎌首《かまくび》 鎌倉《かまくら》	錦上《キンジョウ》 錦絵《にしきエ》	鍵穴《かぎあな》 鍵盤《ケンバン》	禁錮《キンコ》	土鍋《ドなべ》 鍋料理《なべリョウリ》	餌食《えジキ》 好餌《コウジ》	鏡餅《かがみもち》 画餅《ガベイ》	持《も》ち駒《ごま》 駒場《こまば》	形骸《ケイガイ》 骸骨《ガイコツ》

書き取りA 1回目 2回目

①ヘビがカマクビをもたげる。
かまのように曲がった形のくび。

②キンジョウに花を添える。
よいものをさらに立派にすること。

③カギアナが見つからない。
かぎを挿すあな。

④キンコ三年の実刑判決。
刑罰の一種。

⑤ドナベを落として割る。
つちでできたなべ。

⑥悪のエジキとなる。
犠牲となるもの。

⑦正月にカガミモチを飾る。
神仏に供えるもち。

⑧彼のモチゴマとして働く。
いつでも利用できる存在。

ち ち

⑨制度がケイガイ化してしまう。
かたちだけが残ること。

書き取りB 1回目 2回目

❶カマクラの大仏を見る。
神奈川県の地名。

❷蔵にニシキエを保管する。
多色で刷られたうきよえ。

❸ケンバンハーモニカの演奏。
楽器の指でたたくところ。

もう一度書いてみよう!

❺冬にナベリョウリで温まる。
なべに具材を入れて火を通したもの。

❻悪者のコウジとなってしまう。
欲望のえじき。

❼新規事業計画がガベイに帰す。
失敗に終わって、むだぼねおりになる。

❽コマバ公園の洋館を訪れる。
東京都目黒区の地名。

❾ガイコツの仮装をする。
しがい。

訓読み

6 コイに餌をやる。〔 〕

11 シールを剥がす。〔 がす〕

13 敵を斬る。〔 る〕

漢字力UP

高校新出音訓……

6 好餌で釣る。〔 〕
人を誘惑する手段。

10 古刹巡礼。〔 〕
古い寺。

対義語……

11 剥奪↕フヨ〔 〕

13 斬新↕チンプ〔 〕

18 整頓↕コンラン〔 〕

18 整頓↕ランザツ〔 〕

類義語……

6 好餌≒ヒョウテキ〔 〕

7 画餅≒ムダ〔 〕

解答

①鎌首 ❶鎌倉 ②錦上 ❷錦絵 ③鍵穴 ❸鍵盤 ④禁錮 ⑤土鍋 ❺鍋料理 ⑥餌食 ❻好餌 ⑦鏡餅 ❼画餅 ⑧持ち駒 ❽駒場 ⑨形骸 ❾骸骨 ⑩名刹 ❿刹那 ⑪剥奪 ⓫剥製 ⑫那覇 ⓬旦那 ⑬斬殺 ⓭斬新 ⑭毀損 ⓮毀誉 ⑮上顎 ⓯顎関節 ⑯日頃 ⓰頃合い ⑰必須 ⓱須恵器 ⑱整頓 ⓲頓死 ⑲頬 ⓳頬張る

番号	漢字	意味	部首・画数	読み	用例
10	刹	①寺。寺院。②短い時。	りっとう 刂 8	サツ セツ	名刹《メイサツ》 刹那《セツナ》
11	剝	①はぐ。はがれる。	りっとう 刂 10	ハク は(がす・ぐ・がれる・げる)	剝奪《ハクダツ》 剝製《ハクセイ》
12	那	梵語・外国語の音訳に用いる。	おおざと 阝 7	ナ	那覇《ナハ》 旦那《ダンナ》
13	斬	①刀で切る。②際立つ。	おのづくり 斤 11	ザン き(る)	斬殺《ザンサツ》 斬新《ザンシン》
14	毀	①こわす。やぶる。②けなす。	るまた 殳 13	キ	毀損《キソン》 毀誉《キヨ》
15	顎	①あご。	おおがい 頁 18	ガク あご	上顎《うわあご》 顎関節《ガクカンセツ》
16	頃	①ころ。このごろ。	おおがい 頁 11	ころ	日頃《ひごろ》 頃合《ころあ》い
17	須	①用いる。②しばらく。③ぜひ…すべきである。	おおがい 頁 12	ス	必須《ヒッス》 須恵器《スエキ》
18	頓	①ととのえる。②つまずく。③にわかに。	おおがい 頁 13	トン	整頓《セイトン》 頓死《トンシ》
19	頰	①ほお。ほっぺた。	おおがい 頁 16	ほお	頰《ほお(ほほ)》 頰張《ほおば》る

⑩ 京都のメイサツを巡る。　なだかい寺。

⑪ 出場資格をハクダツされる。　無理に取り上げること。

⑫ ナハに旅行に行く。　沖縄県の県庁所在地。

⑬ ザンサツ死体が見つかる。　きりころすこと。

⑭ 名誉キソンで訴える。　価値をそこなうこと。

⑮ ウワアゴに口内炎ができる。　あごのうえ側。

⑯ ヒゴロの感謝の気持ち。　ふだん。

⑰ ヒッスの記入項目を書く。　欠かせないこと。

⑱ 机の上をセイトンする。　きちんと片づけること。

⑲ ホオを赤く染める。　顔の側面。

❿ セツナの快楽を求める。　きわめて短い時間。

⓫ ヒョウのハクセイを展示する。　動物の皮をはいで作る標本。

⓬ 若ダンナの経営手腕。　男の主人。

⓭ ザンシンなデザインの服。　きわだって目新しいさま。

⓮ キヨに左右されず生きる。　そしることとほめること。

⓯ ガクカンセツに違和感がある。　あごのかんせつ。

⓰ コロアいを見て声をかける。　適当な時機。

⓱ 出土したスエキを復元する。　古代のどきの一つ。

⓲ 旅先でトンシしたと聞いた。　急に亡くなること。

⓳ 口いっぱいにホオバる。　ほおがふくらむほど口に入れる。

9 骸骨≒ハッコツ（　　）

10 刹那≒シュンカン（　　）

12 旦那≒シュジン（　　）

16 日頃≒ヘイゼイ（　　）

18 頓死≒キュウシ（　　）

18 頓死≒キュウセイ（　　）

同音異字……

14 世間の毀誉／社会に□□する（　　）

同訓異字……

13 敵を斬る／野菜を□る／服を□る（　る）（　る）

許容字体

- 餌——餌
- 餅——餅
- 剝——剥
- 頰——頬

訓読み 6 えさ　11 はがす　13 きる

漢字力UP

高校新出音訓…… 6 こうじ　10 こさつ

対義語…… 11 付与　13 陳腐　18 混乱　18 乱雑

類義語…… 6 標的　7 無駄　9 白骨　10 瞬間　12 主人　16 平生　18 急死　18 急逝

同音異字…… 14 寄与

同訓異字…… 13 切る　着る

2級学習漢字185字中129字

番号	漢字	意味	部首・画数	読み	用例
1	冥	①あの世。②目に見えない神仏のはたらき。	冖《わかんむり》 10	メイ / ミョウ	冥福《メイフク》 冥利《ミョウリ》
2	宛	①あて。あてる。	宀《うかんむり》 8	あ(てる)	宛先《あてさき》 宛《あ》て字《ジ》
3	萎	①なえる。しおれる。しぼむ。	艹《くさかんむり》 11	イ / な(える)	萎縮《イシュク》 萎《な》える
4	苛	①きびしい。むごい。はげしい。	艹《くさかんむり》 8	カ	苛烈《カレツ》 苛酷《カコク》
5	蓋	①おおいかくす。ふた。	艹《くさかんむり》 13	ガイ / ふた	天蓋《テンガイ》 頭蓋骨《ズガイコツ》
6	葛	①くず。②つる草の総称。	艹《くさかんむり》 12	カツ / くず	葛根湯《カッコントウ》 葛湯《くずゆ》
7	芯	①物の中心部分。	艹《くさかんむり》 7	シン	芯《シン》
8	藤	①ふじ。②かずら。	艹《くさかんむり》 18	トウ / ふじ	藤色《ふじいろ》 葛藤《カットウ》
9	蔽	①おおう。おおい。	艹《くさかんむり》 15	ヘイ	隠蔽《インペイ》 遮蔽《シャヘイ》

書き取りA（1回目・2回目）

①故人のメイフクを祈る。（死後の幸せ。）

②アテサキ不明で戻る。（手紙などの届けさき。）

③気持ちがイシュクする。（元気がなくなること。）

④カレツを極める戦闘。（きびしく激しいさま。）

⑤テンガイ付きのベッドで寝る。（装飾用のおおい。）

⑥食前にカッコントウを飲む。（漢方薬の一種。）

⑦鉛筆のシンが折れる。（着色剤を細長く固めたもの。）

⑧フジイロのストールを贈る。（薄い紫いろ。）

⑨悪事のインペイを図る。（故意にかくしおおうこと。）

書き取りB（1回目・2回目）

❶役者ミョウリに尽きる。（その立場にいる恩恵。）

❷真面目はアてジの一つ。（音訓から語の表記にあてる用法。）

❸キュウリの葉がナえる。（しおれる。）

❹カコクな労働に耐える。（耐えられないほどむごくきびしいさま。）

❺ズガイコツにひびが入る。（脳みそを守るようにあたまをおおうほね。）

❻クズユで体を温める。（くず粉を溶かした飲み物。）

もう一度書いてみよう！

❽親子のカットウを描いた映画。（人と人が譲ることなく対立すること。）

❾事件現場をシャヘイする。（おおって他から見えなくすること。）

訓読み

5 瓶に蓋をする。（　　）

10 人を蔑む態度。（　　む）

14 相手を罵る。（　　る）

17 花籠を飾る。（　　）

17 部屋に籠もる。（　　もる）

18 虎の生態観察。（　　）

漢字力UP

高校新出音訓……

1 役者冥利。（その立場にいる恩恵。）（　　）

6 葛切りを食べる。（葛粉から作る麺状の食べ物。）（　　）

11 甘藍の栽培。（キャベツの別名。）（　　）

17 籠城作戦。（城にたてこもり敵を防ぐこと。）（　　）

対義語……

3 萎縮↕シンチョウ（　　）

解答

①冥福 ❶冥利 ②宛先 ❷宛て字 ③萎縮 ❸萎える ④苛烈 ❹苛酷 ⑤天蓋 ❺頭蓋骨 ⑥葛根湯 ❻葛湯 ⑦芯 ⑧藤色 ❽葛藤 ⑨隠蔽 ❾遮蔽 ⑩軽蔑 ❿蔑視 ⑪藍染め ⓫出藍 ⑫語彙 ⓬彙報 ⑬洞窟 ⓭巣窟 ⑭罵倒 ⓮罵声 ⑮便箋 ⓯処方箋 ⑯菜箸 ⓰箸置き ⑰籠絡 ⓱籠城 ⑱猛虎 ⓲虎口

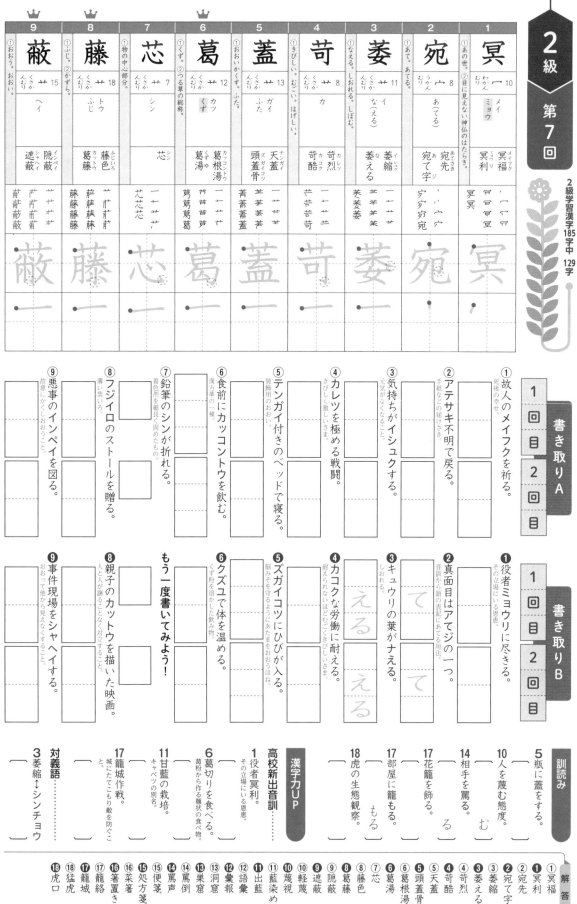

番号	漢字	意味	部首	画数	音訓	用例
10	蔑	①さげすむ。ないがしろにする。	くさかんむり 艹	14	ベツ さげす(む)	軽蔑《ケイベツ》 蔑視《ベッシ》
11	藍	①あい。あいいろ。	くさかんむり 艹	18	ラン あい	藍染《あいぞ》め 出藍《シュツラン》
12 ♛	彙	①なかま。集める。	けいがしら ⺕	13	イ	語彙《ゴイ》 彙報《イホウ》
13	窟	①あなぐら。②ものや人のあつまる所。	あなかんむり 穴	13	クツ	洞窟《ドウクツ》 巣窟《ソウクツ》
14	罵	①ののしる。悪口。	あみがしら 罒	15	バ ののし(る)	罵倒《バトウ》 罵声《バセイ》
15	箋	①メモ、手紙などを書くための紙。	たけかんむり ⺮	14	セン	便箋《ビンセン》 処方箋《ショホウセン》
16	箸	①はし。	たけかんむり ⺮	15	はし	菜箸《サイばし》 箸置《はしお》き
17	籠	①かご。②こめる。③こもる。	たけかんむり ⺮	22	ロウ かご こ(もる)	籠絡《ロウラク》 籠城《ロウジョウ》
18	虎	①トラ。	とらかんむり 虍	8	コ とら	猛虎《モウコ》 虎口《ココウ》

⑩ケイベツに値する行為。（見下すこと。）

⑪アイゾめのスカートを着る。（あいで布や糸をそめること。）

⑫ゴイが豊富な友達。（ある範囲の言葉の集まり。）

⑬山のドウクツを探検する。（ほらあな。）

⑭激しいバトウを目撃する。（激しくののしること。）

⑮ビンセンを用意する。（手紙を書くための用紙。）

⑯サイバシで皿に盛り付ける。（料理用の長いはし。）

⑰甘い言葉でロウラクする。（人を丸め込んで思いどおりに操ること。）

⑱モウコとなって戦う。（勢いが盛んで強いことのたとえ。）

❿ベッシ発言を非難する。（さげすんで見ること。）

⓫シュツランの誉れと評される。（でたものがでた元よりすぐれていること。）

⓬売上のイホウを作成する。（種類別にまとめたほうこく。）

⓭悪のソウクツと化した場所。（悪党などのすみか。ねじろ。）

⓮相手にバセイを浴びせる。（悪口。）

⓯病院でショホウセンをもらう。（薬のしょほうの指示書。）

⓰新しいハシオきを買う。（はしを卓上におくための台。）

⓱ロウジョウ作戦をとる。（しろにたてこもって敵を防ぐこと。）

⓲なんとかココウを脱した。（非常に危険な場所や状態を逃れること。）

9 隠蔽↕バクロ（　　）

9 遮蔽↕ロシュツ（　　）

10 蔑視↕ソンケイ（　　）

類義語……

4 苛烈≒ゲキレツ（　　）

4 苛烈≒コクレツ（　　）

4 苛烈≒モウレツ（　　）

9 隠蔽≒イントク（　　）

10 蔑視≒ケイシ（　　）

同音異字……

3 { 服が萎縮する / 叱責に□□する }（　　）

許容字体

- 葛―葛
- 蔽―蔽
- 箋―箋
- 箸―箸

コラム Column

知っておきたい「箸づかいマナー」

次のような箸づかいをしないように気をつけよう。

- 寄せ箸…箸で器を引き寄せる。
- 迷い箸…料理の上で箸をうろうろさせる。
- 刺し箸…箸を料理に突き刺す。
- 指し箸…箸で人やものを指し示す。

ほかにもたくさんあるよ！

訓読み 5 ふた　10 さげすむ　14 ののしる　17 はなかご　17 こもる　18 とら

漢字力UP

高校新出音訓… 1 みょうり　6 くず　11 かんらん　17 ろうじょう

対義語… 3 伸長　9 暴露　9 露出　10 尊敬

類義語… 4 激烈　4 酷烈　4 猛烈　9 隠匿　10 軽視

同音異字… 3 畏縮

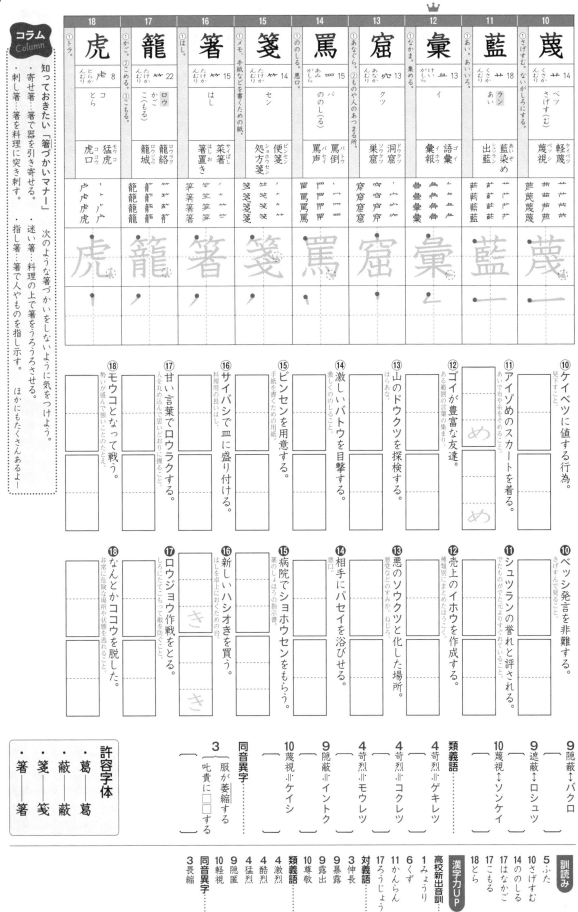

2級 第8回

2級学習漢字185字中147字

	1	2	3	4	5	6	7	8	9
漢字	弄	煎	尻	痕	痩	瘍	遡	遜	麺
部首・画数	廾《にじゅうあし》 7	灬《れんが》 13	尸《かばね》 5	疒《やまいだれ》 11	疒《やまいだれ》 12	疒《やまいだれ》 14	辶《しんにょう》 14	辶《しんにょう》 14	麦《ばくにょう》 16
読み	ロウ もてあそ(ぶ)	セン い(る)	しり	コン あと	ソウ や(せる)	ヨウ	ソ さかのぼ(る)	ソン	メン
用例	翻弄《ホンロウ》 愚弄《グロウ》	煎茶《センチャ》 煎餅《センベイ》	目尻《めじり》 帳尻《チョウじり》	血痕《ケッコン》 痕跡《コンセキ》	痩身《ソウシン》 着痩《きや》せ	潰瘍《カイヨウ》 腫瘍《シュヨウ》	遡上《ソジョウ》 遡及《ソキュウ》	謙遜《ケンソン》 遜色《ソンショク》	麺類《メンルイ》 麺棒《メンボウ》
意味	①もてあそぶ。からかう。	①いる。にる。せんじる。	①しり。②ものの終わり。うしろのほう。	①あと。きずあと。あとかた。	①体がやせる。ほそい。	①できもの。	①さかのぼる。	①へりくだる。ゆずる。②おとる。	①めん。小麦粉で作った食品。

書き取りA

1回目 2回目

①運命にホンロウされる。（思うままにもてあそぶこと。）

②食後にセンチャを飲む。（ちゃの葉を湯でせんじた飲料。）

③笑うとメジリにしわができる。（耳に近い側のめの端。）

④殺害現場にケッコンが残る。（ちのあと。）

⑤最近人気のソウシン法。（美容の目的でやせること。）

⑥胃にカイヨウができた。（表層が炎症を起こし、欠損した状態。）

⑦サケが川をソジョウする。（川下から川のうえにさかのぼって行くこと。）

⑧ケンソンして何も言わない。（へりくだること。）

⑨昼食はメンルイが多い。（めんの総称。）

書き取りB

1回目 2回目

❶人をグロウする言葉。（人をばかにしてからかうこと。）

❷おやつにセンベイを食べる。（米や小麦粉で作る菓子の一つ。）

❸減量でチョウジリを合わせる。（事柄のつじつま。）

❹においのコンセキをたどる。（あるものが過去にあったことを示すあと。）

❺私はキヤせするたちだ。（服をきるとやせて見えること。）［せ］［せ］

❻シュヨウを取る手術をする。（細胞が異常に増える病的組織。）

❼期間をソキュウして適用する。（さかのぼって効力をおよぼすこと。）

❽プロと比べてソンショクない。（他と比べて劣っていること。）

❾メンボウで生地をのばす。（こねた粉を押しのばすぼう。）

漢字力UP

訓読み

1 心を弄ぶ。〔　　ぶ〕

2 豆を煎る。〔　　る〕

4 傷痕を隠す。〔　　〕

7 思い出を遡る。〔　　る〕

高校新出音訓

5 痩身に憧れる。（やせ細ったからだ。）〔　　〕

7 遡及処罰の禁止。（過去にさかのぼり影響すること。）〔　　〕

対義語

5 痩身↕ヒマン〔　　〕

類義語

8 謙遜≒ケンキョ〔　　〕

8 謙遜≒ケンジョウ〔　　〕

10 勾配≒ケイシャ〔　　〕

16 凄惨≒インサン〔　　〕

解答

①翻弄 ❶愚弄 ②煎茶 ❷煎餅 ③目尻 ❸帳尻 ④血痕 ❹痕跡 ⑤痩身 ❺着痩せ ⑥潰瘍 ❻腫瘍 ⑦遡上 ❼遡及 ⑧謙遜 ❽遜色 ⑨麺類 ❾麺棒 ⑩勾配 ❿勾留 ⑪匂う ⓫匂い ⑫暗闇 ⓬闇雲 ⑬串焼き ⓭串刺し ⑭丼勘定 ⓮天井 ⑮命乞い ⑯凄惨 ⓰凄絶 ⑰陶冶 ⓱冶金 ⑱勃発 ⓲勃興

10	勾	勹《つつみがまえ》	4	コウ	勾配《コウバイ》 勾留《コウリュウ》	①まがる。②くぎる。③とらえる。
11	匂	勹《つつみがまえ》	4	にお(う)	匂《にお》う 匂《にお》い	①におう。かおる。よいかおりがする。
12	闇	門《もんがまえ》	17	やみ	暗闇《くらやみ》 闇雲《やみくも》	①くらい。光が薄い。②おろか。ひそかに。
13	串	丨《ぼう》	7	くし	串焼《くしや》き 串刺《くしざ》し	①くし。
14	丼	丶《てん》	5	どんぶり どん	丼勘定《どんぶりカンジョウ》 天丼《テンどん》	①どんぶり。
15	乞	乙《おつ》	3	こ(う)	命乞《いのちご》い	①こう。ねがう。こいもとめる。
16	凄	冫《にすい》	10	セイ	凄惨《セイサン》 凄絶《セイゼツ》	①すさまじい。すごい。ぞっとする。
17	冶	冫《にすい》	7	ヤ	陶冶《トウヤ》 冶金《ヤキン》	①とかす。とける。いる。きたえる。
18	勃	力《ちから》	9	ボツ	勃発《ボッパツ》 勃興《ボッコウ》	①勢いよくおこる。盛んになる。

許容字体

・煎——煎

・遡——遡

・遜——遜

⑩コウバイの緩やかな坂。
傾斜の度合い。

⑪梅の香がニオう。
香りが感じられる。

⑫クラヤミを怖がる子供。
全く光がないこと。

⑬魚のクシヤきを食べる。
細長いぼうに刺して焼いたもの。

⑭ドンブリカンジョウで計算する。
大まかな金の出し入れ。

⑮敵にイノチゴいをする。
助けてほしいと頼むこと。

⑯セイサンな事故現場。
むごたらしいこと。

⑰人格をトウヤする。
人の性質や能力を育てること。

⑱紛争がボッパツする。
急に起こること。

もう一度書いてみよう!

❿容疑者をコウリュウする。
取り調べるため一定の場所に拘束すること。

⓫パン屋の前はいいニオいがする。
香り。

⓬ただヤミクモに突き進む。
漠然としてあてのないこと。

⓭しいたけをクシザしにする。
くしでさす。

⓮昼食にテンドンを食べる。
てんぷらをのせたどんぶり。

⓯セイゼツな体験をする。
たとえようもないほどすさまじいこと。

⓰ヤキンのアクセサリーを買う。
鉱石からきん属を取り出し加工すること。

⓱新人のボッコウに目をみはる。
にわかに勢いを得て盛んになること。

17 陶冶≒クントウ〔　〕

18 勃興≒ヤクシン〔　〕

同音異字……

10
- 勾配がきつい坂
- □□意欲の向上〔　〕
- 庭に□□が咲く〔　〕

16
- 凄惨な現場
- 借金を□□する〔　〕
- レジで□□する〔　〕
- 野菜を□□する〔　〕

同訓異字……

2
- 茶葉を煎る
- 矢を□る〔　る〕
- 堂に□る〔　る〕
- 道具が□る〔　る〕
- 金物を□る〔　る〕

訓読み 1もてあそぶ 2いる 4きずあと 7さかのぼる

漢字力UP

高校新出音訓…… 5そうしん 7そきゅう

対義語…… 5肥満

類義語…… 8謙虚 8謙譲 10傾斜 16陰惨 17薫陶 18躍進

同音異字…… 10購買 紅梅 16清算 精算 生産

同訓異字…… 2射る 入る 要る 鋳る

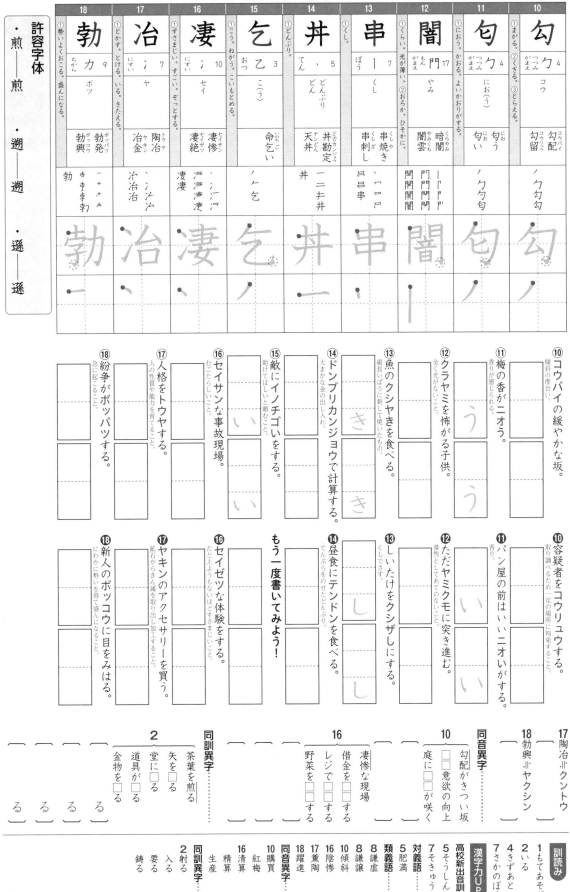

2級 第9回

2級学習漢字185字中166字

番号	漢字	意味	部首	画数	読み	用例
1	呂	①音楽の調子。	くち 口	7	ロ	語呂《ゴロ》 風呂《フロ》
2	塞	①とりで。国境。②ふさぐ。とざす。	つち 土	13	サイ ソク ふさ(ぐ・がる)	要塞《ヨウサイ》 閉塞《ヘイソク》
3	爽	①さわやか。すがすがしい。	だい 大	11	ソウ さわ(やか)	爽快《ソウカイ》 爽涼《ソウリョウ》
4	嵐	①あらし。大嵐。	やま 山	12	あらし	砂嵐《すなあらし》 山嵐《やまあらし》
5	崖	①がけ。はて。	やま 山	11	ガイ がけ	断崖《ダンガイ》 懸崖《ケンガイ》
6	巾	①きれ。ぬのきれ。②かぶりもの。	はば 巾	3	キン	雑巾《ゾウキン》 頭巾《ズキン》
7	怨	①うらむ。にくむ。かたき。	こころ 心	9	エン オン	怨恨《エンコン》 怨念《オンネン》
8	恣	①ほしいまま。わがまま。	こころ 心	10	シ	恣意《シイ》 放恣《ホウシ》
9	戚	①身内。	ほこ 戈	11	セキ	親戚《シンセキ》 外戚《ガイセキ》

書き取りA　1回目　2回目

①年号をゴロ合わせで覚える。
数字などに意味をこじつけて読ませること。

②敵国ヨウサイの破壊命令。
軍事上の防衛施設。

③朝の散歩はソウカイだ。
さわやかで気持ちよいさま。

④スナアラシが起こる。
すなを舞い上げるあらし。

⑤ダンガイ絶壁の下は海。
切り立ったがけ。

⑥ゾウキンで机をふく。
ふき掃除用の布。

⑦エンコンによる犯行。
うらむこと。

⑧シイ的な解釈に陥る。
思いつきで判断するさま。

⑨正月にシンセキが集まる。
身内。

書き取りB　1回目　2回目

❶寝る前にフロに入る。
入浴のための場所。

❷ヘイソク感におおわれた社会。
先行きが見えないこと。

❸ソウリョウ感のある季節。
さわやかですずしいこと。

❹ヤマアラシが吹き下ろす。
やまから吹き下ろすあらし。

❺けわしいケンガイを登る。
切り立ったがけ。

❻人形にズキンをかぶせる。
あたまや顔をおおう布製のかぶりもの。

❼オンネンがこもった刀。
深くうらむ気持ち。

❽ネコのホウシな寝姿。
気ままでしまりのないこと。

❾ガイセキが政治を行っていた。
母方のしんるい。

訓読み

2 心が塞ぐ。（　ぐ）

3 爽やかな笑顔。（やか）

5 崖から避難する。（　）

11 拳を固く握る。（　）

16 山の麓で遊ぶ。（　）

18 牙を抜く。（　）

漢字力UP

高校新出音訓……

7 昔の怨恨。（　）
うらみ。

18 歯牙にもかけない。（　）
全く問題にしない。

対義語……

9 外戚↕ナイセキ（　）

10 頂戴↕カシ（　）

10 頂戴↕ケンジョウ（　）

解答

①語呂 ❶風呂 ②要塞 ❷閉塞 ③爽快 ❸爽涼 ④砂嵐 ❹山嵐 ⑤断崖 ❺懸崖 ⑥雑巾 ❻頭巾 ⑦怨恨 ❼怨念 ⑧恣意 ❽放恣 ⑨親戚 ❾外戚 ⑩戴冠 ❿頂戴 ⑪拳銃 ⓫鉄拳 ⑫真摯 ⓬摯実 ⑬斑点 ⓭斑紋(斑文) ⑭元旦 ⓮一旦 ⑮曽祖父 ⓯未曽有 ⑯山麓 ⓰岳麓 ⑰爪先 ⓱深爪 ⑱象牙 ⓲牙城 ⑲完璧 ⓳双璧

	10	11	12	13	14	15	16	17	18	19
漢字	戴	拳	摯	斑	旦	曽	麓	爪	牙	璧
意味	①いただく。	①こぶし。こぶしを使う武術。	①まじめ。②とる。つかむ。	①まだら。	①あした。あさ。②とき。	①かさねる。かさなる。②かつて。	①ふもと。やますそ。	①つめ。つめの形をしたもの。	①歯の総称。②天子の旗。本営。	①玉。②すぐれたもの。双璧。
部首・画数	ほこ 戈 17	て 手 10	て 手 15	ぶん 文 12	ひ 日 5	いわく 曰 11	き 木 19	つめ 爪 4	きば 牙 4	たま 玉 18
読み	タイ	ケン こぶし	シ	ハン	タン ダン	ソウ ゾ	ロク ふもと	つめ つま	ガ ゲ きば	ヘキ
用例	戴冠《タイカン》 頂戴《チョウダイ》	拳銃《ケンジュウ》 鉄拳《テッケン》	真摯《シンシ》 摯実《シジツ》	斑点《ハンテン》 斑紋《ハンモン》	元旦《ガンタン》 一旦《イッタン》	曽祖父《ソウソフ》 未曽有《ミゾウ》	山麓《サンロク》 岳麓《ガクロク》	爪先《つまさき》 深爪《ふかづめ》	象牙《ゾウゲ》 牙城《ガジョウ》	完璧《カンペキ》 双璧《ソウヘキ》

⑩教会でタイカン式を行う。
おうかんを被せること。

⑪ケンジュウの不法所持。
ピストル。

⑫シンシな態度で取り組む。
まじめでひたむきなさま。

⑬手に赤いハンテンができる。
まだらに散らばったてん。

⑭ガンタンに神社に行く。
年の初めの日、またその朝。

⑮ソウソフの代から続く店。
ひいおじいさん。

⑯浅間サンロクの四季。
やまのふもと。

⑰ツマサキ上がりの道。
少しずつ登りになっていること。

⑱ゾウゲでできた印鑑。
ゾウの二本の門歯。

⑲カンペキなできばえの作品。
完全無欠ですぐれていること。

❿贈り物をチョウダイする。
たまわる。

⓫テッケン制裁を禁止する。
げんこつ。

⓬彼女のシジツな性格が好きだ。
まじめなこと。

⓭ヒョウのハンモンを観察する。
まだら模様。

⓮イッタン帰って出直す。
ひとまず。

⓯ミゾウの大事故となる。
今まで一度もなかったこと。

⓰富士山のガクロクで宿泊する。
やまのふもと。

⓱足のフカヅメが痛い。
つめをふかく切りすぎたところ。

⓲敵のガジョウを崩す活躍。
組織の中心となるところ。

⓳現代画壇のソウヘキ。
すぐれている二つのもの。

16 山麓↕サンチョウ〔　〕

類義語……

2 閉塞＝ヘイサ〔　〕
3 爽涼＝セイリョウ〔　〕
5 懸崖＝ゼッペキ〔　〕
7 怨念＝イコン〔　〕
8 放恣＝ホウイツ〔　〕
9 親戚＝シンゾク〔　〕
12 真摯＝シンケン〔　〕
14 元旦＝ガンジツ〔　〕
19 双璧＝リョウユウ〔　〕

同音異字……

5 けわしい懸崖
電波が□□だ
□□に出かける
〔　〕〔　〕

許容字体
・牙──牙

訓読み
2 ふさぐ
3 さわやか
5 がけ
11 こぶし
16 ふもと
18 きば

漢字力UP

高校新出音訓……
7 えんこん
18 しが

対義語……
9 内戚
10 下賜
10 献上
16 山頂

類義語……
2 閉鎖
3 清涼
5 絶壁
7 遺恨
8 放逸
9 親族
12 真剣
14 元日
19 両雄

同音異字……
5 圏外
県外

2級 第10回

2級学習漢字185字中 185字

	漢字	意味	部首名・部首・画数	読み	用例
1	瓦	①かわら。	かわら 瓦 5	ガ かわら	鬼瓦《おにがわら》 瓦解《ガカイ》
2	畏	①おそれはばかる。心服する。	た 田 9	イ おそ(れる)	畏敬《イケイ》 畏怖《イフ》
3	畿	①帝都。首府。	た 田 15	キ	近畿《キンキ》 畿内《キナイ》
4	眉	①まゆ。まゆ毛。	め 目 9	ビ ミ まゆ	眉目秀麗《ビモクシュウレイ》 眉間《ミケン》(ビカン)
5	臼	①うす。うすの形をしたもの。	うす 臼 6	キュウ うす	脱臼《ダッキュウ》 石臼《いしうす》
6	羞	①はじる。はじらい。	ひつじ 羊 11	シュウ	羞恥《シュウチ》 羞悪《シュウオ》
7	羨	①うらやむ。	ひつじ 羊 13	セン うらや(む・ましい)	羨望《センボウ》 羨《うらや》む
8	腎	①じんぞう。②かなめ。	にく 肉 13	ジン	腎臓《ジンゾウ》 肝腎《カンジン》
9	脊	①せ。せぼね。せなか。	にく 肉 10	セキ	脊髄《セキズイ》 脊柱《セキチュウ》

書き取りA　1回目　2回目

①屋根の上のオニガワラ。
装飾用の大きなかわら。

②先生にイケイの念を表す。
おそれうやまうこと。

③キンキ地方の天気を見る。
本州中西部にある地域。

④彼はビモク秀麗な青年だ。
男性の顔だちが美しいこと。

⑤右肩をダッキュウする。
関節がはずれること。

⑥シュウチ心が希薄になる。
はずかしく思うこと。

⑦若者のセンボウの的となる。
うらやましく思うこと。

⑧ジンゾウの移植手術をする。
泌尿器系の器官の一つ。

⑨事故でセキズイを損傷する。
中枢神経を構成する器官。

書き取りB　1回目　2回目

❶事件で組織がガカイする。
一部分がこわれて全体がこわれること。

❷自然にイフの念を抱く。
おそれおののくこと。

❸キナイの管理を任される。
京都周辺の五か国の総称。

❹ミケンにしわを寄せて考える。
まゆとまゆのあいだの部分。

❺イシウスできなこを作る。
いしのうす。

❻シュウオの念に堪えない。
自分や他人の不善をはじ、憎むこと。

❼他人の幸福をウラヤむ。
自分もそうなりたいと願う。
〔　む〕

❽入念な準備がカンジンだ。
とくに大事であるさま。

❾動物のセキチュウを数える。
せぼね。

訓読み

2 神を畏れる。〔　れる〕

4 眉をひそめる。〔　〕

19 亀を飼う。〔　〕

漢字力UP

高校新出音訓

1 組織が瓦解する。〔　〕
くずれること。

4 美しい眉目。〔　〕
眉と目。顔かたち。

7 羨望のまなざし。〔　〕
うらやましく思うこと。

10 妖艶なすがた。〔　〕
あでやかで美しいこと。

対義語

12 貪欲↕ムヨク〔　〕

16 陰鬱↕メイロウ〔　〕

類義語

1 瓦解≒ホウカイ〔　〕

解答

①鬼瓦 ❶瓦解 ②畏敬 ❷畏怖 ③近畿 ❸畿内 ④眉目 ❹眉間 ⑤脱臼 ❺石臼 ⑥羞恥 ❻羞悪 ⑦羨望 ❼羨む ⑧腎臓 ❽肝腎 ⑨脊髄 ❾脊柱 ⑩艶美 ❿色艶 ⑪蜜月 ⓫蜂蜜 ⑫貪欲 ⓬貪る ⑬辣腕 ⓭辛辣 ⑭采配 ⓮風采 ⑮釜飯 ⓯後釜 ⑯憂鬱 ⓰陰鬱 ⑰韓国 ⑱鶴 ⓲千羽鶴 ⑲亀裂 ⓳亀甲

10 艶
①なまめかしい。あでやかか。②つや。
部首：いろ 色 19
エン　つや
艶美《エンビ》　色艶《いろつや》

11 蜜
①みつ。みつのように甘い。
部首：むし 虫 14
ミツ
蜜月《ミツゲツ》　蜂蜜《はちミツ》

12 貪
①むさぼる。よくばる。
部首：かい 貝 11
ドン　むさぼ(る)
貪欲《ドンヨク》　貪《むさぼ》る

13 辣
①からい。きびしい。むごい。
部首：からい 辛 14
ラツ
辣腕《ラツワン》　辛辣《シンラツ》

14 采
①とる。えらぶ。②いろどり。③すがたかたち。
部首：のごめ 釆 8
サイ
采配《サイハイ》　風采《フウサイ》

15 釜
①かま。飲食物を煮る道具。
部首：きん 金 10
かま
釜飯《かまめし》　後釜《あとがま》

16 鬱
①ふさぐ。ふさがる。ふさがれる。とどこおる。
部首：ちょう 鬯 29
ウツ
憂鬱《ユウウツ》　陰鬱《インウツ》

17 韓
①大韓民国。②中国や古代朝鮮の国名。
部首：なめしがわ 韋 18
カン
韓国《カンコク》

18 鶴
①つる。
部首：とり 鳥 21
つる
鶴《つる》　千羽鶴《センばづる》

19 亀
①かめ。
部首：かめ 亀 11
キ　かめ
亀裂《キレツ》　亀甲《キッコウ》

---

⑩エンビな容姿の人。（あでやかでうつくしいこと。）
⑪両国のミツゲツ時代。（親密な関係にあること。）
⑫知識をドンヨクに吸収する。（むさぼって飽くことを知らないこと。）
⑬上司としてラツワンを振るう。（てきぱきと処理すること。）
⑭監督の見事なサイハイ。（指図。指示。）
⑮地元のカマメシ屋さんに行く。（かまで炊いた混ぜごはん。）
⑯朝からユウウツな気分だ。（心がふさぐこと。）
⑰カンコク旅行に行きたい。（東アジアにあるくにの通称。）
⑱掃きだめにツル。（つまらないところに優れたものがあること。）
⑲壁にキレツが入る。（ひび割れ。）

❿顔のイロツヤが悪い。（いろとつや。）
⓫パンにハチミツをかける。（ミツバチが花から採ってたくわえたみつ。）
⓬好物をムサボるように食べる。（欲深くほしがる。）
⓭シンラツな批評をもらう。（非常に手きびしいさま。）
⓮堂々たるフウサイの人。（見かけ上のようす。）
⓯前任者のアトガマとして入る。（あとに担当する人。）
⓰インウツな空に気が晴れない。（いんきでうっとうしいさま。）
もう一度書いてみよう！
⓲平和を祈りセンバヅルを折る。（折り紙でつるを多く折り糸に通したもの。）
⓳キッコウ形の髪飾りを付ける。（かめのこうらのような六角形。）

---

8 肝腎≒カンヨウ（　）
10 艶美≒エンレイ（　）
13 辣腕≒ビンワン（　）
14 采配≒シキ（　）
14 風采≒フウシ（　）
14 風采≒フウテイ（　）
14 風采≒フウボウ（　）
15 後釜≒コウケイ（　）
16 陰鬱≒アンウツ（　）
16 陰鬱≒ユウウツ（　）

同音異字……
3 近畿地方／□□をおかす（　）（　）
6 羞恥心／決定を□□する（　）（　）

訓読み
2 おそれる
4 まゆ
19 かめ

漢字力UP

高校新出音訓……
1 がかい
4 びもく
7 せんぼう
10 ようえん

対義語……
12 無欲
16 明朗

類義語……
1 崩壊
8 肝要
10 艶麗
13 敏腕
14 指揮
14 風姿
14 風体
14 風貌
15 後継
16 暗鬱
16 憂鬱

同音異字……
3 禁忌
6 周知

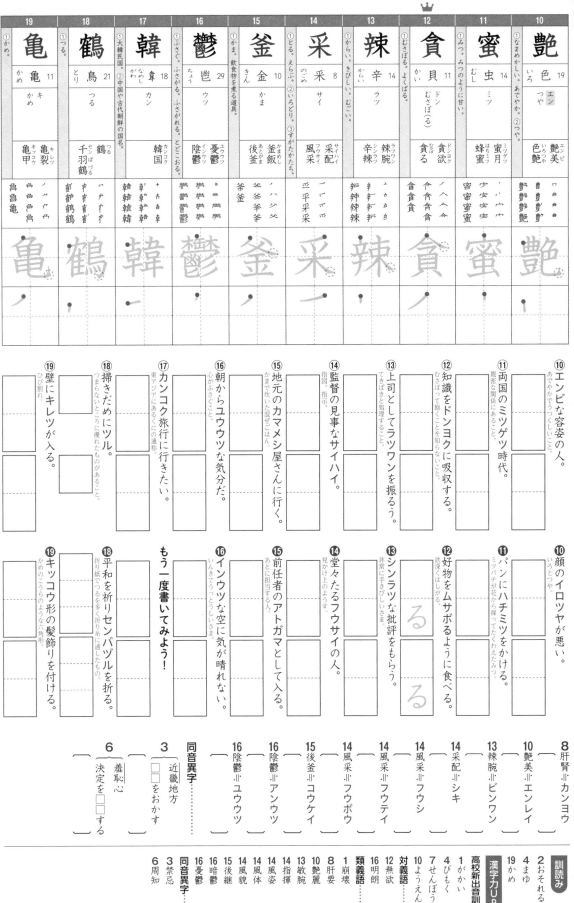

2級 模擬テスト

一 次の——線の漢字の読みをひらがなで記せ。 (30) 1×30

1 部長を補佐する立場。
2 僅差で勝敗が決まった。
3 条約を批准する。
4 支払いを一か月猶予する。
5 進捗状況を報告する。
6 水槽の掃除をする。
7 徹宵して納期を守った。
8 先生の薫陶を受けた。
9 会社が経営破綻を来たす。
10 恐竜の化石が発見される。
11 引用文を括弧でくくる。
12 傑出した才能の持ち主。
13 公共の安寧秩序に努める。

二 次の漢字の部首を記せ。 (10) 1×10

〈例〉 菜 〔艹〕　間 〔門〕

1 奔
2 甲
3 耗
4 亜
5 幽
6 殻
7 臭
8 軟
9 娠
10 扉

三 熟語の構成のしかたには次のようなものがある。 (20) 2×10

ア 同じような意味の漢字を重ねたもの (岩石)
イ 反対または対応の意味を表す字を重ねたもの (高低)
ウ 上の字が下の字を修飾しているもの (洋画)
エ 下の字が上の字の目的語・補語になっているもの (着席)
オ 上の字が下の字の意味を打ち消しているもの (非常)

ごえつ・ぼうじゃく・せいれん・だび
せっちゅう・しゅうれい・じゅうとう
かんわ・せんざい・きぼつ

問2 次の11〜15の意味にあてはまるものを 問1 のア〜コの四字熟語から一つ選び、記号で答えよ。 (10) 2×5

11 初めは勢いがよいが、終わりは振るわないこと。
12 心がきれいで私欲がなく、後ろ暗いところのないこと。
13 蔵書が非常に多いことのたとえ。
14 仲の悪い者どうしが同じ境遇にいること。
15 人前をはばからず勝手気ままな言動をするさま。

一	／30
二	／10
三	／20
四	／30
五	／20
六	／20
七	／10
八	／10
九	／50
合計	／200

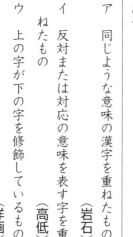

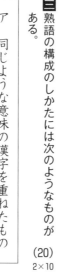

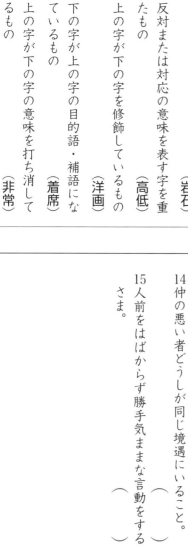

14 課長が左遷される。
15 朝の挨拶をする。
16 国の財政が疲弊する。
17 参詣のため潔斎する。
18 首肯しがたい説明だ。
19 不動産の売買を媒介する。
20 平安文学に通暁している。
21 机に膝頭をぶつけた。
22 弥生の空を見上げる。
23 共稼ぎの夫婦。
24 海老《えび》で鯛《たい》を釣る。
25 花瓶に花を挿す。
26 病人を慰めようと心を砕く。
27 二階にも桟敷席を設ける。
28 戸棚の上に木箱を置く。
29 生け垣に囲まれた大きな家。
30 弓の弦を張り換える。

次の熟語は右のア～オのどれにあたるか、一つ選び、記号で答えよ。

1 逸脱
2 不遜
3 涼風
4 享楽
5 愚痴

6 雪辱
7 別荘
8 慶弔
9 漸進
10 需給

四 次の四字熟語について、問1 と 問2 に答えよ。(30)

問1 次の四字熟語の（1～10）に入る適切な語を後の□の中から選び、漢字二字で記せ。(20) 2×10

ア 竜頭（1）
イ 汗牛（2）
ウ 神出（3）
エ 和洋（4）
オ 眉目（5）
カ（6）同舟
キ（7）休題
ク（8）潔白
ケ（9）一遇
コ（10）無人

五 次の1～5の対義語、6～10の類義語を後の□の中から選び、漢字で記せ。□の中の語は一度だけ使うこと。(20) 2×10

対義語

1 広大
2 多弁
3 鎮静
4 濃縮
5 放任

類義語

6 来歴
7 刹那
8 捻出
9 道徳
10 誠実

ゆいしょ・りんり・かもく・くめん
きょうしょう・こうふん・しんし
かんしょう・きしゃく・しゅんじ

六 次の――線のカタカナを漢字に直せ。 (20) 2×10

1 証拠書類を**オウシュウ**する。
2 活発な意見の**オウシュウ**があった。
3 戦火の**キョウイ**にさらされる。
4 **キョウイ**的な打率を記録する。
5 地価の**トウキ**を抑える。
6 ごみの不法**トウキ**を禁じる。
7 立ち退きを**キョウセイ**する。
8 **キョウセイ**視力を記入する。
9 思想の自由を**オカ**してはならない。
10 危険を**オカ**して船出する。

八 次の――線のカタカナを漢字一字と送りがな（ひらがな）に直せ。 (10) 2×5

〈例〉 問題に**コタエル**。 答える

1 定説を**クツガエス**。
2 **ワズラワシイ**問題を片づける。
3 無関心を**ヨソオウ**。
4 流行はすぐに**スタレル**。
5 観衆を**ワカス**大接戦となった。

九 次の――線のカタカナを漢字に直せ。 (50) 2×25

1 高速道路が**ジュウタイ**する。
2 **カジョウ**な期待を寄せられる。
3 **スウコウ**な志を持っている。
4 旅客機に**トウジョウ**する。
5 試供品を**ハンプ**する。
6 **カンリョウ**が実権を握る。

20 相手の言葉を途中で**サエギ**る。
21 永遠の愛を**チカ**う。
22 去る者は日々に**ウト**し。
23 人を**ネンゴ**ろにもてなす。
24 医者が脈を**ミ**る。
25 帽子を**マブカ**にかぶる。

――おわり――

七 次の各文にまちがって使われている同じ読みの漢字が一字ある。上に誤字を、下に正しい漢字を記せ。 (10) 2×5

1 前評判は決して高くなかったが、地区優勝の与勢を駆って、全国大会でも一気に勝ち上がった。 （　→　）

2 年金受給年齢の引き上げを背景に、定年後も同じ会社で職託社員として勤務することを望む人が増えている。 （　→　）

3 郷土文化の発展に多大な貢遺をした地元の研究家の功績をたたえ、表彰状を贈るとともに、駅前に銅像を建立することになった。 （　→　）

4 遺跡の発屈調査を通じて歴史への関心を高めてもらおうと、調査隊の隊員を広く一般から募集することにした。 （　→　）

5 無農薬栽培の野菜を宅配してくれる業者を数社招介されたので、実際に購入して比較することにした。 （　→　）

---

7 事件の**カチュウ**にある人に取材する。 （　　）

8 無事宇宙から**キカン**する。 （　　）

9 **バクゼン**とした印象しかない。 （　　）

10 **ハバツ**抗争に明け暮れる。 （　　）

11 **ソボク**な味のクッキー。 （　　）

12 彼といると**ユカイ**な気持ちになる。 （　　）

13 話を一度ふりだしに**モド**す。 （　　）

14 **タダ**し書きがついている。 （　　）

15 骨肉の**ミニク**い争い。 （　　）

16 最近**フトコログアイ**が悪い。 （　　）

17 **ミサキ**の灯台に灯がともる。 （　　）

18 悪事の片棒を**カツ**ぐ。 （　　）

19 **キモ**を据えて難題に取り組む。 （　　）

筆順の原則

大原則1　上の部分から下の部分へ書いていく。
a　上の点画から　三（一 二 三）　工（一 丅 工）
b　上の部分から　喜（士 吉 吉 壴 喜）　客（宀 安 客）
大原則2　左の部分から右の部分へ書いていく。
a　左の点画から　川（丿 川 川）　学（丶 ⺍ ⺍ 学）
b　左の部分から　竹（⺮ 竹）
・へんが先で、つくりが後　休（亻 休）
・三つの部分の左から　例（亻 伢 例）

原則1　横画と縦画が交差する場合は、横画が先。（例外は原則2）
a　横画↓縦画の順　十（一 十）　土（一 十 土）
・縦画が交差した後にまがっても　七（一 七）　大（一 ナ 大）
・前後に他の点画が加わっても　告（丿 𠂉 牛 生 告）　木（一 十 木）
b　横画↓縦画↓縦画の順
・後に書く縦画が二つになっただけ　共（一 卄 廾 共）　編（糸戸 絹 編）
・縦画が三つ以上になっても　帯（一 十 卄 卌 卌 帯）
c　横画↓横画↓縦画の順
・先に書く横画が二つになっただけ　用（冂 月 用）
・前後に他の点画が加わっても　末（二 丰 末）
・横画が三つ以上になっても　耕（三 丰 耒 耕）
・縦画が交差した後にまがっても　夫（二 扌 夫）
d　横画↓横画↓縦画↓縦画の順　耕（耒 耒 耕）
原則2　横画と縦画が交差する場合、次の場合に限って、横画が後。
a　「田」の場合　田（冂 冂 田 田）
b　「田」の発展したもの　由（冂 巾 由 由）　曲（冂 巾 巾 曲 曲）
c　「王」の場合　王（一 丅 千 王）

1　次の漢字の太い部分は筆順の何画目か。算用数字で書け。

①希〔　〕　②無〔　〕　③成〔　〕　④帯〔　〕　⑤脈〔　〕　⑥博〔　〕　⑦健〔　〕
⑧兆〔　〕　⑨必〔　〕　⑩減〔　〕　⑪座〔　〕　⑫飛〔　〕　⑬確〔　〕　⑭快〔　〕
⑮興〔　〕　⑯域〔　〕　⑰承〔　〕　⑱状〔　〕　⑲妻〔　〕　⑳非〔　〕　㉑常〔　〕
㉒律〔　〕　㉓済〔　〕　㉔善〔　〕　㉕卵〔　〕　㉖至〔　〕　㉗冊〔　〕　㉘脳〔　〕

解答

1
①1　②3　③2　④2　⑤8　⑥8　⑦9　⑧2　⑨3　⑩6　⑪9　⑫7　⑬9　⑭3
⑮11　⑯9　⑰6　⑱1　⑲6　⑳1　㉑2　㉒9　㉓9　㉔9　㉕4　㉖4　㉗5　㉘8

d 「王」の発展したもの

・中の横画が二つになっても　進（亻什件隹隹進）

・縦画が上につきぬけても　生（ノ⺧牛生）

・縦画が二つになっても　寒（宀宀宇寉寉寒）

原則3　**中と左右があって、左右が一、二画である場合は、中が先。**

a 左右が一、二画である場合は、中が先　小（亅小小）　当（丨⺌⺌当）

b 中が二つになっても　業（""业业業）　赤（土赤赤赤）

c 中が少し複雑になっても　楽（白泊楽）　承（了手手承）

＊「忄・火」は、例外的に左右が先　忄（丶忄忄）　火（丶丷火火）

原則4　**くにがまえのように囲む形をとるものは、外側が先。**

a 囲む形をとるものは外側が先　国（冂国国）　同（冂同）

b 「日」や「月」なども、これに含まれる　日（冂日日）　月（冂月月）

＊「区」の「L」は最後　区（一又区）

原則5　**左払いと右払いが交差する場合は、左払いが先。**

a 交差する場合は、左払いが先　文（亠ナ文）

b 左払いと右払いが接した場合も同じ　人（ノ人）

原則6　**字の全体をつらぬく縦画は最後。**

a 全体をつらぬく縦画は最後　中（口中）

b 下のほうがとまっても　書（⺕聿書）

c 上のほうがとまっても　平（一⺵平）　手（三手）

＊ただし、上にも下にもつきぬけない縦画は、上部→縦画→下部の順　里（曰甲里）

原則7　**字の全体をつらぬく横画は最後。**

a 全体をつらぬく横画は最後　女（く女女）　子（了子）

＊「世」の字は例外　世（一廿世）

原則8　**横画が長く、左払いが短い字では、左払いが先。**

横画が短く、左払いが長い字では、横画が先。

a 左払いが先　右（ノナ右）

b 横画が先　左（一ナ左）

原則9　**右肩の「丶」は最後**　犬（一ナ大犬）

2 次の漢字の総画数は何画か。算用数字で書け。

① 康〔　〕　② 差〔　〕　③ 印〔　〕　④ 極〔　〕　⑤ 別〔　〕　⑥ 観〔　〕　⑦ 民〔　〕　⑧ 犯〔　〕

⑨ 挙〔　〕　⑩ 臣〔　〕　⑪ 毒〔　〕　⑫ 護〔　〕　⑬ 燃〔　〕　⑭ 織〔　〕　⑮ 再〔　〕　⑯ 額〔　〕

⑰ 逆〔　〕　⑱ 構〔　〕　⑲ 夢〔　〕　⑳ 留〔　〕　㉑ 片〔　〕　㉒ 臨〔　〕　㉓ 収〔　〕　㉔ 密〔　〕

㉕ 延〔　〕　㉖ 裏〔　〕　㉗ 専〔　〕　㉘ 誤〔　〕　㉙ 慣〔　〕　㉚ 孫〔　〕　㉛ 輪〔　〕　㉜ 糖〔　〕

2

① 11　② 10　③ 6　④ 12　⑤ 7　⑥ 18　⑦ 5　⑧ 5　⑨ 10　⑩ 7　⑪ 8　⑫ 20　⑬ 16　⑭ 18　⑮ 6　⑯ 18

⑰ 9　⑱ 14　⑲ 13　⑳ 10　㉑ 4　㉒ 18　㉓ 4　㉔ 11　㉕ 8　㉖ 13　㉗ 9　㉘ 14　㉙ 14　㉚ 10　㉛ 15　㉜ 16

部首

1 次の漢字の部首と部首名を後の□の中から選び、記号で答えよ。

	部首	部首名
① 疑	〔　〕	〔　〕
② 巣	〔　〕	〔　〕
③ 困	〔　〕	〔　〕
④ 肺	〔　〕	〔　〕
⑤ 劇	〔　〕	〔　〕
⑥ 座	〔　〕	〔　〕
⑦ 窓	〔　〕	〔　〕
⑧ 蒸	〔　〕	〔　〕
⑨ 案	〔　〕	〔　〕
⑩ 応	〔　〕	〔　〕
⑪ 裏	〔　〕	〔　〕
⑫ 準	〔　〕	〔　〕
⑬ 熟	〔　〕	〔　〕
⑭ 牧	〔　〕	〔　〕

あ ⺍　う 口　お 广　き 月　け 𤴔　さ 灬　す 心

い 穴　え 艹　か 刂　く 木　こ 衣　し 牜　せ 氵

アこころ　イき
ウれんが　エまだれ
オこころも　カひき
キさんずい　クつかんむり
ケくにがまえ　コりっとう
サくさかんむり　シにくづき
スうしへん　セあなかんむり

2 次の漢字の部首をア～エから一つ選び、記号に○をつけよ。

① 影（ア 彡　イ 日　ウ 京　エ 景）
② 奥（ア ノ　イ 冂　ウ 米　エ 大）
③ 撃（ア 車　イ 殳　ウ 手　エ 日）
④ 釈（ア ノ　イ 禾　ウ 釆　エ 尺）
⑤ 帽（ア 巾　イ 曰　ウ 目　エ 冒）
⑥ 恥（ア 恥　イ 心　ウ 心　エ 耳）
⑦ 扇（ア 一　イ 尸　ウ 戸　エ 羽）
⑧ 腐（ア 广　イ 亻　ウ 府　エ 肉）
⑨ 郭（ア 亠　イ 口　ウ 子　エ 阝）
⑩ 魔（ア 广　イ 鬼　ウ 麻　エ 木）
⑪ 藩（ア 氵　イ 番　ウ 田　エ 艹）
⑫ 衝（ア 彳　イ 重　ウ 亍　エ 行）
⑬ 殴（ア 匚　イ メ　ウ 几　エ 殳）
⑭ 奪（ア 大　イ 隹　ウ 寸　エ 亻）

3 次の漢字の部首を記せ。

例　菜〔艹〕　相〔木〕

① 妄〔　〕
② 慶〔　〕
③ 融〔　〕
④ 褒〔　〕
⑤ 麻〔　〕
⑥ 膨〔　〕
⑦ 丼〔　〕
⑧ 恣〔　〕
⑨ 亀〔　〕
⑩ 治〔　〕
⑪ 玩〔　〕
⑫ 虎〔　〕

解答

1
① け・カ
② あ・ク
③ う・ケ
④ き・シ
⑤ か・コ
⑥ お・エ
⑦ い・セ
⑧ え・サ
⑨ く・イ
⑩ す・ア
⑪ こ・オ
⑫ せ・キ
⑬ さ・ウ
⑭ し・ス

2
① ア
② エ
③ ウ
④ ウ
⑤ ア
⑥ ウ
⑦ ウ
⑧ エ
⑨ エ
⑩ イ
⑪ エ
⑫ エ
⑬ エ
⑭ ア

3
① 女
② 心
③ 虫
④ 衣
⑤ 麻
⑥ 月
⑦ 丶
⑧ 心
⑨ 亀
⑩ 氵
⑪ 王
⑫ 虍

熟語の構成

熟語の構成のしかたには次のようなものがある。
ア　同じような意味の漢字を重ねたもの　（岩石）
イ　反対または対応の意味を表す字を重ねたもの　（高低）
ウ　上の字が下の字を修飾しているもの　（洋画）
エ　下の字が上の字の目的語・補語になっているもの　（着席）
オ　主語と述語の関係にあるもの　（地震）
カ　上の字が下の字の意味を打ち消しているもの　（非常）

◆次の熟語はそのどれにあたるか、記号で答えよ。

①集散（　）
②満足（　）
③加熱（　）
④有無（　）
⑤未熟（　）
⑥予告（　）
⑦血管（　）
⑧希望（　）
⑨諦観（　）
⑩避暑（　）
⑪挙手（　）
⑫非才（　）
⑬進行（　）

⑭日照（　）
⑮夫婦（　）
⑯不在（　）
⑰天授（　）
⑱往来（　）
⑲転居（　）
⑳再会（　）
㉑民営（　）
㉒燃料（　）
㉓祝賀（　）
㉔豊富（　）
㉕否定（　）
㉖綿花（　）

㉗蹴球（　）
㉘人造（　）
㉙養蚕（　）
㉚尊敬（　）
㉛激痛（　）
㉜旦夕（　）
㉝無難（　）
㉞厳禁（　）
㉟特権（　）
㊱展開（　）
㊲取捨（　）
㊳喜悦（　）
㊴不朽（　）

㊵除草（　）
㊶難易（　）
㊷年長（　）
㊸捕獲（　）
㊹国立（　）
㊺発汗（　）
㊻尽力（　）
㊼安眠（　）
㊽凶作（　）
㊾経緯（　）
㊿雷鳴（　）
51鋭利（　）
52未遂（　）
53濃淡（　）
54音響（　）
55否認（　）
56隔離（　）
57仏滅（　）
58伸縮（　）
59遭難（　）

60粘土（　）
61廉価（　）
62鶏鳴（　）
63匿名（　）
64空虚（　）
65昇降（　）
66日没（　）
67逝去（　）
68非凡（　）
69漸進（　）
70禍福（　）
71真偽（　）
72開廷（　）
73傲慢（　）
74琴線（　）
75慶弔（　）
76妄想（　）
77剰余（　）
78無益（　）
79罷業（　）

解答

①イ　②ア　③エ　④イ　⑤カ　⑥ウ　⑦ウ　⑧ア　⑨ウ　⑩エ　⑪エ　⑫カ　⑬ア　⑭オ　⑮イ　⑯カ　⑰オ　⑱イ　⑲エ　⑳ウ　㉑オ　㉒ウ　㉓ア　㉔ア　㉕カ　㉖ウ　㉗エ
㉘オ　㉙エ　㉚ア　㉛ウ　㉜イ　㉝カ　㉞ウ　㉟ウ　㊱ア　㊲イ　㊳ア　㊴カ　㊵エ　㊶イ　㊷オ　㊸ア　㊹オ　㊺エ　㊻エ　㊼ウ　㊽ウ　㊾イ　㊿オ　51ア　52カ　53イ　54オ
55カ　56ア　57オ　58イ　59エ　60ウ　61ウ　62オ　63エ　64ア　65イ　66オ　67ア　68カ　69ウ　70イ　71イ　72エ　73ア　74ウ　75イ　76ウ　77ア　78カ　79エ

送り仮名

■送り仮名の付け方

通則❶

> 活用のある語は、活用語尾を送る。

憤る　書く　生きる　荒い　主だ

例外

(1)語幹が「し」で終わる形容詞は、「し」から送る。

著しい　惜しい　悔しい

(2)活用語尾の前に「か」、「やか」、「らか」を含む形容動詞は、その音節から送る。

静かだ　穏やかだ　明らかだ

(3)次の語は、次に示すように送る。

味わう　哀れむ　異なる　懇ろだ

許容　次の語は、( )の内に示すように、活用語尾の前の音節から送ることができる。

表す(表わす)　行う(行なう)

通則❷

> 活用語尾以外の部分に他の語を含む語は、含まれている語の送り仮名の付け方によって送る。(含まれている語を〔 〕の中に示す)

(1)動詞の活用形またはそれに準ずるものを含むもの。

浮かぶ〔浮く〕　生まれる〔生む〕

(2)形容詞・形容動詞の語幹を含むもの。

重んずる〔重い〕　悲しむ〔悲しい〕

(3)名詞を含むもの

汗ばむ〔汗〕　先んずる〔先〕

許容　読み間違えるおそれのない場合は、活用語尾以外の部分について、次の( )の中に示すように、送り仮名を省くことができる。

浮かぶ(浮ぶ)　生まれる(生れる)

押さえる(押える)　積もる(積る)

通則❸

> 名詞は、送り仮名を付けない。

月　鳥　花　山　男　女　彼

例外

(1)次の語は、最後の音節を送る。

辺り　哀れ　勢い　幾ら　後ろ

(2)数をかぞえる「つ」を含む名詞は、その「つ」を送る。

一つ　二つ　三つ　幾つ

通則❹

> 次の(1)(2)のような場合は、もとの語の送り仮名の付け方によって送る。

(1)活用のある語から転じたもの。

動き　願い　晴れ　当たり　答え

(2)活用のある語に「さ」、「み」、「げ」などの接尾語が付いて名詞になったもの。

正しさ　明るみ　惜しげ

例外　次の語は、送り仮名を付けない。

趣　氷　印　帯　畳　煙　恋　隣

許容　読み間違えるおそれのない場合は、次の( )の中に示すように、送り仮名を省くことができる。

曇り(曇)　届け(届)　願い(願)

通則❺

> 副詞・連体詞・接続詞は最後の音節を送る。

必ず　更に　少し　既に　再び

例外

(1)次の語は、次に示すように送る。

明くる　大いに　直ちに　並びに

(2)次の語は、送り仮名を付けない。

又

(3)次のように、他の語を含む語は、含まれている語の送り仮名の付け方によって送る。(含まれている語を〔 〕の中に示す。)

例えば〔例える〕　互いに〔互い〕

通則❻

> 複合の語は、その語を書き表す漢字の、それぞれの音訓を用いた単独の語の送り仮名の付け方による。

(1)活用のある語

書き抜く　流れ込む　申し込む

(2)活用のない語

石橋　竹馬　後ろ姿　入り江　次々

許容　読み間違えるおそれのない場合は、次の( )の中に示すように、送り仮名を省くことができる。

書き抜く(書抜く)

通則❼

> 複合の語のうち、次のような名詞は、慣用に従って、送り仮名を付けない。

(1)特定の領域の語で、慣用が固定していると認められるもの。

ア　地位・身分・役職等の名。

関取　頭取　取締役　事務取扱

イ　工芸品の中に用いられた「織」、「染」、「塗」など。

博多織　型絵染　鎌倉彫　備前焼

ウ　その他

書留　踏切　切手　割引　組合

(2)一般に、慣用が固定していると認められるもの。

木立　献立　試合　場合　番組

日付　物語　役割　立場　絵巻物

※「常用漢字音訓表」の「付表」に掲げてある語については「付表」の通りとする。(➡p.196)

1 次の色字のカタカナを漢字と送り仮名に改めよ。

① 線と線がマジワル。
② 表情をヤワラゲル。
③ カナラズ通る道。
④ スミヤカに集合する。
⑤ 乱れた文章をトトノエル。
⑥ 部屋をチラカス。
⑦ 詳しい説明をハブク。
⑧ 無駄な抵抗をココロミル。
⑨ 悪事がアカルミに出る。
⑩ 夜店をヒヤカス。
⑪ 三年間を研究にツイヤス。
⑫ スコヤカな成長を願う。
⑬ 肉屋をイトナム。
⑭ 答えをタシカメル。
⑮ ケワシイ顔つきをする。
⑯ モットモ高い山。
⑰ 敵をシリゾケル。
⑱ 急用で出席をコトワル。
⑲ 痩せた畑をコヤス。
⑳ アワレを誘う話。
㉑ 父の機嫌をソコネル。
㉒ 上司の指示にシタガウ。
㉓ 客をネンゴロニもてなす。
㉔ 道路で遊ぶのはアブナイ。
㉕ お年寄りをウヤマウ。
㉖ 他人の失敗をアザケル。
㉗ タダチニ連絡が欲しい。
㉘ 人形をアヤツル。
㉙ オゴソカな気持ちになる。
㉚ 成長の跡がイチジルシイ。
㉛ ホガラカな笑顔を見せる。
㉜ 彼の部屋はキタナイ。
㉝ はやりスタリが激しい。
㉞ とてもオソロシイ話。
㉟ 言動をツツシム。
㊱ 川で魚をツカマエル。
㊲ 陰謀をクワダテル。
㊳ 常に辞書をタズサエル。
㊴ アワタダシイ毎日を送る。
㊵ 体力がオトロエル。
㊶ 仕事がトドコオル。
㊷ マギラワシイ名前。
㊸ ウヤウヤシク礼をする。

解答

1

① 交わる
② 和らげる
③ 必ず
④ 速やか
⑤ 整える
⑥ 散らかす
⑦ 省く
⑧ 試みる
⑨ 明るみ
⑩ 冷やかす
⑪ 費やす
⑫ 健やか
⑬ 営む
⑭ 確かめる
⑮ 険しい
⑯ 最も
⑰ 退ける
⑱ 断る
⑲ 肥やす
⑳ 哀れ
㉑ 損ねる
㉒ 従う
㉓ 懇ろに
㉔ 危ない
㉕ 敬う
㉖ 嘲る
㉗ 直ちに
㉘ 操る
㉙ 厳か
㉚ 著しい
㉛ 朗らか
㉜ 汚い
㉝ 廃り
㉞ 恐ろしい
㉟ 慎む
㊱ 捕まえる
㊲ 企てる
㊳ 携える
㊴ 慌ただしい
㊵ 衰える
㊶ 滞る
㊷ 紛らわしい
㊸ 恭しく

対義語

1 後の□内のひらがなを漢字に直して（　）に入れ、対義語をつくれ。□内のひらがなは一度だけ使うこと。

①円満―不（　）
②実質―名（　）
③人工―天（　）
④子孫―先（　）
⑤過失―（　）意
⑥解任―任（　）
⑦集中―分（　）
⑧対立―（　）調
⑨根幹―枝（　）
⑩空前―（　）後
⑪現実―（　）想
⑫結果―原（　）
⑬生産―消（　）
⑭観察―実（　）
⑮反逆―（　）順

り・きょう・ぞ・ねん
いん・ぜつ・わ・けん
めい・よう・さん・き
もく・ひ・こ

⑯拾得―（　）失
⑰複雑―単（　）
⑱不服―（　）得
⑲冷静―興（　）
⑳短縮―（　）長
㉑義務―（　）利
㉒応答―質（　）
㉓友好―（　）対
㉔散在―（　）集
㉕快楽―苦（　）
㉖地味―（　）手
㉗容易―（　）難
㉘保守―（　）新
㉙損失―収（　）
㉚寒冷―温（　）

だん・ふん・てき
い・じゅん・は・えん
えき・つう・ぎ・けん
なっ・みっ・かく・こん

㉛冒頭―末（　）
㉜高雅―低（　）
㉝解散―（　）集
㉞油断―警（　）
㉟服従―反（　）
㊱重厚―軽（　）
㊲新鋭―古（　）
㊳圧勝―（　）敗
㊴中断―（　）続
㊵軽率―（　）重
㊶開放―閉（　）
㊷加盟―（　）退
㊸希釈―（　）縮
㊹退却―進（　）
㊺独立―（　）属

げき・こう・ざん・はく
しん・ぞく・さ・かい
けい・れい・だっ・び
しょう・ごう・のう

㊻愛護―（　）待
㊼収縮―（　）張
㊽乾燥―（　）潤
㊾下降―上（　）
㊿創造―模（　）
51促進―（　）制
52違反―（　）守
53一般―特（　）
54浪費―（　）約
55栄誉―恥（　）
56委細―（　）略
57発展―（　）退
58賢明―暗（　）
59具体―（　）象
60短命―長（　）

じゅん・ほう・しょう
ぎゃく・じゅ・ちゅう・ぐ
がい・しゅ・けん・すい
よく・しつ・ぼう・じょく

解答

1

①不和 ②名目 ③天然 ④先祖 ⑤故意 ⑥任命 ⑦分散 ⑧協調 ⑨枝葉 ⑩絶後 ⑪理想 ⑫原因 ⑬消費 ⑭実験 ⑮帰順 ⑯遺失 ⑰単純 ⑱納得 ⑲興奮 ⑳延長 ㉑権利 ㉒質疑 ㉓敵対 ㉔密集 ㉕苦痛 ㉖派手 ㉗困難 ㉘革新 ㉙収益 ㉚温暖

㉛末尾 ㉜低俗 ㉝召集 ㉞警戒 ㉟反抗 ㊱軽薄 ㊲古豪 ㊳惨敗 ㊴継続 ㊵慎重 ㊶閉鎖 ㊷脱退 ㊸濃縮 ㊹進撃 ㊺隷属 ㊻虐待 ㊼膨張 ㊽湿潤 ㊾上昇 ㊿模倣 51抑制 52遵守 53特殊 54倹約 55恥辱 56概略 57衰退 58暗愚 59抽象 60長寿

2 次の対義語を後の□の中から選び、漢字で記せ。□の中の語は一度だけ使うこと。

①汚染―（　）
②壮健―（　）
③多弁―（　）
④存続―（　）
⑤混乱―（　）
⑥哀悼―（　）
⑦否定―（　）
⑧柔弱―（　）
⑨甚大―（　）
⑩空虚―（　）
⑪凝固―（　）
⑫繁忙―（　）
⑬簡略―（　）
⑭巧妙―（　）
⑮設置―（　）

かんさん・はんざつ
こうてい・てっきょ
せいじょう・ちつじょ
しゅくが・ごうけん
びょうじゃく・ゆうかい
はいし・じゅうじつ
ちせつ・けいび・かもく

⑯美麗―（　）
⑰売却―（　）
⑱亭主―（　）
⑲放任―（　）
⑳狭量―（　）
㉑拒絶―（　）
㉒巧遅―（　）
㉓真実―（　）
㉔妥結―（　）
㉕強硬―（　）
㉖分割―（　）
㉗喪失―（　）
㉘貧困―（　）
㉙潜在―（　）
㉚愛好―（　）

いっかつ・けんざい
けつれつ・かんだい
しゅうあく・こうにゅう
かくとく・せっそく
にょうぼう・じゅだく
かんしょう・なんじゃく
ふゆう・けんお・きょぎ

㉛罵倒―（　）
㉜末端―（　）
㉝左遷―（　）
㉞主役―（　）
㉟怠惰―（　）
㊱緻密―（　）
㊲実践―（　）
㊳鈍角―（　）
㊴傲慢―（　）
㊵剝離―（　）
㊶陥没―（　）
㊷疎遠―（　）
㊸尊敬―（　）
㊹濫費―（　）
㊺隠蔽―（　）

わきやく・きんべん
えいてん・しんみつ
えいかく・りゅうき
けんきょ・ばくろ
けいべつ・ぜっさん
せっちゃく・ちゅうすう
りろん・せつやく・そざつ

㊻安心―（　）
㊼憂鬱―（　）
㊽山麓―（　）
㊾進捗―（　）
㊿陳腐―（　）
(51)豪胆―（　）
(52)奈落―（　）
(53)英明―（　）
(54)曖昧―（　）
(55)肥沃―（　）
(56)漠然―（　）
(57)淑女―（　）
(58)畏敬―（　）
(59)整頓―（　）
(60)貫徹―（　）

ごくらく・ふもう
らんざつ・ぐまい
おくびょう・さんちょう
そうかい・めいりょう
しんし・けいぶ・ざせつ
ていたい・れきぜん
ざんしん・しんぱい

2
①清浄 ②病弱 ③寡黙 ④廃止 ⑤秩序 ⑥祝賀 ⑦肯定 ⑧剛健 ⑨軽微 ⑩充実 ⑪融解 ⑫閑散 ⑬煩雑 ⑭稚拙 ⑮撤去 ⑯醜悪 ⑰購入 ⑱女房 ⑲干渉 ⑳寛大 ㉑受諾 ㉒拙速 ㉓虚偽 ㉔決裂 ㉕軟弱 ㉖一括 ㉗獲得 ㉘富裕 ㉙顕在 ㉚嫌悪
㉛絶賛 ㉜中枢 ㉝栄転 ㉞脇役 ㉟勤勉 ㊱粗雑 ㊲理論 ㊳鋭角 ㊴謙虚 ㊵接着 ㊶隆起 ㊷親密 ㊸軽蔑 ㊹節約 ㊺暴露 ㊻心配 ㊼爽快 ㊽山頂 ㊾停滞 ㊿斬新 (51)臆病 (52)極楽 (53)愚昧 (54)明瞭 (55)不毛 (56)歴然 (57)紳士 (58)軽侮 (59)乱雑 (60)挫折

類義語

1 後の□内のひらがなを漢字に直して（　）に入れ、類義語をつくれ。□内のひらがなは一度だけ使うこと。

①同意―（　）成
②用意―（　）備
③不在―（　）守
④使命―任（　）
⑤試験―考（　）
⑥向上―進（　）
⑦栄光―名（　）
⑧助言―（　）告
⑨能率―（　）率
⑩返答―（　）答
⑪母国―（　）国
⑫計画―意（　）
⑬事前―（　）然
⑭布教―（　）道
⑮気絶―失（　）

こう・み・る・じゅん
ちゅう・しん・と・む
さん・そ・おう・でん
さ・ぽ・せい

⑯着服―横（　）
⑰明細―内（　）
⑱造営―建（　）
⑲結末―終（　）
⑳保健―（　）生
㉑関心―（　）味
㉒方法―手（　）
㉓親友―知（　）
㉔外見―体（　）
㉕真心―（　）意
㉖感心―（　）服
㉗快活―明（　）
㉘達成―成（　）
㉙静観―（　）視
㉚所得―（　）入

さい・だん・わけ・ざ
しゅう・せい・えい・ろう
ちく・りょう・けい
きょう・まく・き・じゅ

㉛功績―手（　）
㉜輸送―運（　）
㉝技量―手（　）
㉞悪評―（　）名
㉟突飛―奇（　）
㊱対照―比（　）
㊲不意―（　）然
㊳綿密―（　）念
㊴推察―（　）測
㊵美辞―（　）句
㊶栄光―名（　）
㊷領域―（　）囲
㊸思案―考（　）
㊹普通―（　）常
㊺弁解―（　）明

お・とつ・よ・ぱん
わん・おく・れい・じん
りょ・しゃく・がら
ばつ・たん・かく・はん

㊻文案―草（　）
㊼追従―（　）合
㊽比肩―（　）敵
㊾光陰―（　）月
㊿依頼―委（　）
(51)不足―欠（　）
(52)決意―覚（　）
(53)無事―平（　）
(54)不滅―不（　）
(55)大要―（　）略
(56)策略―（　）謀
(57)鼓舞―激（　）
(58)傾倒―（　）入
(59)漂泊―放（　）
(60)失望―落（　）

きゅう・れい・ご
ぼう・たん・ぼつ・ひっ
さい・こう・いん・がい
たく・ろう・おん・げい

解答

1
①賛成 ②準備 ③留守 ④任務 ⑤考査 ⑥進歩 ⑦名声 ⑧忠告 ⑨効率 ⑩応答 ⑪祖国 ⑫意図 ⑬未然 ⑭伝道 ⑮失神 ⑯横領 ⑰内訳 ⑱建築 ⑲終幕 ⑳衛生 ㉑興味 ㉒手段 ㉓知己 ㉔体裁 ㉕誠意 ㉖敬服 ㉗明朗 ㉘成就 ㉙座視 ㉚収入
㉛手柄 ㉜運搬 ㉝手腕 ㉞汚名 ㉟奇抜 ㊱比較 ㊲突然 ㊳丹念 ㊴憶測 ㊵麗句 ㊶名誉 ㊷範囲 ㊸考慮 ㊹尋常 ㊺釈明 ㊻草稿 ㊼迎合 ㊽匹敵 ㊾歳月 ㊿委託 (51)欠乏 (52)覚悟 (53)平穏 (54)不朽 (55)概略 (56)陰謀 (57)激励 (58)没入 (59)放浪 (60)落胆

2 次の類義語を後の□の中から選び、漢字で記せ。□の中の語は一度だけ使うこと。

①遺漏―（　　）
②豊富―（　　）
③順序―（　　）
④是非―（　　）
⑤寄与―（　　）
⑥伯仲―（　　）
⑦改作―（　　）
⑧誤解―（　　）
⑨横着―（　　）
⑩困苦―（　　）
⑪勇猛―（　　）
⑫調和―（　　）
⑬談判―（　　）
⑭病人―（　　）
⑮道徳―（　　）

かんじゃ・たいまん
ごかく・りんり・かかん
せっしょう・じゅんたく
ほんあん・しんさん
きんこう・しだい
せいじゃ・さっかく
こうけん・だつらく

⑯混乱―（　　）
⑰排斥―（　　）
⑱秩序―（　　）
⑲我慢―（　　）
⑳来歴―（　　）
㉑列挙―（　　）
㉒架空―（　　）
㉓逃亡―（　　）
㉔納得―（　　）
㉕怠惰―（　　）
㉖盛衰―（　　）
㉗受胎―（　　）
㉘奉仕―（　　）
㉙静穏―（　　）
㉚核心―（　　）

しゅこう・ぶしょう
にんしん・けんしん
すうよう・あんたい
にんたい・ふんきゅう
ゆいしょ・こうはい
そがい・られつ・きりつ
しゅっぽん・きょこう

㉛推移―（　　）
㉜卓抜―（　　）
㉝庶民―（　　）
㉞面倒―（　　）
㉟徒労―（　　）
㊱公表―（　　）
㊲追放―（　　）
㊳残念―（　　）
㊴詩歌―（　　）
㊵厳粛―（　　）
㊶不遜―（　　）
㊷消息―（　　）
㊸造詣―（　　）
㊹采配―（　　）
㊺捻出―（　　）

ほうちく・そうごん
がくしき・けっしゅつ
へんせん・ひろう・さた
いんぶん・こうまん
しき・くめん・むだ
たいしゅう・やっかい
いかん

㊻瓦解―（　　）
㊼氾濫―（　　）
㊽眉目―（　　）
㊾解雇―（　　）
㊿真摯―（　　）
51瞬間―（　　）
52粗筋―（　　）
53結局―（　　）
54糾弾―（　　）
55暗示―（　　）
56判然―（　　）
57払拭―（　　）
58光陰―（　　）
59懸崖―（　　）
60領袖―（　　）

しんけん・しゅりょう
しょせん・だんがい
こうずい・ほうかい
こうがい・めいりょう
ひめん・いっそう
ぜっぺき・せいそう
しさ・せつな・ようぼう

1

①脱落　②潤沢　③次第　④正邪　⑤貢献　⑥互角　⑦翻案　⑧錯覚　⑨怠慢　⑩辛酸　⑪果敢　⑫均衡　⑬折衝　⑭患者　⑮倫理　⑯紛糾　⑰疎外　⑱規律　⑲忍耐　⑳由緒　㉑羅列　㉒虚構　㉓出奔　㉔首肯　㉕無精　㉖興廃　㉗妊娠　㉘献身　㉙安泰　㉚枢要

㉛変遷　㉜傑出　㉝大衆　㉞厄介　㉟無駄　㊱披露　㊲放逐　㊳遺憾　㊴韻文　㊵荘厳　㊶高慢　㊷沙汰　㊸学識　㊹指揮　㊺工面　㊻崩壊　㊼洪水　㊽容貌　㊾罷免　㊿真剣　51刹那　52梗概　53所詮　54弾劾　55示唆　56明瞭　57一掃　58星霜　59絶壁　60首領

同音異字

1 次の色字のカタカナを漢字に改めよ。

① 父の**アイセキ**した万年筆。
おしんで大切にすること。

② 親友の死を**アイセキ**する。
死を悲しみおしむこと。

③ **イギ**を申し立てる。
ある意見と反対の意思を表すこと。

④ 参加することに**イギ**がある。
価値。

⑤ **イギ**を正して式典に参加する。
礼にかなった重々しいふるまい。

⑥ 彼の才能は**イサイ**を放っている。
特別に目立ってすぐれて見えること。

⑦ **イサイ**は面談の際に説明する。
詳しい事情。

⑧ 亡き父の**イシ**を継ぐ。
故人の生前のこころざし。

⑨ **イシ**の強い人。
何かをする気持ち。

⑩ **イシ**の疎通を欠く。
考え。おもい。

⑪ 派手な**イショウ**に身を包む。
いふく。

⑫ 新商品の**イショウ**を登録する。
装飾上の工夫。

⑬ 海外で**イショク**手術を受ける。
うつしかえること。

⑭ 外部に監査を**イショク**する。
仕事を他の人に任せること。

⑮ **イショク**の経歴を持った人物。
他とは違う特別な点があること。

⑯ 今日は**イジョウ**に暑い。
普通と違っていること。

⑰ 店内に**イジョウ**はない。

⑱ 人事**イドウ**の季節だ。
地位、勤務が変わること。

⑲ バスで**イドウ**する。
場所をうつること。

⑳ 本文の**イドウ**を調べる。
ことなっているところ。

㉑ 密輸品を**オウシュウ**する。
証拠物などを捜査機関が差しおさえること。

㉒ 非難の**オウシュウ**を繰り広げる。
やりとりすること。

㉓ **カイコ**趣味がある。
昔をなつかしく思うこと。

㉔ 学生時代を**カイコ**する。
過去をかえりみること。

㉕ 会社から**カイコ**された。
くびにすること。

㉖ **カイシン**して自首する。
悪いこころをあらためること。

㉗ **カイシン**の作が完成する。
こころにかなうこと。

㉘ 奴隷を**カイホウ**する。
ときはなち自由にすること。

㉙ 入り口の戸を**カイホウ**する。
出入り自由にすること。

㉚ けが人を**カイホウ**する。
世話をすること。

㉛ 事件の**カクシン**に迫る報道。
物事の真ん中。

㉜ 我々の勝利を**カクシン**する。
固くしんじること。

㉝ 技術の**カクシン**が進む。
あらたにすること。

㉞ 作業の**カテイ**を説明する。
進行する道筋。

㉟ 大学で教職**カテイ**をとる。

解答

1

① 愛惜 ② 哀惜 ③ 異議 ④ 意義 ⑤ 威儀 ⑥ 異彩 ⑦ 委細 ⑧ 遺志 ⑨ 意志 ⑩ 意思 ⑪ 衣装 ⑫ 意匠 ⑬ 移植（移殖） ⑭ 委嘱 ⑮ 異色 ⑯ 異常 ⑰ 異状

⑱ 異動 ⑲ 移動 ⑳ 異同 ㉑ 押収 ㉒ 応酬 ㉓ 懐古 ㉔ 回顧 ㉕ 解雇 ㉖ 改心 ㉗ 会心 ㉘ 解放 ㉙ 開放 ㉚ 介抱 ㉛ 核心 ㉜ 確信 ㉝ 革新 ㉞ 過程 ㉟ 課程

㊱皆の注意をカンキする。 呼びおこすこと。
㊲窓を開けてカンキする。 くうきを入れかえること。
㊳優勝してカンキにむせぶ。 非常によろこぶこと。
㊴以上をカンゲンすると次の通りだ。 別のことばでいいかえること。
㊵カンゲンにつられてだまされる。 人の気に入るようなうまいことば。
㊶利益を社会にカンゲンする。 もとに戻すこと。
㊷オペラをカンショウする。 芸術作品を味わうこと。
㊸熱帯魚をカンショウする。 見て楽しむこと。
㊹人生をカンショウする。 物事の本当の姿を見ること。
㊺カンシンできない態度。 深くこころにかんじること。
㊻政治にカンシンを持つ。 興味を持つこと。
㊼彼女のカンシンを買う。 喜ぶこと。
㊽事前の準備がカンヨウだ。 最も大切なこと。
㊾カンヨウな態度で接する。 心が広くて、人の言動を受け入れること。
㊿工業キカイの開発を行う。 動力を受けて一定の運動をするもの。
51 彼はキカイ体操の選手だ。 運動競技に使う道具。
52 絶好のキカイが訪れる。 最も都合のよいじき。
53 イタリアキコウを書く。 旅の記事。
54 流通キコウを改善する。 組織。
55 温暖なキコウの国だ。 きしょうの状態。

56 キセイ概念にとらわれる。 すでにできていること。
57 交通キセイがかかる。 ルールに沿って物事をおさえること。
58 政治資金キセイ法に違反する。 ルールに沿って悪い点をただすこと。
59 核兵器のキョウイ。 おびやかしおどすこと。
60 キョウイ的な記録が出る。 おどろきあやしむべきこと。
61 大学のキョウジュ。 大学などでおしえ、研究する職。
62 自由をキョウジュする。 利益をうけ、味わい楽しむこと。
63 ケイショウ地として知られる。 けしきがすぐれていること。
64 伝統文化をケイショウする。 受けつぐこと。
65 社会にケイショウを鳴らす。 注意をうながすもの。
66 人格をケイセイする。 かたちをなすこと。
67 ケイセイが逆転する。 様子。
68 手形でケッサイする。 お金を支払うこと。
69 部長がケッサイする。 きめること。
70 地方でコウショウされてきた民話。 語り伝えること。
71 時代コウショウの専門家。 昔の物事について、しょうこをもとに説明すること。
72 コウショウな趣味を持つ。 上品なこと。
73 取り引き相手とコウショウする。 話し合うこと。
74 運転免許をコウシンする。 改めてあたらしくなること。
75 無線コウシンがとだえる。 連絡をかわすこと。

㊱喚起 ㊲換気 ㊳歓喜 ㊴換言 ㊵甘言 ㊶還元 ㊷鑑賞 ㊸観賞 ㊹観照 ㊺感心 ㊻関心 ㊼歓心 ㊽肝要 ㊾寛容 ㊿機械 51 器械 52 機会 53 紀行 54 機構 55 気候

56 既成 57 規制 58 規正 59 脅威 60 驚異 61 教授 62 享受 63 景勝 64 継承 65 警鐘 66 形成 67 形勢 68 決済 69 決裁 70 口承 71 考証 72 高尚 73 交渉 74 更新 75 交信

(76) 心筋コウソクを予防する。 ふさがること。

(77) コウソク時間の長い仕事。 行動の自由を制限すること。

(78) 期末試験のジキだ。 おり。

(79) 実行のジキを失う。 タイミング。

(80) ジキ外れの雪が降る。 シーズン。

(81) 法律がシコウされる。 実際におこなうこと。

(82) シコウ錯誤を重ねる。 ためしにやってみること。

(83) 彼は画家をシコウしている。 気持ちをむけること。

(84) 高いシジ率を得ている首相。 意見・主張に賛同して、後押しすること。

(85) 先生のシジに従う。 命令すること。

(86) 著名な学者にシジする。 先生として教えを受けること。

(87) 口頭シモンを受ける。 しけんのためにとうこと。

(88) 政府のシモン機関。 意見を尋ね求めること。

(89) 情報をシュウシュウする。 取りあつめること。

(90) シュウシュウがつかない。 乱れたものを整えること。

(91) 友人をショウカイする。 人と人とのなかだちをすること。

(92) 在庫の有無をショウカイする。 問い合わせをすること。

(93) ショウガイを乗り越える。 さまたげとなるもの。

(94) ショウガイ事件の犯人。 けがをさせること。

(95) 医療にショウガイをささげる。

(96) 議事のシンコウを妨げる。 物事をはかどらせること。

(97) 科学のシンコウを図る。 物事が盛んになること。

(98) シンコウ国の発展は目覚ましい。 既存の勢力に対して、あたらしく勢力がおこること。

(99) シンチョウな態度をとる。 注意ぶかく大事をとること。

(100) 意味シンチョウな発言。 意味ぶかく含みがあること。

(101) 才能をシンチョウする。 のばすこと。

(102) 運賃をセイサンする。 細かくけいさんし直すこと。

(103) セイサンは全くない。 せいこうする見込み。

(104) 借金をセイサンする。 貸借を整理すること。

(105) 小麦のセイサン国。 物資を作り出すこと。

(106) セイリョク争いに勝つ。 他を支配するいきおい。

(107) セイリョク的に働く。 物事をなし遂げるちから。

(108) 酒をセッセイする。 控えめにすること。

(109) セッセイを心がける。 健康に注意すること。

(110) ソウギョウ百周年を祝う。 じぎょうを新しく始めること。

(111) ソウギョウ時間の短縮。 機械で仕事をすること。

(112) ソウゾウ性の高い仕事につく。 新しく作り出すこと。

(113) カッパはソウゾウ上の生物だ。 現実に存在しないものを思い描くこと。

(114) 技術の発展をソガイする。 妨げること。

(115) 自己ソガイの状態に陥る。

(76) 梗塞 (77) 拘束 (78) 時期 (79) 時機 (80) 時季 (81) 施行 (82) 試行 (83) 志向 (84) 支持 (85) 指示 (86) 師事 (87) 試問 (88) 諮問 (89) 収集 (90) 収拾 (91) 紹介 (92) 照会 (93) 障害 (94) 傷害 (95) 生涯

(96) 進行 (97) 振興 (98) 新興 (99) 慎重 (100) 深長 (101) 伸長 (102) 精算 (103) 成算 (104) 清算 (105) 生産 (106) 勢力 (107) 精力 (108) 節制 (109) 摂生 (110) 創業 (111) 操業 (112) 創造 (113) 想像 (114) 阻害 (115) 疎外

116 主婦をタイショウとする。　目標となるもの。
117 タイショウ的な性格。　他とてらし合わせること。
118 左右タイショウの形。　つりあうこと。
119 資本主義タイセイ。　社会組織の様式。
120 タイセイを立て直す。　からだの構え。
121 社会のタイセイに従う。　おおかたの様子。
122 受け入れタイセイを整える。　ある物事や状況に対してとる構え。
123 ダンガイ裁判を行う。　責任を追及すること。
124 ダンガイ絶壁に建つ寺院。　切り立ったがけ。
125 利益をツイキュウする。　おいもとめること。
126 真理をツイキュウする。　尋ねきわめること。
127 責任をツイキュウする。　おいつめ食いさがること。
128 テキカクな判断を下す。　まとを外さず、まちがいがないこと。
129 社長にテキカクな人物だ。　必要な素質・条件を備えていること。
130 食品テンカ物。　別のものをくわえること。
131 失敗の責任をテンカする。　罪・責任をなすりつけること。
132 黒字から赤字にテンカする。　ある状態が別の状態に変わること。
133 地価がトウキする。　物価や相場が上がること。
134 ゴミの不法トウキ。　なげすてること。
135 土地のトウキをすませる。　権利を公示するために帳簿に載せること。

136 犯人のトクチョウ。　とくに目立つところ。
137 新製品のトクチョウ。　とくにすぐれたところ。
138 フキュウの名作。　いつまでも価値を失わないこと。
139 パソコンがフキュウする。　広く行き渡ること。
140 フシンな人物を捕まえる。　疑わしく思えること。
141 経営フシンで倒産する。　ふるわないこと。
142 道路をフシンする。　土木工事をすること。
143 後進育成にフシンする。　ある事を成し遂げようと苦労すること。
144 フダンから健康に気を遣っている。　いつも。
145 フダンの努力が結実する。　絶え間なく続くこと。
146 ヘイコウする二直線。　交わらないこと。
147 心のヘイコウを保つ。　つりあいがとれること。
148 二試合をヘイコウして行う。　同時におこなうこと。
149 将来のホウフを述べる。　心の中にある決意や希望。
150 ホウフな海洋資源。　ゆたかであること。
151 ホショウつきの品。　確かであると請け合うこと。
152 損害をホショウする。　損害を埋め合わすこと。
153 国の安全ホショウ政策。　危険のないよう、守ること。
154 人の世はムジョウだ。　一定しないこと。
155 ムジョウな仕打ち。　思いやりがないこと。

116 対象
117 対照
118 対称
119 体制
120 体勢
121 大勢
122 態勢
123 弾劾
124 断崖
125 追求
126 追究
127 追及
128 的確
129 適格
130 添加
131 転嫁
132 転化
133 騰貴
134 投棄
135 登記

136 特徴
137 特長
138 不朽
139 普及
140 不審
141 不振
142 普請
143 腐心
144 普段
145 不断
146 平行
147 平衡
148 並行
149 抱負
150 豊富
151 保証
152 補償
153 保障
154 無常
155 無情

同訓異字

1 次の色字のカタカナを漢字に改めよ。

①友達と休日にアう約束をした。
②気のアう仲間がいる。
③夜道で事故にアう。
④夜がアけて朝になる。
⑤時間をアけてもらう。
⑥窓をアけて風を入れる。
⑦料理の腕前をアげる。
⑧夕食に天ぷらをアげる。
⑨小論文で具体例をアげる。
⑩休日は客アシが増える。
⑪机のアシが折れる。
⑫アタタかい気持ちになる。
⑬アタタかい料理をいただく。
⑭今年の夏はとてもアツい。
⑮アツいお風呂に入りたい。
⑯手アツいもてなしを受ける。
⑰クイズの正解をアてる。
⑱先生にアてて手紙を書く。
⑲予算を建築費にアてる。
⑳どうもあの男がアヤしい。
㉑アヤしい魅力を持つ女性。
㉒文章のアヤマりを見つける。
㉓仕事の不手際をアヤマる。
㉔金遣いがアラい。
㉕仕事がアラい。
㉖喜びを言葉でアラワす。
㉗やっと姿をアラワした。
㉘晩年に自伝をアラワす。
㉙雨の日は膝がイタむ。
㉚暑さで果物がイタむ。
㉛恩師の死をイタむ。
㉜新しい車を気にイる。
㉝契約には親の承諾がイる。
㉞壁にくぎをウつ。
㉟鳥を猟銃でウつ。
㊱江戸の敵を長崎でウつ。
㊲板書をノートにウツす。
㊳画像をスクリーンにウツす。
㊴計画をようやく実行にウツす。

解答

1
①会 ②合 ③遭 ④明 ⑤空 ⑥開 ⑦上 ⑧揚 ⑨挙 ⑩足 ⑪脚 ⑫暖 ⑬温 ⑭暑 ⑮熱 ⑯厚 ⑰当 ⑱宛 ⑲充
⑳怪 ㉑妖 ㉒誤 ㉓謝 ㉔荒 ㉕粗 ㉖表 ㉗現 ㉘著 ㉙痛 ㉚傷 ㉛悼 ㉜入 ㉝要 ㉞打 ㉟撃 ㊱討 ㊲写 ㊳映 ㊴移

(40) 過ちをオカす。（　）
(41) 領土をオカされる。（　）
(42) 危険をオカして行く。（　）
(43) 荷物を家にオクる。（　）
(44) 祝いの品をオクる。（　）
(45) 成功をオサめる。（　）
(46) 税金をオサめる。（　）
(47) 領地をオサめる。（　）
(48) 学問をオサめる。（　）
(49) 玄関の呼び鈴をオす。（　）
(50) 彼を書記にオす。（　）
(51) フォークダンスをオドる。（　）
(52) 興奮して胸がオドる。（　）
(53) 子供を車からオろす。（　）
(54) 舞台の幕をオろす。（　）
(55) 肉を小売りに安くオロす。（　）
(56) 本を図書館にカエす。（　）
(57) 生徒を家にカエす。（　）
(58) 花瓶の位置をカえる。（　）
(59) 電車を乗りカえる。（　）
(60) 今日は振りカえ休日だ。（　）
(61) 命にカえても守る。（　）

(62) 椅子に腰をカける。（　）
(63) 優勝をカけた大事な試合。（　）
(64) 川に橋をカける。（　）
(65) お金をカけるのは違法だ。（　）
(66) 馬が草原をカける。（　）
(67) 彼は口のカタい男だ。（　）
(68) クラスの団結がカタい。（　）
(69) モデルの表情がカタい。（　）
(70) 野菜のカワをむく。（　）
(71) カワの財布を買う。（　）
(72) 洗濯物がカワく。（　）
(73) 喉がカワいた。（　）
(74) 話し声をキく。（　）
(75) 音楽をキく。（　）
(76) 頭痛にキく薬。（　）
(77) 彼女は機転がキく。（　）
(78) 国境を歩いてコえる。（　）
(79) 応募総数が定員をコえる。（　）
(80) 代表して質問にコタえる。（　）
(81) 学校中の期待にコタえる。（　）
(82) 二人の仲をサく。（　）
(83) 特別に時間をサく。（　）

---

(40) 犯　(41) 侵　(42) 冒　(43) 送　(44) 贈　(45) 収　(46) 納　(47) 治　(48) 修　(49) 押　(50) 推　(51) 踊　(52) 躍　(53) 降　(54) 下　(55) 卸　(56) 返　(57) 帰　(58) 変　(59) 換　(60) 替　(61) 代

(62) 掛　(63) 懸　(64) 架　(65) 賭　(66) 駆　(67) 堅　(68) 固　(69) 硬　(70) 皮　(71) 革　(72) 乾　(73) 渇　(74) 聞　(75) 聴　(76) 効　(77) 利　(78) 越　(79) 超　(80) 答　(81) 応　(82) 裂　(83) 割

(84) 商品の値段をサげる。
(85) 袋を手にサげる。
(86) 日傘をサして歩く。
(87) 方位磁石が北をサす。
(88) ナイフで腕をサす。
(89) 花瓶に花をサす。
(90) 迷いをサます。
(91) 湯をサます。
(92) 上司の怒りをシズめる。
(93) 警察が暴動をシズめる。
(94) 廃船を海にシズめる。
(95) 雑巾をシボる。
(96) 牛の乳をシボる。
(97) 着物の帯をシめる。
(98) 台風で店をシめる。
(99) 与党が過半数をシめる。
(100) 自分の首をシめる。
(101) 時計を五分ススめる。
(102) 友人に入会をススめる。
(103) 会長として彼をススめる。
(104) 線路にソって歩く。
(105) 両親の期待にソう。

(106) 大きな地震にソナえる。
(107) 墓前に花をソナえる。
(108) 親戚の家をタズねる。
(109) 交番で道をタズねる。
(110) 敵とタタカう。
(111) 病気とタタカう。
(112) 敵の退路をタつ。
(113) 雪山で消息をタつ。
(114) はさみで布をタつ。
(115) 空き地に家がタつ。
(116) 技術が身にツく。
(117) 自分の席にツく。
(118) 念願の職業にツく。
(119) 問題の解決にツトめる。
(120) 父は銀行にツトめている。
(121) 会議の議長をツトめる。
(122) 役員の任をトく。
(123) 絵の具を水にトく。
(124) 平和の大切さをトく。
(125) 水中で息をトめる。
(126) 服のボタンをトめる。
(127) 友達を家にトめる。

(84) 下 (85) 提 (86) 差 (87) 指 (88) 刺 (89) 挿 (90) 覚 (91) 冷 (92) 静 (93) 鎮 (94) 沈 (95) 絞 (96) 搾 (97) 締 (98) 閉 (99) 占 (100) 絞 (101) 進 (102) 勧 (103) 薦 (104) 沿 (105) 添

(106) 備 (107) 供 (108) 訪 (109) 尋 (110) 戦 (111) 闘 (112) 断 (113) 絶 (114) 裁 (115) 建 (116) 付 (117) 着 (118) 就 (119) 努 (120) 勤 (121) 務 (122) 解 (123) 溶 (124) 説 (125) 止 (126) 留 (127) 泊

128 勉強して資格をトる。（　）
129 森できのこをトる。（　）
130 会社で事務をトる。（　）
131 猫がネズミをトる。（　）
132 記念写真をトる。（　）
133 英会話をナラう。（　）
134 前例にナラう。（　）
135 車に子供をノせる。（　）
136 冊子に広告をノせる。（　）
137 高台から海をノゾむ。（　）
138 万全の状態で試合にノゾむ。（　）
139 生徒の才能をノばす。（　）
140 出発を明日にノばす。（　）
141 船で川をノボる。（　）
142 遠足で山にノボる。（　）
143 東の空に朝日がノボる。（　）
144 駅までの時間をハカる。（　）
145 土地の面積をハカる。（　）
146 毎朝体重をハカる。（　）
147 事件の解決をハカる。（　）
148 国王の暗殺をハカる。（　）
149 役員会議にハカる。（　）

---

150 ハジめのうちは慣れないものだ。（　）
151 ハジめから終わりまで読む。（　）
152 魚を川にハナす。（　）
153 棚を壁から少しハナす。（　）
154 毎朝起きるのがハヤい。（　）
155 彼は走るのがハヤい。（　）
156 部屋にポスターをハる。（　）
157 池に氷がハる。（　）
158 心地よい風がフく。（　）
159 火山が煙をフく。（　）
160 悲喜入りマじった表情。（　）
161 酒に水がマじっている。（　）
162 身のマワりを整理する。（　）
163 湖のマワりを毎朝走る。（　）
164 遠くの景色をミる。（　）
165 医者が患者をミる。（　）
166 ヤサしい心を持つ。（　）
167 この問題はヤサしい。（　）
168 障子がヤブれる。（　）
169 決勝戦でヤブれる。（　）
170 大病をワズラう。（　）
171 進路について思いワズラう。（　）

---

128 取　129 採　130 執　131 捕　132 撮　133 習　134 倣　135 乗　136 載　137 望　138 臨　139 伸　140 延　141 上　142 登　143 昇　144 計　145 測　146 量　147 図　148 謀　149 諮

150 初　151 始　152 放　153 離　154 早　155 速　156 貼　157 張　158 吹　159 噴　160 交　161 混　162 回　163 周　164 見　165 診　166 優　167 易　168 破　169 敗　170 患　171 煩

四字熟語

1 次の四字熟語の空欄にあてはまる漢数字を書け。

① 心《しん》機《き》〔　〕転《てん》　ある事柄を契機に気持ちががらりと変わること。
② 〔　〕日《じつ》〔　〕秋《しゅう》　ひどく待ち遠しく思う様子。
③ 〔　〕騎《き》当《とう》〔　〕　能力が人並み以上に高いこと。
④ 〔　〕律《りつ》背《はい》反《はん》　双方の考えが互いに食い違って両立しないこと。
⑤ 〔　〕束《そく》〔　〕文《もん》　大量にあるのに、値段がきわめて安いこと。
⑥ 朝《ちょう》〔　〕暮《ぼ》〔　〕　人をうまくごまかし欺くこと。
⑦ 〔　〕面《めん》楚《そ》歌《か》　まわりが敵や反対者ばかりで、味方のないこと。
⑧ 〔　〕〔　〕時《じ》中《ちゅう》　いつでも。常に。
⑨ 〔　〕方《ほう》〔　〕方《ぽう》　あらゆる方面。あちこち。
⑩ 〔　〕里《り》霧《む》中《ちゅう》　物事の事情がわからず、進む方向が見えなくなること。
⑪ 〔　〕転《てん》〔　〕倒《とう》　苦痛のあまり転げ回ること。
⑫ 〔　〕方《ぽう》美《び》人《じん》　誰に対してもいい顔をして応対すること。
⑬ 〔　〕人《にん》〔　〕色《いろ》　好みや考えなどは、人によってそれぞれ異なるということ。
⑭ 〔　〕発《ぱつ》〔　〕中《ちゅう》　計画や予想がすべて当たること。
⑮ 〔　〕変《ぺん》〔　〕化《か》　さまざまに変化すること。

2 次の四字熟語の空欄にあてはまる漢字を書け。

① 勇猛《ゆうもう》〔　〕《か》敢《かん》　性質が勇ましく決断力に富んでいるさま。
② 隠忍自《いんにんじ》〔　〕《ちょう》　じっと我慢して軽はずみな行動をしないこと。
③ 異《い》〔　〕《く》同音《どうおん》　大勢の意見や考えが一致すること。
④ 絶《ぜっ》〔　〕《たい》絶命《ぜつめい》　進退のきわまった状態。
⑤ 〔　〕《こ》城落日《じょうらくじつ》　勢いが衰えて、頼りなく心細いこと。
⑥ 〔　〕《こう》言令色《げんれいしょく》　言葉を飾り、顔色を取り繕うこと。
⑦ 大器《たいき》〔　〕《ばん》成《せい》　大人物は世に出るまでに時間がかかるということ。
⑧ 臨《りん》〔　〕《き》応変《おうへん》　その時とその場に応じて、適切な手段を施すこと。
⑨ 快刀乱《かいとうらん》〔　〕《ま》　もつれた出来事を明快に処理するさま。
⑩ 暗中模《あんちゅうも》〔　〕《さく》　手がかりのないことを探し求めること。
⑪ 温《おん》〔　〕《こ》知新《ちしん》　古いことを研究して新しい知識を開くこと。
⑫ 意味《いみ》〔　〕《しん》長《ちょう》　表面上の意味のほかに別の意味が隠されていること。
⑬ 優《ゆう》〔　〕《じゅう》不断《ふだん》　ぐずぐずして、決断できないさま。
⑭ 自画自《じがじ》〔　〕《さん》　自分のことを自分で褒めること。
⑮ 無病《むびょう》〔　〕《そく》災《さい》　災いが取り除かれること。

解答

1
① 心機一《いっ》転
② 一《いち》日千《せん》秋
③ 一《いっ》騎当千《せん》
④ 二《に》律背反
⑤ 二《に》束三《さん》文
⑥ 朝三《さん》暮四《し》
⑦ 四《し》面楚歌
⑧ 四《し》六《ろく》時中
⑨ 四《し》方八《はっ》方
⑩ 五《ご》里霧中
⑪ 七《しち》転八《ばっ》倒
⑫ 八《はっ》方美人
⑬ 十《じゅう》人十《と》色
⑭ 百《ひゃっ》発百《ひゃく》中
⑮ 千《せん》変万《ばん》化

2
① 勇猛果敢
② 隠忍自重
③ 異口同音
④ 絶体絶命
⑤ 孤城落日
⑥ 巧言令色
⑦ 大器晩成
⑧ 臨機応変
⑨ 快刀乱麻
⑩ 暗中模索
⑪ 温故知新
⑫ 意味深長
⑬ 優柔不断
⑭ 自画自賛
⑮ 無病息災

3 次の四字熟語の空欄にあてはまる漢字を書け。

① 〔　〕《か》〔　〕《ちょう》風月《ふうげつ》　自然の美しい風物。

② 〔　〕《ちん》〔　〕《し》黙考《もっこう》　黙って深く考え込むこと。

③ 南船《なんせん》〔　〕《ほく》〔　〕《ば》　たえずあちらこちらを旅すること。

④ 同床《どうしょう》〔　〕《い》〔　〕《む》　行動をともにしながら意見や考え方が異なること。

⑤ 〔　〕《し》〔　〕《よう》末節《まっせつ》　物事の大切でない事柄。どうでもよい事柄。

⑥ 〔　〕《しん》〔　〕《しゅつ》鬼没《きぼつ》　自由自在に現れたり隠れたりすること。

⑦ 明鏡《めいきょう》〔　〕《し》〔　〕《すい》　心にやましい点がなく、澄みきっていること。

⑧ 付和《ふわ》〔　〕《らい》〔　〕《どう》　むやみに他人の意見に従うこと。

⑨ 〔　〕《せい》〔　〕《こう》雨読《うどく》　悠然と心のままに生活すること。

⑩ 〔　〕《きん》〔　〕《か》玉条《ぎょくじょう》　きわめて大切な法律・規則。

⑪ 支離《しり》〔　〕《めつ》〔　〕《れつ》　ばらばらで、筋道が立っていないさま。

⑫ 〔　〕《た》〔　〕《き》亡羊《ぼうよう》　事が多くて真実をつかみにくいこと。

⑬ 〔　〕《たい》〔　〕《ぎ》名分《めいぶん》　行動の基準となる道理。

⑭ 〔　〕《き》〔　〕《し》回生《かいせい》　絶望的な状態を再び盛んにすること。

⑮ 旧態《きゅうたい》〔　〕《い》〔　〕《ぜん》　もとの状態をそのまま保っていること。

⑯ 〔　〕《しつ》〔　〕《じつ》剛健《ごうけん》　飾り気がなく真面目で強いこと。

⑰ 〔　〕《ゆい》〔　〕《が》独尊《どくそん》　世界で自分が一番尊い存在だということ。

⑱ 〔　〕《てん》〔　〕《い》無縫《むほう》　性格が無邪気で飾り気がないこと。

⑲ 群雄《ぐんゆう》〔　〕《かっ》〔　〕《きょ》　英雄が各地に点在し競い合っていること。

⑳ 前代《ぜんだい》〔　〕《み》〔　〕《もん》　今まで一度も聞いたことがないこと。

㉑ 〔　〕《すい》〔　〕《せい》夢死《むし》　何もせずむなしく一生を終えること。

㉒ 〔　〕《ほん》〔　〕《まつ》転倒《てんとう》　重要なこととそうでないことを取り違えること。

㉓ 無味《むみ》〔　〕《かん》〔　〕《そう》　おもしろみも風情もないこと。

㉔ 堅忍《けんにん》〔　〕《ふ》〔　〕《ばつ》　堅くじっとこらえて心のぐらつかないこと。

㉕ 〔　〕《へい》〔　〕《しん》低頭《ていとう》　身をかがめ、頭を下げて恐れ入ること。

㉖ 〔　〕《とう》〔　〕《ほん》西走《せいそう》　あちこち忙しく走り回るさま。

㉗ 自暴《じぼう》〔　〕《じ》〔　〕《き》　やけになって自分を粗末にすること。

㉘ 〔　〕《はく》〔　〕《らん》強記《きょうき》　広く書物を読み、よく記憶していること。

㉙ 〔　〕《せい》〔　〕《れん》潔白《けっぱく》　心がきよらかで私欲がなく、後ろ暗いところのないこと。

㉚ 不偏《ふへん》〔　〕《ふ》〔　〕《とう》　中立・公正な立場をとること。

㉛ 権謀《けんぼう》〔　〕《じゅっ》〔　〕《すう》　人をだますはかりごとをめぐらすこと。

㉜ 〔　〕《じゅう》〔　〕《おう》無尽《むじん》　思うままに自在にやること。

㉝ 傍若《ぼうじゃく》〔　〕《ぶ》〔　〕《じん》　他人を無視して勝手にふるまうこと。

㉞ 当意《とうい》〔　〕《そく》〔　〕《みょう》　その場に合うよう素早く機転をきかすこと。

3

① 花鳥風月　② 沈思黙考　③ 南船北馬　④ 同床異夢　⑤ 枝葉末節　⑥ 神出鬼没　⑦ 明鏡止水　⑧ 付和雷同　⑨ 晴耕雨読　⑩ 金科玉条　⑪ 支離滅裂　⑫ 多岐亡羊　⑬ 大義名分　⑭ 起死回生　⑮ 旧態依然　⑯ 質実剛健　⑰ 唯我独尊

⑱ 天衣無縫　⑲ 群雄割拠　⑳ 前代未聞　㉑ 酔生夢死　㉒ 本末転倒　㉓ 無味乾燥　㉔ 堅忍不抜　㉕ 平身低頭　㉖ 東奔西走　㉗ 自暴自棄　㉘ 博覧強記　㉙ 清廉潔白　㉚ 不偏不党　㉛ 権謀術数　㉜ 縦横無尽　㉝ 傍若無人　㉞ 当意即妙

4 次の四字熟語を漢字で書け。

① しんしょうぼうだい〔　　　〕 物事をおおげさに言うこと。
② きそうてんがい〔　　　〕 普通では思いもよらないほど奇抜であること。
③ たんとうちょくにゅう〔　　　〕 前置きなしにずばり本題に入ること。
④ ごんごどうだん〔　　　〕 言葉で言い表せないほどひどいこと。
⑤ じごうじとく〔　　　〕 自分でした悪事の報いを自分で受けること。
⑥ くうぜんぜつご〔　　　〕 前例もなく、これからもあり得ないようなこと。
⑦ たいげんそうご〔　　　〕 実力が伴わないのに、いばって大きなことを言うこと。
⑧ ふんこつさいしん〔　　　〕 全力を尽くして事に当たること。
⑨ だんいほうしょく〔　　　〕 満ちたりた暮らしのこと。
⑩ かろとうせん〔　　　〕 季節はずれで役に立たないもののたとえ。
⑪ かんこつだったい〔　　　〕 先人の詩文の表現や発想を自分の作品の中に取り入れること。
⑫ けいきょもうどう〔　　　〕 軽はずみでいいかげんな行動をすること。
⑬ きしょうてんけつ〔　　　〕 漢詩(絶句)の構成法の一つの呼び方。
⑭ でんこうせっか〔　　　〕 行動などが瞬時に行われること。
⑮ あくせんくとう〔　　　〕 困難を乗り切るために非常な努力を払うこと。
⑯ うんさんむしょう〔　　　〕 跡形もなく消えてしまうこと。
⑰ いちごいちえ〔　　　〕 一生に一度しかない出会い。

⑱ がでんいんすい〔　　　〕 自分に都合のいいように言ったり行ったりすること。
⑲ いきしょうてん〔　　　〕 何かしようとする気持ちが非常に盛んなさま。
⑳ しこうさくご〔　　　〕 失敗を重ねながら解決策を見いだしていくこと。
㉑ ばじとうふう〔　　　〕 人の話を右から左へ聞き流すこと。
㉒ きょうてんどうち〔　　　〕 世間をひどく驚かすこと。
㉓ どうこういきょく〔　　　〕 違って見えても実際はほぼ同じであること。
㉔ いちもうだじん〔　　　〕 悪人を一度に全部捕らえること。
㉕ むがむちゅう〔　　　〕 物事に熱中して、我を忘れてしまうこと。
㉖ いんがおうほう〔　　　〕 善悪の因縁に応じて相応の報いを受けること。
㉗ ほうふくぜっとう〔　　　〕 腹を抱え、倒れそうになるほど笑うさま。
㉘ せいさつよだつ〔　　　〕 生かすも殺すも思いのままにできること。
㉙ てっとうてつび〔　　　〕 始めから終わりまで。徹底的に。
㉚ がっしょうれんこう〔　　　〕 はかりごとを巧みにめぐらした外交政策。
㉛ びじれいく〔　　　〕 美しくきれいに飾りたてた言葉。
㉜ ひよくれんり〔　　　〕 深い愛で結ばれた夫婦は一心同体であること。
㉝ せんざいいちぐう〔　　　〕 千年に一度会うようなまれな機会。
㉞ いちもくりょうぜん〔　　　〕 一目見て明らかにわかること。

4

① 針小棒大　⑱ 我田引水
② 奇想天外　⑲ 意気衝天
③ 単刀直入　⑳ 試行錯誤
④ 言語道断　㉑ 馬耳東風
⑤ 自業自得　㉒ 驚天動地
⑥ 空前絶後　㉓ 同工異曲
⑦ 大言壮語　㉔ 一網打尽
⑧ 粉骨砕身　㉕ 無我夢中
⑨ 暖衣飽食　㉖ 因果応報
⑩ 夏炉冬扇　㉗ 抱腹絶倒
⑪ 換骨奪胎　㉘ 生殺与奪
⑫ 軽挙妄動　㉙ 徹頭徹尾
⑬ 起承転結　㉚ 合従連衡
⑭ 電光石火　㉛ 美辞麗句
⑮ 悪戦苦闘　㉜ 比翼連理
⑯ 雲散霧消　㉝ 千載一遇
⑰ 一期一会　㉞ 一目瞭然

5 次の四字熟語の読みを答えよ。（常用外の漢字を含む）

① 有為転変 〔　　〕 世の中のすべてのものは絶えず移り変わっていくものであること。

② 順風満帆 〔　　〕 物事が好都合に調子よくいくこと。

③ 泰然自若 〔　　〕 ゆったりと落ち着いていて物事に動じない様子。

④ 森羅万象 〔　　〕 この世のすべてのもの。

⑤ 新陳代謝 〔　　〕 新しいものが古いものにとってかわること。

⑥ 羊頭狗肉 〔　　〕 見かけと実質とが一致しないこと。

⑦ 捲土重来 〔　　〕 一度失敗したものが再び勢いを盛り返すこと。

⑧ 天真爛漫 〔　　〕 自然のままで、飾り気がなく純真なさま。

⑨ 風光明媚 〔　　〕 自然の景色がすばらしく美しいこと。

⑩ 不倶戴天 〔　　〕 憎み合い恨み合って、仲の悪い間柄。

⑪ 茫然自失 〔　　〕 あっけにとられて、我を忘れてしまうこと。

⑫ 艱難辛苦 〔　　〕 人生でぶつかる困難や苦労。

⑬ 臥薪嘗胆 〔　　〕 目的を達成するために、あらゆる苦難に耐えて苦労をすること。

⑭ 画竜点睛 〔　　〕 物事の中心となる大切なところ。

⑮ 渾然一体 〔　　〕 すべてが溶け合って一つのものになるさま。

⑯ 曖昧模糊 〔　　〕 物事がはっきりせずぼんやりしているさま。

⑰ 一気呵成 〔　　〕 ひといきに仕事を成し遂げること。

⑱ 紆余曲折 〔　　〕 事情がこみいって、いろいろ変化すること。

⑲ 豪放磊落 〔　　〕 度量が広く、小さいことにこだわらないこと。

⑳ 古色蒼然 〔　　〕 長い年月を経て、いかにも古びて見えるさま。

㉑ 獅子奮迅 〔　　〕 激しい勢いで物事に対処するさま。

㉒ 融通無碍 〔　　〕 考え方や行動が自由であること。

㉓ 切磋琢磨 〔　　〕 互いに励まし合って努力すること。

㉔ 和気藹々 〔　　〕 やわらかで穏やかな気分が満ちているさま。

5

① ういてんぺん
② じゅんぷうまんぱん
③ たいぜんじじゃく
④ しんらばんしょう
⑤ しんちんたいしゃ
⑥ ようとうくにく
⑦ けんどちょうらい
⑧ てんしんらんまん
⑨ ふうこうめいび
⑩ ふぐたいてん
⑪ ぼうぜんじしつ
⑫ かんなんしんく
⑬ がしんしょうたん
⑭ がりょうてんせい
⑮ こんぜんいったい
⑯ あいまいもこ
⑰ いっきかせい
⑱ うよきょくせつ
⑲ ごうほうらいらく
⑳ こしょくそうぜん
㉑ ししふんじん
㉒ ゆうずうむげ
㉓ せっさたくま
㉔ わきあいあい

書き誤りやすい漢字

1 《同音類字》次の色字のカタカナを漢字に改めよ。

① オク万長者。〔　　〕
② 記オクを失う。〔　　〕
③ オク面もない。〔　　〕
④ 環境の破カイ。〔　　〕
⑤ カイ疑の念。〔　　〕
⑥ 感ガイにひたる。〔　　〕
⑦ ガイ略を述べる。〔　　〕
⑧ 象を捕カクする。〔　　〕
⑨ 収カクの季節。〔　　〕
⑩ グウ像崇拝。〔　　〕
⑪ 待グウが悪い。〔　　〕
⑫ 教室の一グウ。〔　　〕
⑬ 年コウ序列。〔　　〕
⑭ コウ妙な手口。〔　　〕
⑮ サイ判で争う。〔　　〕
⑯ 連サイ中の小説。〔　　〕
⑰ 野菜のサイ培。〔　　〕
⑱ 入学金免ジョ。〔　　〕
⑲ ジョ行運転。〔　　〕

⑳ 最優秀ショウ。〔　　〕
㉑ 事故の補ショウ。〔　　〕
㉒ 土ジョウの汚染。〔　　〕
㉓ 権利のジョウ渡。〔　　〕
㉔ 酒のジョウ造。〔　　〕
㉕ 良家のご令ジョウ。〔　　〕
㉖ 紡ショク工業。〔　　〕
㉗ ショク員室。〔　　〕
㉘ 土地の面セキ。〔　　〕
㉙ 業セキ不振。〔　　〕
㉚ 人類のソ先。〔　　〕
㉛ 盗塁をソ止する。〔　　〕
㉜ ソ税を納める。〔　　〕
㉝ ソ暴な性格。〔　　〕
㉞ 貯チクに励む。〔　　〕
㉟ チク産農家。〔　　〕
㊱ テキ当に選ぶ。〔　　〕
㊲ 脱税のテキ発。〔　　〕
㊳ 水テキを拭く。〔　　〕

㊴ テツ夜で勉強だ。〔　　〕
㊵ 障害物のテッ去。〔　　〕
㊶ 予習とフク習。〔　　〕
㊷ フク雑な思い。〔　　〕
㊸ 公園のフン水。〔　　〕
㊹ 前方後円フン。〔　　〕
㊺ 義フンを感じる。〔　　〕
㊻ タバコのヘイ害。〔　　〕
㊼ 紙ヘイを数える。〔　　〕
㊽ 雑誌のヘン集。〔　　〕
㊾ ヘン屈な性格。〔　　〕
㊿ 普ヘン的な考え。〔　　〕
(51) ボ地に参る。〔　　〕
(52) お歳ボを選ぶ。〔　　〕
(53) 思ボの念を抱く。〔　　〕
(54) アルバイトボ集。〔　　〕
(55) 職務怠マン。〔　　〕
(56) 少女マン画。〔　　〕
(57) 遠リョする。〔　　〕
(58) 捕リョの虐待。〔　　〕

解答

1

① 億 ② 憶 ③ 臆 ④ 壊 ⑤ 懐 ⑥ 慨 ⑦ 概 ⑧ 獲 ⑨ 穫 ⑩ 偶 ⑪ 遇 ⑫ 隅 ⑬ 功 ⑭ 巧 ⑮ 裁 ⑯ 載 ⑰ 栽 ⑱ 除 ⑲ 徐
⑳ 賞 ㉑ 償 ㉒ 壌 ㉓ 譲 ㉔ 醸 ㉕ 嬢 ㉖ 織 ㉗ 職 ㉘ 積 ㉙ 績 ㉚ 祖 ㉛ 阻 ㉜ 租 ㉝ 粗 ㉞ 蓄 ㉟ 畜 ㊱ 適 ㊲ 摘 ㊳ 滴
㊴ 徹 ㊵ 撤 ㊶ 復 ㊷ 複 ㊸ 噴 ㊹ 墳 ㊺ 憤 ㊻ 弊 ㊼ 幣 ㊽ 編 ㊾ 偏 ㊿ 遍 (51) 墓 (52) 暮 (53) 慕 (54) 募 (55) 慢 (56) 漫 (57) 慮 (58) 虜

2《異音類字》次の色字のカタカナを漢字に改めよ。

①アイ愁を帯びる。
②神経スイ弱。
③世界イ産。
④派ケン社員。
⑤事故の原イン。
⑥貧コンに苦しむ。
⑦シュウ人の護送。
⑧イン居生活。
⑨平オンな生活。
⑩エン長戦に入る。
⑪法テイに立つ。
⑫雑誌のカン頭。
⑬乗車ケンを買う。
⑭時ギにかなう。
⑮選手セン誓。
⑯ケイ続は力なり。
⑰ダン続的な雨。
⑱ゲン想を抱く。
⑲ヨウ稚園の先生。
⑳力を加ゲンする。
㉑恐竜のメツ亡。

㉒コウ運の女神。
㉓香シン料を買う。
㉔コウ紀粛正。
㉕モウ膜剝離。
㉖父の書サイ。
㉗校歌セイ唱。
㉘歴シの授業。
㉙父は官リだった。
㉚試験を実シする。
㉛セン風が起こる。
㉜教シを目ざす。
㉝軍を統スイする。
㉞取シャ選択する。
㉟事態の収シュウ。
㊱資料をシャク用する。
㊲セキ別の思い。
㊳万全のソ置をとる。
㊴意見のショウ突。
㊵均コウを保つ。
㊶シン重な態度。
㊷政財界の重チン。

㊸殺人未スイ。
㊹チク次報告する。
㊺成分の分セキ。
㊻右セツ禁止。
㊼優勝をキ願する。
㊽放ソウ部に入る。
㊾役員の更テツ。
㊿温ダンな気候。
51 資金のエン助。
52 規制のカン和。
53 ダ落した政治。
54 権威の失ツイ。
55 和洋折チュウ。
56 自信をソウ失する。
57 平和の象チョウ。
58 ビ分方程式。
59 ドン欲な性格。
60 ビン乏暇なし。
61 軽ハクな態度。
62 家計ボをつける。
63 自動車のユ出。
64 弟の三リン車。

2

①哀 ②衰 ③遺 ④遣 ⑤因 ⑥困 ⑦囚 ⑧隠 ⑨穏 ⑩延 ⑪廷 ⑫巻 ⑬券 ⑭宜 ⑮宣 ⑯継 ⑰断 ⑱幻 ⑲幼 ⑳減 ㉑滅
㉒幸 ㉓辛 ㉔綱 ㉕網 ㉖斎 ㉗斉 ㉘史 ㉙吏 ㉚施 ㉛旋 ㉜師 ㉝帥 ㉞捨 ㉟拾 ㊱借 ㊲惜 ㊳措 ㊴衝 ㊵衡 ㊶慎 ㊷鎮
㊸遂 ㊹逐 ㊺析 ㊻折 ㊼祈 ㊽送 ㊾迭 ㊿暖 51 援 52 緩 53 堕 54 墜 55 衷 56 喪 57 徴 58 微 59 貪 60 貧 61 薄 62 簿 63 輸 64 輪

誤字訂正

◆次の各文に間違って使われている同じ読みの漢字が一字ある。上に誤字を、下に正しい漢字を記せ。

誤　正

① その生徒は不断の努力を重ねた結果、究めて優秀な成績を収めて卒業した。〔　→　〕

② バブル景気が終わった後、日本の経済は長期間に渡って停迷が続いている。〔　→　〕

③ 学生時代にお世話になった恩師に手紙を沿えて中元の品物を送った。〔　→　〕

④ 神社へと向かう沿道には夏祭りの路店が所狭しと並んでいる。〔　→　〕

⑤ 早朝から会社に出勤して通用門から荷物を般入する手伝いをした。〔　→　〕

⑥ 式典の厳かな空気の中で学校長が代表者に卒業賞書を授与する。〔　→　〕

⑦ 県外に住んでいる年の離れた姉から結婚式への紹待状が届いた。〔　→　〕

⑧ お盆の帰省ラッシュの影響で都心の道路は車で大渋帯している。〔　→　〕

⑨ 想像を超えた意外な展開に彼は動謡の色を隠すことができなかった。〔　→　〕

⑩ 駅構内での除行運転をお願いする看板があちこちに設置されている。〔　→　〕

誤　正

⑪ 折からの不況を受けて全製品を一率に値上げする判断を下した。〔　→　〕

⑫ 独専禁止法違反の疑いで一斉捜査の手が入ったという報道がなされた。〔　→　〕

⑬ 私の祖母は長生きのために日頃から健康に留意して節生に努めている。〔　→　〕

⑭ 事件を端緒に明らかにされた政財界の諭着は民衆の批判の的となっている。〔　→　〕

⑮ 危険運転の車が起こした事故を目撃し、裁判所へ証人として召還された。〔　→　〕

⑯ 非難を避けるため上層部は前後策を講じたが、遅きに失した対応だった。〔　→　〕

⑰ 大阪府内で古豪と呼ばれる野球部が地区優勝の余勢を買って連勝を続け、全国大会の準決勝まで駒を進めた。〔　→　〕

⑱ 成功を収めた偉人に共通するのは、失敗を糧に心機一転して巻き返しを計るような気概を備えている点だ。〔　→　〕

⑲ 多国籍企業からの複数の国会議員への贈賄事件が発覚し、更なる余罪を追求する記事が新聞の一面に掲載された。〔　→　〕

解答

①究→極　②停→低　③沿→添　④路→露　⑤般→搬　⑥賞→証　⑦紹→招　⑧帯→滞　⑨謡→揺　⑩除→徐　⑪率→律　⑫専→占　⑬節→摂　⑭諭→癒　⑮還→喚　⑯前→善　⑰買→駆　⑱計→図　⑲求→及

ことわざ・故事成語・慣用表現

1 次の空欄に漢字を書き、ことわざ・故事成語を完成させよ。

① うわさをすれば〔　　〕がさす
人のうわさをしていたら本人が現れること。

② 安物買いの〔　　〕失い
質の悪い安い物を買って結局損をすること。

③ 旅は道連れ〔　　〕は情け
生きていくには互いに助け合う心が大切であること。

④ 壁に耳あり障子に〔　　〕あり
秘密はとかく漏れやすいことのたとえ。

⑤ 枯れ木も〔　　〕のにぎわい
つまらないものでもないよりはましであること。

⑥ 住めば〔　　〕
どんな所も住み慣れると居心地よく思われること。

⑦ 焼け石に〔　　〕
労力をかけても効果がないさま。

⑧ 〔　　〕に竹を接ぐ
物事のつながりが不自然なさま。

⑨ 石の上にも〔　　〕年
つらくても耐えればやがて報われること。

⑩ 〔　　〕に短したすきに長し
中途半端で使いものにならないこと。

⑪ 雨降って〔　　〕固まる
もめごとの後はかえって事態がよくなること。

⑫ 敵に〔　　〕を送る
苦境にある敵を助けること。

⑬ 火のない所に〔　　〕は立たぬ
何もなければうわさは立たないということ。

⑭ 〔　　〕から牡《ぼ》丹《た》餅《もち》
思いがけない幸運を得ること。

⑮ 〔　　〕多くして船、山に登る
指図する人が多くて物事が進まないこと。

⑯ 〔　　〕をたたいて渡る
非常に用心深く物事を行うこと。

⑰ 二階から〔　　〕
回りくどくて効き目がないこと。

⑱ そうは〔　　〕が卸さない
思いどおりにはなってくれないこと。

⑲ 清水《きよみず》の〔　　〕から飛び下りる
思い切って大きな決断をすること。

⑳ 〔　　〕に提灯《ちょうちん》
あっても無用なもののたとえ。

㉑ 〔　　〕に塩
力なくしおれているさま。

㉒ 怪《け》我《が》の〔　　〕
災難と思われたことが、好結果となること。

㉓ 〔　　〕を捕らえて縄をなう
準備を怠り、事が起こって慌てて用意すること。

㉔ 漁夫の〔　　〕
両者が争っているすきに第三者が利益を横取りすること。

㉕ 禍福は糾《あざな》える〔　　〕のごとし
人の世の幸・不幸は表裏一体であること。

㉖ 他山の〔　　〕
他人のどんな言行も自分を磨く助けになること。

㉗ 覆水〔　　〕に返らず
一度してしまったことは取り返しがつかないこと。

㉘ 虎の〔　　〕を借る狐《きつね》
強者の陰で威張る人のたとえ。

㉙ 座右の〔　　〕
いつも心にとめておいて、戒めや励ましとする文句。

㉚ 烏合《うごう》の〔　　〕
規律も統制もなく寄り集まった集団。

㉛ 青雲の〔　　〕
功名を立て、立身出世しようと望む心。

㉜ 〔　　〕の中の蛙《かわず》
狭い知識にとらわれて大局的な判断のできないさま。

㉝ 李《り》下《か》に〔　　〕を整《ただ》さず
人に少しでも疑われるような行動はすべきではないこと。

㉞ 人間万事塞翁が〔　　〕
人生の吉凶、幸・不幸は予測できないこと。

㉟ 蛍雪の〔　　〕
苦労して勉学に励んだその成果。

㊱ 背水の〔　　〕
一歩も後にはひけない状況の中で全力を尽くすこと。

㊲ 三顧の〔　　〕
人に仕事を頼むのに、何度も訪問して敬意を払うこと。

㊳ 好事〔　　〕多し
よいことには妨げが入りやすいこと。

㊴ 〔　　〕竹の勢い
勢いが盛んで抑えがたいさま。

㊵ 柔よく〔　　〕を制す
一見弱そうな者が、かえって強い者に勝つこと。

㊶ 人事を〔　　〕くして天命を待つ
できる限りの努力をして、結果は運命にまかせること。

解答

1
① 影　② 銭　③ 世　④ 目　⑤ 山　⑥ 都　⑦ 水　⑧ 木　⑨ 三　⑩ 帯　⑪ 地　⑫ 塩　⑬ 煙　⑭ 棚　⑮ 船頭　⑯ 石橋　⑰ 目薬　⑱ 問屋　⑲ 舞台　⑳ 月夜
㉑ 青菜　㉒ 功名　㉓ 泥棒　㉔ 利　㉕ 縄　㉖ 石　㉗ 盆　㉘ 威　㉙ 銘　㉚ 衆　㉛ 志　㉜ 井　㉝ 冠　㉞ 馬　㉟ 功　㊱ 陣　㊲ 礼　㊳ 魔　㊴ 破　㊵ 剛　㊶ 尽

2 次の慣用表現の空欄に体の一部分の漢字を書け。

①彼の努力には（　）が下がる。　敬服させられること。
②父の（　）に泥を塗ってしまった。　恥をかかせること。
③祖母は甘い物に（　）がない。　思慮分別をなくすほど好きであること。
④彼女のうわさを（　）に挟む。　ちらっと聞くこと。
⑤成績がいいのを（　）に掛ける。　自慢したり得意がったりすること。
⑥難しくて僕では（　）が立たない。　かなわないこと。
⑦返事を（　）を長くして待つ。　今か今かと待ち焦がれること。
⑧ほっと（　）をなで下ろした。　安心すること。
⑨弱いほうの（　）を持つ。　ひいきすること。味方すること。
⑩（　）に汗握るシーソーゲーム。　見ていて緊張したり興奮したりすること。
⑪相手と（　）を割って話し合う。　本心を隠さないで打ち明けること。
⑫彼は誰にでも（　）が低い男だ。　他人に対してたかぶらず謙虚であること。
⑬（　）を集めて相談する。　大勢の人が集まって相談すること。
⑭開いた（　）が塞がらない発言だ。　あきれて何も言えないこと。
⑮揚げ（　）を取るのは悪い癖だ。　人の言い間違いを取り上げてからかうこと。
⑯怠けていたので痛い（　）を見る。　つらい思いをさせられること。
⑰後ろ（　）を引かれる思いで出た。　心残りがしてなかなか思い切れないこと。
⑱母校の後輩のために一（　）脱ぐ。　本気になって他人に力を貸すこと。
⑲（　）身を惜しまず人に尽くす。　苦労を嫌がらないこと。

3 次の慣用表現の空欄に動物の名の漢字を書け。

①夫婦げんかは（　）も食わぬ。　全く相手にする気にならないこと。
②（　）の子の百万円を奪われた。　大切にして手放さないもの。
③彼女とはなぜか（　）が合う。　気が合うこと。
④学校では（　）をかぶっている。　本性を隠して上品ぶること。
⑤（　）の額ほどの土地しかない。　面積の狭いたとえ。
⑥飛ぶ（　）を落とす勢いの人気だ。　きわめて盛んな勢いのたとえ。
⑦（　）の鳴くような声で答える。　力弱く細い声。
⑧逃がした（　）は大きいものだ。　手に入れ損なった物は大きく感じるたとえ。
⑨店は閑古（　）が鳴く状態だ。　商売などがはやらない様子。
⑩そんな（　）芝居は通用しないぞ。　すぐに見透かされる浅はかなたくらみ。
⑪借りてきた（　）のように静かだ。　普段と違っておとなしくしている様子。
⑫飼い（　）に手をかまれた気分だ。　面倒を見ていた者に裏切られること。
⑬生き（　）の目を抜く時代。　他人を出し抜いてすばやく利を得るさま。
⑭父は今（　）の居所が悪い。　不機嫌で、ちょっとした事にも怒る状態。
⑮転職して水を得た（　）のようだ。　その人に合った場を得て活躍するたとえ。
⑯社長の（　）の一声で決まった。　多くの意見をおさえつける権威者の一言。
⑰開店前に長（　）の列ができる。　長く続く行列。
⑱（　）の巣をつついたような騒ぎ。　大騒ぎになって収拾がつかないさま。
⑲方針が（　）の目のように変わる。　事情によって目まぐるしく変わること。

2
①頭　②顔　③目　④耳　⑤鼻　⑥歯　⑦首　⑧胸　⑨肩　⑩手　⑪腹　⑫腰　⑬額　⑭口　⑮足　⑯目　⑰髪　⑱肌　⑲骨

3
①犬　②虎　③馬　④猫　⑤猫　⑥鳥　⑦蚊　⑧魚　⑨鳥　⑩猿　⑪猫　⑫犬　⑬馬　⑭虫　⑮魚　⑯鶴　⑰蛇　⑱蜂　⑲猫

4 次の慣用表現の空欄にあてはまる漢字を書け。

① **的を**〔　〕**た**意見を述べる。
的確に要点や本質を捉えること。

② 父は〔　〕**をなして**怒った。
顔色を変えて怒ること。

③ **根も**〔　〕**もない**うわさが立つ。
何の根拠もないでたらめであること。

④ 彼のスピーチは**立て**〔　〕**に水**だ。
弁舌の流暢《りゅうちょう》なさま。

⑤ 〔　〕**で鼻をくくった**ような挨拶。
無愛想にふるまうさま。

⑥ 二人の友情に〔　〕**をさす**。
邪魔だてすること。

⑦ 彼女の才能に**舌を**〔　〕**く**。
非常に感心するさま。

⑧ 彼は万事に〔　〕**け目がない**。
損になることはせず、うまく立ち回ること。

⑨ 正論で**ぐうの**〔　〕**も出ない**。
一言も反論ができないさま。

⑩ そんな言い方では**角が**〔　〕**つ**。
人との関係が穏やかでなくなること。

⑪ 人の**恨みを**〔　〕**う**ような言動。
人に恨まれるようなことをすること。

⑫ **気が**〔　〕**けない**大切な友人。
遠慮したりする必要がないこと。

⑬ 今は焦らず〔　〕**が熟する**のを待つ。
物事をするのに最適の状況となること。

⑭ 子供のために**心を**〔　〕**にする**。
相手のために非情な態度をとること。

⑮ **口角**〔　〕**を飛ばして**反論する。
激しく議論すること。

⑯ 無愛想で**取り付く**〔　〕**もない**。
相手がそっけなくて近づけないこと。

⑰ 料理の腕で〔　〕**に出る者はない**。
誰よりもすぐれていること。

⑱ でたらめな話を〔　〕**に受ける**。
言葉どおりに受け取ること。

⑲ 念を押さなくても〔　〕**も承知**だ。
十分よく知っているさま。

5 次の慣用表現の色字のカタカナを漢字に直せ。

① 今回は**クハイをなめた**。〔　　〕
つらい経験をすること。

② 何の**ヘンテツもない**話。〔　　〕
普通のものと変わりがないこと。

③ 誰も**ガンチュウにない**。〔　　〕
関心や意識の範囲内にないこと。

④ 道に迷って**トホウに暮れる**。〔　　〕
どうしてよいのか、わからなくなること。

⑤ **ドギモを抜かれる**演出。〔　　〕
ひどくびっくりさせられること。

⑥ 後輩に**ハッパを掛ける**。〔　　〕
気合を入れること。

⑦ 他社の**キセンを制する**。〔　　〕
先に行動して相手を抑えること。

⑧ 大会で**シユウを決する**。〔　　〕
戦って勝負をつけること。

⑨ 世に**イッセキを投じる**。〔　　〕
反響を呼ぶ問題を投げかけること。

⑩ 悪事の**カタボウを担ぐ**。〔　　〕
ある企ての一部に協力すること。

⑪ 恋人の前で**ミエを張る**。〔　　〕
必要以上によくみせようとすること。

⑫ **イサイを放つ**存在だ。〔　　〕
特別に目立ってすぐれて見えること。

⑬ **メイアンを分ける**判断。〔　　〕
勝負などがはっきり決まること。

⑭ 心の**キンセンに触れる**。〔　　〕
よいものに感銘を受けること。

⑮ 開発計画を**ハクシに戻す**。〔　　〕
元の状態に戻すこと。

⑯ **ハメを外して**騒ぐ。〔　　〕
調子に乗りすぎて度を越すこと。

⑰ 人の好意を**ムゲにする**。〔　　〕
台なしにすること。

⑱ **ワキメも振らず**働く。〔　　〕
集中して行うこと。

⑲ **ユウシュウの美**を飾る。〔　　〕
最後までやり通して成果をあげること。

4
① 射 ② 色 ③ 葉 ④ 板 ⑤ 木 ⑥ 水 ⑦ 巻 ⑧ 抜 ⑨ 音 ⑩ 立 ⑪ 買 ⑫ 置 ⑬ 機 ⑭ 鬼 ⑮ 泡 ⑯ 島 ⑰ 右 ⑱ 真 ⑲ 百

5
① 苦杯 ② 変哲 ③ 眼中 ④ 途方 ⑤ 度肝 ⑥ 発破 ⑦ 機先 ⑧ 雌雄 ⑨ 一石 ⑩ 片棒 ⑪ 見栄 ⑫ 異彩 ⑬ 明暗 ⑭ 琴線 ⑮ 白紙 ⑯ 羽目 ⑰ 無下 ⑱ 脇目 ⑲ 有終

都道府県名を覚えよう

① 北《ほっ》海《かい》道《どう》
② 青《あお》森《もり》県《けん》
③ 岩《いわ》手《て》県
④ 宮《みや》城《ぎ》県
⑤ 秋《あき》田《た》県
⑥ 山《やま》形《がた》県
⑦ 福《ふく》島《しま》県
⑧ 茨《いばら》城《き》県
⑨ 栃《とち》木《ぎ》県
⑩ 群《ぐん》馬《ま》県
⑪ 埼《さい》玉《たま》県
⑫ 千《ち》葉《ば》県

⑬ 東《とう》京《きょう》都《と》
⑭ 神《か》奈《な》川《がわ》県
⑮ 新《にい》潟《がた》県
⑯ 富《と》山《やま》県
⑰ 石《いし》川《かわ》県
⑱ 福《ふく》井《い》県
⑲ 山《やま》梨《なし》県
⑳ 長《なが》野《の》県
㉑ 岐《ぎ》阜《ふ》県
㉒ 静《しず》岡《おか》県
㉓ 愛《あい》知《ち》県
㉔ 三《み》重《え》県

㉕ 滋《し》賀《が》県
㉖ 京《きょう》都《と》府《ふ》
㉗ 大《おお》阪《さか》府
㉘ 兵《ひょう》庫《ご》県
㉙ 奈《な》良《ら》県
㉚ 和《わ》歌《か》山《やま》県
㉛ 鳥《とっ》取《とり》県
㉜ 島《しま》根《ね》県
㉝ 岡《おか》山《やま》県
㉞ 広《ひろ》島《しま》県
㉟ 山《やま》口《ぐち》県
㊱ 徳《とく》島《しま》県

㊲ 香《か》川《がわ》県
㊳ 愛《え》媛《ひめ》県
㊴ 高《こう》知《ち》県
㊵ 福《ふく》岡《おか》県
㊶ 佐《さ》賀《が》県
㊷ 長《なが》崎《さき》県
㊸ 熊《くま》本《もと》県
㊹ 大《おお》分《いた》県
㊺ 宮《みや》崎《ざき》県
㊻ 鹿《か》児《ご》島《しま》県
㊼ 沖《おき》縄《なわ》県

◆地図の番号と対照させて、右ページの解答欄に都道府県名を書きなさい。

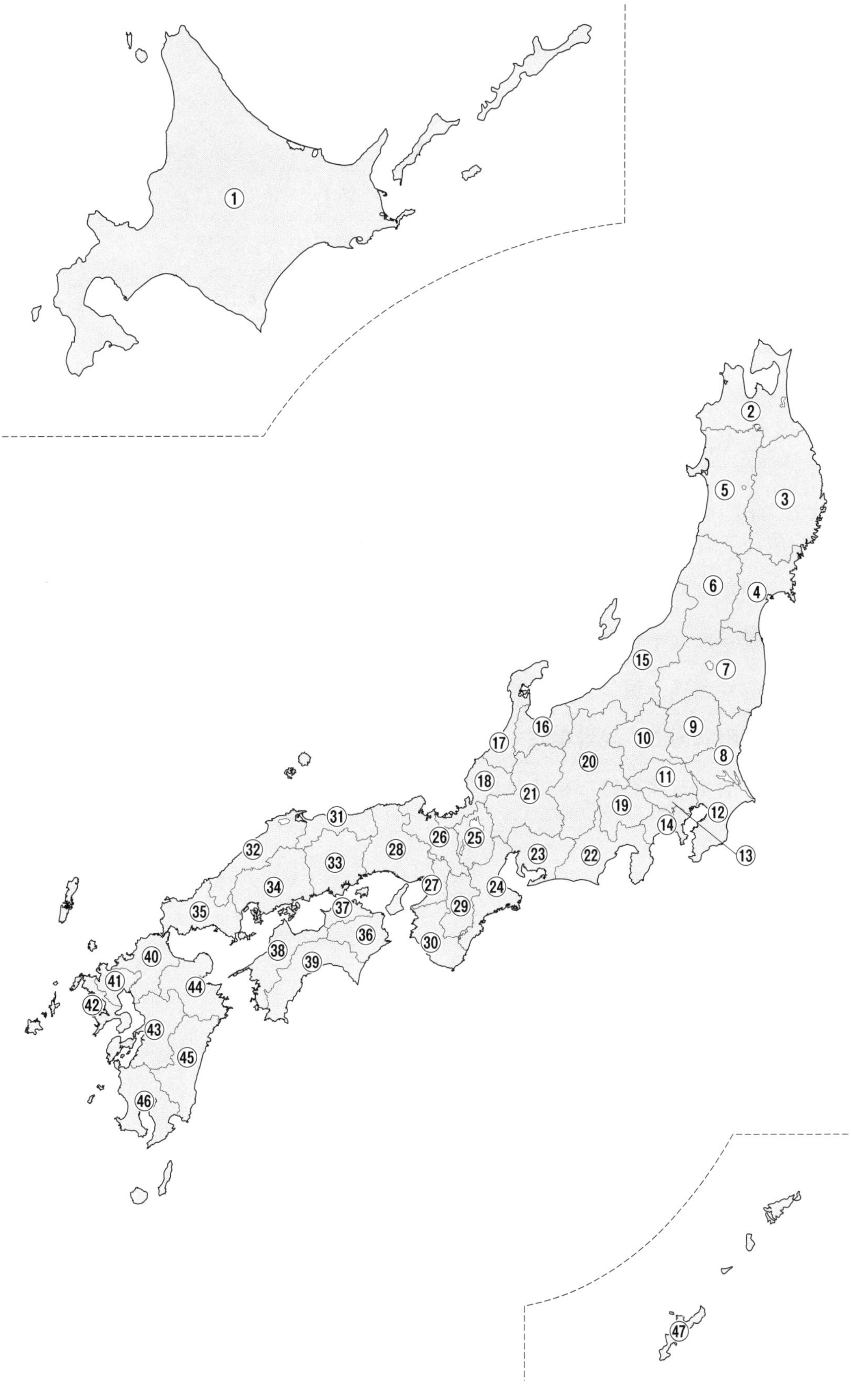

志望理由書・自己PR文の誤字を訂正しよう

1 次の志望理由書には、誤字が15個ある。誤っている漢字を書き出して、正しい漢字に書き直しなさい。(重複は含めない)

　私は将来、子供の気持ちに寄り沿える保育師になりたいと考えている。そのために、幼児心理を深く学ぶことができる貴学の保育学科を志望する。

　私は、保育園に入園したとき、すぐに新しい場になじむことができなかった。これは、母子分離不安や、乳児が離乳のときに抱く感情から起こるそうだ。当時を振り返ると、そんな私の弧独感をなくそうと、声を懸け、粘り強く話を聞いてくれた先生の存在は否常に大きなものだった。私が子供の心理を研突したいと考えたのは、このように子供の心理を促えて接することは、健然に子供の心を育んでいくために不可決で、かつ保育師の重要な役割だと考えるからだ。

　貴学に入学したら、幼児教育はもちろん、幼児の人核形成や発逹心理について学び、分折的に研突したい。また、附嘱園での現場実修で実戦を重ね、子供の気持ちに寄り沿える保育師になるという目標を実現したい。

誤

正

解答

1 ※行数は初出を示す

沿→添（1行目）
師→士（1行目）
弧→孤（7行目）
懸→掛（7行目）
否→非（8行目）
突→究（9行目）
促→捉（10行目）
然→全（10行目）
決→欠（11行目）
核→格（13行目）
逹→達（14行目）
折→析（14行目）
嘱→属（15行目）
修→習（15行目）
戦→践（15行目）

2 次の自己PR文には、誤字が15個ある。誤っている漢字を書き出して、正しい漢字に書き直しなさい。（重複は含めない）

私には、好寄心旺勢で、さまざまなことに桃戦していくことができるという長所がある。貴学での学びや就職後にも、こうしたチャレンジ精心は役立つと考える。

弓道部で部長を努めていたとき、部員全体の試合の成積が振るわず、思うように勝てない時期があった。そこで、弓道部の強剛校に合同練習をお願いしたり、知り合いのスポーツトレーナーに体の使い方について聞いたりと、部に必要だと思う練習や情服をすべて取り入れた。そのかいあってか、除々に勝率が上がり、最後の大会では准優勝することができた。これまでにない厳しい練習を全員で乗り超えたことで、部員の結束も高まった。

この経検から、縦来のやり方にとらわれず、目評を目ざして貧欲に新しいことに桃戦していくことの大切さを学んだ。今後の学びや仕事でも持ち前の好寄心を生かして、分野を問わず多くのことを吸収し、新しいことに桃戦していきたい。

誤 → 正

（　）→（　）
（　）→（　）
（　）→（　）
（　）→（　）
（　）→（　）
（　）→（　）
（　）→（　）
（　）→（　）
（　）→（　）
（　）→（　）
（　）→（　）
（　）→（　）
（　）→（　）
（　）→（　）
（　）→（　）

---

2 ※行数は初出を示す

寄→奇（1行目）
勢→盛（1行目）
桃→挑（1行目）
心→神（3行目）
努→務（4行目）
積→績（5行目）
剛→豪（6行目）
服→報（8行目）
除→徐（9行目）
准→準（10行目）
超→越（11行目）
検→験（12行目）
縦→従（12行目）
標→評（12行目）
貧→貪（13行目）

共通テストにチャレンジしよう

◆大学入学共通テストには漢字問題が出題される。形式をまねた次の問題にチャレンジしてみよう。

1 色字のカタカナを漢字に直し、傍線部と同じ漢字を含むものの番号を黒く塗りつぶしなさい。

⑴ 熊に**オソ**われる。
① 万葉の**シュウ**カ。
② 前の方針をトウ**シュウ**する。
③ タイ**シュウ**に人気の音楽。
④ **シュウ**トウな準備を重ねる。

⑵ そこが彼の**エラ**いところだ。
① **イ**ギョウを達成する。
② 自転車で**イ**ドウする。
③ 差は**イ**ゼン縮まらない。
④ 気持ちが**イ**シュクする。

⑶ **スルド**い刃物を持つ。
① 身に余るコウ**エイ**です。
② **エイ**セイ状態が悪い。
③ **エイ**タンの声を漏らす。
④ 期待のシン**エイ**作家。

⑷ わが子のように**イツク**しむ。
① **ジ**ヨウのある食べ物。
② **ジ**シャクにつく金属。
③ トウ**ジ**客でにぎわう。
④ **ジ**ヒ深い人だ。

⑸ トク**イ**な才能を示す。
① **イ**ダイな先人。
② 彼が犯人にソウ**イ**ない。
③ 現状**イ**ジが精一杯だ。
④ ひときわ**イ**サイを放つ。

⑹ 莫大《ばくだい》なリ**エキ**を上げる。
① ム**エキ**な争いはやめよう。
② 万古フ**エキ**な摂理を知る。
③ メン**エキ**力を高める。
④ 無色透明な**エキ**タイ。

⑺ 時代をチョウ**エツ**した作品。
① 資料を**エツ**ランする。
② ごマン**エツ**の表情。
③ 国王に**エッ**ケンする。
④ **エッ**キョウして亡命する。

解答

1
⑴ 襲　① 秀歌　❷ 踏襲　③ 大衆　④ 周到
⑵ 偉　❶ 偉業　② 移動　③ 依然　④ 萎縮
⑶ 鋭　① 光栄　② 衛生　③ 詠嘆　❹ 新鋭
⑷ 慈　① 滋養　② 磁石　③ 湯治　❹ 慈悲
⑸ 特異　① 偉大　② 相違　③ 維持　❹ 異彩
⑹ 利益　❶ 無益　② 不易　③ 免疫　④ 液体
⑺ 超越　① 閲覧　② 満悦　③ 謁見　❹ 越境

⑧ 多くのコウノウがある温泉。
① コウバイが緩やかな坂。
② 親にハンコウする年ごろ。
③ 事件のジコウが成立する。
④ 医療費がコウジョされる。

⑨ 頭の中がコンランする。
① コンチュウ採集が趣味だ。
② 先生と父兄がコンダンする。
③ 新旧の魅力がコンザイする。
④ ノウコンの制服を着る。

⑩ ケンサク機能を活用する。
① 解決方法をモサクする。
② 生産性向上のホウサク。
③ 試行サクゴを重ねる。
④ 予算をサクゲンする。

2 色字のカタカナを漢字に直し、傍線部とは異なる意味でその漢字が用いられているものの番号を黒く塗りつぶしなさい。

① 大きな声で名前を呼ぶ。
① カン呼
② 呼オウ
③ テン呼
④ 呼キュウ

② 異端の徒を処刑する。
① セン端
② 端レイ
③ 端マツ
④ キョク端

③ 少し目を離したすきに魚が焦げた。
① 焦テン
② 焦ソウ
③ 焦ネツ
④ 焦ド

④ 久しぶりに会った友人と昔を懐かしむ。
① 懐コ
② ツイ懐
③ 懐キュウ
④ 懐チュウ

⑤ 選手が華麗にスケートリンクを滑る。
① ジュン滑
② 滑クウ
③ 滑ソウ
④ 滑ラク

---

⑧ 効能
① 勾配・ ② 反抗・ ❸ 時効・ ④ 控除

⑨ 混乱
① 昆虫・ ② 懇談・ ❸ 混在・ ④ 濃紺・

⑩ 検索
❶ 模索・ ② 方策・ ③ 錯誤・ ④ 削減

2

① 呼ぶ
① 歓呼 ② 呼応 ③ 点呼 ❹ 呼吸

② 異端
① 先端 ❷ 端麗 ③ 端末 ④ 極端

③ 焦げた
① 焦点 ❷ 焦燥 ③ 焦熱 ④ 焦土

④ 懐かしむ
① 懐古 ② 追懐 ③ 懐旧 ❹ 懐中

⑤ 滑る
❶ 潤滑 ② 滑空 ③ 滑走 ④ 滑落

常用漢字表「付表」

◆次の漢字の読みを答えなさい。

① 明日（　　）
② 小豆（　　）
③ 海女・海士（　　）
④ 硫黄（　　）
⑤ 意気地（　　）
⑥ 田舎（　　）
⑦ 息吹（　　）
⑧ 海原（　　）
⑨ 乳母（　　）
⑩ 浮気（　　）
⑪ 浮つく（　　）
⑫ 笑顔（　　）
⑬ 叔父・伯父（　　）
⑭ 大人（　　）
⑮ 乙女（　　）
⑯ 叔母・伯母（　　）
⑰ お巡りさん（　　）
⑱ お神酒（　　）

⑲ 母屋・母家（　　）
⑳ 母さん（　　）
㉑ 神楽（　　）
㉒ 河岸（　　）
㉓ 鍛冶（　　）
㉔ 風邪（　　）
㉕ 固唾（　　）
㉖ 仮名（　　）
㉗ 蚊帳（　　）
㉘ 為替（　　）
㉙ 河原・川原（　　）
㉚ 昨日（　　）
㉛ 今日（　　）
㉜ 果物（　　）
㉝ 玄人（　　）
㉞ 今朝（　　）
㉟ 景色（　　）
㊱ 心地（　　）

㊲ 居士（　　）
㊳ 今年（　　）
㊴ 早乙女（　　）
㊵ 雑魚（　　）
㊶ 桟敷（　　）
㊷ 差し支える（　　）
㊸ 五月（　　）
㊹ 早苗（　　）
㊺ 五月雨（　　）
㊻ 時雨（　　）
㊼ 尻尾（　　）
㊽ 竹刀（　　）
㊾ 老舗（　　）
㊿ 芝生（　　）
51 清水（　　）
52 三味線（　　）
53 砂利（　　）
54 数珠（　　）

解答

①あす　②あずき　③あま　④いおう　⑤いくじ　⑥いなか　⑦いぶき　⑧うなばら　⑨うば　⑩うわき　⑪うわつく　⑫えがお　⑬おじ　⑭おとな　⑮おとめ　⑯おば　⑰おまわりさん　⑱おみき　⑲おもや　⑳かあさん　㉑かぐら　㉒かし　㉓かじ　㉔かぜ　㉕かたず　㉖かな　㉗かや　㉘かわせ　㉙かわら　㉚きのう　㉛きょう　㉜くだもの　㉝くろうと　㉞けさ　㉟けしき　㊱ここち　㊲こじ　㊳ことし　㊴さおとめ　㊵ざこ　㊶さじき　㊷さしつかえる　㊸さつき　㊹さなえ　㊺さみだれ　㊻しぐれ　㊼しっぽ　㊽しない　㊾しにせ　㊿しばふ　51しみず　52しゃみせん　53じゃり　54じゅず

55 上手（　　）
56 白髪（　　）
57 素人（　　）
58 師走（　　）
59 数寄屋・数奇屋（　　）
60 相撲（　　）
61 草履（　　）
62 山車（　　）
63 太刀（　　）
64 立ち退く（　　）
65 七夕（　　）
66 足袋（　　）
67 稚児（　　）
68 一日（　　）
69 築山（　　）
70 梅雨（　　）
71 凸凹（　　）
72 手伝う（　　）
73 伝馬船（　　）
74 投網（　　）
75 父さん（　　）

76 十重二十重（　　）
77 読経（　　）
78 時計（　　）
79 友達（　　）
80 仲人（　　）
81 名残（　　）
82 雪崩（　　）
83 兄さん（　　）
84 姉さん（　　）
85 野良（　　）
86 祝詞（　　）
87 博士（　　）
88 二十・二十歳（　　）
89 二十日（　　）
90 波止場（　　）
91 一人（　　）
92 日和（　　）
93 二人（　　）
94 二日（　　）
95 吹雪（　　）
96 下手（　　）

97 部屋（　　）
98 迷子（　　）
99 真面目（　　）
100 真っ赤（　　）
101 真っ青（　　）
102 土産（　　）
103 息子（　　）
104 眼鏡（　　）
105 猛者（　　）
106 紅葉（　　）
107 木綿（　　）
108 最寄り（　　）
109 八百長（　　）
110 八百屋（　　）
111 大和（　　）
112 弥生（　　）
113 浴衣（　　）
114 行方（　　）
115 寄席（　　）
116 若人（　　）

---

55 じょうず
56 しらが
57 しろうと
58 しわす（しはす）
59 すきや
60 すもう
61 ぞうり
62 だし
63 たち
64 たちのく
65 たなばた
66 たび
67 ちご
68 ついたち
69 つきやま
70 つゆ
71 でこぼこ
72 てつだう
73 てんません
74 とあみ
75 とうさん
76 とえはたえ
77 どきょう
78 とけい
79 ともだち
80 なこうど
81 なごり
82 なだれ
83 にいさん
84 ねえさん
85 のら
86 のりと
87 はかせ
88 はたち
89 はつか
90 はとば
91 ひとり
92 ひより
93 ふたり
94 ふつか
95 ふぶき
96 へた
97 へや
98 まいご
99 まじめ
100 まっか
101 まっさお
102 みやげ
103 むすこ
104 めがね
105 もさ
106 もみじ
107 もめん
108 もより
109 やおちょう
110 やおや
111 やまと
112 やよい
113 ゆかた
114 ゆくえ
115 よせ
116 わこうど

6級までの漢字

*読み…( )内は送りがな、——は中学校で習う読み、　は高校で習う読み

あ
- 愛 アイ
- 悪 アク・オ　わる(い)
- 圧 アツ
- 安 アン　やす(い)
- 案 アン
- 暗 アン　くら(い)

い
- 以 イ
- 衣 イ　ころも
- 位 イ　くらい
- 囲 イ　かこ(む)　かこ(う)
- 医 イ
- 委 イ　ゆだ(ねる)
- 移 イ　うつ(る)　うつ(す)
- 意 イ
- 育 イク　そだ(つ)　そだ(てる)　はぐく(む)
- 一 イチ・イツ　ひと　ひと(つ)
- 茨 いばら
- 引 イン　ひ(く)　ひ(ける)
- 印 イン　しるし
- 因 イン　よ(る)
- 員 イン
- 院 イン
- 飲 イン　の(む)

う
- 右 ウ・ユウ　みぎ
- 羽 ウ　は・はね
- 雨 ウ　あめ・あま
- 運 ウン　はこ(ぶ)
- 雲 ウン　くも

え
- 永 エイ　なが(い)
- 泳 エイ　およ(ぐ)
- 英 エイ
- 栄 エイ　さか(える)　は(え)　は(える)
- 営 エイ　いとな(む)
- 衛 エイ
- 易 エキ・イ　やさ(しい)
- 益 エキ・ヤク
- 液 エキ
- 駅 エキ
- 円 エン　まる(い)
- 媛 エン
- 園 エン　その
- 遠 エン・オン　とお(い)
- 塩 エン　しお
- 演 エン

お
- 王 オウ
- 央 オウ
- 応 オウ　こた(える)
- 往 オウ
- 桜 オウ　さくら
- 横 オウ　よこ
- 岡 おか
- 屋 オク　や
- 億 オク
- 音 オン・イン　おと・ね
- 温 オン　あたた(か)　あたた(かい)　あたた(まる)　あたた(める)

か
- 下 カ・ゲ　した・しも　もと　さ(げる)　さ(がる)　くだ(る)　くだ(す)　くだ(さる)　お(ろす)　お(りる)
- 化 カ・ケ　ば(ける)　ば(かす)
- 火 カ　ひ・ほ
- 加 カ　くわ(える)　くわ(わる)
- 可 カ
- 仮 カ・ケ　かり
- 何 カ　なに・なん
- 花 カ　はな
- 価 カ　あたい
- 果 カ　は(たす)　は(てる)　は(て)
- 河 カ　かわ
- 科 カ
- 夏 カ・ゲ　なつ
- 家 カ・ケ　いえ・や
- 荷 カ　に
- 貨 カ
- 過 カ　す(ぎる)　す(ごす)　あやま(つ)　あやま(ち)
- 歌 カ　うた　うた(う)
- 課 カ
- 画 ガ・カク
- 芽 ガ　め
- 賀 ガ
- 回 カイ・エ　まわ(る)　まわ(す)
- 会 カイ・エ　あ(う)
- 快 カイ　こころよ(い)
- 改 カイ　あらた(める)　あらた(まる)
- 海 カイ　うみ
- 界 カイ
- 械 カイ
- 絵 カイ・エ
- 開 カイ　ひら(く)　ひら(ける)　あ(く)　あ(ける)
- 階 カイ
- 解 カイ・ゲ　と(く)　と(かす)　と(ける)
- 貝 かい
- 外 ガイ・ゲ　そと　ほか　はず(す)　はず(れる)
- 害 ガイ
- 街 ガイ・カイ　まち
- 各 カク　おのおの
- 角 カク　かど　つの
- 格 カク・コウ
- 覚 カク　おぼ(える)　さ(ます)　さ(める)
- 確 カク　たし(か)　たし(かめる)
- 学 ガク　まな(ぶ)
- 楽 ガク・ラク　たの(しい)　たの(しむ)
- 額 ガク　ひたい
- 潟 かた
- 活 カツ
- 刊 カン
- 完 カン
- 官 カン
- 寒 カン　さむ(い)
- 間 カン・ケン　あいだ・ま
- 幹 カン　みき
- 感 カン
- 漢 カン
- 慣 カン　な(れる)　な(らす)
- 管 カン　くだ
- 関 カン　せき　かか(わる)
- 館 カン　やかた
- 観 カン
- 丸 ガン　まる　まる(い)　まる(める)
- 岸 ガン　きし
- 岩 ガン　いわ
- 眼 ガン・ゲン　まなこ
- 顔 ガン　かお
- 願 ガン　ねが(う)

き
- 気 キ・ケ
- 岐 キ
- 希 キ
- 汽 キ
- 季 キ
- 紀 キ
- 記 キ　しる(す)
- 起 キ　お(きる)　お(こる)　お(こす)
- 帰 キ　かえ(る)　かえ(す)
- 基 キ　もと　もとい
- 寄 キ　よ(る)　よ(せる)
- 規 キ
- 喜 キ　よろこ(ぶ)
- 期 キ・ゴ
- 旗 キ　はた
- 器 キ　うつわ
- 機 キ　はた
- 技 ギ　わざ
- 義 ギ
- 議 ギ
- 客 キャク・カク
- 逆 ギャク　さか　さか(らう)
- 九 キュウ・ク　ここの　ここの(つ)
- 久 キュウ・ク　ひさ(しい)
- 弓 キュウ　ゆみ
- 旧 キュウ
- 休 キュウ　やす(む)　やす(まる)　やす(める)
- 求 キュウ　もと(める)
- 究 キュウ　きわ(める)
- 泣 キュウ　な(く)
- 急 キュウ　いそ(ぐ)
- 級 キュウ
- 宮 キュウ・グウ・ク　みや
- 救 キュウ　すく(う)
- 球 キュウ　たま
- 給 キュウ
- 牛 ギュウ　うし
- 去 キョ・コ　さ(る)
- 居 キョ　い(る)
- 挙 キョ　あ(げる)　あ(がる)
- 許 キョ　ゆる(す)
- 魚 ギョ　うお　さかな
- 漁 ギョ・リョウ
- 共 キョウ　とも
- 京 キョウ・ケイ
- 協 キョウ
- 強 キョウ・ゴウ　つよ(い)　つよ(まる)　つよ(める)　し(いる)
- 教 キョウ　おし(える)　おそ(わる)
- 境 キョウ・ケイ　さかい
- 橋 キョウ　はし
- 鏡 キョウ　かがみ
- 競 キョウ・ケイ　きそ(う)　せ(る)
- 業 ギョウ・ゴウ　わざ
- 曲 キョク　ま(がる)　ま(げる)
- 局 キョク
- 極 キョク・ゴク　きわ(める)　きわ(まる)　きわ(み)
- 玉 ギョク　たま
- 均 キン
- 近 キン　ちか(い)
- 金 キン・コン　かね・かな
- 禁 キン
- 銀 ギン

く
- 区 ク
- 句 ク
- 苦 ク　くる(しい)　くる(しむ)　くる(しめる)　にが(い)　にが(る)
- 具 グ
- 空 クウ　そら　あ(く)　あ(ける)　から
- 熊 くま
- 君 クン　きみ
- 訓 クン
- 軍 グン
- 郡 グン
- 群 グン　む(れる)　む(れ)　むら

け
- 兄 ケイ・キョウ　あに
- 形 ケイ・ギョウ　かた　かたち
- 径 ケイ
- 係 ケイ　かか(る)　かかり
- 型 ケイ　かた
- 計 ケイ　はか(る)　はか(らう)
- 経 ケイ・キョウ　へ(る)
- 景 ケイ
- 軽 ケイ　かる(い)　かろ(やか)
- 芸 ゲイ
- 欠 ケツ　か(ける)　か(く)
- 血 ケツ　ち
- 決 ケツ　き(める)　き(まる)
- 結 ケツ　むす(ぶ)　ゆ(う)　ゆ(わえる)
- 潔 ケツ　いさぎよ(い)
- 月 ゲツ・ガツ　つき
- 犬 ケン　いぬ
- 件 ケン
- 見 ケン　み(る)　み(える)　み(せる)
- 建 ケン・コン　た(てる)　た(つ)
- 研 ケン　と(ぐ)
- 県 ケン
- 健 ケン　すこ(やか)
- 険 ケン　けわ(しい)
- 検 ケン
- 験 ケン・ゲン
- 元 ゲン・ガン　もと
- 言 ゲン・ゴン　い(う)・こと
- 限 ゲン　かぎ(る)
- 原 ゲン　はら
- 現 ゲン　あらわ(れる)　あらわ(す)
- 減 ゲン　へ(る)　へ(らす)

こ
- 戸 コ　と
- 古 コ　ふる(い)　ふる(す)
- 固 コ　かた(める)　かた(まる)　かた(い)
- 故 コ　ゆえ
- 個 コ
- 庫 コ・ク
- 湖 コ　みずうみ
- 五 ゴ　いつ　いつ(つ)
- 午 ゴ
- 後 ゴ・コウ　のち　うし(ろ)　あと　おく(れる)
- 語 ゴ　かた(る)　かた(らう)
- 護 ゴ
- 口 コウ・ク　くち
- 工 コウ・ク
- 公 コウ　おおやけ
- 功 コウ・ク
- 広 コウ　ひろ(い)　ひろ(まる)　ひろ(める)　ひろ(がる)　ひろ(げる)
- 交 コウ　まじ(わる)　まじ(える)　ま(じる)　ま(ざる)　ま(ぜる)　か(う)　か(わす)
- 光 コウ　ひか(る)　ひかり
- 向 コウ　む(く)　む(ける)　む(かう)　む(こう)
- 好 コウ　この(む)　す(く)
- 考 コウ　かんが(える)

行	コウ・ギョウ・アン　い(く)・ゆ(く)　おこな(う)
効	コウ　き(く)
幸	コウ　さいわ(い)　さち　しあわ(せ)
厚	コウ　あつ(い)
香	コウ・キョウ　か　かお(り)　かお(る)
候	コウ　そうろう
校	コウ
耕	コウ　たがや(す)
航	コウ
高	コウ　たか(い)　たか　たか(まる)　たか(める)
康	コウ
黄	コウ・オウ　き・こ
港	コウ　みなと
鉱	コウ
構	コウ　かま(える)　かま(う)
興	コウ・キョウ　おこ(る)　おこ(す)
講	コウ
号	ゴウ
合	ゴウ・ガッ・カッ　あ(う)　あ(わす)　あ(わせる)
告	コク　つ(げる)
谷	コク　たに
国	コク　くに
黒	コク　くろ　くろ(い)
今	コン・キン　いま
根	コン　ね
混	コン　ま(じる)　ま(ざる)　ま(ぜる)　こ(む)

さ

左	サ　ひだり
佐	サ
査	サ
差	サ　さ(す)
才	サイ
再	サイ・サ　ふたた(び)
災	サイ　わざわ(い)
妻	サイ　つま
採	サイ　と(る)
祭	サイ　まつ(る)　まつ(り)
細	サイ　ほそ(い)　ほそ(る)　こま(か)　こま(かい)
菜	サイ　な
最	サイ　もっと(も)
際	サイ　きわ
埼	さい
在	ザイ　あ(る)
材	ザイ
財	ザイ・サイ
罪	ザイ　つみ
崎	さき
作	サク・サ　つく(る)
昨	サク
札	サツ　ふだ
刷	サツ　す(る)
殺	サツ・サイ・セツ　ころ(す)
察	サツ
雑	ザツ・ゾウ
皿	さら
三	サン　み・み(つ)　みっ(つ)
山	サン　やま
参	サン　まい(る)
産	サン　う(む)　う(まれる)　うぶ
散	サン　ち(る)　ち(らす)　ち(らかす)　ち(らかる)
算	サン
酸	サン　す(い)
賛	サン
残	ザン　のこ(る)　のこ(す)

し

士	シ
子	シ・ス　こ
支	シ　ささ(える)
止	シ　と(まる)　と(める)
氏	シ　うじ
仕	シ・ジ　つか(える)
史	シ
司	シ
四	シ　よ・よ(つ)　よっ(つ)　よん
市	シ　いち
矢	シ　や
死	シ　し(ぬ)
糸	シ　いと
志	シ　こころざ(す)　こころざし
使	シ　つか(う)
始	シ　はじ(める)　はじ(まる)
姉	シ　あね
枝	シ　えだ
思	シ　おも(う)
指	シ　ゆび・さ(す)
師	シ
紙	シ　かみ
歯	シ　は
試	シ　こころ(みる)　ため(す)
詩	シ
資	シ
飼	シ　か(う)
示	ジ・シ　しめ(す)
字	ジ　あざ
寺	ジ　てら
次	ジ・シ　つ(ぐ)・つぎ
耳	ジ　みみ
自	ジ・シ　みずか(ら)
似	ジ　に(る)
児	ジ・ニ
事	ジ・ズ　こと
治	ジ・チ　おさ(める)　おさ(まる)　なお(る)　なお(す)
持	ジ　も(つ)
時	ジ　とき
滋	ジ
辞	ジ　や(める)
鹿	しか・か
式	シキ
識	シキ
七	シチ　なな　なな(つ)　なの
失	シツ　うしな(う)
室	シツ　むろ
質	シツ・シチ・チ
実	ジツ　み・みの(る)
写	シャ　うつ(す)　うつ(る)
社	シャ　やしろ
車	シャ　くるま
舎	シャ
者	シャ　もの
謝	シャ　あやま(る)
借	シャク　か(りる)
弱	ジャク　よわ(い)　よわ(る)　よわ(まる)　よわ(める)
手	シュ　て・た
主	シュ・ス　ぬし・おも
守	シュ・ス　まも(る)　も(り)
取	シュ　と(る)
首	シュ　くび
酒	シュ　さけ・さか
種	シュ　たね
受	ジュ　う(ける)　う(かる)
授	ジュ　さず(ける)　さず(かる)
州	シュウ　す
周	シュウ　まわ(り)
拾	シュウ・ジュウ　ひろ(う)
秋	シュウ　あき
修	シュウ・シュ　おさ(める)　おさ(まる)
終	シュウ　お(わる)　お(える)
習	シュウ　なら(う)
週	シュウ
集	シュウ　あつ(まる)　あつ(める)　つど(う)
十	ジュウ・ジッ　とお・と
住	ジュウ　す(む)　す(まう)
重	ジュウ・チョウ　え・おも(い)　かさ(ねる)　かさ(なる)
祝	シュク・シュウ　いわ(う)
宿	シュク　やど　やど(る)　やど(す)
出	シュツ・スイ　で(る)・だ(す)
述	ジュツ　の(べる)
術	ジュツ
春	シュン　はる
順	ジュン
準	ジュン
初	ショ　はじ(め)　はじ(めて)　はつ・うい　そ(める)
所	ショ　ところ
書	ショ　か(く)
暑	ショ　あつ(い)
女	ジョ・ニョ・ニョウ　おんな・め
助	ジョ　たす(ける)　たす(かる)　すけ
序	ジョ
小	ショウ　ちい(さい)　こ・お
少	ショウ　すく(ない)　すこ(し)
招	ショウ　まね(く)
松	ショウ　まつ
昭	ショウ
消	ショウ　き(える)　け(す)
笑	ショウ　わら(う)　え(む)
唱	ショウ　とな(える)
商	ショウ　あきな(う)
章	ショウ
勝	ショウ　か(つ)　まさ(る)
焼	ショウ　や(く)　や(ける)
証	ショウ
象	ショウ・ゾウ
照	ショウ　て(る)　て(らす)　て(れる)
賞	ショウ
上	ジョウ・ショウ　うえ・うわ　かみ　あ(げる)　あ(がる)　のぼ(る)　のぼ(せる)　のぼ(す)
条	ジョウ
状	ジョウ
乗	ジョウ　の(る)　の(せる)
城	ジョウ　しろ
常	ジョウ　つね・とこ
情	ジョウ・セイ　なさ(け)
場	ジョウ　ば
縄	ジョウ　なわ
色	ショク・シキ　いろ
食	ショク・ジキ　く(う)　く(らう)　た(べる)
植	ショク　う(える)　う(わる)
織	ショク・シキ　お(る)
職	ショク
心	シン　こころ
申	シン　もう(す)
臣	シン・ジン
身	シン　み
信	シン
神	シン・ジン　かみ・かん　こう
真	シン　ま
深	シン　ふか(い)　ふか(まる)　ふか(める)
進	シン　すす(む)　すす(める)
森	シン　もり
新	シン　あたら(しい)　あら(た)　にい
親	シン　おや　した(しい)　した(しむ)
人	ジン・ニン　ひと

す

図	ズ・ト　はか(る)
水	スイ　みず
数	スウ・ス　かず　かぞ(える)

せ

井	セイ・ショウ　い
世	セイ・セ　よ
正	セイ・ショウ　ただ(しい)　ただ(す)　まさ
生	セイ・ショウ　い(きる)　い(かす)　い(ける)　う(まれる)　う(む)　お(う)　は(える)　は(やす)　き　なま
成	セイ・ジョウ　な(る)・な(す)
西	セイ・サイ　にし
声	セイ・ショウ　こえ・こわ
制	セイ
性	セイ・ショウ
青	セイ・ショウ　あお　あお(い)
政	セイ・ショウ　まつりごと
星	セイ・ショウ　ほし
省	セイ・ショウ　かえり(みる)　はぶ(く)
清	セイ・ショウ　きよ(い)　きよ(まる)　きよ(める)
晴	セイ　は(れる)　は(らす)
勢	セイ　いきお(い)
精	セイ・ショウ
製	セイ
静	セイ・ジョウ　しず　しず(か)　しず(まる)　しず(める)
整	セイ　ととの(える)　ととの(う)
税	ゼイ
夕	セキ　ゆう
石	セキ・シャク・コク　いし
赤	セキ・シャク　あか　あか(い)　あか(らむ)　あか(らめる)
昔	セキ・シャク　むかし
席	セキ
責	セキ　せ(める)
積	セキ　つ(む)　つ(もる)
績	セキ
切	セツ・サイ　き(る)　き(れる)
折	セツ　お(る)・おり　お(れる)
接	セツ　つ(ぐ)
設	セツ　もう(ける)
雪	セツ　ゆき
節	セツ・セチ　ふし
説	セツ・ゼイ　と(く)
絶	ゼツ　た(える)　た(やす)　た(つ)
千	セン　ち
川	セン　かわ
先	セン　さき
浅	セン　あさ(い)
船	セン　ふね・ふな
戦	セン　いくさ　たたか(う)
線	セン
選	セン　えら(ぶ)
全	ゼン　まった(く)　すべ(て)
前	ゼン　まえ
然	ゼン・ネン

そ

祖	ソ
素	ソ・ス
組	ソ　く(む)・くみ
早	ソウ・サッ　はや(い)　はや(まる)　はや(める)
争	ソウ　あらそ(う)
走	ソウ　はし(る)
相	ソウ・ショウ　あい
草	ソウ　くさ
送	ソウ　おく(る)
倉	ソウ　くら
巣	ソウ　す
想	ソウ・ソ
総	ソウ
造	ゾウ　つく(る)
像	ゾウ
増	ゾウ　ま(す)・ふ(える)　ふ(やす)
束	ソク　たば
足	ソク　あし　た(りる)　た(る)・た(す)
則	ソク
息	ソク　いき

速　ソク　はや(い)　はや(める)　はや(まる)　すみ(やか)
側　ソク　がわ
測　ソク　はか(る)
族　ゾク
属　ゾク
続　ゾク　つづ(く)　つづ(ける)
卒　ソツ
率　ソツ・リツ　ひき(いる)
村　ソン　むら
孫　ソン　まご
損　ソン　そこ(なう)　そこ(ねる)

た

他　タ　ほか
多　タ　おお(い)
打　ダ　う(つ)
太　タイ・タ　ふと(い)　ふと(る)
対　タイ・ツイ
体　タイ・テイ　からだ
待　タイ　ま(つ)
帯　タイ　お(びる)　おび
貸　タイ　か(す)
隊　タイ
態　タイ
大　ダイ・タイ　おお　おお(きい)　おお(いに)
代　ダイ・タイ　か(わる)　か(える)　よ・しろ
台　ダイ・タイ
第　ダイ
題　ダイ
達　タツ
単　タン
炭　タン　すみ
短　タン　みじか(い)
団　ダン・トン
男　ダン・ナン　おとこ
断　ダン　た(つ)　ことわ(る)
談　ダン

ち

地　チ・ジ
池　チ　いけ
知　チ　し(る)
置　チ　お(く)
竹　チク　たけ
築　チク　きず(く)
茶　チャ・サ
着　チャク・ジャク　き(る)　き(せる)　つ(く)　つ(ける)
中　チュウ・ジュウ　なか
仲　チュウ　なか
虫　チュウ　むし
沖　チュウ　おき
注　チュウ　そそ(ぐ)
昼　チュウ　ひる
柱　チュウ　はしら
貯　チョ
丁　チョウ・テイ
兆　チョウ　きざ(す)　きざ(し)
町　チョウ　まち
長　チョウ　なが(い)
帳　チョウ
張　チョウ　は(る)
鳥　チョウ　とり
朝　チョウ　あさ
調　チョウ　しら(べる)　ととの(う)　ととの(える)
直　チョク・ジキ　ただ(ちに)　なお(す)　なお(る)

つ

追　ツイ　お(う)
通　ツウ・ツ　とお(る)　とお(す)　かよ(う)

て

低　テイ　ひく(い)　ひく(める)　ひく(まる)
弟　テイ・ダイ・デ　おとうと
定　テイ・ジョウ　さだ(める)　さだ(まる)　さだ(か)
底　テイ　そこ
庭　テイ　にわ
停　テイ
提　テイ　さ(げる)
程　テイ　ほど
的　テキ　まと
笛　テキ　ふえ
適　テキ
鉄　テツ
天　テン　あめ・あま
典　テン
店　テン　みせ
点　テン
転　テン　ころ(がる)　ころ(げる)　ころ(がす)　ころ(ぶ)
田　デン　た
伝　デン　つた(わる)　つた(える)　つた(う)
電　デン

と

徒　ト
都　ト・ツ　みやこ
土　ド・ト　つち
努　ド　つと(める)
度　ド・ト・タク　たび
刀　トウ　かたな
冬　トウ　ふゆ
灯　トウ　ひ
当　トウ　あ(たる)　あ(てる)
投　トウ　な(げる)
豆　トウ・ズ　まめ
東　トウ　ひがし
島　トウ　しま
湯　トウ　ゆ
登　トウ・ト　のぼ(る)
答　トウ　こた(える)　こた(え)
等　トウ　ひと(しい)
統　トウ　す(べる)
頭　トウ・ズ・ト　あたま　かしら
同　ドウ　おな(じ)
動　ドウ　うご(く)　うご(かす)
堂　ドウ
童　ドウ　わらべ
道　ドウ・トウ　みち
働　ドウ　はたら(く)
銅　ドウ
導　ドウ　みちび(く)
特　トク
得　トク　え(る)・う(る)
徳　トク
毒　ドク
独　ドク　ひと(り)
読　ドク・トク・トウ　よ(む)
栃　とち

な

奈　ナ
内　ナイ・ダイ　うち
梨　なし
南　ナン・ナ　みなみ

に

二　ニ　ふた　ふた(つ)
肉　ニク
日　ニチ・ジツ　ひ・か
入　ニュウ　い(る)　い(れる)　はい(る)
任　ニン　まか(せる)　まか(す)

ね

熱　ネツ　あつ(い)
年　ネン　とし
念　ネン
燃　ネン　も(える)　も(やす)　も(す)

の

能　ノウ
農　ノウ

は

波　ハ　なみ
破　ハ　やぶ(る)　やぶ(れる)
馬　バ　うま・ま
配　ハイ　くば(る)
敗　ハイ　やぶ(れる)
売　バイ　う(る)　う(れる)
倍　バイ
梅　バイ　うめ
買　バイ　か(う)
白　ハク・ビャク　しろ・しら　しろ(い)
博　ハク・バク
麦　バク　むぎ
箱　はこ
畑　はた　はたけ
八　ハチ　や・や(つ)　やっ(つ)　よう
発　ハツ・ホツ
反　ハン・ホン・タン　そ(る)　そ(らす)
半　ハン　なか(ば)
犯　ハン　おか(す)
判　ハン・バン
坂　ハン　さか
阪　ハン
板　ハン・バン　いた
版　ハン
飯　ハン　めし
番　バン

ひ

比　ヒ　くら(べる)
皮　ヒ　かわ
肥　ヒ　こ(える)　こえ　こ(やす)　こ(やし)
非　ヒ
飛　ヒ　と(ぶ)　と(ばす)
悲　ヒ　かな(しい)　かな(しむ)
費　ヒ　つい(やす)　つい(える)
美　ビ　うつく(しい)
備　ビ　そな(える)　そな(わる)
鼻　ビ　はな
必　ヒツ　かなら(ず)
筆　ヒツ　ふで
百　ヒャク
氷　ヒョウ　こおり・ひ
表　ヒョウ　おもて　あらわ(す)　あらわ(れる)
票　ヒョウ
評　ヒョウ
標　ヒョウ
秒　ビョウ
病　ビョウ・ヘイ　や(む)　やまい
品　ヒン　しな
貧　ヒン・ビン　まず(しい)

ふ

不　フ・ブ
夫　フ・フウ　おっと
父　フ　ちち
付　フ　つ(ける)　つ(く)
布　フ　ぬの
府　フ
阜　フ
負　フ　ま(ける)　ま(かす)　お(う)
婦　フ
富　フ・フウ　と(む)　とみ
武　ブ・ム
部　ブ
風　フウ・フ　かぜ・かざ
服　フク
副　フク
復　フク
福　フク
複　フク
仏　ブツ　ほとけ
物　ブツ・モツ　もの
粉　フン　こ・こな
分　ブン・フン・ブ　わ(ける)　わ(かれる)　わ(かる)　わ(かつ)
文　ブン・モン　ふみ
聞　ブン・モン　き(く)　き(こえる)

へ

平　ヘイ・ビョウ　たい(ら)　ひら
兵　ヘイ・ヒョウ
米　ベイ・マイ　こめ
別　ベツ　わか(れる)
辺　ヘン　あた(り)・べ
返　ヘン　かえ(す)　かえ(る)
変　ヘン　か(わる)　か(える)
編　ヘン　あ(む)
弁　ベン
便　ベン・ビン　たよ(り)
勉　ベン

ほ

歩　ホ・ブ・フ　ある(く)　あゆ(む)
保　ホ　たも(つ)
母　ボ　はは
墓　ボ　はか
方　ホウ　かた
包　ホウ　つつ(む)
放　ホウ　はな(す)　はな(つ)　はな(れる)　ほう(る)
法　ホウ・ハッ・ホッ
報　ホウ　むく(いる)
豊　ホウ　ゆた(か)
防　ボウ　ふせ(ぐ)
望　ボウ・モウ　のぞ(む)
貿　ボウ
暴　ボウ・バク　あば(く)　あば(れる)
北　ホク　きた
木　ボク・モク　き・こ
牧　ボク　まき
本　ホン　もと

ま

毎　マイ
妹　マイ　いもうと
末　マツ・バツ　すえ
万　マン・バン
満　マン　み(ちる)　み(たす)

み

未　ミ
味　ミ　あじ　あじ(わう)
脈　ミャク
民　ミン　たみ

む

務　ム　つと(める)　つと(まる)
無　ム・ブ　な(い)
夢　ム　ゆめ

め

名　メイ・ミョウ　な
命　メイ・ミョウ　いのち
明　メイ・ミョウ　あ(かり)　あか(るい)　あか(るむ)　あか(らむ)　あき(らか)　あ(ける)　あ(く)・あ(くる)　あ(かす)
迷　メイ　まよ(う)
鳴　メイ　な(く)・な(る)　な(らす)
面　メン　おも・おもて　つら
綿　メン　わた

も

毛　モウ　け
目　モク・ボク　め・ま
門　モン　かど
問　モン　と(う)・と(い)　とん

や

夜　ヤ　よ・よる
野　ヤ　の
役　ヤク・エキ
約　ヤク
薬　ヤク　くすり

ゆ

由　ユ・ユウ・ユイ　よし
油　ユ　あぶら
輸　ユ
友　ユウ　とも
有　ユウ・ウ　あ(る)
勇　ユウ　いさ(む)
遊　ユウ・ユ　あそ(ぶ)

よ

予　ヨ
余　ヨ　あま(る)　あま(す)
用　ヨウ　もち(いる)
羊　ヨウ　ひつじ

付録

洋　ヨウ

要　ヨウ　かなめ　い(る)

容　ヨウ

葉　ヨウ　は

陽　ヨウ

様　ヨウ　さま

養　ヨウ　やしな(う)

曜　ヨウ

浴　ヨク　あ(びる)　あ(びせる)

ら

来　ライ　く(る)　きた(る)　きた(す)

落　ラク　お(ちる)　お(とす)

り

利　リ　き(く)

里　リ　さと

理　リ

陸　リク

立　リツ・リュウ　た(つ)　た(てる)

略　リャク

流　リュウ・ル　なが(れる)　なが(す)

留　リュウ・ル　と(める)　と(まる)

旅　リョ　たび

両　リョウ

良　リョウ　よ(い)

料　リョウ

量　リョウ　はか(る)

領　リョウ

力　リョク・リキ　ちから

緑　リョク　ロク　みどり

林　リン　はやし

輪　リン　わ

る

類　ルイ　たぐ(い)

れ

令　レイ

礼　レイ・ライ

冷　レイ　つめ(たい)　ひ(える)　ひ(や)　ひ(やす)　ひ(やかす)　さ(める)　さ(ます)

例　レイ　たと(える)

歴　レキ

列　レツ

連　レン　つら(なる)　つら(ねる)　つ(れる)

練　レン　ね(る)

ろ

路　ロ　じ

老　ロウ　お(いる)　ふ(ける)

労　ロウ

六　ロク　む・む(つ)　むっ(つ)　むい

録　ロク

わ

和　ワ・オ　やわ(らぐ)　やわ(らげる)　なご(む)　なご(やか)

話　ワ　はな(す)　はなし

確認問題・模擬テスト解答

5級確認問題 解答 （p.24～25）

一 1こうふん 2あやつ 3かち 4た 5どうそうかい 6さが 7へいか 8そ 9じゅうだん 10むないた

二 1＝か 2＝イ 3＝あ 4＝カ 5＝え 6＝エ

三 1＝8 2＝12 3＝6 4＝8 5＝6 6＝8

四 1厳しい 2危ない 3拝む

五 1＝イ 2＝ア 3＝ウ 4＝イ

六 1乱 2創 3純 4遺

七 1派 2否 3密 4展 5誠 6寸

八 1＝カ・ア 2＝ウ・オ 3＝イ・エ

九 1＝ウ 2＝ア 3＝イ 4＝エ 5＝ウ

十 1勤 2努 3任期 4人気

十一 1枚挙 2閉 3捨 4模様 5専門 6処理 7補 8通訳 9呼吸 10穴

4級模擬テスト 解答 （p.60～63）

一 1ちきゅうぎ 2すいそう 3はんこうてき 4わんりょく 5さんまん 6とうみん 7れんらく 8こうもく 9とつぜん 10れっか 11しゅみ 12きょうさく 13こうたく 14ろうきゅうか 15がんゆうりょう 16してき 17たんせい 18おくそく 19みょうあん 20かいほう 21ふ 22ひかげ 23せたけ 24みちばた 25むく 26つつし 27しわざ 28つつみ 29ひま 30むか

二 1＝イ 2＝オ 3＝ア 4＝イ 5＝エ 6＝オ 7＝イ 8＝ア 9＝オ 10＝ウ 11＝エ 12＝オ 13＝ウ 14＝オ 15＝エ

三 1＝オ 2＝ケ 3＝イ 4＝ア 5＝キ

四 1＝ア 2＝エ 3＝オ 4＝エ 5＝イ 6＝イ 7＝ウ 8＝エ 9＝ア 10＝ウ

五 1＝ア 2＝ウ 3＝ウ 4＝ア 5＝イ 6＝イ 7＝ア 8＝ウ 9＝エ 10＝エ

六 1瞬 2撃 3俗 4劣 5盟 6闘 7沈 8柄 9是 10誉

七 1忙しい 2苦い 3蓄える 4傾ける 5費やし

八 1電 2絶 3束 4回 5馬 6付 7燥 8途 9紫 10覧

九 1偉→遺 2刷→早 3布→敷 4当→登 5到→倒

十 1浸透 2経緯 3樹立 4自慢 5鑑定 6英雄 7毒舌 8波紋 9感涙 10皆無 11澄 12煮 13刺 14基 15鮮 16峠 17繰 18隠 19霧雨 20占

3級模擬テスト 解答 （p.94～97）

一 1はんせん 2そし 3しつど 4ぼっとう 5どうよう 6きょうこう 7じゅうちん 8いしょう 9けいやく 10かくう 11しょうじん 12さっかく 13しゅしょう 14そくしん 15ふくし 16じゅんすい 17いりゅう 18きんぱく 19ようしゃ 20さっかしょう 21さかうら 22も 23かんむり 24まぼろし 25ほさき 26あざむ 27いちじる 28あわ 29はた 30ゆず

二 1＝オ 2＝ア 3＝イ 4＝オ 5＝ア 6＝エ 7＝オ 8＝ア 9＝イ 10＝ウ 11＝オ 12＝ア 13＝オ 14＝エ 15＝ア

三 1＝キ 2＝イ 3＝コ 4＝エ 5＝ケ

四 1＝ア 2＝エ 3＝エ 4＝イ 5＝ウ 6＝イ 7＝ウ 8＝オ 9＝ア 10＝ウ

五 1＝エ 2＝ア 3＝エ 4＝ウ 5＝イ 6＝イ 7＝ア 8＝イ 9＝ウ 10＝イ

六 1浪 2激 3愚 4拘 5零 6念 7弁

8伏　9衝　10胆

七
1滞る　2紛らわす　3軽やかな　4膨らむ
5和らぐ

八
1古今　2夏炉　3東風　4怪奇　5緩急
6両断　7奮闘　8天衣　9温厚　10躍如

九
1索↓搾　2導↓道　3彫↓調　4駐↓注
5積↓績

十
1極秘　2崩壊　3潤沢　4率先　5欧米
6近郊　7卓越　8古墳　9閲覧　10措置
11笑　12嫁　13握　14寝袋　15炎　16乾
17乏　18代物　19揚　20肝試

準2級模擬テスト 解答 （p.134～137）

一
1がっぺい　2かんにん　3いちぐう
4がんきょう　5しょさい　6ふんきゅう
7ゆうぜい　8そうちょう　9ふうたい
10らっかん　11すうよう　12せいは
13むほん　14かんじゃ　15ばんしゃく
16ちょうえき　17かんぼつ　18いかく
19あんかん　20ひんぱん　21つちか　22た
23いそうろう　24きざ　25いきどお
26あなど　27かまもと　28も　29つむ
30かわぐつ

二
1虍　2罒　3虫　4行　5𠆢　6缶　7大
8甘　9一　10瓦

三
1＝ア　2＝ウ　3＝イ　4＝エ　5＝ア
6＝イ　7＝エ　8＝オ　9＝イ　10＝ウ

四
問1
1泰　2帆　3面　4快　5壮　6羅
7索　8孤　9尚　10羊
問2
11＝キ　12＝ア　13＝エ　14＝ケ　15＝ク

五
1舶来　2設置　3勤勉　4拒絶　5寛容
6推移　7貢献　8面倒　9成就　10丁寧

六
1宜　2欺　3琴　4襟　5迭　6哲　7悔
8懐　9極　10窮

七
1垂↓遂　2点↓天　3奨↓衝　4率↓律
5幣↓弊

八
1恭しく　2弔う　3偏っ　4磨く
5眺める

九
1超越　2募集　3感銘　4冗漫　5顕著
6発端　7免疫　8悲哀　9購買　10抑揚
11詳細　12示唆　13座礁　14残虐　15行脚
16浦風　17翻　18傍　19促　20企　21霜柱
22洞穴　23臨　24漬　25舌鼓

2級模擬テスト 解答 （p.158～161）

一
1ほさ　2きんさ　3ひじゅん　4ゆうよ
5しんちょく　6すいそう　7てっしょう
8くんとう　9はたん　10きょうりゅう
11かっこ　12けっしゅつ　13あんねい
14させん　15あいさつ　16ひへい
17けっさい　18しゅこう　19ばいかい
20つうぎょう　21ひざがしら　22やよい
23ともかせ　24つ　25さ　26くだ　27さじき
28とだな　29がき　30つる

二
1大　2田　3耒　4二　5幺　6殳　7自
8車　9女　10戸

三
1＝ア　2＝オ　3＝ウ　4＝エ　5＝ア
6＝エ　7＝ウ　8＝イ　9＝ウ　10＝イ

四
問1
1蛇尾　2充棟　3鬼没　4折衷　5秀麗
6呉越　7閑話　8清廉　9千載　10傍若
問2
11＝ア　12＝ク　13＝イ　14＝カ　15＝コ

五
1狭小　2寡黙　3興奮　4希釈　5干渉
6由緒　7瞬時　8工面　9倫理　10真摯

六
1押収　2応酬　3脅威　4驚異　5騰貴
6投棄　7強制　8矯正　9侵　10冒

七
1与↓余　2職↓嘱　3遺↓献　4屈↓掘
5招↓紹

八
1覆す　2煩わしい　3装う　4廃れる
5沸かす

九
1渋滞　2過剰　3崇高　4搭乗　5頒布
6官僚　7渦中　8帰還　9漠然　10派閥
11素朴　12愉快　13戻　14但　15醜
16懐具合　17岬　18担　19肝　20遮　21誓
22疎　23懇　24診　25目深

音訓索引

＊本書で扱った見出し漢字の音訓を五十音順に並べ、掲載されているページを示した。
＊カタカナは音読み、ひらがなは訓読みを示す。
＊同じ読みを持つ漢字は画数順（漢字の上の数字は画数）に並べた。

く

け

こ

さ

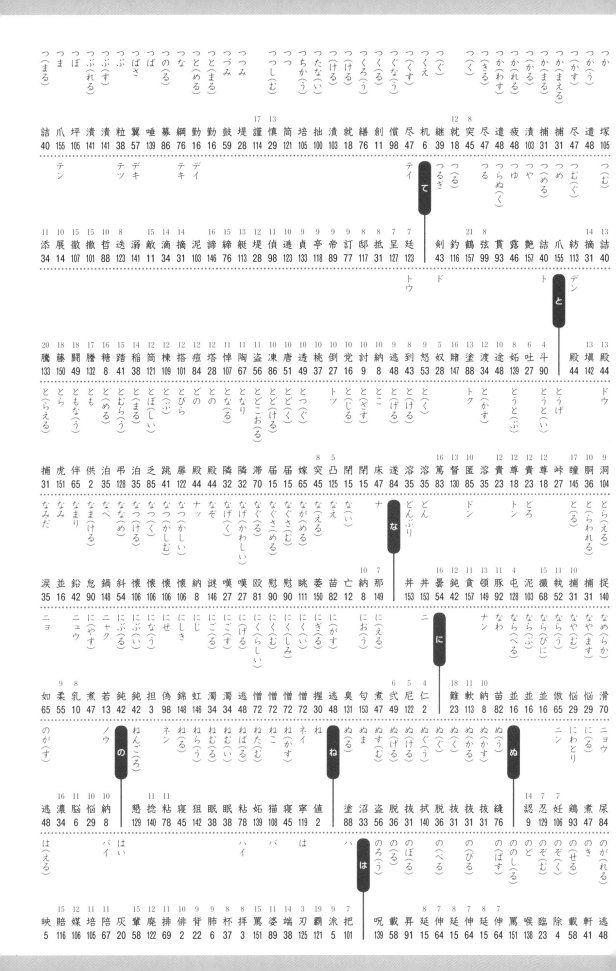